Microsoft Excel
염건교수의 엑셀강의

염건 저

Y E O M K U H N

도서출판 청람

머리말

오랫동안 학생들을 가르치면서 **"엑셀을 공부하는 가장 쉬운 방법은 엑셀을 만들게 한 세 가지 아이디어를 정확하게 이해하는 것"**이란 말을 수도 없이 반복해 왔다. 개발자가 의도한 핵심 원리를 이해하는 것이 학습의 정도(正道)다. 이 책은 이 메시지를 실천하기 위하여 만들었다.

이미 엑셀에 대한 책은 상당히 많이 출판되어 있기도 하고, 또 계속해서 새로운 책이 출판되고 있다. 그 중에는 상당히 훌륭한 책도 많이 있다. 저자는 엑셀이 처음 나왔던 때부터 지금까지 20년이 넘도록 대학에서 엑셀을 다루면서 핵심 원리를 잘 이해하면 창의력은 저절로 발휘될 수 있다고 가르쳤지만, 엑셀을 혼자 공부하려는 학생들에게 시중의 많은 책들은 다소 버겁거나 산만하게 여겨진 것 같았다.

지금까지 출판된 엑셀 관련 책들을 세 그룹으로 구분해 보면, 첫 번째 그룹은 엑셀을 처음 접하는 사람들을 대상으로 아주 기본적인 사용법만을 다룬 입문용이고, 두 번째 그룹은 너무도 많은 내용을 매뉴얼처럼 평면적으로 기술하고 있는 책들로 이러한 책들은 엑셀을 좀 사용해 본 사람들이 뭔가 필요한 방법을 찾는 용도나 또는 과제처럼 특정한 문제를 해결하기 위하여 답을 찾기 위한 목적에 적합하다. 그리고 세 번째 그룹은 통계처럼 특정 응용 분야에 맞추어 기술된 전문 서적들이다. 각 그룹의 목적에서 보면 모두 훌륭한 책이지만 입문자나 중급자가 혼자 공부하기 위해서 참고서로 삼기에는 뭔가 한 권으로는 부족한 상황이 아닌가 여겨졌다. 저자는 처음 엑셀을 공부하려는 사람들에게 입문서로서의 역할을 하면서도 궁극적으로 엑셀의 원리를 이해하여 대부분의 기능을 두루 섭렵할 수 있는 그런 책을 만들고자 하였다.

대부분의 소프트웨어가 다 그렇듯이, 엑셀도 개발자의 입장에서 보면 사용자와 어떻게 소통해야 사용자들이 편하게 활용할 수 있을 것인가를 고민하면서 만들었을 것이다. 이 책에서는 개발자가 원하는 사용자와의 소통 의도를 파악해가면서 엑셀의 핵심 기능을 설명하고자 했다. 이 책은 저자의 오랜 경험을 바탕으로 엑셀을 공부하면서 학생들이 공통적으로 어려움을 느꼈던 부분을 모두 모아 정리하여 빠짐없이 다루고자 하였다. 아울러 다음과 같은 몇 가지 차별화되는 가치를 갖출 수 있도록 기획하고 작성하였다.

첫째, 엑셀이 사용자와 소통하려는 방법을 이해해야 한다는 지론으로 엑셀을 만들게 된 핵심 아이디어 3가지를 처음에 중점적으로 설명하였다.

둘째, 엑셀은 끊임없이 사용자에게 말을 걸면서 뭔가를 알려주려고 하는데, 이러한 엑셀의 메시지를 놓치지 않도록 언급하였다.

셋째, 오랜 강의를 통해서 체계적으로 정리된 100개의 예제를 엄선하였고, 수많은 학생들의 공통된 질문과 유사한 실수들을 최대한 반영하여 설명하였다.

넷째, 공부하면서 자신의 엑셀 수준이 어디까지 왔는지 가늠할 수 있도록 하였다. 책을 3부로 나누어 제1부 핵심, 제2부 활용, 제3부 응용으로 구분하고 비교적 독립적으로 기술하였다.

다섯째, 모르는 내용을 찾기 쉽도록 내용들 간의 관련성과 색인에 신경을 많이 썼다. 작업을 하거나 공부하다가 모르는 내용이 나오면 바로 찾아볼 수 있도록 색인을 충실히 만들었다.

여섯째, 풀어서 말 하듯이 내용을 구체적으로 언급하였기 때문에, 아주 초보자라면 그대로 따라 하면서 배울 수 있고, 중급자라면 엄선된 예제 100문항을 직접 풀어보는 방식으로 마스터 할 수 있다. 방법과 원리를 함께 기술하고 있기 때문이다(따라서 빠르게 공부하면 하루 10문항씩 열흘이면 끝낼 수 있고 수준에 따라 그 보다 조금 길게 천천히 진행해도 한 달이면 마스터 할 수 있을 것이다).

일곱째, 이 책에는 예제 파일을 그 흔한 CD로 제공하지 않는다. 그것은 예제가 상당히 간단하기도 하다는 이유도 있지만, 예제를 직접 입력해야만 그 원리를 확실하게 이해할 수 있다는 것이 저자의 지론이기 때문이다(단, 비교적 크기가 큰 두 개의 워크시트는 저자의 홈페이지(hs.ac.kr/sites/fish)에서 다운로드 할 수 있다).

여덟째, 많은 내용을 사전적으로 나열하는 것 대신, 핵심적인 것만을 엄선하여 다루었다. 이 책에서 다룬 내용만으로도 대부분의 업무에 활용하는 데 부족함이 없을 테지만, 혹시 또 필요한 내용이 생기면 시중의 수많은 사전적 책들을 쉽게 찾아 공부할 수 있을 정도의 수준이 되어 있을 것이다.

아홉째, 이 책은 엑셀 2013 버전을 사용하면서 작성되었지만, 다른 버전의 사용자라도 핵심 원리를 이해하고 적용하는 데 전혀 문제가 없다(제12장의 차트 부분에서 메뉴의 배열만 약간 달라졌을 뿐이다).

아무쪼록 엑셀을 배우려고 결심한 많은 분들에게 큰 도움이 되는 그런 책으로 사랑받기를 기원해 본다.

2017년 1월 2일
저자 염건

차 례

Part 1 | 핵심 단계

Chapter 1 일러두기 및 개요

Chapter 2 엑셀은 어떤 경우에, 어떻게 활용하는가?

Chapter 3 엑셀의 기본 작업

Chapter 4

엑셀의 핵심 아이디어

Chapter 5

엑셀에서 함수란 무엇인가?

Chapter 8 조건부 서식과 양식 컨트롤(Form Controls) 도구

Chapter 9 다재다능한 VLOOKUP 함수

Part 3 | 응용 단계

Chapter 11

재무 함수 활용

Chapter 12

차트 활용

Chapter 13

엑셀을 이용한 데이터 관리

학습 가이드라인 1

- 이 책은 총 3부로 구성하였다. 제1부는 핵심 단계, 제2부는 활용 단계 그리고 마지막 제3부는 응용 단계를 다루고 있다. 자신의 현재 수준과 엑셀을 공부하는 목표에 따라 각 부(Part)만을 독립적으로 읽어도 이해가 충분히 되고 또 그 단계에 맞게 활용이 될 수 있도록 구성하려고 노력하였다. 이러한 점이 이 책의 특징이라고 할 수 있다. 이 책은 마이크로소프트 **엑셀 2013 버전**을 사용하였다.
- 제1부의 내용은 이미 약간 엑셀의 기본적인 내용을 이해하고 있는 상황에서 엑셀의 원리 및 특성을 보다 더 정확하게 이해하는 것이 목표인 경우, 또 엑셀을 처음 배우려고 하는 학생(초 · 중 · 고등학생)이나 엑셀을 실무적으로 사용해 보지 못했던 분들의 실버교육 과정의 입문으로 적절하다. 제2부의 내용은 대학생이나 직장인이 웬만한 자신의 업무에 엑셀을 적용해서 사용해 보려고 하는 경우, 또 엑셀의 기능을 실무에 응용할 수 있도록 배워보려는 경우처럼 중급과정의 내용으로 적절하다. 제3부는 여기까지 공부한 독자들이 시간을 조금 더 투자해서 자신의 업무와 관련된 다양한 실무에 엑셀을 적절히 그리고 창의적으로 응용하기 위해서 필요한 융합적인 내용을 다루고 있다. 이와 같은 개념과 사고방식과 기능을 학습함으로써 업무 성과와 작업의 효율성이라는 두 가지를 다 성취할 수 있을 것이다.
- 이 책은 총 100개로 엄선하여 정리된 예제들을 다루고 있다. 예제는 불필요하게 복잡하지 않고, 이해하기 쉽도록 그때그때 필요한 내용만 담고 있다. 예제는 처음에는 엑셀의 기본적 기능들만을 다루는 쉽고 단순한 형태이지만, 뒤로 가면서 점차 기능적으로 추가되고 다양하게 결합되면서 조금씩 복잡한 형태로 발전한다. 대부분 독립적인 예제들이지만 일부의 예제는 몇 차례 재활용되면서 조금씩 발전된 형태로 변형되면서 등장한다.

Part 01

핵심 단계

이와 같이 예제들이 재활용되면서 반복되기 때문에 예제의 내용에 익숙해진 독자들은 자연스럽게 엑셀의 활용 방법을 이해하게 되고, 또 조금씩 복잡한 형태로 발전되는 예제를 통해서 엑셀을 자신의 업무에 응용할 수 있는 능력이 저절로 배양되도록 하였다. 또한 각 부(Part)의 끝에는 실제 업무와 관련된 적절한 수준의 예제를 다뤄 단계적으로 공부한 내용만으로도 자신의 업무에 활용할 수 있도록 계획하였다.

- 제1부의 내용은 엑셀의 기본적 원리에 대한 이해가 목표다. 어떠한 문제에 어떻게 엑셀을 활용할 수 있는 것인지, 엑셀의 가장 핵심적인 기능은 무엇인지, 왜 엑셀이 우리의 생활과 업무에 꼭 필요한 소프트웨어인지 등에 대한 철저한 이해가 초점이다.
- **제1부 핵심 단계**에서 반드시 이해해야 할 내용은, 엑셀의 **화면** 구성, **마우스 포인터**의 변화, 셀과 수식의 **참조 방식**, **함수**란 무엇인가이다. 특별히 엑셀의 핵심적 원리를 **엑셀 최고의 아이디어**, **엑셀 제2의 아이디어**, **엑셀 제3의 아이디어**로 정리하였다.

염건교수의 엑셀강의

Chapter

01

일러두기 및 개요

1. 이 책의 특징과 범위 그리고 일러두기
2. 스프레드시트 프로그램의 기원 : 비지칼크(VisiCalc)
3. 엑셀을 왜 배우는가?

1 이 책의 특징과 범위 그리고 일러두기

엑셀을 활용하기 위한 매뉴얼이나 학습서들이 상당히 많이 나와 있다. 무엇인가 새로운 것을 공부하려고 할 때, 자신의 수준에 잘 맞게 설명된 책을 선택해서 공부하거나, 필요한 목적에 잘 맞게 기획하여 설명하는 책을 선택해서 공부하는 것이 목표를 달성하는 데 훨씬 많은 도움이 될 것이다. 그런 의미에서 이 책은 다른 책과 무엇이 같고 어떤 점에서 차별화되는가를 간략하게 언급하려고 한다.

엑셀이란 소프트웨어를 업무에 활용하는 방법에 대하여 다루고 있다는 점에서 이 책은 엑셀 활용 매뉴얼이다. 그러나 수많은 기능을 평면적으로 나열하고 있지 않고 엑셀을 이해하는데 꼭 필요한 내용을 선별하여 엑셀의 탄생 아이디어에서부터 핵심 아이디어와 응용을 위한 팁까지 단계적이고 입체적으로 구성되었다는 점에서 다르다. 또 중요한 내용과 부수적인 내용, 매우 핵심적인 내용과 많은 사람들이 잘 틀리는 부분까지를 콕 집어서 설명하려고 기획된 책이라는 점에서 차별화될 수 있다.

이 책은 엑셀의 가장 기초적인 내용에서부터 시작해서 엑셀의 핵심 아이디어 세 가지를 토대로 엑셀을 개인적인 업무에 창의적으로 활용할 수 있는 응용력을 늘려 갈 수 있도록 단계적으로 구성하였다. 전체 내용을 세 개의 파트로 구분했는데, 제1부는 이미 약간 엑셀의 기본적인 내용을 이해하고 있는 독자들이 엑셀의 특성 및 원리를 조금 더 정확하게 이해하는 것이 목표인 경우에 소기의 성과를 거둘 수 있도록 계획하였다. 또 엑셀을 처음 배우는 학생(초·중·고등학생)이나 실버교육이 필요한 독자들이 엑셀의 기초기능을 익히면서 엑셀에 대한 흥미를 느낄 수 있도록 하였다. 제2부는 대학생들이나 직장인 독자들을 위한 내용으로 되어 있다. 제1부를 공부한 후에 제2부 정도를 공부하면 웬만한 자신의 업무에 엑셀을 제법 적용해서 활용해 볼 수 있을 정도의 목표는 달성할 수 있다. 제3부의 내용은 엑셀을 활용할 때 날개를 달아주기 위한 목적을 가지고 구성하였다. 이미 제2부까지 공부한 독자들이라면 시간을 조금 더 내서 제3부의 몇 가지 도구 활용에 대하여 공부하면 자신의 업무에 적절히 엑셀을 창의적으로 활용해서 업무의 성과와 효율성이라는 두 가지를 다 성취할 수 있을 것이다.

그렇다고 이 책이 엑셀의 모든 기능을 다 설명하고 있지는 않다. 또 매우 실무적인 복잡한 내용도 다루지 않는다. 다시 강조하지만 이 책은 엑셀의 핵심 아이디어의 이해와 실무 활용에 창의력을 발휘할 수 있도록 하는 것이 목표다. 이 목표를 보다 쉽게 달성하기 위해서 내용을 선별하여 예제를 개발하였고, 아주 간단한 문제에서 점차 복잡하고 창의력이 필요한 문제로 단계적으로 변하는 형태로 디자인하였다.

아래의 몇 가지 **일러두기**는 내용 설명과 전달을 좀 더 쉽고 직관적으로 기술하기 위해서 이 책에서 자주 사용되는 표현법을 정리한 것이다.

- 기본적인 설명은 당연히 본문에서 하고 있지만, 엄선된 100개의 예제를 통해서 업무에 활용되는 기능과 아이디어를 설명하려고 한다.
- 서술의 편의를 위해서 엑셀 작업 내용을 나타내는 용어와 방법을 일관되게 사용하였다. **범위 A2:B5**는 엑셀 워크시트에서 직사각형으로 배열된 셀들의 집합을 의미하는데, 양쪽 주대각선상의 끝에 위치한 셀 주소를 콜론(:)으로 연결해서 **A2:B5**라고 표시한다. 여기서 셀 A2는 왼쪽 위에 위치한 셀이고, 셀 B5는 오른쪽 아래에 위치한 셀이다. "**범위 A2:B5를 선택한다**"는 표현은 셀 A2를 클릭한 후 셀 B5까지 드래그(Drag)하여 해당 범위의 색이 반전된 상태가 되도록 한다는 뜻이다. 사용자가 셀에다 입력해야 하는 수식은 굵은고딕 이탤릭체를 사용하여 ***=A1+B2***처럼 표현하였다.
- 본문 중, 처음 등장하는 주요 개념의 용어나 특히 매우 강조하고 싶은 단어나 문장은 "굵은고딕 칼라글씨"로 표시하였다.
- 엑셀 작업화면의 리본 메뉴에서 특정 아이콘을 골라서 클릭해야 하는 경우, 이 책에서는 "리본 메뉴 홈 셀 서식에서 ❏ 셀 서식을 클릭"과 같이 표현하였다. 이와 같이 둥근 사각형 박스에 들어 있는 리본 메뉴, 홈, 셀, 서식 등은 리본 메뉴에 있는 탭, 그룹, 목록 등 최종 선택 직전 단계까지를 나타낼 때 사용하였고, 앞에 단추(Button)가 붙은 ❏ 셀 서식 등은 메뉴목록 중의 하나를 선택한다는 것을 나타낼 때 사용하였다. 최종 선택을 하게 되면 해당 기능이 실행되거나 또는 관련된 팝업창이 열려서 다음 설정이나 명령을 선택할 수 있는 상태가 된다. 다시 말하면, 최종 선택과 관련된 메뉴 선택, "확인" 단추 클릭 등은 ❏ 셀 삽입, ❏ 합계, ❏ 확인과 같이 앞에 단추 그림을 덧붙여 나타내었다. 그러나 선택이 간단하여 독자들이 혼동할 상황이 아닌 경우에는 그냥 간단히 굵은고딕 글씨를 사용하여 나타내기도 하였다.
- 팝업창이나 팝업메뉴, 작업창, 옵션 설정창 등은 윈도우즈 기호를 앞에 덧붙여 다음과 같이 표현하였다(예 : ⊞ 피벗 테이블 필드 작업창).
- 함수의 인수를 의미하는 용어는 띄어쓰지 않고, 언더바기호(_)를 사용하여 붙여

서 표기하였다. 가령 VLOOKUP 함수의 인수인 "참조 값"은 "**참조_값**"으로, "표시 열 번호"는 "**표시_열_번호**"로 표기하였다.

- 수식이나 함수가 계산되어 그 결과가 셀에 표시되는 것을 "**반환된다(Returned)**"라고 표현하였다.
- 예제마다 문제의 마지막에 "**키워드 : 상대참조/절대참조, SUM 함수**"와 같은 키워드를 붙였다. 키워드는 그 예제를 통해서 언급되는 핵심 개념으로 반드시 이해하고 넘어가야 할 내용을 의미한다.
- 다음은 서로 같은 의미로 사용된 용어다; 오류 메시지(에러 메시지), 제목글(머리글), 엑셀 통합문서(Excel Workbook), 텍스트(문자열).
- 본문의 내용과 관련은 있지만 비교적 독립적인 내용이나 잠깐 참고할 사항은 사각박스를 사용하여 본문과 구분하였다. 또 본문의 내용과 직접적인 연관은 없지만 반드시 알아두어야 할 내용은 **아포리즘**이란 제목의 박스글로 다루었다.
- 이 책에 등장하는 예제는 대부분 워크시트의 A열, 1행에서부터 데이터가 입력되어 있다. 독자들도 각 예제마다 새로운 워크시트를 열어서 똑같은 셀 주소에 데이터를 입력해 가면서 연습해 볼 것을 권한다.
- 앞에서 다뤘던 예제를 재활용한다는 표현은 그 예제 워크시트를 복사해서 그대로 사용하든지, 약간의 수정을 하면서 사용한다는 의미이다. 독자들은 이런 경우 전체를 새로 작성할 필요 없이 앞의 예제를 새로운 워크시트에 복사해서 사용하면 편리할 것이다.
- 이 책에서 다루는 예제는 엄선하여 100개로 정리하였으며 1부터 차례로 일련번호를 붙였다. 본문에 삽입한 그림은 각 장(Chapter)별로 구분하여 일련번호를 붙였다. 제1장에 등장하는 그림에 대한 일련번호는 [그림 1-1]부터 시작하고, 제2장에 등장하는 그림은 [그림 2-1]부터 시작한다.
- 관련된 내용들이 하이퍼텍스트처럼 잘 짜여 있어서, 개념과 활용법을 서로 참고해 가면서 이해할 수 있도록 만들었다. 아래와 같은 노란색 화살표 그림으로 표시된 부분은 하이퍼텍스트처럼 서로 관련이 있는 내용이다. 또 화살표머리의 방향은 관련 내용이 이전 또는 이후에 있음을 나타낸다.

예) 제9장 1절의 **아포리즘 17** 참고

- 엑셀을 공부하다가 궁금한 것이 있으면 기능키(Function Key) F1을 눌러 도움말

을 참고할 수 있다. 그런데 도움말은 영어로 된 내용을 마이크로소프트사의 기계 번역 소프트웨어로 번역한 내용이기 때문에 오히려 이해하기 어려운 경우도 있다. 그런 경우, 영어로 된 내용을 직접 찾아보는 것도 필요할 것이다. 이 책은 주요 용어에 대해서는 영어 용어를 병기하여 그런 면에서 도움이 될 수 있도록 하였다.

2 스프레드시트 프로그램의 기원 : 비지칼크(VisiCalc)

엑셀과 같은 소프트웨어를 스프레드시트(Spread Sheet) 프로그램이라고 부른다. 마치 넓은 종이를 펼쳐 놓고 그것을 표(Table)처럼 가로, 세로의 칸으로 나누어 각 칸(Cell)에 필요한 데이터를 기록해 가면서 원하는 작업을 시도하는 소프트웨어라고 해서 이러한 이름을 붙인 것이다. 이러한 스프레드시트 프로그램은 초창기 메인프레임(Mainframe) 컴퓨터 시대에 개발된 LANPAR(LANguage for Programming Arrays at Random)라고 하는 컴퓨터 프로그램이 가장 최초로 개발된 것이고, PC(Personal Computer) 시대로 오면서는 **비지칼크(VisiCalc)**라고 하는 컴퓨터 프로그램이 최초의 PC용 스프레드시트 프로그램이라고 할 수 있다.

비지칼크는 1979년에 발표되었는데, 당시 **댄 브릭클린(Dan Bricklin)**이란 학생이 하버드 경영대학원(Harvard Business School)에서 재무관리 강좌를 듣다가 교수가 칠판에 재무모델(Financial Model)을 설명하는 모습을 보고 아이디어를 떠올린 것에서 비롯되었다. 재무모델은 여러 가지 데이터와 수식으로 되어 있었는데 모델을 만들어 가는 중간에 오류가 발견되면 관련된 모든 데이터를 칠판에 다시 고쳐 써야 했었다. 댄은 그 과정을 컴퓨터를 이용한 전자식 프로그램으로 만들면 데이터가 자동으로 수정되도록 만들 수 있겠다는 생각을 떠올렸다. 프로그램 개발 일을 하고 있던 밥 프랭스톤(Bob Frankston)과 공동으로 Software Arts란 회사를 설립하고, 1978~1979년 겨울 두 달 반에 비지칼크를 개발하는 데 성공했다.

종전의 컴퓨터 프로그램 처리방식이 정해진 순서대로만 이루어지는 순차적인 계산과정이었던 것에 비해서 비지칼크는 더 이상 순차적인 것이 아닌 새로운 사고방식이었다. 프로그램의 한 군데에서 변화가 일어나면 연결된 모든 것들이 동시에 자동적으로 수정되어 반영되는, 당시로서는 거의 혁명적인 방식이었다. 또한 비지칼크는 당시 PC

를 사용하는 수많은 사용자들이 고대하던 최초의 비즈니스용 컴퓨터 프로그램이기도 했다. 공동 개발자인 밥은 그들이 개발한 비지칼크를 "사용자가 친숙한 개념과 도구로 편리하게 계산과 재계산을 수행할 수 있는 **마법의 종이**"라고 묘사하기도 했다.

아포리즘 1 **댄 브릭클린 (1951년생, 미국인)**

스프레드시트 프로그램의 아버지(The Father of the Spreadsheet)란 칭호를 받고 있다. 현재 Software Garden, Inc.의 설립자이자 회장으로 재직하고 있으며 비지칼크의 공동 개발자인 밥 프랭스톤이 설립한 Alpha Software사의 최고기술책임자(CTO)를 맡고 있다. 최근에는 웹상에서 여럿이 협력작업을 할 수 있는 위키칼크(WikiCalc)를 개발 중이다.

(자료원 : wikipedia.org, 2016. 5. 27.)

당시 PC용 소프트웨어는 대개 100달러 이하의 가격으로 판매되었는데, 비지칼크는 당시 최고 사양의 PC인 Apple Ⅱ에 탑재되어 판매되기 시작하였다. 비즈니스용 소프트웨어를 기다리고 있었던 사람들에게 비지칼크의 인기는 최고였고, 심지어는 이 프로그램을 사용해 보기 위해 당시 2,000달러나 하는 Apple Ⅱ를 구입하는 현상이 벌어지기도 했다. 비지칼크는 그 후 7년 동안 당시로서는 엄청난 물량인 70만 본(Copy)이나 팔리는 성과를 거두었다. 그리고 1983년 새로운 경쟁제품인 "LOTUS 1-2-3"가 나오면서 판매는 하룻밤 사이에 종료되고 말았다. 이어서 1985년 LOTUS사는 비지칼크의 개발사인 Software Arts사를 인수해 버렸다.

한편 1982년 "Multiplan"이란 이름으로 처음 등장한 마이크로소프트사의 스프레드시트 프로그램은 처음에는 "LOTUS 1-2-3"의 인기를 따라가지 못했지만, 1985년 매킨토시용으로 "**Excel**" **버전**을 발표하고 곧 이어서 1987년 윈도우즈(Windows) 버전으로 변화하면서 조금씩 사용자들의 관심을 끌기 시작했다. LOTUS사의 늦은 대응에 힘입어 1988년 드디어 선두 주자로 올라서게 되었다. 이후 현재까지 **엑셀(Excel)**은 가장 많이 사용되는 스프레드시트 프로그램이 되었다.

[그림 1-1]은 당시 비지칼크의 화면이다. 이것을 통해서 엑셀과 같은 스프레드시트 프로그램을 마법의 종이라고 묘사하기도 했던 혁신적인 아이디어를 이해해 보자. 화면의 프로그램 작업은 상점에서 상품을 판매하면서 청구서를 작성하는 내용이다. 스프레드시트 프로그램은 화면을 테이블처럼 가로, 세로의 격자 칸으로 구분하여 활용하는 방식인데, 화면은 A, B, C, D라는 4개의 열과 아래로 1, 2, 3, … 과 같은 일련번호가 붙은 행으로 구분되어 있다(당시 PC 모니터의 해상도는 640×480으로 지금처럼 가로,

세로줄까지 세밀한 표시는 불가능했다). A열에는 판매된 상품 이름(ITEM : MUCK RAKE, BUZZ CUT, TOE TONER, EYE SNUFF)이 나열되어 있고, B열에는 판매된 수량(NO. : 43, 15, 250, 2)이, C열에는 제품단가(UNIT : 12.95, 6.75, 49.95, 4.95)가 기록되어 있다.

그림 1-1 **애플 Ⅱ 컴퓨터에서 작동 중인 비지칼크**

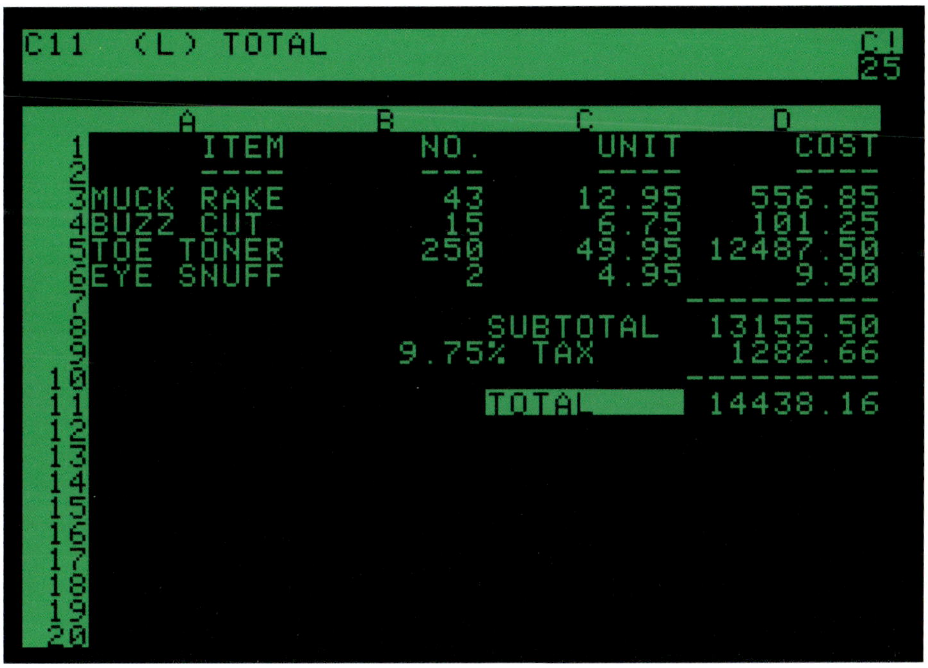

그리고 D열에는 각 품목별 판매금액이 표시되고 있는데(COST : 556.85, 101.25, 12487.50, 9.90) 이 값은 컴퓨터가 수식을 이용해서 자동으로 계산한 금액인 것이다. 즉 "MUCK RAKE" "43"개를 단가 "$12.95"에 구입하는 경우에는 "$556.85"라는 것이고, 이 값은 *43×12.95*로 계산한 값이나. 바로 D열의 칸(D3)에는 데이터 대신에 "B열의 수량"에 "C열의 단가"를 곱하라는 수식을 입력했기 때문에 이와 같은 결과를 산출할 수 있었다. 아래 나머지 품목도 같은 방법으로 수식이 입력되어 있다. 그리고 그 아래 D열의 8번째 행에 있는 소계 "SUBTOTAL"은 지금까지 산출된 품목별 금액을 모두 합하는 수식 "556.85+101.25+12487.50+9.90"이 입력되어 있기 때문에 값 "$13155.50"이 계산된 것이다. 그리고 수량이나 단가가 변하는 경우에 이 계산된 결과도 자동으로 변하게 하는 것이 비지칼크의 아이디어였던 것이다. 그 아래 세금 "TAX"는 소계의 9.75%

를 계산하게 하는 수식의 결과이고, 그 아래 총계 "TOTAL"은 소계에 세금을 합한 금액이다. 이 값들도 자동으로 동시에 산출된 것이다.

이제 위 비지칼크의 내용을 엑셀을 이용해서 그대로 구현해 보겠다. D열을 뺀 나머지 열의 칸에는 문자나 숫자 데이터가 입력되어 있고, D열에는 오른쪽과 같은 수식이 입력된 것이다.

그림 1-2 엑셀로 똑같이 구현한 비지칼크 화면

	A	B	C	D	
1	ITEM	NO.	UNIT	COST	
2	----	---	----	----	
3	MUCK RAKE	43	12.95	556.85	=B3*C3
4	BUZZ CUT	15	6.75	101.25	=B4*C4
5	TOE TONER	250	49.95	12487.50	=B5*C5
6	EYE SNUFF	2	4.95	9.90	=B6*C6
7				---------	---------
8			SUBTOTAL	13155.50	=SUM(D3:D6)
9		9.75	% TAX	1282.66	=D8*B9/100
10				---------	---------
11			TOTAL	14438.16	=D8+D9
12					
13					

여러분들이 지금 컴퓨터에서 엑셀 프로그램을 사용하고 있는 중이라면, 위 화면에서 각 품목의 수량(B열의 숫자)이나 단가(C열의 숫자)를 변화시켜 보면서 D열의 수식 결과가 어떻게 자동으로 계산되는지 확인해 보기 바란다. 또 B열 9행에 있는 세율(9.75)도 변화시키면 D열 9행에 나타나는 세금액도 자동으로 변화되고, 그 아래 총액(TOTAL)도 마찬가지로 자동으로 변화하는 것을 확인할 수 있을 것이다. 이러한 특성이 비지칼크나 엑셀과 같은 프로그램의 가장 중요한 아이디어이자 비지칼크를 탄생시킨 아이디어인 것이다.

3 엑셀을 왜 배우는가?

엑셀의 원조 격인 비지칼크 프로그램이 발표되었을 때, 당시 PC를 사용하는 사람들은 오랫동안 기다려 왔던 소프트웨어가 드디어 나왔다고 환영하였다. 당시에도 문서 작업을 위한 워드프로세서 프로그램은 이미 많이들 사용하고 있었지만, 사용자가 딱히 자신의 업무에 활용할 수 있는 목적의 프로그램은 메인프레임(Mainframe)용 외에는 이렇다 할 것이 없었던 상황이었다. 앞절에서도 언급했듯이 스프레드시트 프로그램은 테이블과 같은 형태의 작업문서에 적절히 데이터를 입력해 저장해 놓고 필요한 부분만 표시하게 하거나 필요한 내용들을 골라서 계산을 수행할 수 있었고 또 이러한 작업이 동시에 자동으로 실행되게 할 수 있기 때문에, 사용자가 생각만 잘하면 얼마든지 자신의 이런저런 업무에 활용할 여지가 보였던 것이다.

비지칼크 이후의 엑셀은 스프레드시트 프로그램의 기본적인 특성에다 차트(Chart)와 같은 그래픽 기능과 데이터베이스 프로그램 못지않은 데이터 관리 기능을 추가하여, 말하자면 워드프로세서, 계산기, 그래픽 기능, 데이터 관리 기능을 모두 망라한 업무용 종합 소프트웨어로 발전하였다. 가장 먼저 엑셀을 활용하게 된 분야는 복잡한 금리계산이 필요한 금융분야라고 할 수 있고, 문서에 거래의 기록과 계산이 동시에 필요한 청구서(Invoice)를 많이 사용하던 분야, 문서에 그림이나 차트를 넣어서 작성하는 분야나, 대규모 데이터를 관리하면서 사용하는 작업이 필요했던 분야 등 간단한 개인적인 사용에서부터 회사 차원의 대규모 조직적인 업무까지 엑셀은 다양하게 필요에 맞추어 잘 활용되고 있다. 조금 과장해서 말하자면 컴퓨터를 개인적인 일에 활용할 때, 인터넷 서핑을 위한 웹브라우저(Web Browser) 프로그램과 엑셀 정도만 있으면 대부분의 사용자가 크게 불편을 느끼지 않을지도 모른다.

최근 교육과정이 개정되면서 새롭게 소프트웨어 교육이 강화되었고, 이에 따라 초등학교부터 소프트웨어 교육을 시작하고, 중학교부터는 아예 필수 이수과목으로 자리 잡게 되었다. 그렇다면 어린 학생들에게 정작 필요한 소프트웨어 교육으로는 프로그래밍에 대한 교육보다는 엑셀과 같은 비즈니스 프로그램의 핵심적 아이디어를 가르치는 것이 더욱 재미있을 뿐만 아니라 나아가 컴퓨터의 매력에 빠져들게 할 가능성이 크다고 생각한다. 이를 통해서 상상력과 창의력을 발전시킬 수 있는 것은 물론이다.

아무튼 엑셀은 취업 면접 시 컴퓨터를 얼마나 다룰지 아는가를 확인하고자 할 때 엑셀에 대한 이해나 엑셀의 기능을 물어보는 것으로 이용할 정도로 비즈니스 및 일상 업무에 필수적인 소프트웨어로 자리 잡고 있다. 또한 개인적으로도 다양한 용도에 스스로 활용할 여지도 많이 있는 것이 엑셀이란 소프트웨어다.

Chapter

02

엑셀은 어떤 경우에, 어떻게 활용하는가?

1. 셀과 워크시트
2. 엑셀 화면 이해
3. 엑셀과 사용자의 커뮤니케이션 1 : 마우스 포인터의 변화
4. 전형적인 엑셀 활용 사례

1 셀과 워크시트

엑셀과 같은 스프레드시트 프로그램은 가로, 세로 격자로 구분된 칸(Cell)들이 모여 있는 테이블과 같은 화면을 보여 준다. 모눈처럼 구분된 그 칸을 **셀(Cell)**이라고 부르고 엑셀 화면에서 마우스나 키보드의 방향키(▲ ▼ ◀ ▶)로 이리 저리 움직여 보면 플러스(✜) 모양의 마우스 포인터가 보인다. 또 셀을 클릭하면 셀을 둘러싸고 있는 녹색의 테두리가 나타난다. 녹색 테두리 표시는 현재 그 셀이 선택되었다는 것을 나타내는 것이다. 이러한 셀들로 구성된 거대한 화면의 작업장을 **워크시트(Worksheet)**라고 부른다.

워크시트는 모두 16,384(=2^{14})개의 열과 1,048,576(=2^{20})개의 행으로 구성되어 있는 엄청난 규모다. 모니터에 보이는 한 화면에는 대략 25개의 열과 35개의 행 분량이 보이니까 전체 크기는 대략 모니터 2천만 개를 합한 크기로 계산된다. 물론 이러한 워크시트가 꽉 찰 정도의 규모로 엑셀을 활용하는 경우는 거의 없기도 하고 그럴 필요도 없지만, 그 정도 규모의 작업도 다룰 수 있다는 정도로 이해하면 되겠다. 그리고 엑셀에서는 한 장의 워크시트뿐만 아니라 여러 장의 워크시트를 활용할 수 있다. 따라서 필요하면 얼마든지 새로운 워크시트를 추가해 가면서 데이터를 저장하고 활용하면 된다(워크시트를 추가하는 방법에 대해서는 다음 절에서 언급한다).

워크시트에서 작업한 내용을 저장하면 "**Excel 통합문서(*.xlsx)**"로 저장되는데 이때 작업하면서 추가한 워크시트가 있으면 여러 장의 워크시트가 모두 함께 하나의 파일에 저장된다. Excel 통합문서(보통 **엑셀 파일**이라고 부름, 영어로는 Excel Workbook이라고 함)는 파일의 확장자가 **xlsx**로 되어 있다. 제14장에서 다루는 내용이지만 매크로가 있는 엑셀 파일은 "**Excel 매크로 사용 통합문서(*.xlsm)**"로 저장해야 하는데, 파일의 확장자가 **xlsm**이다(영어로는 Excel Macro-Enabled Workbook이라고 함). 엑셀 파일을 다른 이름이나 형식으로 저장하려는 경우에는 [리본 메뉴] [파일] [다른 이름으로 저장]을 선택하고 [찾아보기]를 눌러 나오는 [폴더] 창에서 파일 형식과 이름을 설정하면 된다(가령, 엑셀 파일을 웹 문서 파일(*.html), 텍스트 파일(*.txt), PDF 파일(*.pdf) 등으로 저장할 수 있다).

셀에는 문자, 숫자, 날짜, 수식 등 다양한 형태의 데이터를 저장할 수 있다. 셀에는 셀마다 구분할 수 있도록 셀 주소가 붙어 있고, 셀에 수식을 입력할 경우에 셀 주소를 사용하면(이것을 셀을 **참조**한다고 한다) 해당 셀 주소에 입력되어 있는 데이터를 가져다 활용할 수 있다는 점이 **엑셀의 핵심 아이디어**다. 물론 현재 워크시트에 있는 셀뿐만 아니라 다른 워크시트(심지어는 다른 엑셀 통합문서)에 있는 셀 주소도 활용이 가능하다.

2 엑셀 화면 이해

엑셀도 마찬가지지만 대부분의 소프트웨어 사용법을 보다 쉽게 이해하기 위해서는 가장 먼저 프로그램의 작업화면을 주의 깊게 살펴보는 것이 필요하다. 모든 소프트웨어가 다 사람이 만든 것이기 때문에 만든 사람들의 입장에서는 어떻게 화면을 꾸며야 사용자들이 쉽게 이 기능을 활용하기 좋을까를 고민하면서 만들었을 것이기 때문이다. 이 절에서는 먼저 엑셀을 작동시켰을 때 나오는 화면에 대해서 간략하게 이해를 하고 넘어가려고 한다.

(1) 엑셀 작업화면

엑셀 통합문서 파일(새 통합문서든 작업하던 통합문서든)을 하나 열면 [그림 2-1]과 같은 화면이 나온다. 일단 전체 화면을 크게 조망해 보자. 화면의 윗부분에는 마이크로소프트 오피스 프로그램 특유의 리본 메뉴가 보인다. 그리고 그 아래쪽에 가로로 길게 알파벳 A, B, C, … 기호가 붙어 있는 부분(❶), 왼쪽에는 세로로 1, 2, 3, … 과 같이

그림 2-1 엑셀의 작업화면 1

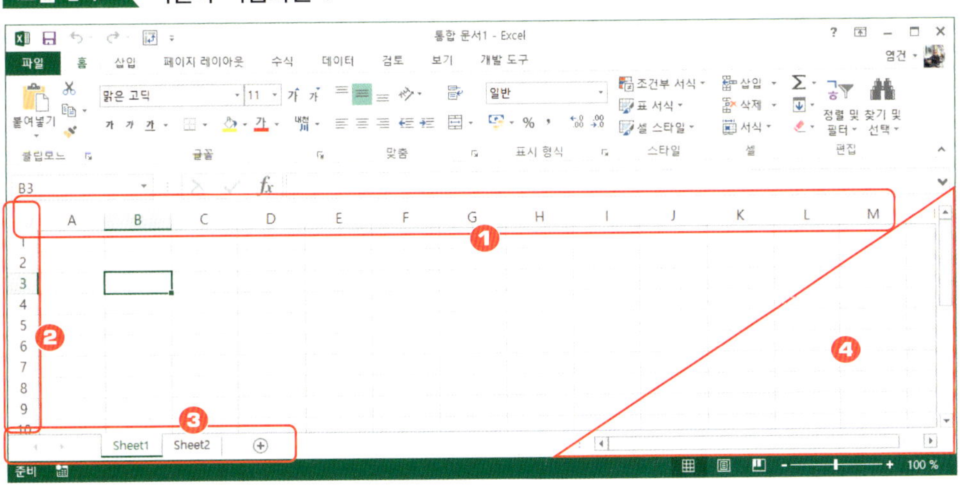

일련번호가 붙어 있는 부분(❷), 아래쪽에는 Sheet1, Sheet2와 같은 표시가 있는 부분(❸), 오른쪽 구석에 나타나 있는 화면 스크롤 막대 부분(❹)이 있고, 중앙의 모눈처럼 된 셀들은 하나의 워크시트를 보여주고 있다.

리본 메뉴는 "탭(Tab)"이라고 부르는 몇 개의 메뉴 그룹이 겹친 상태로 보인다. 위의 [그림 2-1]에 보이는 리본 메뉴는 여러 개의 탭 중에서 홈 탭을 클릭하여 가장 앞에 보이게 한 상태이다. 맨 앞에 나오는 탭 메뉴에만 테두리 선이 연결되어 있고, 탭 메뉴의 글자색이 녹색으로 표시되고 있다. 나머지 파일 탭(이 탭만 녹색으로 표시되어 있음), 삽입 탭, 페이지 레이아웃 탭, 수식 탭, 데이터 탭, 검토 탭, 보기 탭, 개발도구 탭 등이 뒤에 비활성화 상태로 있는 것이 보인다. 비활성화된 탭 메뉴의 글자색은 검정(짙은 회색)이다. 각각의 탭을 클릭하면 그 탭 메뉴가 가장 앞에 보이게 된다. 아래에 있는 [그림 2-2]는 삽입 탭을 클릭하여 그것이 맨 앞으로 나온 모습이다. 또 각각의 탭 메뉴는 몇 개의 구역으로 구분해서 그 속에 세부적인 아이콘들을 보여주고 있다. 이 구역을 각각 **그룹**이라고 부른다. 그룹 이름은 각 구역의 맨 아래 줄에 보인다. [그림 2-2]에서 삽입 탭 메뉴는 표 그룹, 일러스트레이션 그룹, 추가 기능 그룹, 차트 그룹, 스파크라인 그룹, 필터 그룹, 링크 그룹, 텍스트 그룹, 기호 그룹으로 나누어져 있음을 볼 수 있다.

그림 2-2 리본 메뉴 중 삽입 탭 메뉴

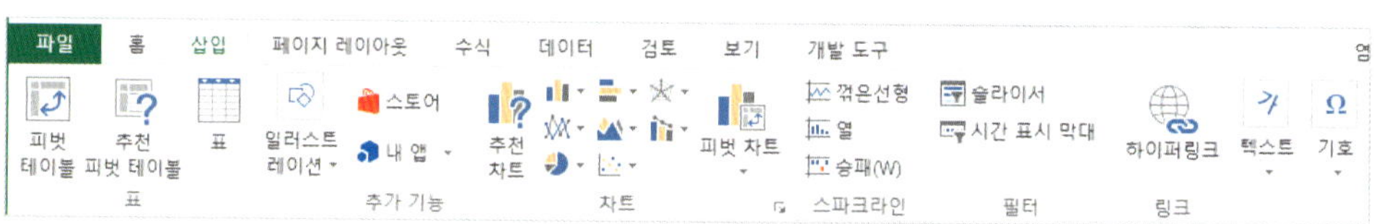

이제 [그림 2-1]에서 네 군데에 위치한 메뉴들을 하나씩 살펴보기로 하자.

(2) 행 번호/열 번호/셀 주소/범위

가로로 길게 알파벳 A, B, C, … 기호가 붙어 있는 ❶ 부분은 셀의 **열 번호**를 의미한다. 즉 맨 왼쪽부터 알파벳 A에서부터 시작해서 B, C, D, … 식으로 이름을 붙인 것이다. 그리고 왼쪽에 세로로 1, 2, 3, … 과 같이 일련번호가 붙어 있는 ❷ 부분은 셀의 **행 번호**를 의미한다. 이것은 맨 위쪽부터 시작해서 1, 2, 3, 4, … 와 같이 정수 일련번호를 붙이고 있다.

아포리즘 2 열 번호는 26진법이다

열 번호는 알파벳을 차용해서 붙인다. 알파벳은 A부터 Z까지 모두 26글자이므로 1열에서부터 26열까지는 A, B, …, Z라고 붙일 수 있다. 그럼 27번째 열은 뭐라고 붙여야 할까?

10진법은 0부터 9까지 10개의 기호를 가지고 수를 나타내는 체계를 의미한다. 2진법은 0과 1 두 개의 기호를 사용한다. 이와 같이 *k*진법에서 기호를 모두 사용한 경우에는 자릿수를 하나 늘려서 다음 숫자를 나타낸다. 즉 10진법에서 9 다음은 10이라고 두 글자로 표시하는 것이고, 2진법에서 1 다음은 10이라고 표시한다. 물론 10진법에서 99 다음은 100이 되고, 2진법에서 11 다음은 100이 된다.

이제 워크시트의 열 번호를 나타내는 26진법 체계를 이해해 보자. 26번째 열 번호는 Z이므로, 27번째 열 번호는 AA라고 두 글자로 나타내는 것이다. 그리고 AA, AB, …, AZ 다음 열은 BA, BB, …, BZ가 되고, 이런 식으로 ZZ 다음 열은 AAA가 된다. 계속해서 다음 열은 AAB, AAC, …, AAZ, ABA, ABB, …, ABZ, ACA, …, AZZ, BAA 이렇게 해서 맨 끝 16,384번째 열의 번호는 XFD로 끝난다.

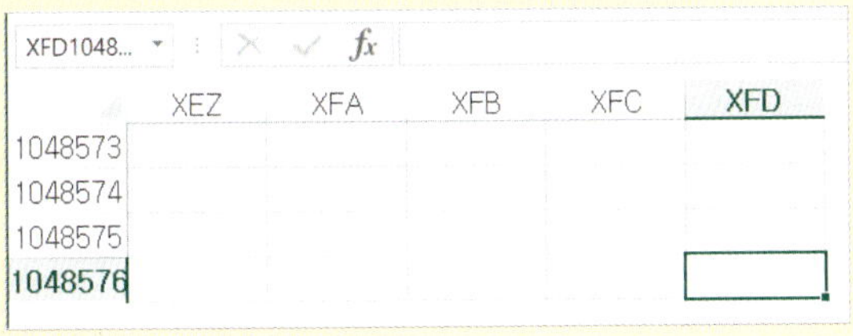

이 열 번호와 행 번호를 이용해서 특정 셀의 주소를 표시한다(이 책에서는 A1 참조 스타일을 사용한다. 자세한 내용은 **아포리즘 13** 을 참고하라). 가령 화면에 셀 포인터가 위치한 셀(녹색선으로 표시)의 주소는 "B3"라고 하는데, 알파벳으로 표시하는 열 번호를 먼저 붙이고 이어서 숫자로 된 행 번호를 붙이는 방법으로 **셀 주소**를 나타낸다. [그림 2-1]에서 셀 포인터가 있는 셀 B3를 확인해 보라. 이때 셀 포인터가 셀 B3에 있는 것을 나타내기 위해서 열 주소가 있는 ❶ 부분의 B열과 행 주소가 있는 ❷ 부분의 3행을 보면 글자색도 녹색으로 바뀌고 색이 짙게 표시되어 있음을 볼 수 있다. 그리고 인접해 있는 여러 셀들의 집합을 **범위**라고 부른다. 가령 셀 A2를 왼쪽 상단으로 하고 셀 B5를 오른쪽 하단으로 하는 직사각형의 셀 범위를 나타낼 때에는 양쪽 주대각선상의 끝에 위치한 셀 주소를 콜론(:)으로 연결해서 **A2:B5**라고 표시한다.

(3) 워크시트 탭

작업화면의 아래쪽에 Sheet1, Sheet2와 같은 표시가 있는 ❸ 부분은 워크시트의 이름을 표시하는 워크시트 탭을 나타낸다. 현재 이 통합문서에는 2장의 워크시트가 만들어져 있고, 각각의 이름은 "Sheet1", "Sheet2"이다. 자세히 보면 "Sheet1"의 탭은 밝은 흰색 바탕에 녹색의 글자로 표시되어 있고, "Sheet2"의 탭은 연한 회색 바탕에 짙은 회색의 글자색인데, 이것은 현재 작업하고 있는 워크시트는 "Sheet1"이라는 것을 보여주는 것이다(제9장 4절에서 두 장의 워크시트를 대상으로 작업하는 상황을 다루는데, 이럴 경우에는 두 장의 워크시트가 동시에 활성화된다. 이때 워크시트 탭의 색이나 글자색을 보면 확인할 수 있다).

워크시트 탭 바로 옆의 플러스기호(⊕)를 클릭하면 언제든지 새로운 워크시트가 추가된다. 또 워크시트 탭을 마우스 오른쪽 버튼으로 클릭하면 [그림 2-3]의 왼쪽에 보이는 팝업 메뉴가 떠서 워크시트 탭의 이름 바꾸기, 탭 색 지정, 워크시트 탭 삽입, 삭제 등의 작업을 할 수 있다.

그림 2-3 워크시트 탭의 팝업 메뉴와 이동/복사 창

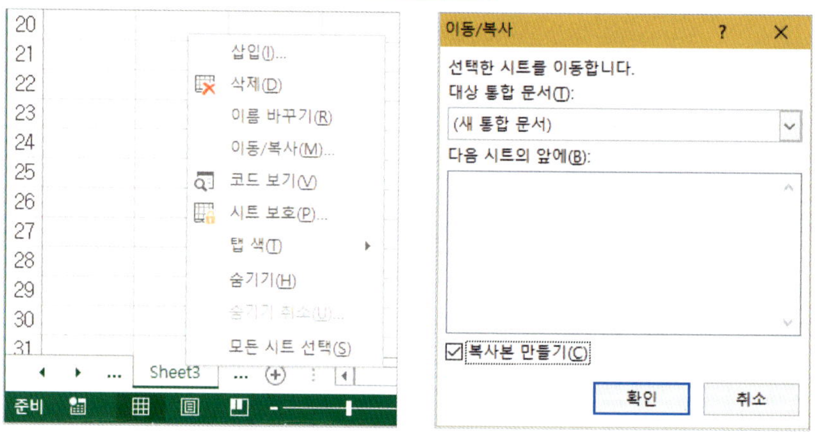

워크시트를 다른 엑셀 파일로 이동시키거나 복사를 하려면 [그림 2-3]의 팝업 메뉴에서 이동/복사 를 클릭하고, 이동/복사 창에서 이동/복사할 "대상 통합문서"를 고르고 이동/복사할 시트의 위치를 선택하면 된다. 특히 복사할 경우에는 맨 아래의 "복사본 만들기" 확인란을 체크하여야 한다.

워크시트를 항상 여러 장 사용해야 하는 사용자라면 엑셀 통합문서를 새로 열 때마다 그 숫자만큼의 워크시트가 보이는 것이 편리할 것이다. 이것은 리본 메뉴 파일 에서 옵션 을 눌러서 나오는 Excel 옵션 창에서 일반 을 선택하고, 새 통합문서 만들기 포함할 시트 수 에서 필요한 숫자를 설정하면 된다.

제8장 2절 참고

(4) 수식 입력줄, 이름상자, 상태 표시줄

아래 [그림 2-4]는 앞에서 언급하지 못한 나머지 작업화면의 부분을 보여주고 있다. 먼저 열 번호 바로 위에 길게 비어 있는 공간 ❶은 "**수식 입력줄**"이라고 한다. 원하는 셀을 클릭하여 셀 포인터를 위치한 다음 이곳을 클릭하여 데이터나 수식을 입력할 수 있다. 수식 입력줄의 왼쪽에는 "입력 취소", "입력 확인", "함수 마법사"를 선택하는 아이콘(✕ ✓ fx)이 있다. **함수 마법사**에 대해서는 제5장에서 함수를 공부할 때 언급할 것이다. 수식 입력줄의 오른쪽 끝에는 " ⌄ "와 같은 아이콘이 있다. 이것을 클릭하면 수식 입력줄이 아래로 넓어져서 긴 수식이나 데이터를 입력할 때에 편리하다.

그림 2-4 엑셀의 작업화면 2

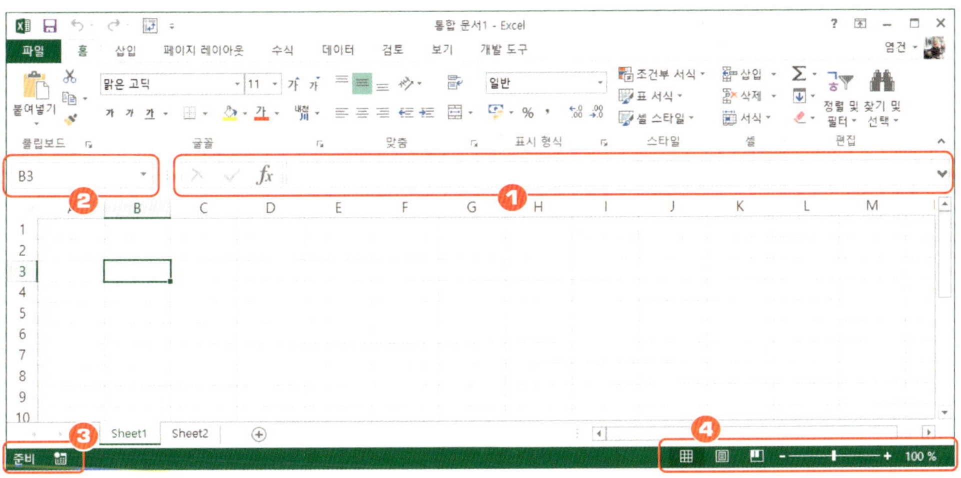

왼쪽에 ❷로 표시한 작은 부분은 "**이름상자**"라고 부른다. 자세히 보면 여기에는 현재 셀 포인터가 선택한 셀 "B3"의 주소가 나타나 있다. 이곳에는 현재 셀 포인터의 위치가 나타나 있지만, 필요하면 이 이름상자에 찾고자 하는 셀 주소를 입력한 후 엔터키를 누르면 해당 셀로 셀 포인터가 바로 이동한다. 이름상자에 관한 추가적인 내용은 이후에 언급할 것이다.

제9장 1절의 아포리즘 17 참고

앞절에서 워크시트는 16,384(=2^{14})개의 열과 1,048,576(=2^{20})개의 행으로 구성되어 있다고 하였다. 과연 정말 그러한 크기인지 확인해 보려면 임의의 셀을 클릭한 후에, 화살표를 계속 옆으로, 아래로 누르고 있어야 할 것이다. 그런데 워크시트가 엄청난 크기이므로 그렇게 해서 워크시트의 끝까지 가려면 시간이 한참 걸린다. 간단한 방법은 이름상자를 클릭하고 셀 주소 XFD1048576을 입력하고 엔터키를 누르면 바로 마지막 셀로 이동한다(또한 셀 포인터의 이동을 아주 빠르게 하는 방법으로 End키(End)와 방향 화살표를 사용하면 된다. 두 키를 동시에 누르는 것이 아니고 End키(End)를 누른 다음에 방향 화살표를 누르는 식이다. 이 경우 중간에 빈 셀이 있으면 건너뛰고 새롭게 내용이 들어 있는 셀까지 한 번에 이동한다).

화면 아래쪽에 있는 ❸ 부분은 "상태 표시줄"이라고 한다. 여기에는 현재 엑셀이 어떠한 상태에 있는지를 보여준다. 보통 "준비"라고 되어 있으면 엑셀이 작업하기 위한 상태를 말한다. 나중에 제14장에서 "매크로(Macro)"를 공부할 때 언급될 것이지만, 매크로 기록 상태에서 이곳은 준비 ■ 와 같이 마침 표식(■)으로 변하는데, 매크로 기록을 마치기 위해서는 이 마침 표식(■)을 클릭하면 된다. 역시 자세한 내용은 제14장에서 언급될 것이다.

마지막으로 상태 표시줄 오른쪽 끝에 있는 ❹ 부분은 엑셀 작업화면을 어떤 식으로 볼 것인가를 선택하는 부분이다. 기본적으로 오른쪽의 −, +기호는 화면을 확대하거나 축소하기 위한 것이고(마우스로 − 또는 +를 클릭하면 된다), 왼쪽의 세 가지 아이콘은 각각 다음과 같은 기능을 위한 것이다.

❶ "기본" : 보통 일반적으로 접하는 엑셀 화면을 보여준다.

❷ "페이지 레이아웃" : 워크시트가 상당히 큰 경우가 있으므로 인쇄 시 출력될 모양을 미리 보여준다. "페이지 나누기 미리보기"와 다른 점은 페이지의 여백을 동시에 보여주면서 머리글과 바닥글을 추가할 수 있다.

❸ "페이지 나누기 미리보기" : 위와 유사하게 인쇄 시 페이지가 나뉘는 모양을 간략하게 보여준다.

그리고 오른쪽 구석에 보이는 스크롤 막대는 워크시트 화면을 위/아래 방향이나 왼쪽/오른쪽 방향으로 움직일 때 사용한다.

3 엑셀과 사용자의 커뮤니케이션 1 : 마우스 포인터의 변화

지금까지 엑셀 화면을 디자인한 개발자의 입장에서 화면의 내용을 살펴보았다. 이제 엑셀의 핵심적 기능을 공부하기 전에 한 가지 재미있는 사실을 소개하려고 한다. 엑셀은 아주 잘 만들어진 소프트웨어다. 사용자가 엑셀의 사용법을 정확하게 모르는 경우라고 해도 작은 실수는 엑셀이 스스로 고칠 수 있도록 지능화되어 있고, 또 잘못 작업하는 경우에는 "그렇게 하면 안돼요"라고 말해 준다. 때론 정확한 방법을 알려주기도 한다. 물론 엑셀이 사람의 말을 하는 것은 아니다. 엑셀은 마우스 포인터의 모양 변화를 통해서, 때론 오류 표시나 오류 메시지를 통해서, 또는 사용자의 선택을 유도하는 옵션 단추를 나타냄으로써 친절하게 도움을 준다. 그리고 화면상에 마우스 포인터를 가져다 대고 잠시 멈추면 화면에 설명글이 나타나 간단한 사용정보를 제공하기도 한다. 이와 같이 엑셀이 뭔가 이야기를 하고자 할 때 초보 사용자들은 반드시 그 내용을 읽어 보면서 엑셀이 여러분에게 하고자 하는 말을 귀담아 들어 볼 것을 권한다.

먼저 여기서는 엑셀이 **마우스 포인터의 변화**를 통해서 어떠한 정보를 알려주려고 하는 것인지를 이해해 보자.

[그림 2-5]의 왼쪽 그림처럼 굵은 플러스 모양의 포인터는 엑셀의 가장 기본적인 포인터를 보여준다. 특정한 셀이나 한 무리의 셀 범위를 선택하는 경우에 이 포인터를 확인하고 마우스를 클릭하거나 드래그(Drag)하면 선택한 셀이나 범위의 테두리를 녹색 선으로 표시해 준다. 주의해서 봐야 할 부분은 녹색 선의 오른쪽 아래 꼭지점에 작은 점이 있다는 것이다. 이 작은 점 위로 마우스 포인터를 가져가면 [그림 2-5]의 오른쪽 그림처럼 플러스 모양으로 마우스 포인터가 바뀐다. 이 포인터를 "**채우기 핸들(Filling Handle)**"이라고 부른다. 일련의 데이터를 자동으로 채우기를 하거나 셀에 입력된 수식을 복사하려고 하는 경우에 이 포인터 모양을 확인하고 마우스를 드래그하면 된다. 어떻게 보면 엑셀에서 가장 핵심적인 기능을 제공하는 포인터라고 할 수 있다.

그림 2-5 엑셀 기본 포인터와 채우기 핸들 포인터 모양

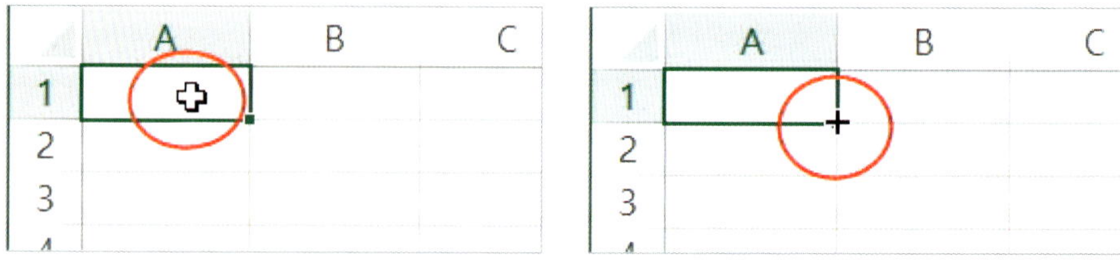

[그림 2-6]의 왼쪽 그림이 보여주는 포인터는 선택한 셀(또는 범위의 셀)을 다른 위치로 **이동**하려고 할 때 나타나는 포인터 모양이다. 셀 포인터의 녹색 테두리 위로 마우스 포인터를 가져가면 포인터가 이런 모양으로 변한다. 이때 마우스를 클릭하여 드래그하면 원하는 곳으로 셀을 이동시킬 수 있다. 그리고 오른쪽 그림이 보여주는 포인터는, 앞에서처럼 이동을 위한 포인터가 나타났을 때 키보드의 컨트롤키(Ctrl)를 누르면 화살표 포인터 어깨 위에 작은 플러스가 보이는 모양으로 변하는데 이 상태에서 마우스를 드래그하면 셀을 이동시킨 곳에도 **복사**되어 똑같이 만들어진다.

그림 2-6 셀 이동, 셀 복사를 위한 포인터 모양

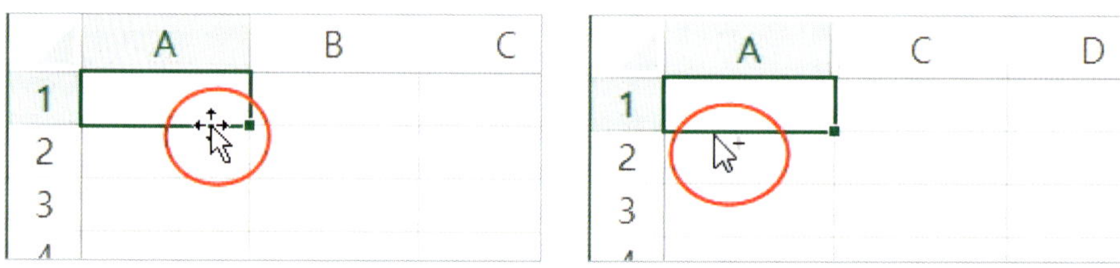

[그림 2-7]의 포인터는 왼쪽은 셀의 폭(열 너비), 그리고 오른쪽 포인터는 셀의 높이(행 높이)를 조절할 때 나타나는 모양이다. 마우스 포인터를 열 번호(또는 행 번호) 줄의 두 열(행) 경계선에 위치시켰을 때 그림과 같이 포인터 모양이 변한다. 이때 마우스를 드래그하면 폭(또는 높이)을 넓히거나 좁힐 수 있다.

그림 2-7 셀의 크기를 조절하기 위한 포인터 모양

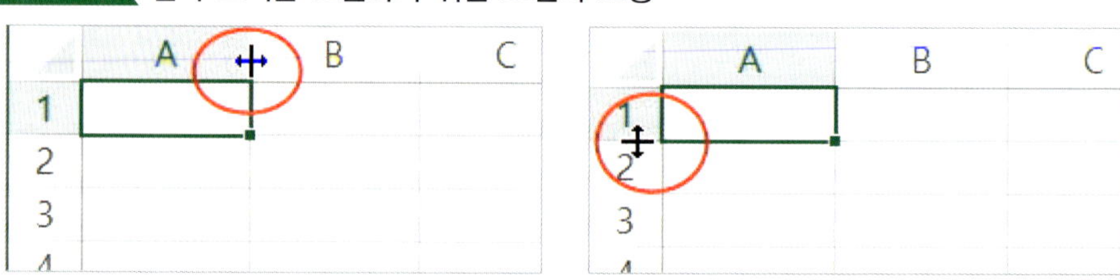

> 표준 열 너비는 8.43으로 표준 글꼴로 셀에 표시할 수 있는 문자수를 나타낸다. 즉 8 글자 반 정도 들어가는 크기라는 것이다. 열 너비는 0~255까지 지정할 수 있다. 열 너비를 0으로 설정하면 열이 숨겨진다. 행 높이는 0~409로 지정할 수 있는데, 이것은 포인트 단위(1포인트는 약 0.035cm)이고, 기본 행 높이는 12.75포인트(약 0.4cm)이다.

이 외에도 상황에 따라 마우스 포인터의 모양은 몇 가지 다른 모양으로 나타난다. [그림 2-8]은 몇 가지 상황에서의 포인터 모양이다. 왼쪽 그림의 포인터는 숨겨진 열을 다시 보이게 할 때 숨겨진 곳에 마우스를 위치하면 나타난다. 그림을 잘 보면 열 A 다음에 열 C가 보이고 열 B가 안 보이는 것을 확인할 수 있을 것이다(참고로 열을 숨기려면 [그림 2-7]의 포인터를 확인하고 마우스를 왼쪽으로 드래그하여 열 너비를 0으로 조절하면 된다). [그림 2-8]의 오른쪽 포인터 모양은 이름상자의 크기를 조절할 때 사용하는데, 이름상자와 수식 입력줄 사이의 "⋮" 표시 위에 마우스 포인터를 위치하면 나타난다. 그 외의 포인터에 대해서는 차후 필요할 때 다시 언급하겠다.

그림 2-8 기타 마우스 포인터 모양

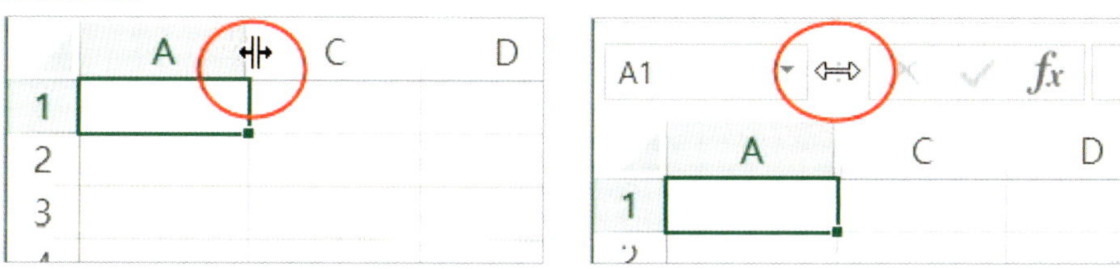

4 전형적인 엑셀 활용 사례

지금까지 엑셀을 이해하기 위한 첫 걸음인 가장 기본적인 내용에 대해서 살펴보았다. 본격적으로 엑셀의 기능을 다루기 전에 엑셀은 도대체 어떤 기능을 가지고 있는 소프트웨어인지를 몇 가지 전형적인 활용 사례를 보면서 감을 잡아보기로 하자.

엑셀의 원조격인 비지칼크라는 프로그램이 재무모델을 다루다가 떠올린 아이디어에서 시작된 것처럼, 엑셀은 재무업무를 주로 다루는 금융회사에서 가장 먼저 그리고 가장 많이 활용되고 있다. 첫 번째 사례로 [그림 2-9]는 은행에서 많이 사용하고 있는 전형적인 예이다. 어떤 은행에 대해서 연도별/지점별로 정리된 순이익 자료를 보여주고 있는 내용이다. 다루는 자료의 수가 많은 경우라면 연도별 합계액과 지점별 합계액을 구하는 간단한 작업이라고 하더라도 일일이 사람의 손으로 한다면 만만치 않다. 지금이야 엑셀이나 컴퓨터를 사용해서 간단히 처리되는 작업이지만 예전에는 일일이 사람이 직접 계산기를 두드려서 산출해야 했다. 그리고 가로의 합계와 세로의 합계가 딱 맞지 않으면 어디서 틀렸는지 한참을 찾아봐야 했던 것이다.

그렇지만 엑셀을 사용해서 가로, 세로의 합계를 산출하는 작업은 자료가 아무리 많더라도 아주 간단하다. 먼저 마우스로 셀 A1을 클릭하고 셀 G10까지 마우스로 드래그한다. 그럼 범위 A1:G10이 선택되었다는 표시로 해당 범위에 녹색 테두리가 그려진다. 그리고 **리본 메뉴** **홈** **편집** **Σ 자동 합계**를 선택하고, 출력되는 목록에서 **❑ 합계**를 클릭하면 된다. [그림 2-10]이 그 결과인데, 셀 G10에 출력되는 가로, 세로의 합계가 정확하게 산출되고 있는 것을 확인해 보라.

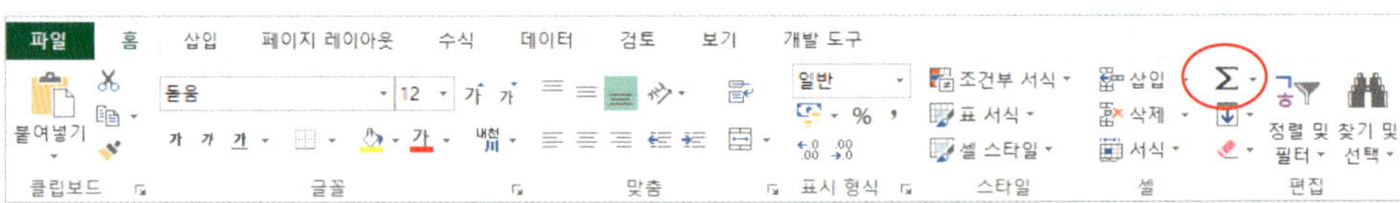

그림 2-9 어떤 은행의 연도별/지점별 순이익 자료

	A	B	C	D	E	F	G
1	은행 연도별/지점별 순이익 (단위: 백만원)						연도별 합계
2	연도	용인	성남	수원	분당	화성	
3	2009년	303	135	288	541	211	
4	2010년	354	173	342	499	230	
5	2011년	412	205	348	531	256	
6	2012년	307	241	394	623	296	
7	2013년	430	306	460	755	337	
8	2014년	406	341	538	850	352	
9	2015년	565	390	705	895	407	
10	지점별계						

그림 2-10 은행 연도별/지점별 순이익 합계 산출 결과

	A	B	C	D	E	F	G
1	은행 연도별/지점별 순이익 (단위: 백만원)						연도별
2	연도	용인	성남	수원	분당	화성	합계
3	2009년	303	135	288	541	211	1,478
4	2010년	354	173	342	499	230	1,598
5	2011년	412	205	348	531	256	1,752
6	2012년	307	241	394	623	296	1,861
7	2013년	430	306	460	755	337	2,288
8	2014년	406	341	538	850	352	2,487
9	2015년	565	390	705	895	407	2,962
10	지점별계	2,777	1,791	3,075	4,694	2,089	14,426

두 번째 사례는 셀에 수식을 입력해서 계산결과가 자동으로 산출되게 하고, 또 그 수식을 복사해서 활용하는 예다. 위 은행 순이익 자료에서 2013년부터 3년 동안 지점별 순이익 총합 자료를 구해서 그 순위를 매겨 보려고 한다. [그림 2-11]은 3년간 지점별 순이익 총합 자료다. E열을 보면 지점별 3년간 순이익 합계가 산출되어 있다. 이제 F열에 순이익이 큰 순서로 순위를 매겨보려고 하는 것이다. 순위를 산출하기 위해서 엑셀에는 RANK.EQ라는 순위를 산출해주는 함수를 사용할 수 있다(자세한 내용은 차차 설명하기로 하고 여기서는 그냥 "이런 것이 이렇게 활용 되는군"이라고 이해하면 된다). 여기서 이야기하고 싶은 것은 이와 같이 순위를 매기는 등의 작업을 할 때 매번 이런 함수를 사용하지 않아도 된다는 점이다. 다시 말하면 셀 F3에 순위를 구하는 함수식(제5장 2절 참고)을 한 번만 입력한다. 그리고 그 아래 범위(셀 F4~셀 F7)에 셀 F3에 입력한 수식을 복사해서 사용하는 것이다. 그렇게만 하면 [그림 2-12]와 같이 순위가 자동으로 산출되어 마무리된다. 이런 편리함이 엑셀이 자랑하는 특성이다. 엑셀 최고의 아이디어 중 하나인 셀 복사와 관련된 내용은 제4장 2절에서 다룬다.

그림 2-11 수식을 복사해서 활용하는 사례

	A	B	C	D	E	F
1	3년간 지점별 총이익 순위				3년간	
2	연도	2013년	2014년	2015년	합계	순위
3	용인	430	406	565	1,401	3
4	성남	306	341	390	1,037	
5	수원	460	538	705	1,703	
6	분당	755	850	895	2,500	
7	화성	337	352	407	1,096	

그림 2-12 수식을 복사해서 활용하는 사례 결과

	A	B	C	D	E	F
1	3년간 지점별 총이익 순위				3년간	
2	연도	2013년	2014년	2015년	합계	순위
3	용인	430	406	565	1,401	3
4	성남	306	341	390	1,037	5
5	수원	460	538	705	1,703	2
6	분당	755	850	895	2,500	1
7	화성	337	352	407	1,096	4

세 번째는 차트를 활용하는 사례이다. [그림 2-13]은 대리점별 1사분기의 매출실적을 정리한 자료이다. 복잡한 수치자료를 차트로 나타내면 직관적인 판단을 할 수 있어서 실무적으로 많이 사용된다. 엑셀에는 자료를 자동으로 차트로 표시해주는 기능이 있다. 또한 엑셀에서 지원하는 차트의 모양도 상당히 다양해서 실무적으로 매우 활용성이 좋다. 셀 A1에서 셀 D4까지 마우스로 드래그한 후에 리본 메뉴 에서 차트 삽입을 선택하면 된다. [그림 2-14]는 위에서 마우스로 선택한 자료를 자동으로 차트로 그려준 결과다. 더욱 놀라운 것은 자료가 바뀌면 차트의 모양이 그에 따라 자동으로 변한다는 것이다. [그림 2-14]의 오른쪽 차트는 A대리점의 3월 매출실적을 3,000에서 8,000으로 수정했을 때 차트가 자동으로 변한 모양이다. 여러분도 직접 자료의 수치를 바꿔가면서 차트의 모양이 그에 따라 자동으로 변하는 것을 확인해 보기 바란다. 차트 활용에 대해서는 제12장에서 다룬다.

그림 2-13 대리점별 1사분기 매출실적

	A	B	C	D
1	대리점	1 월	2 월	3 월
2	A대리점	3000	2900	3000
3	B대리점	2500	1200	2900
4	C대리점	3400	2200	2200

그림 2-14 대리점별 매출실적을 차트로 나타낸 결과

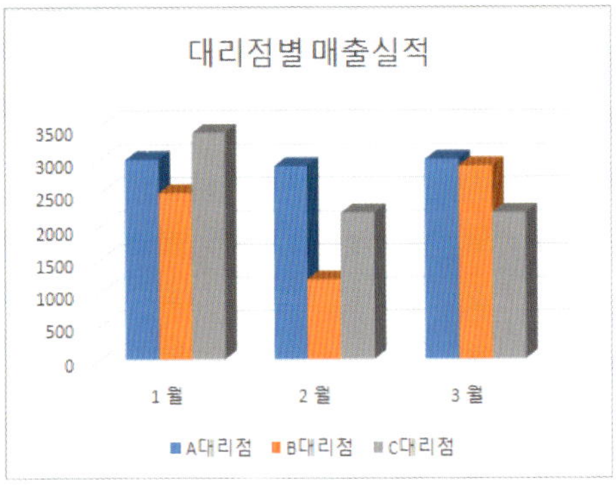

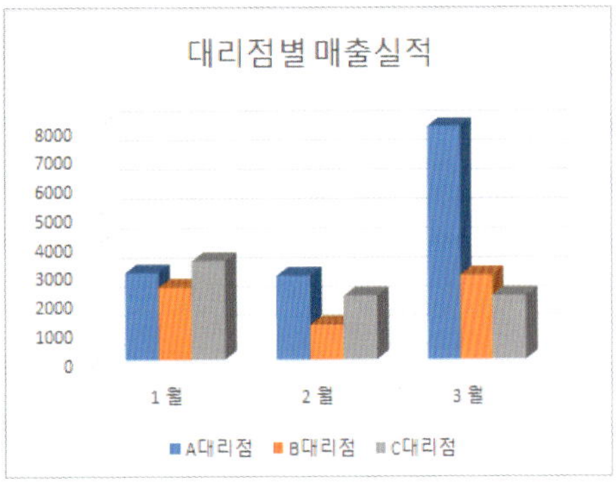

마지막으로 엑셀이 자랑하는 기능 중 한 가지는 데이터를 떡 주무르듯 관리할 수 있는 데이터 관리 기능이다. 여기서는 그 기능만 간단히 언급하려고 한다. 여러 항목이 기록되어 있는 데이터에서 필요한 정보를 찾아내기 위해서 소위 빅 데이터(Big Data) 분석과 같은 작업을 하고 싶다고 가정해 보자. 아래의 [그림 2-15]는 어떤 회사의 거래 기록을 담고 있는 데이터의 일부이다. 엑셀에는 이러한 데이터를 이리저리 그룹화하면서 다양하게 분석해 볼 수 있는 데이터 관리 기능이 있다. [그림 2-16]은 고객사별로 제품종류별로 거래수량을 정리해 본 결과인데, 이런 식으로 쉽게 데이터를 주무를 수 있는 기능도 엑셀의 자랑이다. 데이터 관리에 대해서는 제13장에서 자세히 다룬다.

그림 2-15 거래기록 데이터 예([그림 13-46]과 동일)

	A	B	C	D	E	F	G	H	I
4	일련번호	거래ID	고객	담당	종류	제품	단가	수량	판매
5	1	16248	한신 백화점 ㈜	심상우	유제품	현진 커피 밀크	14,000	12	168,000
6	2	16248	한신 백화점 ㈜	심상우	가공 식품	오산 구이 김	8,000	10	80,000
7	3	16248	한신 백화점 ㈜	심상우	유제품	대관령 특제 버터	35,000	5	175,000
8	4	16249	천진백화점 ㈜	정유경	가공 식품	수미 건조 다시마	19,000	9	171,000
9	5	16249	천진백화점 ㈜	정유경	가공 식품	유림 사과 통조림	22,000	30	660,000
10	6	16250	YK 무역 ㈜	박진주	음료	한신 사이다	10,000	10	100,000
11	7	16250	YK 무역 ㈜	박진주	가공 식품	유림 사과 통조림	22,000	35	770,000
12	8	16250	YK 무역 ㈜	박진주	과자류	루이지애나 감자칩	17,000	15	255,000
13	9	16251	삼성 통상 ㈜	홍지선	가공 식품	수미 건조 다시마	19,000	6	114,000
14	10	16251	삼성 통상 ㈜	홍지선	가공 식품	수미 건조 다시마	19,000	15	285,000
15	11	16251	삼성 통상 ㈜	홍지선	과자류	루이지애나 감자칩	17,000	20	340,000
16	12	16252	천진백화점 ㈜	홍지선	과자류	화성 허니 버터칩	20,000	30	600,000
17	13	16252	천진백화점 ㈜	홍지선	유제품	대관령 특제 버터	35,000	25	875,000
18	14	16252	천진백화점 ㈜	정유경	유제품	현진 커피 밀크	14,000	25	350,000
19	15	16253	YK 무역 ㈜	박진주	유제품	모짜렐라 치즈	44,000	20	880,000
20	16	16253	YK 무역 ㈜	박진주	음료	OK 바닐라 셰이크	14,000	24	336,000
21	17	16253	YK 무역 ㈜	박진주	과자류	마왕 계피 캔디	14,000	26	364,000
22	18	16254	오성 상사 ㈜	심상우	음료	한신 콜라	9,000	15	135,000
23	19	16254	오성 상사 ㈜	심상우	과자류	마왕 계피 캔디	14,000	21	294,000
24	20	16254	오성 상사 ㈜	심상우	가공 식품	오산 구이 김	8,000	21	168,000
25	21	16255	YK 무역 ㈜	박진현	음료	태양 레몬 주스	15,000	20	300,000
26	22	16255	YK 무역 ㈜	박진현	과자류	마왕 계피 캔디	14,000	35	490,000
27	23	16255	YK 무역 ㈜	박진현	음료	한신 사이다	10,000	25	250,000
28	24	16255	YK 무역 ㈜	박진현	유제품	모짜렐라 치즈	44,000	20	880,000
29	25	16256	천진백화점 ㈜	홍지선	과자류	화성 허니 버터칩	20,000	15	300,000
30	26	16256	천진백화점 ㈜	홍지선	과자류	알파 바나나쿠키	15,000	12	180,000
31	27	16257	오성 상사 ㈜	박진주	과자류	화성 허니 버터칩	20,000	25	500,000
32	28	16257	오성 상사 ㈜	박진주	음료	OK 바닐라 셰이크	14,000	6	84,000
33	29	16257	오성 상사 ㈜	박진주	과자류	알파 바나나쿠키	15,000	15	225,000
34	30	16258	신세계 테크 ㈜	정유경	음료	태양 레몬 주스	15,000	22	330,000
35	31	16258	신세계 테크 ㈜	정유경	과자류	알파 바나나쿠키	15,000	25	375,000
36	32	16258	신세계 테크 ㈜	정유경	유제품	모짜렐라 치즈	44,000	6	264,000
37	33	16259	한신 백화점 ㈜	심상우	과자류	화성 허니 버터칩	20,000	10	200,000
38	34	16259	한신 백화점 ㈜	심상우	음료	한신 콜라	9,000	10	90,000
39	35	16260	오성 상사 ㈜	박진주	음료	한신 사이다	10,000	16	160,000

그림 2-16 고객사별·제품종류별 거래수량 피벗 테이블 보고서 예

	A	B	C	D	E	F
3	**합계 : 수량**	**열 레이블**				
4	**행 레이블**	**가공 식품**	**과자류**	**유제품**	**음료**	**총합계**
5	YK 무역 ㈜	35	76	40	79	230
6	삼성 통상 ㈜	21	20			41
7	신세계 테크 ㈜		25	6	22	53
8	오성 상사 ㈜	21	61		37	119
9	천진백화점 ㈜	39	57	50		146
10	한신 백화점 ㈜	10	10	17	10	47
11	**총합계**	**126**	**249**	**113**	**148**	**636**

Chapter

03

엑셀의 기본 작업

1. 데이터 입력, 수정, 지우기
2. 셀 선택 및 개체 선택 그리고 셀 병합
3. 셀 삽입 및 삭제
4. 셀 참조
5. 엑셀과 사용자의 커뮤니케이션 2 : 참조 셀의 표시
6. 연산자의 종류
7. 데이터 자동 채우기
8. 엑셀과 사용자의 커뮤니케이션 3 : 옵션 선택 단추

1 데이터 입력, 수정, 지우기

이제 엑셀 프로그램을 실행시키면서 기본적인 내용에서부터 다루어 보자. 엑셀의 작업화면인 워크시트는 가로, 세로로 구분된 셀로 이루어져 있다. 이와 같은 수많은 셀 안에 필요한 데이터를 입력하고 활용하는 것이 엑셀의 기본적인 기능이다.

엑셀에서 사용할 수 있는 데이터는 숫자, 문자, 수식, 날짜, 시간, 논리값 등의 유형이 있다. 다음 예제 1은 다양한 종류의 데이터를 다루고 있다.

예제 1 데이터의 종류

먼저 예제와 같이 셀 A1에는 "데이터 유형", 셀 B1에는 "값"이라고 머리글에 해당하는 문자를 입력하라. 그리고 범위 A2:A7까지 차례로 데이터 유형을 예제 워크시트와 같이 입력하라. 셀 B2에는 올해 숫자를 넣어 보라. 셀 B3에는 "엑셀"이라고 넣어라. 셀 B4에는 셀 B2의 숫자와 셀 B3의 문자가 결합되어 표시되게 적절한 수식을 입력해 보라. 셀 B5에는 "2016년 7월 20일"이란 날짜를 입력하라. 셀 B6에는 시간을 11시로 입력하라. 셀 B7에는 논리값 "TRUE"를 입력하라. **키워드 : 데이터 종류, 숫자, 문자, 수식, 날짜, 시간, 논리값**

	A	B	C
1	데이터 유형	값	
2	숫자	2016	
3	문자	엑셀	
4	수식	2016엑셀	
5	날짜	2016-07-20	
6	시간	11:00	
7	논리값	TRUE	
8			

| 풀이 |

데이터를 입력하는 방법은 아주 간단하다. 원하는 셀을 클릭하여 셀 포인터가 해당 셀에 위치한 것을 확인한 다음, 수식 입력줄에 데이터를 입력하고 엔터키를 클릭하면 된다. 숫자 데이터는 키보드 숫자를, 문자 데이터는 문자를 그대로 입력하면 된다. 수식 데이터는 항상 *=(등호)*로 시작해야 한다. 이 예제에서 두 셀의 데이터를 결합하기 위한 수식은 "앰퍼샌드(&)"기호를 사용한다. 여기서는 *=B2&B3*라고 입력하면 된다(수식에서 빈칸은 있어도 되고, 없어도 상관없다. 다만 독자들이 내용을 편하게 볼 수 있도록 빈칸을 입력한 경우도 있다).

제7장 1절의 아포리즘 10 참고

날짜 데이터는 "2016-7-20"이나 "2016/7/20"처럼 마이너스기호(-)나 슬래시기호(/)를 사용하여 연, 월, 일 값을 구분해 주면 날짜로 입력된다. 시간 데이터는 콜론(:)을 사용하여 "11:00"과 같이 입력하면 시간으로 입력된다(24시간제이므로 오전, 오후 시간은 입력된 숫자에 맞춰서 자동으로 입력된다. 가령 "15:30"으로 입력하면 오후 3:30으로 입력된다).

논리값 데이터는 TRUE 또는 FALSE 둘 중의 하나를 입력하면 된다(대문자와 소문자는 구분하지 않는다). 이 중에서 날짜, 시간, 논리값에 대해서는 뒤에서 다시 보다 자세하게 설명할 것이지만 현재는 이 정도로만 간단히 여러 유형의 데이터를 입력해 보기 바란다.

다양한 데이터의 입력과 관련해서 알아두어야 할 사항이 하나 있다. 기본적으로 숫자 데이터는 오른쪽 정렬이 되고, 문자 데이터는 왼쪽 정렬이 된다. 물론 필요하면 정렬 방식은 리본 메뉴의 아이콘을 클릭해서 얼마든지 바꿀 수 있다. 그리고 날짜와 시간 데이터는 때론 표시 방식을 다양하게 지정할 수 있다. 가령 "2016년7월20일"과 같은 형태나 "오전 11시 00분" 등, 표시 방식은 데이터의 "**서식**"이라고 해서 제6장에서 자세하게 다룰 것이다.

논리값 데이터는 엑셀에 인공지능을 부여하고자 하는 경우에 필요한 것인데, 논리값을 엑셀이 읽어서 TRUE 또는 FALSE에 따라 자동으로 처리방법을 선택해서 할 수 있도록 하는 것이다. 이에 대해서는 제5장 5절에서 자세하게 다룰 것이다.

입력된 데이터를 수정하는 경우에는 해당 셀을 더블클릭하거나 셀 클릭 후 수식 입력줄에서 수정할 수 있다. 그리고 입력된 데이터를 지우려고 할 경우에는 해당 셀을 클릭하거나 범위를 클릭한 후에 키보드의 지우기키(Delete)를 누르면 된다. 다만 주의할 것은 리본 메뉴 홈 셀 삭제를 클릭하면 안 된다. 이것은 입력된 데이터는 물론이고 셀 자체도 삭제하는 것이기 때문에 주의 깊게 사용해야 한다. 엑셀에서는 **셀 데이터 지우기**(Delete)와 **셀 삭제**(Delete)를 구별해서 기억할 필요가 있다. 영어로 표현하면 둘 다 Delete이지만 키보드의 키(Delete)로 지우는 것과 리본 메뉴에서 삭제를 통해서 지우는 것이 다르다는 것이다. 이에 대해서는 다음 3절에서 더 자세하게 설명하겠다.

2 셀 선택 및 개체 선택 그리고 셀 병합

연속한 셀을 여러 개 선택하는 방법은 하나의 셀을 클릭한 후에 원하는 셀까지 마우스로 드래그하면 된다. 선택된 범위의 셀 전체에 테두리가 그려지고, 색상도 반전되어 표시된다. 여기 저기 떨어져 있는, 즉 연속하지 않은 셀들을 선택하는 방법은 컨트롤키

(Ctrl)를 누른 상태에서 선택할 셀이나 범위를 클릭하거나 드래그하면 된다. [그림 3-1]의 왼쪽은 연속한 셀을 선택한 경우를, 오른쪽은 연속하지 않은 셀들은 선택한 결과를 보여주고 있다.

그림 3-1 셀을 선택한 결과 화면

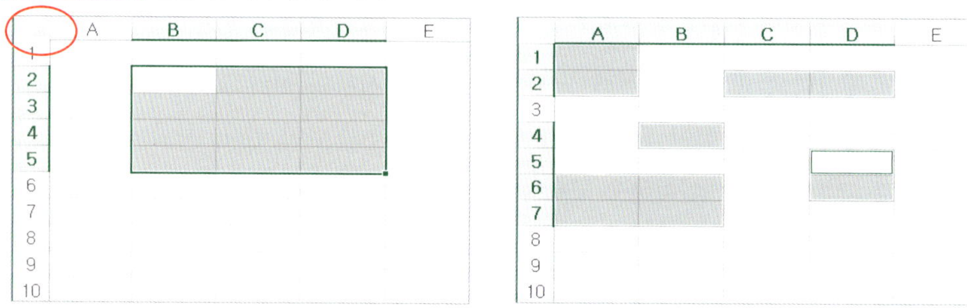

열이나 행 전체를 선택하는 방법은 열 번호나 행 번호 부분을 클릭하거나 드래그하면 된다. 마찬가지로 연속한 열(행)을 선택하는 경우에는 클릭(또는 드래그)하면 되고, 연속하지 않은 열(행)을 선택하는 경우에는 컨트롤키를 누르고 클릭(또는 드래그)하면 된다. 워크시트 전체를 선택해야 하는 경우에는 열 번호와 행 번호가 만나는 곳([그림 3-1]에서 빨강 원 안의 부분)을 클릭하면 된다.

엑셀에서는 워크시트의 셀에 데이터를 입력하여 활용하지만 이 외에도 데이터와는 별도로 그림(이미지 자료)이나 복잡한 수학식(셀에 입력하는 수식과는 다름) 개체, 차트 등을 워크시트에 집어넣어 표시할 수 있다. 이러한 것들을 개체(Object)라고 하는데, 셀에 직접 입력하는 데이터와는 달리 외부 프로그램(워드, 파워포인트, 마이크로소프트의 수식입력기 Equation 등)을 이용하여 생성된 결과물이나 그림, 아이콘, 사진 등의 자료를 말한다. 이러한 개체를 워크시트에 집어넣어 저장하는 것이다. 이러한 개체는 셀에 입력되는 것은 아니고 워크시트 위에 놓일 뿐인데 다만 특정 셀과 연결하여 개체의 위치가 고정(Anchored)된다. 따라서 워크시트 화면을 스크롤할 때 연결된 셀과 같이 움직이기 때문에 마치 셀에 붙어 있는 것처럼 보인다. [그림 3-2]는 워크시트에 도형 개체(그림)를 집어넣은 화면이다. 이 도형 개체는 범위 B2:E4의 위에 위치한 것처럼 붙어 다닌다. 정확히 말하면 도형 개체를 직사각형으로 표시했을 때 왼쪽 상단 끝이 위치한 셀(여기서는 셀 B2)에 고정되어 있는 것이다. B열의 너비를 크게 늘리면 E열은 개체 뒤로 옮겨지는 것을 볼 수 있다. 물론 도형 아래에 있는 셀에 이 개체와는 별도로 데이터가 입력될 수 있다. [그림 3-2]에서 셀 B2에는 문자 데이터 "엑셀"이 입력되어 있다. 현재 셀 포인터가 B2에 위치하고 있는데 수식 입력줄을 보면 "엑셀"이라고 입력되어 있는 것으로 셀 B2에 입력된 데이터를 확인할 수 있다. 삽입된 도형 개체는 그 셀 위에 놓여 있을 뿐이다.

그림 3-2 개체가 삽입된 워크시트 예

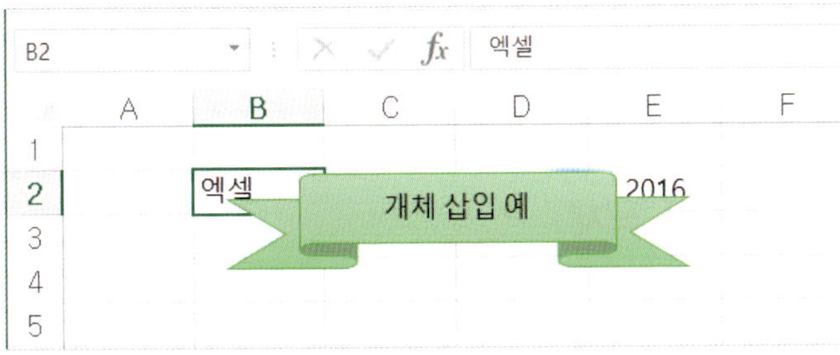

이러한 개체는 마우스로 클릭하면 선택할 수 있다. 개체를 이동시키거나 삭제하려면 개체를 선택한 다음 마우스로 드래그하거나 지우기키(Delete)를 누르면 된다. 워크시트의 좁은 범위에 개체가 너무 많이 입력되어 있거나 서로 겹친 상태로 놓여서 개체를 직접 마우스로 클릭하기 어려울 경우에는 리본 메뉴 홈 편집 찾기 및 선택 을 클릭해서 나오는 목록에서 ❑ 개체 선택 을 클릭하면 워크시트에 있는 개체만을 선택할 수 있도록 마우스 포인터가 화살표(↖) 모양으로 변한다. 그리고 모여 있는 여러 개의 개체를 한꺼번에 선택하려면 선택할 여러 개체를 포함할 수 있도록 마우스로 드래그하여 둘러싸면 된다.

주의해야 할 점은 ❑ 개체 선택 을 클릭한 상태에서는 오히려 리본 메뉴 의 명령을 선택한다든지 워크시트의 셀을 클릭해서 데이터를 입력하는 것과 같은 엑셀 작업이 불가능해진다. 다시 정상적인 엑셀 작업 상태로 돌아가려면 한 번 더 ❑ 개체 선택 을 클릭하여 해제해야 한다(이러한 명령 선택을 토글 스위치(Toggle Switch)라고 하는데, 한 번 누르면 켜지고 또 누르면 꺼지는 스위치를 말한다).

이번에는 셀 병합에 대해서 간단히 알아보자. 엑셀에서는 열의 너비나 행의 높이를 자유롭게 설정할 수 있지만 한 열(또는 행) 전체에 적용되기 때문에 특정한 부분만 크게 설정하기는 어렵다. 따라서 어떤 경우에는 몇 개의 열을 합하거나 행을 합쳐서 셀을 크게 만들 필요도 있을 것이다. 이런 경우에 시도하는 것이 셀 병합이다. 셀 병합은 둘

이상의 인접하는 셀을 마우스로 선택하여 리본 메뉴 홈 맞춤 병합하고 가운데 맞춤을 클릭하면 선택한 셀들이 모두 하나의 셀처럼 병합된다. 이때 병합된 범위의 맨 왼쪽 위에 위치한 셀 주소가 병합된 셀의 주소가 된다. 그리고 병합된 셀은 언제든지 다시 분할할 수 있다. 분할할 때에도 리본 메뉴 홈 맞춤 병합하고 가운데 맞춤을 클릭한 후, 이번에는 셀 분할을 선택하면 된다.

셀 병합 사례는 제10장 2절 참고

3 셀 삽입 및 삭제

엑셀 작업은 **융통성**을 자랑한다. 그래서 이미 작성된 테이블 형태의 표나 어떤 구조의 자료에 필요하면 행(또는 열)을 삽입하거나 셀을 삽입하여도, 또 어떤 범위의 셀을 다른 곳으로 이동시키더라도 기존의 작업내용(특히 셀에 입력한 수식)을 크게 고치지 않고 그대로 사용할 수 있다. 이런 점은 별것이 아닌 것 같아도 한 번 작성된 자료구조를 변경해야 하는 경우에 매우 편리하다. 따라서 이미 작성된 데이터 테이블에 나중에 자료가 추가되거나 삭제되어야 할 상황이 발생해서 행(또는 열)을 삽입하거나 삭제하여도 나머지 자료나 수식을 일일이 다시 다 바꾸지 않아도 된다. 삽입 및 삭제가 발생했을 때 자동으로 상황에 맞게 적절하게 변경이 되기 때문이다.

셀을 삽입하는 방법은 셀이나 범위가 삽입될 워크시트 영역을 마우스로 선택한 후에, 리본 메뉴 홈 셀 삽입을 클릭하면 된다. 열(또는 행)을 통째로 삽입하는 경우에는 열(또는 행) 번호 부분을 마우스로 클릭하고 위와 같이 메뉴에서 삽입을 클릭하면 된다.

셀 주소를 사용하는 수식에 대해서는 다음 절에서 자세하게 언급하겠지만, 일단 여기서는 수식이 자동으로 변경되는 특성에 대해서만 이해해 두면 좋겠다. [그림 3-3]의 왼쪽 워크시트는 최근 몇 달 동안 미국, 일본, 중국에 대한 수출량 자료다. 이렇게 처음 작성된 표 자료에 나중에 누락된 캐나다에 대한 자료가 추가되었다고 가정하자. 처음 작성된 1월의 합계란(셀 E2)에 입력된 수식을 보면 범위 B2:D2까지의 합계(SUM 함수)를 구하는 것(*=SUM(B2:D2)*)으로 입력되어 있다. 오른쪽의 워크시트처럼 C열에 캐나다 자료가 추가되니까 셀 F2의 수식은 캐나다까지 포함되어 산출되도록 범위가 B2:E2까지로 자동으로 변한 것(*=SUM(B2:E2)*)을 확인할 수 있다.

그림 3-3 셀 삽입에 따른 수식의 자동 변환을 보여주는 예

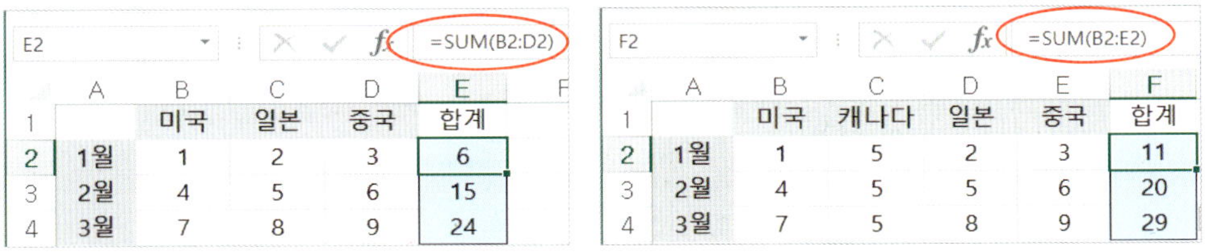

물론 불필요해진 행(또는 열)을 삭제하여 활용할 수도 있다. 셀이나 열(또는 행)을 삭제하는 경우에는 리본 메뉴 › 홈 › 셀 › 삭제 를 클릭하면 된다. 다만 주의할 점은 여기서의 삭제 와 바로 앞의 1절에서 언급한 키보드의 키(Delete)로 데이터를 지우는 것은 많이 다르다는 점이다. 다시 말하면 지우기키(Delete)로 지우는 명령은 셀에 들어 있는 데이터만을 없애는 것이지만, 삭제 는 데이터는 물론이고 데이터가 들어 있던 셀마저 없앤다는 것이다. 그것이 무슨 차이가 있는지 지금으로선 의아하겠지만 조금 더 자세한 내용은 4절 "셀과 수식의 참조"에서 설명하겠다. 다만 여기서는 우선 간단히 언급하겠다. 셀이 삭제 되는 경우에는 셀이 없어진 것이므로 해당 셀을 수식에 사용한 수식 데이터가 있다면 "참조한 셀을 찾을 수 없다(#REF!)"는 오류 메시지가 나오게 된다. 또 옆에 있는 데이터들이 모두 한 칸씩 삭제된 부분으로 이동하여 빈 칸을 채우게 되기 때문에 자료 테이블의 모양이 깨지는 문제가 발생한다.

[그림 3-4]는 위 [그림 3-3]의 왼쪽 워크시트에서 일본 자료(범위 C2:C4)를 삭제한 경우에 나타나는 화면의 모습이다. 그림을 보면 일본 자료를 삭제하면서 머리글(셀 C1)은 삭제하지 않았기 때문에 "중국" 자료가 "일본" 자료 위치로 이동했고, "합계" 열이 "중국" 자료의 위치로 이동하면서 테이블이 깨진 모습이 되었다. 머리글 부분까지 모두 삭제를 하는 경우에는 엑셀이 자동으로 수식을 조정할 수 있는 융통성 덕택에 문제가 발생하지 않을 수도 있다(물론 삭제된 부분이 다른 부분과 특별한 연결이 없는 경우만 그렇다).

메뉴에서 삭제 를 선택하면 [그림 3-5]와 같이 셀을 어느 방향으로 밀어서 채울 것인지를 선택하는 삭제 창이 나타난다. 이때 셀을 왼쪽으로 밀어서 채울 것인지, 위로 밀어서 채울 것인지, 행이나 열전체를 삭제할 것인지는 그때그때 사용자가 선택할 수 있다.

그림 3-4 셀이 삭제되어 왼쪽으로 한 칸씩 이동한 모습

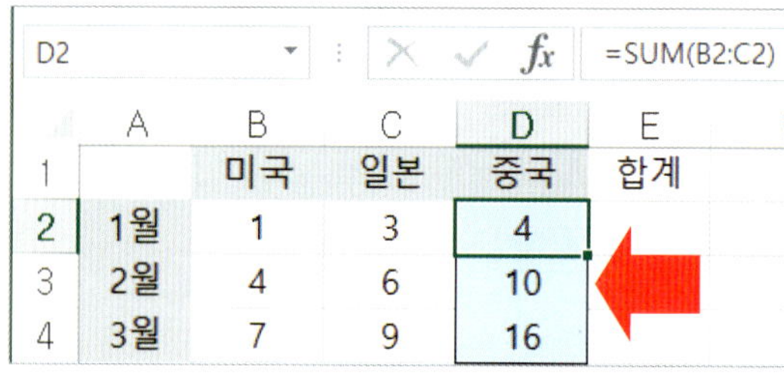

그림 3-5 삭제 시 나타나는 삭제 창

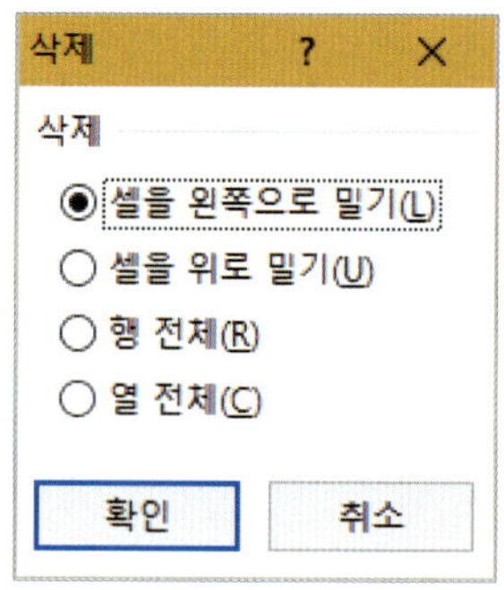

4 셀 참조(Cell References)

(1) 엑셀 최고의 아이디어

엑셀에서 "**셀 참조**"란 워크시트에 있는 셀이나 범위를 지정해서 수식에 활용하는 것을 말한다. 즉 수식을 입력할 때 다른 셀 주소를 사용하면 그 셀에 입력되어 있는 값이나 데이터를 가져와서 수식을 처리하는 것이다. 가령 셀 A1에 숫자 "100"이 입력되어 있다고 하고, 셀 C1에는 수식으로 ***=A1+50***이라고 입력했다고 하면, 셀 C1에는 참조한 셀 A1의 값 "100"을 가져와서 "=100+50"으로 계산하여 "150"이 반환되는 것이다. 앞 1절의 예제 1에서 수식 입력에 대한 내용을 언급하면서 두 셀에 들어 있는 데이터를 합치는 예로 이 "참조"를 활용하였다.

어떤 셀에다 다른 셀 주소를 참조해서 수식으로 활용하는 경우에 **참조한 셀 값이 변하면 수식의 결과도 자동으로 변한다**. 이것이 엑셀의 원조라고 하는 비지칼크 프로그램을 만든 아이디어다. [그림 3-6]은 **엑셀 최고의 아이디어**라고 할 수 있는 **셀에 수식을 입력하**

고 수식에서 다른 셀을 참조하여 활용하는 개념을 보여준다. 셀 B2에는 이달에 받은 용돈 금액이 입력되어 있고, 범위 B3:B5에는 각각의 내역별 지출된 금액이 입력되어 있다. 그리고 셀 B6에는 잔액을 산출하는 수식이 *=B2－B3－B4－B5*라고 여러 셀들을 참조하여 입력되어 있다(독자들을 위해서 셀 C6에 수식을 표시해 놓았다). 그 결과 셀 B6에는 참조한 각 셀의 값을 가져와서 수식처럼 계산(=210,000－60,000－30,000－40,000)을 한 다음, 그 결과인 "80,000"이 반환되어 표시된 것이다. 이제 엑셀이 자랑하는 최고의 아이디어를 경험해 보자. 직접 수식에서 참조하고 있는 여러 셀들의 값을 임의로 바꿔 보면서 셀 B6의 값이 그에 따라 과연 자동으로 변하는가를 반드시 확인해 보기 바란다.

그림 3-6 엑셀 최고의 아이디어 : 금전출납부 예

	A	B	C
1	이 달의 용돈		
2	수입	210,000	
3	식대	60,000	
4	차비	30,000	
5	데이트	40,000	
6	잔액	80,000	=B2-B3-B4-B5

예제 2 셀 참조

아래의 표는 팀별 1사분기 매출실적 자료이다. 이를 토대로 별도의 셀에 팀별 매출실적 요약 표를 작성해 보라. **키워드 : 셀 참조**

	A	B	C	D	E	F	G	H	I
1	팀 그룹	1월	2월	3월					
2	유럽								
3	러시아	17,000	8,000	12,000		요약 표	1월	2월	3월
4	영국	5,000	6,000	6,000		유럽			
5	독일	7,000	14,000	17,000		아시아			
6	계	29,000	28,000	35,000		아메리카			
7	아시아					총계			
8	한국	7,000	8,000	9,000					
9	중국	2,000	2,000	2,000					
10	계	9,000	10,000	11,000					
11	아메리카								
12	캐나다	7,000	13,000	14,000					
13	미국	13,000	21,000	22,000					
14	브라질	3,000	3,000	3,000					
15	계	23,000	37,000	39,000					
16	총계	61,000	75,000	85,000					

| 풀이 |

왼쪽의 표는 주어진 자료이고, 범위 G4:I7에 팀별 월별 매출액 합계와 월별 총계가 산출되도록 빈 칸을 채워야 한다. 여러 가지 방법이 있을 수 있다.

첫째 방법, 왼쪽의 팀별 합계액을 보고 범위 G4:I6까지 데이터를 입력해야 겠다고 생각했다면 틀리진 않았지만 좋은 방법은 아니다. 왜냐하면 왼쪽의 자료는 일종의 데이터베이스에서 읽어 온 데이터라고 생각할 수 있다. 이 예제에서는 공부를 위해서 바로 옆에다 붙여 놨을 뿐이다. 다른 워크시트에 있는 자료일 수도 있고, 다른 파일에 있는 자료일 수도 있다. 또는 다른 컴퓨터에 있는 자료를 사용하는 경우도 있다. 따라서 원본 데이터는 상황에 따라서 나의 의도와 상관없이 바뀔 수도 있음을 염두에 둬야 한다. 그래서 원본 데이터가 변하면 자동으로 변하도록 만들어줘야 한다.

이렇게 만들기 위해서는 원본 데이터가 있는 셀을 참조해서 수식으로 활용해야 한다. [그림 3-7]은 범위 G4:I6에 입력된 수식을 보여준다. 이와 같이 덧셈(+)이나 뺄셈(−)과 같은 연산자가 없이도 등호(=)로 시작했다면 수식이라고 하고 이런 수식은 가장 간단한 셀 참조 방식이다. 이제는 참조한 셀의 값이 변하면 이 요약표의 결과도 자동으로 변하는 것을 확인할 수 있을 것이다.

그림 3-7 셀 참조 예

	F	G	H	I
3	요약 표	1월	2월	3월
4	유럽	=B6	=C6	=D6
5	아시아	=B10	=C10	=D10
6	아메리카	=B15	=C15	=D15
7	총계			

자 이제 팀별로 월별 매출 총액은 표시가 되었다. 다음으로, 범위 G7:I7에 표시할 팀별 총액을 합한 회사 전체 총계는 어떻게 산출하겠는가? 이 값도 마찬가지로 원본 데이터가 변할 때 자동으로 변해야 하므로, 매월 세 팀 매출액 합계를 구하는 수식으로 셀 G7에는 *=G4+G5+G6*를 입력하고, 셀 H7에는 *=H4+H5+H6*를 입력하고, 셀 I7에는 *=I4+I5+I6*를 입력하는 방법은 어떨까? 이 방법도 틀리진 않았다. 원본 데이터가 변하면 이 수식의 결과도 역시 자동으로 변한다. 그렇다면 무엇이 문제인가?

이 방법은 불필요한 계산을 한 번 더 한다는 것이 문제다. 즉 팀별 합계를 다 합한 회사 전체 매출 총계는 이미 원본 데이터에 다 구해져 있는데, 그걸 중복해서 계산을 또 하기 때문에 좋은 방법이 아니라는 것이다. 이 예제는 데이터의 규모가 작으니까 별 문제가 없어 보이지만, 실제 업무처럼 데이터의 규모가 상당히 큰 경우에 불필요한 계산을 반복시키는 방법은 결코 좋은 방법일 수 없다. 그렇다면 최선의 방법은 무엇이겠는가?

역시 앞에서처럼 원본 데이터에 나와 있는 총계 셀을 참조해서 활용하면 된다. 셀 G7에는 수식 *=B16*을, 셀 H7에는 수식 *=C16*을, 셀 I7에는 수식 *=D16*을 입력하는 것이 가장 좋은 방법이다.

여기서 눈치 빠른 독자는 "그럼 3개월이 아니고 1년 동안의 매출실적을 종합하려면 이와 같이 비슷한 수식을 열두 번이나 입력해야 한다는 것인가?"라고 불만을 토할지 모른다. 엑셀은 이와 같은 불편함을 해소하기 위해서 비슷한 수식을 입력해야 하는 경우에는 처음 입력한 수식을 그냥 복사해서(마우스로 드래그해서) 사용할 수 있는 기능을 만들었다. 이것이 엑셀의 두 번째 아이디어인데, 이에 대해서는 다음 제4장에서 자세하게 설명할 것이다.

그림 3-8 예제 2(셀 참조) 결과

	F	G	H	I
3	요약 표	1월	2월	3월
4	유럽	29,000	28,000	35,000
5	아시아	9,000	10,000	11,000
6	아메리카	23,000	37,000	39,000
7	총계	61,000	75,000	85,000

여기서 잠깐 엑셀의 주요한 기능을 하나 더 언급해 보자. 위 [그림 3-7]을 보면 셀에 입력한 수식이 그대로 보이고 있다. 아마 여러분들이 셀에 수식을 입력해 보면 그 결과는 수식이 보이는 대신에 수식의 결과 값이 보일 것이다. 수식이 보이게 하려면 리본 메뉴 수식 수식 분석에서 ❑ 수식 표시 를 클릭하면 된다. 다시 원래대로 결과 값이 보이게 하려면 다시 한 번 ❑ 수식 표시 를 클릭하면 된다. 수식 표시는 특정한 셀만 보이는 것이 아니라 현재 작업 중인 워크시트의 모든 셀에 대해서 수식이 있는 셀은 수식으로 표시된다(간단히 작업하기 위해서는 컨트롤키와 억음표기호(그레이브 Grave, 키보드 왼쪽 맨 위의 키)를 동시에 누르면 된다. Ctrl+`).

	F	G	H	I
3	요약 표	1월	2월	3월
4	=A2	=B6	=C6	=D6
5	=A7	=B10	=C10	=D10
6	=A11	=B15	=C15	=D15
7	=A16	=B16	=C16	=D16

그러나 원하는 셀만 의도적으로 수식이 보이게 하려면 수식의 등호 앞에 아포스트로피(Apostrophe ')를 붙이면 된다(예 : *'=B6*). 이 경우 엑셀은 수식을 텍스트로 인식하고 문자 데이터처럼 처리하는 것이다.

(2) 상대참조와 절대참조 개념 이해

참조는 수식에서 셀 주소나 범위를 활용하는 방식을 의미한다. 가령 예제 2 의 [그림 3-7]에서 볼 수 있는 것처럼, 1월 유럽팀의 매출액을 보여 줄 셀 G4는 셀 B6의 값을 참조하면 되니까 수식을 *=B6*라고 입력하면 된다. 이때 셀 G4는 참조하는 셀 B6의 주소를 기억하는 것이 아니고 셀 G4에서 셀 B6에 이르는 상대적 위치를 기억한다. 즉, 왼쪽으로 5칸(−5, G열에서 B열로), 아래로 2칸(+2, 4행에서 6행으로) 떨어져 있는 곳에 있는 셀을 참조한다고 기억하는 것이다.

이러한 특성은 엑셀의 두 번째 아이디어인 수식을 복사해서 사용한다는 기능에서 효과를 발휘한다. 셀 H4는 다시 수식을 입력하지 않고 셀 G4에 입력된 위의 수식 *=B6*를 복사하면 되는데, 이때 셀 H4에 입력되는 수식은 상대적 위치(왼쪽으로 5칸, 아래로 2칸)를 따져서 자동으로 *=C6*로 변한다. 마찬가지로 셀 I4에도 복사를 하게 되면 여기에는 *=D6*로 입력된다.

> 셀에 입력된 수식을 복사하는 방법은 제2장 3절에서 간단하게 언급한 바 있다. 여기서 조금 자세하게 설명해 보자. 복사할 셀에 셀 포인터를 위치시키면 녹색 테두리의 오른쪽 아래 꼭지점에 작은 점이 보인다. 이 점을 채우기 핸들이라고 한다([그림 2-5] 참고).
> 이때 이 작은 점 위에 마우스 포인터를 올려놓으면 옆의 그림과 같이 마우스 포인터가 작은 플러스(+) 모양으로 변한다. 이때 그 포인터를 **마우스로 드래그**하면 수식이 복사되는 것이다.

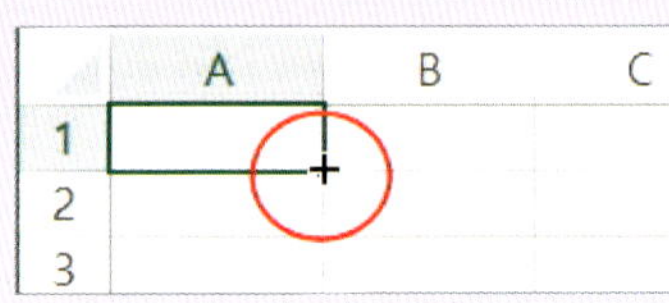

이와 같이 상대적 위치를 기억해서 참조되는 방식을 **상대참조(Relative Cell References)**라고 한다. 그렇다면 때로는 수식을 옆으로 또는 아래로 복사해서 사용하더라도 특정한 셀 주소의 값을 항상 참조해서 사용해야 하는 경우도 발생할 것이다. 즉 상대적 위치가 아니라 특정된 셀 주소 그곳만을 참조해야 하는 경우를 의미한다. 이러한 참조를 **절대참조(Absolute Cell References)**라고 하는데, 절대참조 방식을 사용하려면 셀 주소인 열 번호와 행 번호에 "$" 표시를 붙이면 된다. 즉, *=$B$6* 처럼 사용한다. 사실 절대참조에는 열만 고정하는 경우와 행만 고정하는 경우까지 세 가지가 있는데, 이에 대해서는 제4장에서 자세하게 설명하겠다.

5 엑셀과 사용자의 커뮤니케이션 2 : 참조 셀의 표시

엑셀은 사용자가 원하는 셀 주소를 정확하게 참조하고 있는지 직관적으로 보여주는 기능이 있다. 수식이 입력되어 있는 셀에 셀 포인터를 위치시킨 후에 **수식 입력줄**을 마우스로 클릭하면 수식에 참조된 셀 주소별로 색이 변하고, 동시에 워크시트상에 참조한 셀이나 범위에도 같은 색의 테두리가 표시된다. 따라서 수식 입력줄에 표시되는 셀 주소 색과 같은 색으로 테두리가 표시된 워크시트상의 테두리가 표시된 부분을 찾아보면 쉽게 참조된 셀이 어떤 셀인지 직관적으로 확인할 수 있다. 아래의 [그림 3-9]는 위 [그림 3-6]에서 수식이 입력되어 있는 셀 B6를 클릭하여 참조된 셀들이 어떤 것인가를 보여주는 화면 예이다. 참조된 각 셀마다 색이 다르다는 것을 확인하기 바란다.

그림 3-9 참조된 셀의 위치를 직관적으로 표시해 주고 있는 화면

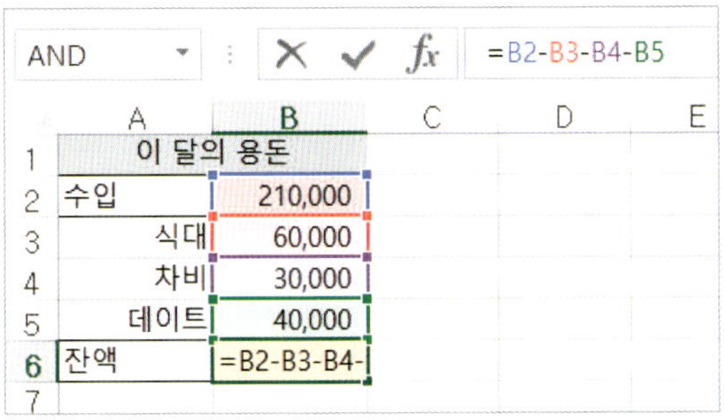

게다가 이와 같이 워크시트에 표시된 참조 셀에 대한 포인터들을 보면 꼭지점에 작은 점(■)이 표시되어 있는데, 이 점에 마우스 포인터를 가져가면 선택된 박스가 약간 굵고 짙어지면서 화살표(↘ 또는 ⤢)가 나타난다. 이때 그 꼭지점을 마우스로 드래그하면 참조된 범위를 변경할 수 있다. 물론 참조된 범위를 변경하면 이 범위를 참조하고 있는 수식 안에 있는 참조 셀 주소도 그에 따라 자동으로 변한다.

가령, [그림 3-10]을 보자. 셀 F3에는 범위 B3:B5에 있는 데이터를 더하는 SUM 함수가 입력되어 있다. 마우스로 수식 입력줄을 클릭해 보니 SUM 함수가 참조하고 있는 범위가 파랑 선으로 표시되었다. 이제 마우스로 참조된 범위를 나타내는 파랑 선의 꼭지점을 끌어서 셀 D7까지 끌어보자. 아래 그림을 보면 참조된 범위가 변경되었고, 그에 따라 자동으로 SUM 함수에서 참조한 범위도 B3:D7으로 변경되어 있는 것을 확인할 수 있다.

이와 관련된 제12장 3절의 예제 73을 참고하면 이 상황을 더 잘 이해할 수 있을 것이다.

그림 3-10 참조된 셀의 위치와 참조 영역 변경 예

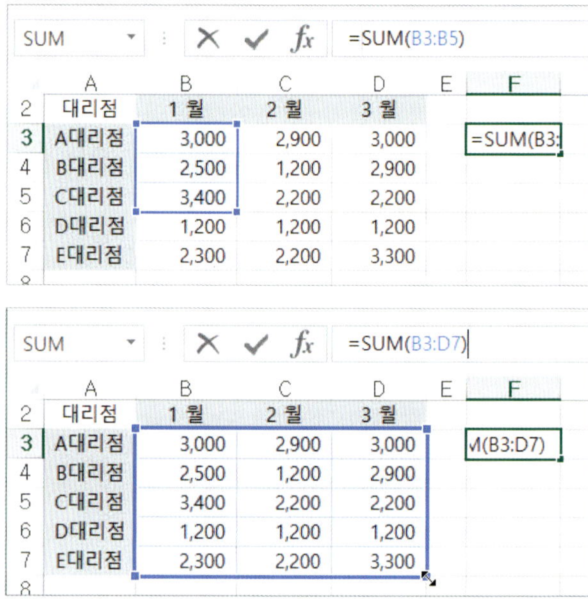

이와 같은 장치 외에도 엑셀은 복잡한 수식이 입력된 경우, 그 수식의 일부분만을 계산한 결과도 보여줄 수 있고, 복잡한 수식을 한 단계 한 단계씩 구분하여 전체적인 계산과정을 보여줄 수 있는 기능도 있다. 이에 대해서는 제5장 6절에서 자세하게 설명할 것이다.

아포리즘 3 #REF! 오류 메시지

셀 참조와 관련된 오류 메시지다. 수식에서 어떤 셀을 참조하여 사용하고 있었는데 그 셀을 삭제(셀 값을 지우는 경우가 아니라 셀 자체를 없애는 경우다. 3절 참고)하여 더 이상 그 셀을 찾을 수 없게 되는 경우, 이러한 오류 메시지를 보여주게 된다.

[그림 3-11]의 워크시트는 미국, 일본, 중국에서의 판매량 합을 SUM 함수를 사용하여 구하고 있기 때문에, 1월의 일본 판매량(셀 C2)을 삭제해도 아래 2월의 자료가 위로 올라와서 합계를 산출해 준다. 그런데 셀 참조를 이용해서 수식을 작성한 [그림 3-12]의 워크시트를 살펴보자. 그림은 셀 C2를 삭제하고 아래의 셀들이 위로 올라온 상황이다. 셀 E2에 입력한 수식은 *=B2+C2+D2*인데, 셀 C2가 삭제되었기 때문에 #REF! 오류 메시지를 보여주고 있다.

이 경우 2월의 합계는 어떻게 구해졌을까? 이 경우 참조한 셀이 위로 이동된 상태이기 때문에 셀 E3에 복사된 수식 *=B3+C3+D3*는 정확하게 셀의 이동 상황을 자동으로 반영한다. 즉, 셀 E3의 수식은 *=B3+C2+D3*로 자동으로 바뀌어 처음 참조했던 대로 미국, 일본, 중국의 2월 판매량 합을 산출하고 있다.

그림 3-11 셀이 삭제된 경우 : SUM 함수를 사용했을 때

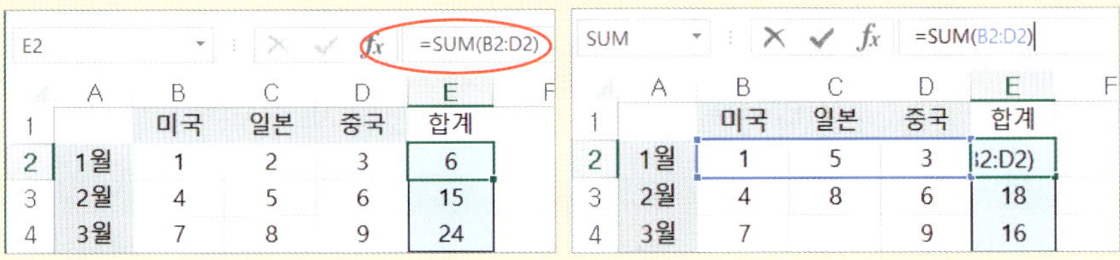

그림 3-12 셀이 삭제된 경우 : 셀 참조를 사용했을 때

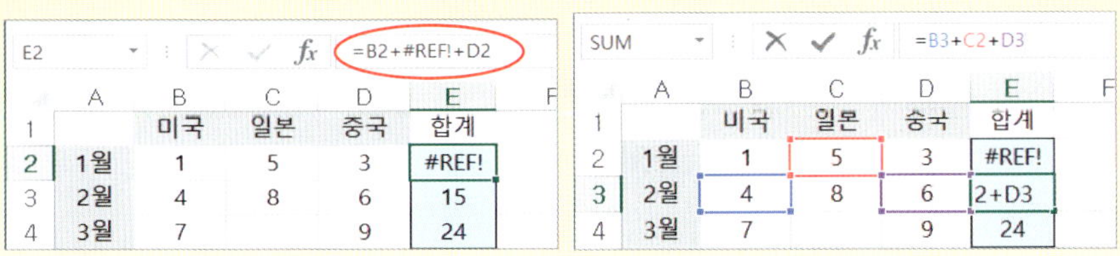

6 연산자의 종류

엑셀의 수식에서 사용할 수 있는 연산자로는 **산술 연산자**, **관계 연산자** 등이 있다. 차례로 설명하면 다음과 같다.

산술 연산자에는 덧셈(+), 뺄셈(−), 곱셈(*), 나눗셈(/) 그리고 **거듭제곱(^)** 연산자를 사용한다. 곱셈 연산자로는 키보드에 있는 "*"를 사용하고, 나눗셈 연산자로는 "/"를 사용한다. 2의 4승(2^4)을 수식으로 나타내기 위한 거듭제곱 연산자로는 "^"을 사용하는데, 엑셀에서는 *=2^4*로 나타내면 된다. 산술 연산자의 계산 우선순위는 괄호, 거듭제곱, 곱셈/나눗셈, 덧셈/뺄셈의 순서이고, 순위가 같은 경우에는 먼저 나오는 순서로 계산한다. 예로 $5+\frac{4}{8}\times 2^3$라는 수식의 엑셀에서의 표현과 계산 순서를 확인해 보자.

```
=5+(4/8)*2^3
=5+(0.5)*2^3
=5+(0.5)*8
=5+4
=9
```

관계 연산자는 두 데이터가 같거나 다르거나 또는 크기를 따질 때 사용하는 연산자이다. 등호(=)와 부등호(>, <)를 사용하는데 "같거나 큰" 것 또는 "같거나 작은" 것을 따질 때에는 ">="나 "<="처럼 부등호와 등호를 함께 표기하는 방식으로 사용하고, "같지 않은" 것을 따질 때에는 "<>"와 같이 부등호를 함께 마주보는 형태로 사용한다. 가령 셀 A1에 입력된 값과 셀 B1에 입력된 값을 비교해서 "A1의 값이 B1의 값보다 같거나 큰가?"를 따지는 수식은 *A1>=B1*과 같이 사용하면 된다. 그리고 "A1의 값이 B1의 값과 다른가?"를 묻는 수식은 *A1<>B1*과 같이 사용하면 된다. 관계 연산자를 사용한 수식의 결과는 논리값인 TRUE(참) 또는 FALSE(거짓)로 저장되어 다른 수식에서 활용된다. 이러한 관계 연산자는 앞으로 "IF 함수"와 함께 엑셀에 인공지능을 부여하는 상황에 주로 사용되는데 이에 대해서는 제7장에서 자세하게 다룰 것이다.

이 외에도 문자열을 연결하는 연산자 "앰퍼샌드(&)"가 있다. 이에 대해서는 제7장 1절의 아포리즘 10 에서 자세하게 언급된다.

7 데이터 자동 채우기

엑셀은 수식 계산에 편리하고 또 데이터를 기록 저장하는 역할도 하므로 주로 셀에 데이터를 입력, 저장해 놓았다가 필요한 목적에 다양하게 활용한다. 그렇기 때문에 많은 데이터를 보다 쉽고 편하게 입력할 수 있는 기능도 제공하고 있다. 여기서는 순서가 있거나 정해진 내용이 있어서 데이터 간의 관계를 충분히 알 수 있는 상황에서 그러한 데이터를 자동으로 채워주는 기능에 대해서 공부해 보자.

제2장 2절 [그림 2-5]의 마우스 포인터에 대한 설명 중에서 "채우기 핸들"을 다시 살펴보자. 셀을 마우스로 클릭하면 셀에 녹색의 테두리가 표시되면서 오른쪽 아래 꼭지점에 작은 점 모양이 보인다. 이 부분이 채우기 핸들이다. 이 채우기 핸들 위로 마우스 포인터를 가져가면 포인터는 작은 플러스(+) 모양으로 변한다. 이때 그 포인터를 마우스로 클릭하여 드래그하면 상황에 맞는 데이터가 자동으로 채워진다.

데이터 자동 채우기(Auto Fill)는 리본 메뉴 홈 편집 채우기 에서 ❑ 계열 을 선택하면 나오는 연속 데이터 창에서 적절히 옵션을 설정하면 된다. [그림 3-13]의 연속 데이터 창에서 "단계 값"은 증가 또는 감소 시 간격을 나타내고 "종료 값"을 넘으면 자동 채우기가 멈춘다. 예제 3 을 통하여 간단한 자동 채우기 방법을 이해해 보자.

그림 3-13 연속 데이터 창

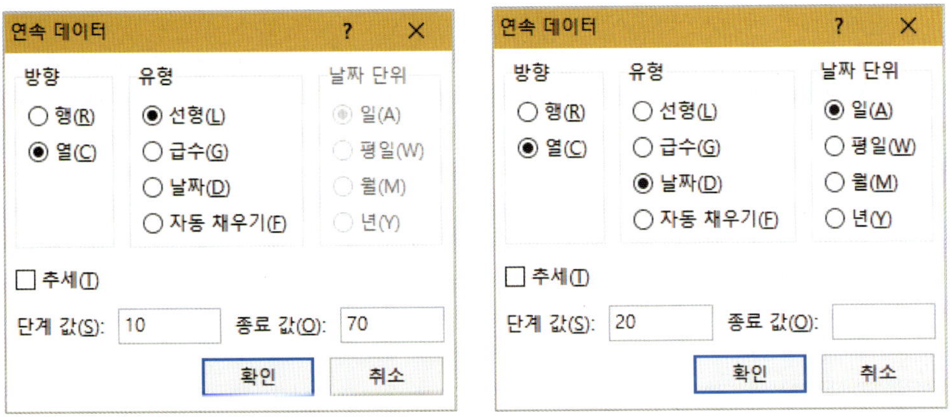

예제 3 자동 채우기

연속 데이터 유형을 통한 데이터 자동 채우기를 연습해 보라. ① 셀 A3부터 그 아래로 1부터 시작하여 10씩 증가하는 숫자 데이터를 입력해 보라. 최종 수치는 70이 넘지 않도록 하라. ② 셀 B3부터 그 아래로 2016년 3월 19일부터 시작해서 20일 간격으로 6회 동안 날짜를 자동으로 채워 넣어라. ③ 셀 C3에는 250, 셀 C4에는 230 두 개의 데이터를 입력하고 그 단계 값(−20)을 이용하여 아래로 5개의 빈 셀에 자동 채우기 하라. **키워드 : 자동 채우기**

| 풀이 |

① 문제 : 먼저 셀 A3에 *1*을 입력한다. 리본 메뉴 홈 편집 채우기 에서 계열 을 선택하여 연속 데이터 창을 연다. [그림 3-13]의 왼쪽 연속 데이터 창처럼 입력 방향은 *열*을, 유형은 *선형*을 선택하고, 단계 값은 *10*으로, 종료 값은 *70*을 입력한다. 확인 을 누르면 데이터가 자동으로 입력될 것이다.

② 문제 : 셀 B3를 선택하여 날짜 데이터 *2016년 3월 19일*을 입력한다. 모두 6회의 날짜를 넣을 것이므로 먼저 셀 B3를 포함하여 범위 B3:B8까지 연속 데이터가 입력될 범위를 마우스로 선택한다. 그리고 연속 데이터 창을 열고 [그림 3-13]의 오른쪽 연속 데이터 창처럼 입력 방향은 *열*을, 유형은 *날짜*를, 날짜 단위는 *일*을 선택하고, 단계 값은 *20*으로, 종료 값은 설정하지 않는다. 확인 을 누르면 데이터가 자동으로 입력될 것이다.

③ 문제 : 이 경우는 리본 메뉴 를 이용하지 않고, 셀에 입력되어 있는 두 셀의 숫자가 보여주는 연속 데이터의 관계를 이용하려고 한다. 먼저 셀 C3와 셀 C4에 250과 230을 입력한다. 그리고 범위 C3:C4를 마우스로 선택하면 두 셀의 관계는 위에서 아래로 셀 값이 20 줄어들었다는 것을 엑셀이 자동으로 파악한다. 다음 채우기 핸들에 마우스 포인

터를 가져가면 [그림 3-14]처럼 마우스 포인터가 작은 플러스 모양으로 변한다. 이때 아래 5개의 빈 셀로 마우스를 드래그하면 자동으로 숫자가 20씩 줄면서 채워진다.

그림 3-14 채우기 핸들 위에서 마우스 포인터가 변한 모양

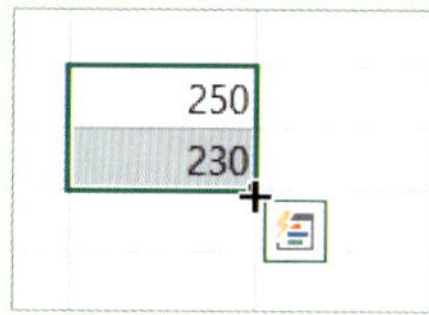

그림 3-15 예제 3 (자동 채우기) 결과

	A	B	C
1	예제 3		
2	(1)	(2)	(3)
3	1	2016-03-19	250
4	11	2016-04-08	230
5	21	2016-04-28	210
6	31	2016-05-18	190
7	41	2016-06-07	170
8	51	2016-06-27	150
9	61		130
10			

자동 채우기는 실제로 자주 사용되는 목록(가령 요일, 달이나 육십갑자 등)을 쉽게 입력할 수 있게 해준다. 예로 일요일부터 토요일까지를 입력해야 하는 경우라면 "일요일"만 입력하고 마우스로 채우기 핸들 위에서 드래그하면 차례대로 자동 채우기가 된다. 이와 같은 목록은 **"사용자 지정 목록"**이라고 하여 필요하면 언제든지 어떠한 목록이든지 그 목록을 저장해 놓고 활용할 수 있다.

자주 사용되는 목록을 "사용자 지정 목록"에 수록하는 방법은 리본 메뉴 파일 에서 ❑ 옵션 ❑ 고급 을 누르고 일반 ❑ 사용자 지정 목록 편집 을 눌러서 나오는 [그림 3-16]의 사용자 지정 목록 창에서 오른쪽의 **목록 항목**에 추가하면 된다. 워크시트에 이미 입력되어 있는 목록을 가져 오려면 창의 아래에 있는 목록 가져올 범위 : 에 있는 최소화 단추( )를 클릭한 다음, 해당 워크시트로 가서 지정할 목록 범위를 마우스로 선택한 다음 ❑ 가져오기 를 클릭하면 된다.

최소화 단추에 대해서는 제5장 2절의 아포리즘 8 참고

그림 3-16 사용자 지정 목록 창

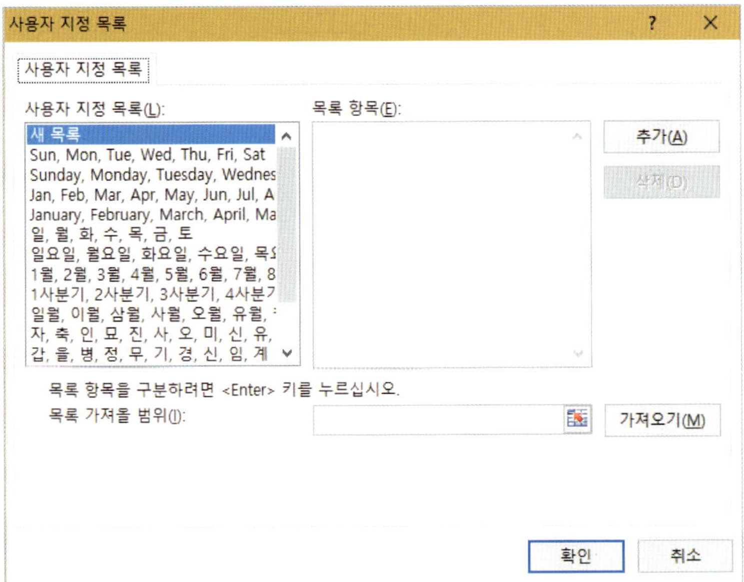

8 엑셀과 사용자의 커뮤니케이션 3 : 옵션 선택 단추

앞절의 [그림 3-14]를 보면 자동 채우기를 위한 마우스 포인터(+) 옆에 또 작은 단추가 생긴 것을 볼 수 있다. 이와 같이 일정한 범위의 데이터를 선택한 다음 채우기 핸들 위로 마우스를 가져가면 **빠른 분석 도구**가 표시된다. 이 단추를 클릭하면 서식 설정(제6장에서 다룸), 차트 삽입(제12장에서 다룸), 색 구분, 합계 또는 평균을 구하는 수식 활용 등 다양한 엑셀의 도구를 사용하여 빠른 데이터 분석을 시도할 수 있다.

또 자동 채우기를 하고 나면, 아래 [그림 3-17]과 같이 또 다른 **옵션 선택 단추**(그냥 옵션 단추라고 부르는데, 제14장에서 나오는 옵션 단추 양식 컨트롤 도구와 혼동할 수도 있을 것 같아서 옵션 선택 단추라고 사용했다)가 표시된다. 이 단추를 클릭하면 자동 채우기 옵션을 선택할 수 있다. 자동 채우기를 할 때 “연속 데이터 채우기”를 할 것인지, 셀을 그대로 복사할 것인지, 셀에 적용된 서식도 함께 복사할 것인지, 서식은 빼고 복사할 것인지, 내용은 빼고 서식만 복사할 것인지 등의 옵션을 원하는 대로 선택할 수 있다(이때 사용되고 있는 동그란 선택 버튼은 옵션 단추라고 하는 **양식 컨트롤 도구**인데, 이에 대해서는 제14장에서 다룬다).

그림 3-17 옵션 선택 단추 예

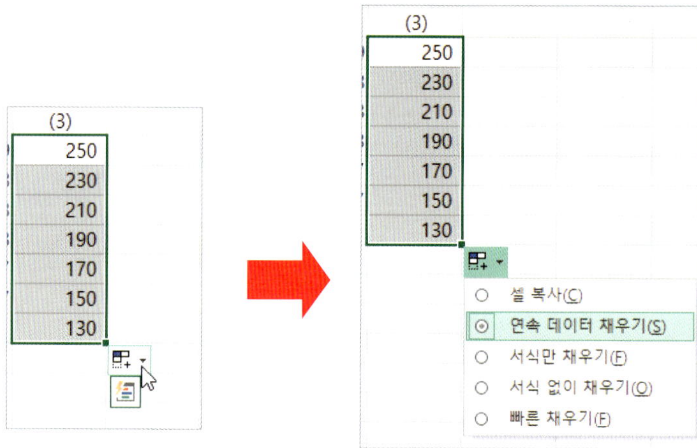

또한 셀을 복사할 경우에도 유사한 **붙여넣기 옵션** 선택 단추가 보인다. 다양한 옵션 중에는 일반적인 붙여넣기, 원본 서식도 함께 붙여넣기, 행과 열을 바꾸어 붙여넣기, 수식의 결과 값만 붙여넣기, 그림처럼 옮겨 붙여넣기 등의 옵션을 선택할 수 있다.

그림 3-18 붙여넣기 옵션 선택 단추 예

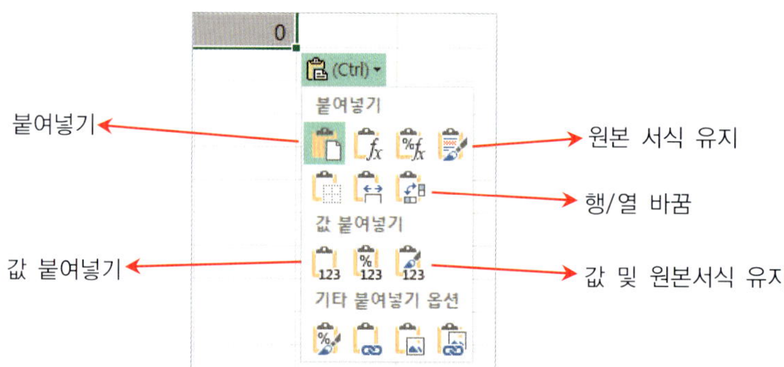

아포리즘 4 엑셀 도움 장치에 대해서

엑셀은 끊임없이 다양한 방법으로 사용자와 대화를 시도한다.

첫째, 마우스 포인터의 모양을 바꿔가면서 사용자가 실수 없이 의도한 작업을 수행할 수 있도록 안내한다.

둘째, 필요할 때마다 [그림 3-14], [그림 3-17], [그림 3-18]에서 볼 수 있는 것과 같은 조그만 옵션 선택 단추를 띄운다. 옵션 선택 단추를 클릭하면 방금 수행한 작업에서 옵션으로 선택할 수 있는 메뉴를 보여준다. 옵션 선택 단추에 마우스 포인터를 가져가면 단추 오른쪽 끝에 세모(▼)가 나타나고 클릭하면 다양한 선택을 할 수 있다.

셋째, 함수식을 입력하는 경우에는 인수의 순서나 인수 내용에 대해서 화면에 메시지가 나타난다. 이에 대해서는 제5장 2절에서 자세하게 설명할 것이다.

넷째, 사용자가 뭔가 잘못 입력한 경우에는 "오류 메시지"를 표시해 준다. 엑셀의 기능을 빠르고 정확하게 익히기 위해서는 오류 메시지가 나타날 때 적어도 한번은 꼼꼼하게 읽어보는 것이 좋다. 그 외에도 필요할 때마다 기능키(Function Key) F1을 누르면 온라인 Excel 도움말 창이 나타나 자세한 설명을 참고할 수 있다.

염건 교수의 엑셀강의

Chapter 04

엑셀의 핵심 아이디어

1. 엑셀 최고의 아이디어 : 수식의 사용과 셀 참조
2. 엑셀 제2의 아이디어 : 수식의 복사
3. 엑셀 제3의 아이디어 : 상대참조와 절대참조

1 엑셀 최고의 아이디어 : 수식의 사용과 셀 참조

이 장에서는 엑셀의 가장 핵심적인 아이디어 세 가지를 집중적으로 설명하려고 한다. 이미 제3장 4절에서 언급한 바 있지만, 엑셀의 원조라고 하는 비지칼크 프로그램을 탄생시킨 아이디어가 엑셀 최고의 아이디어라고 할 수 있다. 앞의 [그림 3-6]의 금전출납부 예를 다시 한 번 확인해 보기 바란다.

엑셀 최고의 아이디어 : 수식의 사용과 셀 참조

셀에 다른 셀 주소를 참조해서 수식을 입력하는 경우에 **참조한 셀 값이 바뀌면 수식의 결과도 자동으로 바뀐다.**

이러한 아이디어를 이용해서 가계부나 회계장부와 같은 기업 재무 업무에 엑셀을 많이 활용하게 되었다. 또한 데이터베이스에 있는 자료를 참조로 불러와서 각종 워크시트에 활용하는 경우에 데이터베이스에 있는 원래 데이터가 바뀌면 그것을 참조해서 작성한 각종 워크시트의 셀 값도 그에 따라 자동으로 바뀌게 되니 그것만도 상당히 편리한 것이다.

차후 제12장에서 차트를 활용하는 방법에 대해서 다룰 것이지만, 차트를 그릴 경우에도 자료가 들어 있는 셀을 참조해서 그리게 되면, 자료가 변경되었을 때 차트 그림도 그에 따라 자동으로 변경되는 장점이 있다. 제2장 4절의 [그림 2-13]과 [그림 2-14]를 통해서 이미 언급한 바가 있으니 그 내용을 한 번 더 들여다보면 이러한 개념을 쉽게 이해할 수 있을 것이다.

2 엑셀 제2의 아이디어 : 수식의 복사

제2장 4절에서 전형적인 엑셀의 활용 사례를 예로 들면서 수식을 복사해서 사용하면 뭔가 편리하다고만 말했다. 또 제3장 4절에서도 동일한 작업을 반복해서 해야 하는 경우에 엑셀에서는 매번 수식을 입력하는 것이 아니라 앞에서 입력한 수식을 복사해서 사용하는 방법이 있다고만 했다. 이제는 수식을 복사해서 사용하면 도대체 어떻게 된다는 것인지 그 개념을 정확하게 이해해야 한다.

수식을 복사하는 방법에 대해서는 제3장 4절에서 자세하게 정리하였다. 셀 포인터의 채우기 핸들(오른쪽 아래 꼭지점) 위로 마우스 포인터를 올려놓고 마우스 포인터의 모양이 플러스(+) 모양으로 변하는 것을 확인하고 드래그하면 된다.

사실 제3장 4절에서 상대참조와 절대참조의 개념을 간략하게 언급했었다. 꼭 알아두어야 할 점은 상대참조 방식에서는 셀 주소를 기억하는 것이 아니라 셀의 **상대적 위치를 기억**한다는 것이다. 그렇기 때문에 입력한 수식을 다른 셀에 복사해서 사용하면 참조되는 셀도 복사되는 위치에 따라 상대적 위치로 자동으로 변하게 되는 것이다. 예제를 통해서 이 상대적 위치를 활용한다는 개념을 보다 자세하게 확인해 보자.

엑셀 제2의 아이디어 : 수식의 복사

동일한 작업을 반복하는 경우에는 **수식을 복사하여 사용하면 된다.**

예제 4 수식의 복사

아래의 워크시트는 다섯 개 대리점의 1사분기 매출액을 정리한 내용이다([그림 2-13]의 내용을 확장한 것). 맨 오른쪽 E열에는 각 대리점별로 1사분기 매출액의 합계를 산출하고, 맨 아래 줄 8행에는 월별로 모든 대리점의 매출액 합계를 산출하라. 그리고 최종적으로 셀 E8의 값이 열로 계산하거나 행으로 계산해도 서로 같은 값이 나오는가를 확인하라.

키워드 : 상대참조, SUM 함수

	A	B	C	D	E
1	예제 4				
2	대리점	1 월	2 월	3 월	합계
3	A대리점	3,000	2,900	3,000	
4	B대리점	2,500	1,200	2,900	
5	C대리점	3,400	2,200	2,200	
6	D대리점	1,200	1,200	1,200	
7	E대리점	2,300	2,200	3,300	
8	합계				

| 풀이 |

셀 E3에는 A대리점의 1월, 2월, 3월의 매출액이 들어 있는 셀 B3, C3, D3를 참조해서 수식을 입력한다. 즉 *=B3+C3+D3*라고 입력한다. 그리고 나머지 범위 E4:E7에는 셀 E3에 입력한 수식을 복사해 넣는다. 수식에 입력한 참조방식은 상대참조이므로, 셀 E4에 복사되는 수식은 *=B4+C4+D4*로 자동으로 바뀐다. 즉, 여기서 사용한 상대참조란 방식은 E열에서 왼쪽으로 세 개의 셀에 입력된 데이터를 가져와서 합한다는 것을 의미하기 때문이다.

물론 셀 E5에 복사된 수식은 *=B5+C5+D5*다. 여러분도 셀에다 포인터를 옮기고 수식 입력줄을 클릭하면, 복사된 수식이 어느 셀을 참조하여 계산하고 있는지를 직관적으로 볼 수 있다.

[그림 4-1]은 예제 4를 차례로 완성한 워크시트 화면이다. 왼쪽의 워크시트는 셀 E3에 입력한 수식을 아래로 복사한 결과를 보여주고 있다. 현재 셀 포인터가 셀 E5에 있는 상태인데, 수식 입력줄을 보면 여기 입력된 수식은 *=B5+C5+D5*임을 알 수 있다. 또 오른쪽 워크시트는 비슷한 방법으로 월별로 모든 대리점의 매출액 합계를 산출하기 위한 수식을 셀 B8에 입력한 다음, 그 수식을 오른쪽으로 복사한 결과다. 셀 B8에는 1월 다섯 개 대리점의 매출액을 합하기 위해서 수식 *=SUM(B3:B7)*이라고 입력하였다. 앞에서처럼 각 대리점의 매출액이 입력되어 있는 셀을 일일이 참조해서 더하는 대신에 제5장에서 다룰 SUM 함수를 사용하였다. SUM 함수는 범위로 지정된 참조 셀의 값을 합해주는 함수이다. SUM 함수의 인수로 범위 B3:B7을 입력했는데 이것 역시 상대참조 방식으로 사용했으므로, 이 경우 개념적으로 보면 셀 B8의 위쪽에 있는 다섯 개 셀의 값을 합하는 것으로 기억할 것이다. 그리고 2월, 3월의 매출액 합계를 구하기 위해서 셀 B8에 입력한 이 수식을 범위 C8:E8에 복사하였다. [그림 4-1]의 오른쪽 워크시트를 보면 현재 셀 포인터가 셀 D8에 있는 상태인데, 수식 입력줄을 보면 여기 입력된 수식은 *=SUM(D3:D7)*임을 알 수 있다. 즉 셀 D8에 입력된 수식은 역시 상대적 위치를 기억하여 자신의 위쪽에 있는 다섯 개 셀의 값을 더하고 있음을 확인할 수 있다.

그림 4-1 예제 4 (수식의 복사) 결과

AND | =B5+C5+D5

	A	B	C	D	E
1	예제 4				
2	대리점	1 월	2 월	3 월	합계
3	A대리점	3,000	2,900	3,000	8,900
4	B대리점	2,500	1,200	2,900	6,600
5	C대리점	3,400	2,200	2,200	=B5+C5+
6	D대리점	1,200	1,200	1,200	3,600
7	E대리점	2,300	2,200	3,300	7,800
8	합계				

AND | =SUM(D3:D7)

	A	B	C	D	E
1	예제 4				
2	대리점	1 월	2 월	3 월	합계
3	A대리점	3,000	2,900	3,000	8,900
4	B대리점	2,500	1,200	2,900	6,600
5	C대리점	3,400	2,200	2,200	7,800
6	D대리점	1,200	1,200	1,200	3,600
7	E대리점	2,300	2,200	3,300	7,800
8	합계	12,400	9,700	=SUM(D3:	34,700

이제 상대참조 방식만으로는 뭔가 해결이 되지 않는 상황도 많이 존재한다는 것을 예제 5를 통해서 살펴보겠다. 그래서 한 가지 더 고안한 것이 절대참조라는 개념인 것이다. 일단 예제 5를 통해서 상대참조 방식의 한계를 이해하고 절대참조 방식에 대해서는 다음 3절에서 본격적으로 설명하겠다.

예제 5 수식 복사가 제대로 안 되는 경우

자료는 어느 단과대학의 학과 구성비를 산출하기 위한 워크시트다. 단과대학 전체 학생수는 셀 B7에 들어 있는 200(명)이고, 각 전공별 학생수는 범위 B2:B6에 나타나 있다. 열 C에 전공별 구성비를 산출하려고 한다. **키워드 : 상대참조/절대참조, SUM 함수**

	A	B	C
1	전공	인원(명)	구성비
2	글로벌비즈니스학	35	0.175
3	경영학	55	#DIV/0!
4	IT경영학	42	#DIV/0!
5	중국학	38	#DIV/0!
6	일본학	30	#DIV/0!
7	합계	200	

| 풀이 |

셀 C2에 글로벌비즈니스학 전공의 구성비를 산출하기 위해서 수식을 입력한다. 구성비는 전공 학생수를 전체 학생수로 나누면 되므로, 수식은 *=B2/B7*이라고 입력하면 된다. 나머지 전공도 유사한 방법으로 처리하면 되므로 엑셀 제2의 아이디어에 따라 이 수식을 복사해서 사용하면 될 것 같다. 그래서 복사한 결과가 위의 그림이다. 어라? 그런데 문제가 발생했다. 제대로 산출되는 것이 아니고 "*#DIV/0!*"와 같은 오류 메시지가 출력된 것이다. 무엇이 문제였을까 생각해 보자.

수식을 복사하는 경우 엑셀은 셀 간의 상대적 위치를 이용해서 적절하게 수식에 참조된 셀 주소를 바꾼다. 이것이 엑셀 제2의 아이디어이지만, 예제 5와 같은 상황에서는 상대적 위치를 이용하면 정확하게 구성비를 계산할 수 없다. 셀 C3에 복사된 수식은 무엇이기에 오류 메시지가 출력되었을까?

[그림 4-2]를 보면, 셀 C3에 복사된 수식은 *=B3/B8*이다. 상대적 위치를 이용하여 조정된 수식이므로 한 칸 아래로 내려간 셀 B3에는 적절했으나 수식 속 분모로 사용된 전체 학생수를 나타내는 셀 B7은 아래로 복사할 때 같이 내려가면서 엉뚱한 값을 참조하게 된 것이다. 그래서 셀 B8([그림 4-2]에서 B열 맨 아래쪽 빨강 셀 박스 표시)을 참조하게 된 것이고 셀 B8에는 아무 값도 입력된 것이 없기 때문에 엑셀에서는 이런 경우 0이라고 간주하고 수식 *=B3/B8*을 계산하려다 보니 0으로 나누는 상황이 만들어져서 오류 메시지를 출력하게 된 것이다. 그 아래 부분 셀들도 마찬가지다.

그림 4-2 수식을 복사해서 사용할 때 오류 메시지가 발생한 상황

	A	B	C	D
1	전공	인원(명)	구성비	해당 수식
2	글로벌비즈니스학	35	0.175	=B2/B7
3	경영학	55	=B3/B8	=B3/B8
4	IT경영학	42	#DIV/0!	=B4/B9
5	중국학	38	#DIV/0!	=B5/B10
6	일본학	30	#DIV/0!	=B6/B11
7	합계	200		
8				

아포리즘 5 #DIV/0! 오류 메시지

엑셀은 사용자가 잘못하여 문제가 발생했을 때 적절한 오류 메시지를 출력해서 사용자에게 알려 준다. 따라서 오류 메시지만 봐도 무엇을 잘못했는지 짐작할 수 있다. 자세한 내용은 그때그때 적절한 예제와 함께 추가로 설명하기로 하고, 여기서는 위 오류 메시지에 대한 이야기만 하겠다.

오류 메시지는 항상 첫 글자는 "#"으로 시작하고 마지막에는 "!"를 붙여서 출력되기 때문에 다른 경우와 구분된다. 위 오류 메시지의 의미는 "DIV/0"인데, 이것은 "DIVided by 0(Zero)," 즉 "0으로 나눴다"는 소리다. 수학에서 0으로 나누는 계산은 정의되어 있지 않기 때문에 사람은 물론 컴퓨터도 계산을 어떻게 해야 하는지 알 수 없다. 그래서 이런 경우가 발생하면 엑셀은 "#DIV/0!"란 오류 메시지를 출력하고 사용자의 오류수정을 기다리는 것이다.

이 외에도 함수나 셀 이름이 잘못된 경우에 나타나는 "#NAME!", 숫자를 사용해야 하는 상황에서 숫자가 아닌 문자 등을 사용하는 경우에 나타나는 "#VALUE!", 참조한 셀이나 범위가 잘못된 경우에 나타나는 "#REF!" 등의 오류 메시지가 있다.

그렇다면 이 오류를 수정하기 위해서는 어떠한 것이 필요할까? 셀 간의 상대적 위치를 이용해서 수식을 복사해서 활용한다는 엑셀의 두 번째 아이디어는 무척 유용하다. 그러나 예제 5와 같은 상황에서도 이 아이디어를 제대로 활용하기 위해서는 때론 상대적 위치가 아닌 셀 주소에 의한 절대적 위치의 데이터를 참조할 필요가 있음을 알게 된 것이다. 그래서 상대참조와는 조금 다른 절대참조 방식을 고안하게 되었다. 이에 대해서는 다음 제3절에서 자세하게 설명할 것이다.

3 엑셀 제3의 아이디어 : 상대참조와 절대참조

앞에서 언급했듯이 엑셀을 보다 정교하게 활용하기 위해서는 수식에 다른 셀을 참조하여 활용할 때 상대참조뿐만 아니라 절대참조의 방식도 필요하다는 것을 알게 되었다. 절대참조는 셀 간의 상대 위치로 참조할 셀의 위치를 파악하는 것이 아니라 무조건 셀 주소로 표시된 셀을 참조하는 방식이다. 상대참조와 절대참조를 구별하기 위해서 절대참조의 경우에는 셀 주소의 열 번호와 행 번호 앞에 "$" 표시를 붙여서 나타낸다. 가령 셀 A2를 절대참조하기 위해서는 수식에서 "$A$2"라고 사용하면 절대참조로 인식하게 된다.

사실 엑셀의 활용성을 극대화할 수 있는 것은 **상대참조와 절대참조를 혼합해서 사용**하는 방식이 있기 때문이다. 이것은 셀 주소 중에서 열 번호는 상대참조로 하고 행 번호는 절대참조로 한다거나, 거꾸로 행 번호는 상대참조로 하고 열 번호는 절대참조로 하는 경우도 있음을 의미한다. 가령 수식에서 셀 주소를 "A$2"라고 사용하면 행 번호만 절대참조로 하는 방식이고, "$A2"라고 사용하면 열 번호만 절대참조로 하는 방식이다. 결론적으로 셀 참조에는 모두 4가지 유형이 있다. 나열하면 **"A2", "$A$2", "A$2", "$A2"의 4가지 유형**이다. 그러나 매번 "$" 표시를 붙이거나 떼지 않아도 어떤 유형이든 한 번 입력한 후에 키보드의 기능키(Function Key) F4를 누르면 한 번 누를 때마다 4가지 유형이 차례로 바뀐다.

엑셀 제3의 아이디어 : 상대참조/절대참조

필요에 따라서 **상대참조와 절대참조를 교묘하게 섞어서 사용**할 수 있다.

그렇다면 어떤 경우에 열과 행 중에서 어느 것을 절대참조로 해야 할 것인가를 이해하는 것이 과제가 되겠다. 다음 예제를 통해서 이러한 개념을 파악해 보도록 한다. 보다 더 자세한 설명은 추후 더 복잡한 예제를 통해서 차츰차츰 설명할 것이다.

예제 6 상대참조/절대참조

이 워크시트는 직원들의 매출수량 자료이다. 제품단가는 셀 C1에 입력되어 있다. C열에 각 직원별 매출액을 산출하여라. 또한 8행에는 수량 합계, 매출액 합계를 각각 산출하여라.

키워드 : 상대참조/절대참조, SUM 함수, #VALUE! 오류 메시지

	A	B	C	D
1		단가 :	50 (원)	
2	성명	수량	금액	
3	이용민	17,000		
4	최이현	20,000		
5	정희도	10,000		
6	이원혁	6,000		
7	곽기훈	8,900		
8	합계			

| 풀이 |

매출액은 직원별로 *수량×단가*를 하면 산출할 수 있다. 따라서 셀 C3에 수량과 단가가 입력되어 있는 셀을 참조하여 수식을 입력하면 된다. 우선 간단히 보면 수식 *=B3*C1*인데 나머지 직원들의 매출액은 이 수식을 복사해서 활용하면 된다. 여기서 각 직원들의 판매수량은 매출액을 산출해야 하는 셀(C열)의 왼쪽에 있는 셀(B열)을 참조하면 되므로 상대참조를 사용하면 되지만, 단가는 항상 셀 C1에 고정되어 있다. 따라서 단가는 절대참조를 사용해야 정확하게 매출액이 산출된다.

그러므로 셀 C3에 입력할 수식은 *=B3*$C$1* 이라고 해야 한다. 그리고 이 수식을 그 아래로 복사해서 사용하면 된다. 그렇다면 셀 C4에 자동으로 복사되는 수식은 무엇이 되었을까? 상대참조로 사용한 셀 주소는 상대적 위치관계로 자동으로 변경되지만 절대참조로 사용한 셀 주소는 변하지 않는다. 따라서 셀 C4에 복사된 수식은 *=B4*$C$1* 이 된다. 또 그 아래 셀 C5에 복사된 수식은 *=B5*$C$1* 이 된다. 이런 식으로 셀 C7까지 복사하면 된다.

마지막으로 8행(셀 B8과 셀 C8)에 입력할(열별 합계를 산출하기 위한) 수식을 생각해 보자. 이것도 두 열에서 합계를 구하는 방법이 똑같으므로, 셀 B8에 수식을 작성하고 셀 C8에는 그것을 복사해서 사용하면 된다. 셀 B8에는 *=SUM(B3:B7)* 이라고 합계를 구해주는 SUM 함수식을 입력하면 된다(함수에 대해서는 다음 장에서 자세히 다룰 것이다). 그리고 그 수식을 오른쪽으로 한 칸 복사하면(이번에는 상대참조 방식이므로) 셀 C8에 복사되는 수식은 *=SUM(C3:C7)* 이 된다(SUM 함수를 사용하지 않고 셀 B8에 그냥 단순히 *=B3+B4+B5+B6+B7* 과 같이 입력해도 결과는 같다). 아래 [그림 4-3]에서 왼쪽 워크시트는 절대참조를 정확하게 사용하여 제대로 완성된 결과이고, 오른쪽 워크시트는 단순히 상대참조로만 수식을 입력하고 복사하여 잘못된 결과가 나온 예를 보여주고 있다.

그림 4-3 예제 6 (상대참조/절대참조) 결과

	A	B	C	D
1	예제 6	단가 :	50 (원)	
2	성명	수량	금액	C열 수식
3	이용민	17,000	850,000	=B3*$C$1
4	최이현	20,000	1,000,000	=B4*$C$1
5	정희도	10,000	500,000	=B5*$C$1
6	이원혁	6,000	300,000	=B6*$C$1
7	곽기훈	8,900	445,000	=B7*$C$1
8	합계	61,900	3,095,000	=SUM(C3:C7)

	A	B	C	D
1	예제 6	단가 :	50 (원)	
2	성명	수량	금액	C열 수식
3	이용민	17,000	850,000	=B3*C1
4	최이현	20,000	#VALUE!	=B4*C2
5	정희도	10,000	#######	=B5*C3
6	이원혁	6,000	#VALUE!	=B6*C4
7	곽기훈	8,900	#######	=B7*C5
8	합계	61,900	#VALUE!	=SUM(C3:C7)

[그림 4-3]의 오른쪽 워크시트에서 무엇 때문에 오류 메시지가 나타났는지 확인해 보도록 하자. 문제는 셀 C3에 입력한 수식이 *=B3*C1* 과 같이 상대참조로만 되어 있다는 것이다. 따라서 이 수식을 바로 아래 셀 C4로 복사했을 때 이 수식은 상대적 위치를 이용하여 참조했던 셀 주소가 모두 하나씩 아래로 내려가 버린다. 즉 *=B4*C2* 로 복사가 된다. 셀 B4에는 직원 최이현의 판매수량이 들어 있으므로 맞지만, 셀 C2는 단가가 입력되어 있는 것이 아니고 "금액"이란 문자가 들어 있기 때문에 "#VALUE!"라는 오류 메시지가 출력된 것이다.

3절의 아포리즘 5 참고

그 아래에 셀 C5에 복사된 수식은 **=B5*C3**가 되어 셀 C3에 반환된 직원 이용민의 매출액인 850,000이 단가처럼 곱해지게 된다. 그래서 매출액으로 8,500,000,000이 산출되었다. 셀 C5에 "#######"처럼 표시되는 것은 금액이 너무 커서 표시하기에 열의 폭이 좁다는 것을 알려주는 엑셀의 소리 없는 반응이다. 이 경우 열의 폭을 늘려주면 해당 숫자가 표시된다. [그림 4-4]는 C열의 폭을 늘려서 숫자가 제대로 표시되게 한 결과다.

그림 4-4 열의 폭을 늘려 숫자가 다 표시되게 한 화면

	A	B	C	D
1	예제 6	단가 :	50 (원)	
2	성명	수량	금액	C열 수식
3	이용민	17,000	850,000	=B3*C1
4	최이현	20,000	#VALUE!	=B4*C2
5	정희도	10,000	8,500,000,000	=B5*C3
6	이원혁	6,000	#VALUE!	=B6*C4
7	곽기훈	8,900	75,650,000,000,000	=B7*C5
8	합계	61,900	#VALUE!	=SUM(C3:C7)

예제 7 가중 평균 산출

아래의 워크시트는 4년간 성적을 산출하기 위한 자료다. F열에는 4년간 성적의 합계를, G열에는 4년간 성적의 평균(산술 평균)을 산출하고, H열에는 학년별 가중치를 고려하여 4년간 성적의 가중 평균을 산출하라. 학년별 가중치는 범위 B1:E1에 입력되어 있다.

키워드 : 상대참조/절대참조, SUM 함수, AVERAGE 함수

	A	B	C	D	E	F	G	H
1	예제 7	20%	20%	25%	35%	← 학년별 가중치		
2	이름	1학년	2학년	3학년	4학년	합계	평균	가중평균
3	나일등	95	80	92	82			
4	이경희	90	95	88	70			
5	박민수	70	85	90	96			
6	김영건	70	85	82	90			
7	최승기	80	75	78	80			

| 풀이 |

첫째, 성적 합계는 각각의 학생에 대해서 4년간 성적을 더하면 되므로 셀 F3에는 수식 *=B3+C3+D3+E3* 또는 SUM 함수 *=SUM(B3:E3)*를 입력하면 된다. 둘째, (산술)평균은 앞에서 구한 합계를 4로 나누면 된다. 따라서 셀 G3에 입력할 수식은 *=F3/4*로 하면 된다. 여기서 불필요하게 또 합계를 구할 필요는 없다. 물론 (산술)평균을 구해주는 AVERAGE 함수를 써서 *=AVERAGE(B3:E3)*라고 입력해도 된다(함수에 대해서는 제5장에서 자세히 다룰 것이다). 셀 F3와 셀 G3에 수식을 입력한 후에 이 두 셀을 함께 선택하여 아래 다른 학생들의 합계와 평균을 산출할 범위로 복사해 주면 엑셀 제2의 아이디어처럼 나머지가 쉽게 완성된다.

마지막으로, 가중 평균은 각 학년별 점수에 학년별 가중치를 곱해서 나온 4가지 점수를 모두 더하면 된다. 즉 셀 H3에 입력할 수식은 *=B3*B1+C3*C1+D3*D1+E3*E1*이다. 그러나 이 수식을 그대로 복사할 경우에는 문제가 생긴다. 이유는 가중치가 들어 있는 셀을 상대참조로 사용했기 때문이다. 가령 셀 H3에 입력한 이 수식을 바로 아래 셀 H4로 복사했다고 하자. 그러면 이 수식은 *=B4*B2+C4*C2+D4*D2+E4*E2*로 설정될 것이다. 이 수식에서 참조된 셀 B2, 셀 C2, 셀 D2, 셀 E2에는 가중치가 아니라 "?학년"이란 문자가 들어 있으므로 오류가 발생한다. 즉 수식을 아래로 복사해도 학년별 가중치는 항상 1행에 입력되어 있기 때문에 학년별 점수는 상대참조를 사용해야 하지만 가중치는 절대참조를 사용해서 수식에 입력해야 한다. 따라서 위 수식을 다시 정확하게 고쳐 쓰면 *=B3*$B$1+C3*$C$1+D3*$D$1+E3*$E$1*이라고 해야 한다.

그림 4-5 예제 7 (가중 평균 산출) 결과

	A	B	C	D	E	F	G	H
1	예제 7	20%	20%	25%	35%	← 학년별 가중치		
2	이름	1학년	2학년	3학년	4학년	합계	평균	가중평균
3	나일등	95	80	92	82	349	87.3	86.7
4	이경희	90	95	88	70	343	85.8	83.5
5	박민수	70	85	90	96	341	85.3	87.1
6	김영건	70	85	82	90	327	81.8	83.0
7	최승기	80	75	78	80	313	78.3	78.5

상대참조를 사용하는 경우에는 수식이 입력된 셀을 중심으로 상대적 위치를 이용하고, 절대참조를 사용하는 경우에는 사용된 셀 주소를 이용한다는 이 개념을 보다 확실하게 이해하기 위해서 다음 예제 8과 예제 9를 연습해 보자. 두 예제는 현실 상황과 관련된 특별한 의미는 없고 다만 상대참조와 절대참조 개념을 이해하기 위해서 인위적으로 만든 것이다.

예제 8 **상대참조/절대참조 개념이해 1**

아래의 워크시트를 보고 각각의 질문에 맞는 결과를 유추해 보라. **키워드 : 상대참조/절대참조, 수식 복사**

① 셀 E1에 들어 있는 수식 *=$A1*을 한 칸 오른쪽(셀 F1)으로 복사하면 그 셀에는 어떤 값이 반환될까?

② 셀 E2에 들어 있는 수식 *=A$2*를 한 칸 오른쪽(셀 F2)으로 복사하면 그 셀에는 어떤 값이 반환될까?

③ 셀 H1에 들어 있는 수식 *=$C3*를 한 칸 아래쪽(셀 H2)으로 복사하면 그 셀에는 어떤 값이 반환될까?

④ 셀 E3에 들어 있는 수식 *=B$3*를 한 칸 오른쪽 대각선 방향(셀 F4)으로 복사하면 그 셀에는 어떤 값이 반환될까?

⑤ 셀 G3에 들어 있는 수식 *=$A3*를 한 칸 오른쪽 대각선 방향(셀 H4)으로 복사하면 그 셀에는 어떤 값이 반환될까?

	A	B	C	D	E	F	G	H
1	100	20	3000	200	100			900
2	4	50	60	5000	4			
3	7000	8	900	30	8		7000	
4	1	2000	300	60				
5	400	5	6	4000				

| 풀이 |

① 셀 E1에 들어 있는 수식 *=$A1*을 한 칸 오른쪽(셀 F1)으로 복사하는 경우, 열 번호는 절대참조가 붙었으므로 변하지 않고, 행 번호는 같은 행에서 이동한 것이므로 역시 변하지 않는다. 따라서 셀 F1에 입력되는 수식은 바뀌지 않고 그대로 *=$A1*이 된다. 그 결과 반환되는 값은 그대로 "100"이다.

② 셀 E2에 들어 있는 수식 *=A$2*를 한 칸 오른쪽(셀 F2)으로 복사하는 경우, 열 번호는 상대참조이므로 한 칸 옆으로 변하여 "B"열이 된다. 행 번호는 절대참조이므로 변하지 않는다. 따라서 셀 F2에 입력되는 수식은 *=B$2*가 된다. 그 결과 반환되는 값은 "50"이다.

③ 셀 H1에 들어 있는 수식 *=$C3*를 한 칸 아래쪽(셀 H2)으로 복사하는 경우, 열 번호는 절대참조이므로 변하지 않는다. 행 번호는 한 칸 아래로 변하여 "4"가 된다. 따라서 셀 H2에 입력되는 수식은 *=$C4*가 된다. 그 결과 반환되는 값은 "300"이다.

④ 셀 E3에 들어 있는 수식 *=B$3*를 한 칸 오른쪽 대각선 방향(셀 F4)으로 복사하는 경우, 열 번호는 상대참조이므로 한 칸 옆으로 변하여 "C"열이 된다. 행 번호는 절대참조이므로 변하지 않는다. 따라서 셀 F4에 입력되는 수식은 *=C$3*가 된다. 그 결과 반환되는 값은 "900"이다.

⑤ 셀 G3에 들어 있는 수식 =$A3를 한 칸 오른쪽 대각선 방향(셀 H4)으로 복사하는 경우, 열 번호는 절대참조이므로 변하지 않는다. 행 번호는 한 칸 아래로 변하여 "4"가 된다. 따라서 셀 H4에 입력되는 수식은 =$A4가 된다. 그 결과 반환되는 값은 "1"이다.

그림 4-6 예제 8 (상대참조/절대참조 개념이해 1) 결과

	A	B	C	D	E	F	G	H
1	100	20	3000	200	100	100		900
2	4	50	60	5000	4	50		300
3	7000	8	900	30	8		7000	
4	1	2000	300	60		900		1
5	400	5	6	4000				

예제 9 상대참조/절대참조 개념이해 2

아래의 워크시트는 예제 8의 내용을 조금 더 복잡하게 만든 것이다. 이 문제 역시 각 질문처럼 수식을 복사하면 어떤 결과가 나올지 유추해 보라. **키워드 : 상대참조/절대참조, 수식 복사**

① 셀 E1에는 수식 =A1+B2+C3라고 입력되어 있다. 이 셀을 한 칸 오른쪽(셀 F1)으로 복사하면 그 셀에는 어떤 값이 반환될까?

② 셀 E1을 한 칸 아래(셀 E2)로 복사하면 그 셀에는 어떤 값이 반환될까?

③ 셀 F2에는 수식 =B2+C$1+$D1이라고 입력되어 있다. 이 셀을 한 칸 왼쪽 대각선(셀 E3)으로 복사하면 그 셀에는 어떤 값이 반환될까?

④ 셀 F2를 한 칸 아래(셀 F3)로 복사하면 그 셀에는 어떤 값이 반환될까?

⑤ 셀 E4에는 수식 =A$1+B1+$C$4라고 입력되어 있다. 이 셀을 한 칸 오른쪽 대각선 방향(셀 F5)으로 복사하면 그 셀에는 어떤 값이 반환될까?

	A	B	C	D	E	F
1	100	20	3000	200	1050	
2	4	50	60	5000		3250
3	7000	8	900	30		
4	1	2000	300	60	420	
5	400	5	6	4000		

| 풀이 |

① 셀 E1에 들어 있는 수식 *=A1+B2+C3*을 한 칸 오른쪽(셀 F1)으로 복사하는 경우, 모두 상대참조만을 사용했으므로 열 번호는 하나씩 커지고 행 번호는 같은 행에서 이동한 것이므로 역시 변하지 않는다. 따라서 셀 F1에 입력되는 수식은 *=B1+C2+D3*가 된다. 그 결과 반환되는 값은 "110"이다.

② 셀 E1에 들어 있는 수식 *=A1+B2+C3*을 한 칸 아래(셀 E2)로 복사하는 경우, 같은 열에서 이동한 것이므로 열 번호는 변하지 않는다. 그렇지만 행 번호는 하나씩 커진다. 따라서 셀 E2에 입력되는 수식은 *=A2+B3+C4*가 된다. 그 결과 반환되는 값은 "312"이다.

③ 셀 F2에 들어 있는 수식 *=B2+C$1+$D1*을 한 칸 왼쪽 대각선(셀 E3)으로 복사하는 경우, 절대참조가 되어 있는 행과 열은 변하지 않지만, 상대참조부분은 열 번호는 하나 줄고, 행 번호는 하나 커진다. 수식의 첫째 항 "B2"는 모두 상대참조이므로 "A3"로 변하고, 둘째 항 "C$1"은 열 번호는 상대참조이기 때문에 "B"로 변하지만 행 번호는 절대참조를 사용했으므로 변하지 않아서 "B$1"이 된다. 그리고 셋째 항 "$D1"은 열 번호는 절대참조라 변하지 않고, 행 번호만 하나 커져 "$D2"가 된다. 따라서 셀 E3에 입력되는 수식은 *=A3+B$1+$D2*가 된다. 그 결과 반환되는 값은 "12020"이다.

④ 셀 F2를 한 칸 아래(셀 F3)로 복사하는 경우, 열 번호는 같은 열에서 이동한 것이므로 변하지 않지만, 행 번호에서 상대참조부분은 하나씩 커진다. 따라서 셀 F3에 입력되는 수식은 *=B3+C$1+$D2*가 된다. 그 결과 반환되는 값은 "8008"이다.

⑤ 셀 E4에는 수식 *=A$1+B1+$C$4*라고 입력되어 있다. 이 셀을 한 칸 오른쪽 대각선 방향(셀 F5)으로 복사하는 경우, 절대참조부분은 변하지 않지만 상대참조부분은 열 번호와 행 번호가 하나씩 커진다. 따라서 셀 F5에 입력되는 수식은 *=B$1+C2+$C$4*가 된다. 그 결과 반환되는 값은 "380"이다.

그림 4-7 예제 9 (상대참조/절대참조 개념이해 2) 결과

	A	B	C	D	E	F
1	100	20	3000	200	1050	110
2	4	50	60	5000	312	3250
3	7000	8	900	30	12020	8008
4	1	2000	300	60	420	
5	400	5	6	4000		380

예제 10 매출액 모형 수립

아래의 워크시트는 2012년의 매출액을 기준으로 향후 5년간 매출액 성장률과 매출원가 비율만 사용하여 매출이익이 어떻게 될지를 추정하는 모형을 만들기 위한 것이다. 초기(2012년) 매출액과 매출액 성장률, 매출원가 비율 등은 데이터베이스라고 표시된 부분에 입력되어 있다. 이 자료를 사용하여 2016년도까지의 간단한 매출액 모형을 완성하라. 매출액은 매년 주어진 성장률로 증가한다. 매출원가 비율은 매년 일정하다. 매출이익은 매출액에서 매출원가를 뺀 금액이다. **키워드 : 상대참조/절대참조**

	A	B	C	D	E	F
1	데이터베이스					
2	초기 매출액	200				
3	매출액 성장율	10%				
4	매출원가 비율	70%				
5					(단위: 백만 원)	
6	연도	2012년	2013년	2014년	2015년	2016년
7	매출액					
8	매출원가					
9	매출이익					

| 풀이 |

이 예제는 어떤 부분은 상대참조로 하고 어떤 부분은 절대참조를 사용하는가에 대한 이해를 위한 것이다. 기본적으로 셀 간의 상대적 위치관계가 일정한 경우에는 상대참조를 사용하면 되고, 데이터베이스에서 자료를 가져다가 활용하는 경우에는 절대참조를 사용하는 것이 원칙이다. 왜냐하면 그렇게 해야 데이터베이스의 자료가 변하는 경우라도 모형 속의 수식을 바꾸지 않아도 자동으로 그 변화가 반영되기 때문이다.

여기서는 먼저 2012년도의 매출액 모형을 완성한 다음 그것을 나머지 연도에 복사해서 사용하면 된다. 셀 B7에는 초기 매출액을 입력한다. 여기에 상수로 입력하는 것보다 데이터베이스의 자료(B2)를 셀 참조로 입력하는 것이 더 좋은 방법이다. 그 이유는 초기 매출액이 변하는 경우에도 이 부분을 수정하지 않아도 되기 때문이다. 셀 B7에 입력할 수식은 *=B2*이지만, 셀 B2는 데이터베이스에 있는 자료(붙박이 자료)이므로 절대참조 방식으로 해야 한다. 따라서 셀 B7에 입력할 수식을 수정하면 *=$B$2*가 된다.

제7장 2절의 아포리즘 11 참고

셀 B8에 입력할 매출원가 산출식은 *매출액×매출원가 비율*이다. 매출액은 바로 위 칸 셀 B7에 참조한 값이 반환되어 있으니 상대참조로 해야 이 수식을 다음 연도에 복사했을 때에 바로 위에 있는 2013년도 매출액을 참조하게 된다. 매출원가 비율은 매년 고정된 데이터베이스의 자료(B4)를 사용해야 하므로 절대참조 방식으로 해야 한다. 따라서 수식은 *=B7*$B$4* 라고 해야 한다.

셀 B9에 입력할 매출이익은 *매출액 - 매출원가*이므로 수식은 *=B7-B8*이라고 하면 된다. 이 경우는 매년 똑같이 매출액에서 매출원가를 빼는 방식으로 산출되므로 상대참조 방식으로 충분하다.

이제 범위 B7:B9를 마우스로 선택해서 나머지 연도에 복사하면 될 것 같은데, 아직 한 가지 작업이 남았다. 그것은 매년 매출액이 일정한 비율로 성장한다는 내용이다. 즉, 셀 C7에 입력할 매출액이 전년도(2012년)에 비해서 데이터베이스에 주어진 10%(셀 B3)의 비율로 성장한다는 내용을 반영시켜야 한다. 2013년 매출액은 2012년 매출액 200에 그것의 10%인 20이 늘어난다는 것이다. 이 계산은 *200+200×10%*이므로 일반화시키면 *200×(1+10%)*로 정리할 수 있다. 이제 셀 C7에 입력할 수식을 셀 참조를 이용해서 작성하면 *=B7*(1+$B$3)*로 하면 된다. 매출액 성장률은 데이터베이스(셀 B3)에 있으므로 절대참조로 한 것이고, 전년도 매출액은 항상 바로 그해 매출액 셀의 왼쪽에 있으므로 상대참조로 사용한 것이다.

이제 필요한 내용은 다 작성되었다. 2013년의 매출원가와 매출이익은 2012년의 산출방식과 똑같으므로 범위 B8:B9을 복사하면 되고, 2014년, 2015년, 2016년의 매출액, 매출원가, 매출이익은 2013년 산출방식과 다 똑같아졌으므로 범위 C7:C9(여기서는 매출액 부분도 포함해서)을 2016년까지 복사하면 완성된다.

그림 4-8 예제 10 (매출액 모형 수립) 결과

	A	B	C	D	E	F
1	데이터베이스					
2	초기 매출액	200				
3	매출액 성장율	10%				
4	매출원가 비율	70%				
5					(단위: 백만 원)	
6	연도	2012년	2013년	2014년	2015년	2016년
7	매출액	200	220	242	266	293
8	매출원가	140	154	169	186	205
9	매출이익	60	66	73	80	88

예제 11 예금액의 미래 가치 산출

이 워크시트는 정기예금액의 미래 가치(원리합계)를 구하는 모형이다. 정기예금의 연이자율은 10%로 하라. 정기예금 원금은 100만 원, 500만 원, 3,000만 원일 때를 모두 고려하라. 그리고 정기예금 기간은 1년, 3년, 5년, 10년을 고려하여 하나의 표로 완성해 보라.

키워드 : 상대참조/절대참조, 미래 가치

	A	B	C	D	E
1	이자율	10%			
2	(단위:만 원)				
3	기간 / 원금	1	3	5	10
4	100				
5	500				
6	3,000				

| 풀이 |

이 예제는 상대참조와 절대참조를 교묘하게 섞어 쓰는 방법을 연습하기 위한 것이다. 여기서는 셀 B4에 적당한 수식을 하나 입력한 후에 나머지 모든 셀에 복사해서 사용할 수 있다. 그렇다면 셀 B4에 입력할 수식은 어떻게 작성해야 할까? 먼저 정기예금액의 미래 가치를 산출하는 방법을 알아보자. 미래 가치는 $원금 \times (1+이자율)^{기간}$로 산출된다.

따라서 셀 B4에 입력할 수식은 일단 *=A4*(1+B1)^B3*와 같은 형태가 될 것이다. 아직 어느 부분을 상대참조로 하고 어느 부분을 절대참조로 해야 할 것인가에 대해서는 고려하지 않은 형태다. 이 수식을 아래로, 옆으로 복사해서 사용할 것이므로 그런 경우 어떤 참조는 변하면 안 되고 어떤 참조는 변해야 할 것인가를 잘 고려하면 상대참조와 절대참조를 섞어 사용하는 것이 쉽게 해결된다.

가장 먼저 쉬운 것부터 생각해 보자. 이자율은 셀 B1에 고정되어 있으므로, 수식을 아래로, 옆으로 복사할 때 상대적으로 따라서 움직이면 안 된다. 그러므로 이 참조는 절대참조가 되어야 한다. 그렇다면 일단 위 수식은 *=A4*(1+$B$1)^B3*와 같은 형태로 변해야 한다.

그 다음 원금(A4)을 고려해 보자. 원금이 100만 원일 때도 미래 가치를 산출해야 하고, 원금이 500만 원일 때도 산출해야 한다. 따라서 이 수식은 아래로 복사했을 때 원금을 참조하는 셀은 셀 A4에서 A5로 또 A6로 따라서 변해야 한다. 또 기간이 3년, 5년으로 옆으로 옮겨 복사될 때에는 원금은 항상 A열에 입력되어 있으므로 열은 변하면 안 된다. 정리하면 이 참조는 열 번호는 고정시켜야 하고, 행 번호는 변해야 한다. 따라서 절대참조와 상대참조가 혼합된 $A4 형태로 참조가 되어야 하는 것이다. 이에 따라 위 수식은 *=$A4*(1+$B$1)^B3*와 같은 형태로 변해야 한다.

마지막으로 기간(B3)을 고려해 보자. 기간이 1년일 때도 미래 가치를 산출해야 하고, 기간이 3년, 5년, 10년일 때도 산출해야 한다. 따라서 이 수식은 옆(오른쪽)으로 복사했을 때 기간을 참조하는 셀은 셀 B3에서 C3, D3, E3로 따라 변해야 한다. 또 원금은 500만 원, 3,000만 원으로 아래로 복사될 때에 기간은 항상 3행에 입력되어 있으므로 행은 고정시켜야 한다. 정리하면 이 참조는 열 번호는 변해야 하고, 행 번호는 고정시켜야 한다. 따라서 절대참조와 상대참조가 혼합된 B$3 형태로 참조가 되어야 하는 것이다. 이에 따라 위 수식은 *=$A4*(1+$B$1)^B$3*와 같은 형태로 변해야 한다. 그리고 수식 속의 숫자 1은 상수이므로 변할 것이 없고 결국 이 식이 최종 입력할 수식이다.

이제 셀 B4에 이렇게 수식을 입력한 후 이 수식을 아래로 범위 B5:B6에 복사하고 그 다음 범위 B4:B6를 선택해서 우측으로 범위 C4:E6까지 복사하면 완성된다. 워크시트를 완성한 후에 셀 포인터를 표 안의 이곳저곳으로 옮겨보면서 수식 입력줄을 클릭하여 과연 셀 참조가 정확하게 되고 있는지 확인해 보기 바란다. 예로 [그림 4-9]의 아래쪽 그림은 원금 500만 원을 5년 동안 예금하는 경우에 해당하는 미래 가치를 산출하는 경우를 보여주고 있다. 수식 입력줄을 보면 이 수식이 참조하는 셀 부분을 몇 가지 색으로 구분하여 보여주고 있다.

그림 4-9 예제 11 (예금액의 미래 가치 산출) 결과

	A	B	C	D	E
1	이자율	10%			
2	(단위:만 원)				
3	기간 / 원금	1	3	5	10
4	100	110	133	161	259
5	500	550	666	805	1,297
6	3,000	3,300	3,993	4,832	7,781

SUM =$A5*(1+$B$1)^D$3

	A	B	C	D	E	F
1	이자율	10%				
2	(단위:만 원)					
3	기간 / 원금	1	3	5	10	
4	100	110	133	161	259	
5	500	550	666	=$A5*(1	1,297	
6	3,000	3,300	3,993	4,832	7,781	

아포리즘 6 셀 서식과 데이터 표시 방식

예제 11의 워크시트 내용을 보면 지금까지와는 달리 표에 테두리 선이 그려져 있는 것을 볼 수 있다. 이와 같은 테두리 선이나 또 금액의 천 단위마다 표시되는 쉼표 스타일 등을 엑셀에서는 "서식"이라고 하여 입력된 데이터와는 상관없이 언제든지 원하는 대로 워크시트에 표시할 수 있다. 물론 설정된 서식을 없앨 수도 있다. 이에 대해서는 제6장에서 자세하게 설명할 것이다.

또 셀 A3는 두 줄로 입력이 되어 있을 뿐만 아니라 셀에 대각선도 그려져 있다. 기본적으로 셀에 길이가 긴 문자열을 입력하는 경우에 오른쪽 옆의 셀이 비어 있으면 그 셀 위로 긴 문자열이 표시된니. 옆의 셀에 다른 데이터가 들어 있는 경우에는 그 셀의 내용에 가려져 셀 폭을 넘는 문자열은 보이지 않게 된다. 문자열이 가려져 보이지 않는 경우에는 해당 셀의 폭을 늘리면 감춰진 내용이 보인다. 감춰져 안 보이는 상태에서라도 수식 입력줄을 보면 입력된 문자열을 볼 수 있다. 셀 A3처럼 한 셀 안에서 줄을 바꿔서 두 줄, 세 줄로 나타나게 하

려면 문자열의 끝에서 Alt키와 엔터키를 동시에 누르면 (Alt+Enter↵) 줄을 바꿔서 입력할 수 있다. 셀에 대각선을 표시하는 방법은 리본 메뉴 홈 셀 서식 을 클릭해서 나오는 목록 중에서 셀 서식 을 선택하면 나오는 [그림 4-10]의 셀 서식 창, 테두리 탭에서 설정할 수 있다.

그림 4-10 셀 서식 창

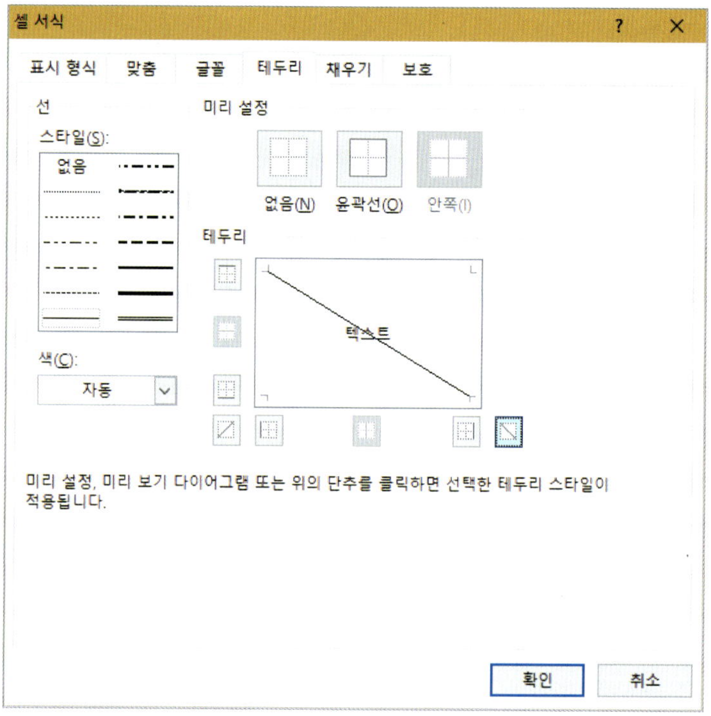

Chapter

05

엑셀에서 함수란 무엇인가?

1. 엑셀에서 함수란 무엇인가?
2. 함수의 형식과 종류
3. 날짜 데이터 처리 및 날짜 함수
4. 시간 데이터 처리 및 시간 함수
5. 논리 함수
6. 복잡한 수식 계산 과정 확인

1 엑셀에서 함수란 무엇인가?

이미 앞에서 언급하기도 했지만 워크시트에서 일정한 범위에 있는 데이터의 합계를 구하는 경우를 생각해 보자. 가령 셀 A1, A2, A3에 있는 데이터를 더하려면 " + "기호를 사용해서 각 셀을 모두 더하는 수식 *=A1+A2+A3*로 나타내면 된다. 그러나 셀 A1에서부터 셀 A100까지를 더해야 하는 경우라면 일일이 각 셀을 다 나열하면서 수식을 입력하는 것이 무척 번거로울 것이다. 그래서 자주 사용되는 기능들은 편의를 위해서 묶음(Package)처럼 만들어서 함수란 이름으로 활용된다. 따라서 많은 셀을 더해야 하는 경우 "SUM"이란 이름으로 정의된 함수를 사용하여 합산할 범위만 지정하면 해당 범위의 셀 값들을 모두 합산한 값을 반환(Return)해 준다. 앞 예의 경우라면 함수식 *=SUM(A1:A100)*을 사용하면 셀 A1에서부터 셀 A100까지의 데이터를 쉽게 합산할 수 있다.

이런 식으로 수학 함수, 통계 함수 외에도 재무 함수, 날짜/시간 함수, 텍스트(문자열) 함수, 논리 함수, 데이터베이스 함수, 찾기 함수 등 다양한 기능의 함수를 활용할 수 있다.

이와 같이 함수를 사용하기 위해서는 함수 이름을 기억하여 함수를 직접 입력해도 되지만, **함수 마법사(Function Wizard)**를 부르면 필요한 함수를 쉽게 찾아서 간편하게 입력할 수도 있다. 함수 마법사는 수식 입력줄의 왼쪽에 위치한 아이콘(fx)을 클릭하면 열린다([그림 2-4] 엑셀의 작업화면 2 참조). [그림 5-1]은 함수 마법사 아이콘을 클릭하면 열리는 창이다. 여기서는 최근에 사용했던 함수 또는 종류별로 모든 함수를 검색할 수 있다. 함수 마법사의 활용법에 대해서는 다음 2절에서 자세히 설명할 것이다.

그림 5-1 함수 마법사 창

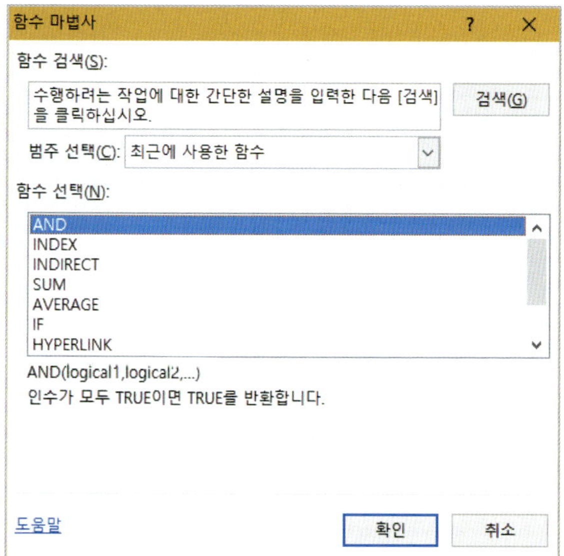

2 함수의 형식과 종류

함수는 함수이름과 인수로 구성된다. 인수는 함수의 기능을 활용할 때 필요한 일종의 정보인데, 때론 인수가 여러 가지가 필요한 경우도 있다. 가령 SUM 함수에서는 합산할 범위가 필요하므로 셀 주소나 범위를 인수로 지정해 주면 된다. 그러나 IF 함수는 조건을 판단해서 참(TRUE)일 때 해야 할 명령과 거짓(FALSE)일 때 해야 할 명령을 스스로 선택하는 인공지능의 역할이 필요할 때 사용한다. 따라서 조건식과, 참일 때 해야 할 명령, 거짓일 때 해야 할 명령 이렇게 세 가지의 인수를 지정해 줘야 한다. 또 재무함수의 경우에는 이자율, 기간, 원금 등 인수가 훨씬 더 많다.

> 함수의 **인수(Argument)**란 함수를 구성하는 요소를 일컫는 용어로, 가령 합계를 구하는 함수인 SUM 함수의 경우에는 합계 대상이 되는 자료의 셀 주소를 인수라고 한다. 논리함수인 AND 함수의 경우에는 몇 개의 인수가 사용되는데, 모든 인수의 논리값이 TRUE일 때만 결과로 TRUE란 논리값을 반환해 준다. 이런 식으로 함수에 따라서 인수의 개수 및 종류는 다양하다.

함수의 구문 : **함수이름(인수1, 인수2, 인수3, ...)**

함수의 구문은 **함수이름(인수1, 인수2, ...)**와 같은 형식이다. 물론 함수를 수식으로 사용하는 경우에는 함수이름 앞에 등호(=)를 붙여서 사용해야 한다. 인수를 한 가지만 사용하는 SUM 함수의 경우에는 **SUM(합산_대상_셀주소)**와 같이 간단히 구성되지만, 세 가지 인수가 필요한 IF 함수의 경우에는 **IF(검사할_조건, 결과가_TRUE일_경우_반환할_값, 결과가_FALSE일_경우_반환할_값)**과 같이 조금 복잡하게 구성된다.

인수 구성이 복잡한 함수를 입력할 때 수식 입력줄을 잘 보면 어떠한 내용의 인수를 입력해야 하는지 엑셀이 알려준다. 아래 그림은 IF 함수를 입력하면서 세 번째 인수를 입력해야 할 상황에서 **결과가_FALSE일_경우_반환할_값(value_if_false)**을 입력해야 한다는 것을 보여주고 있다. 수식 입력줄 아래 함수 구문을 보여주면서 해당되는 인수 부분을 굵은 글씨로 만들어서 알려주는 것을 볼 수 있다. 이처럼 복잡한 인수를 순서대로 입력해야 하는 경우 그 순서나 내용을 정확하게 모른다 하더라도 **엑셀이 표시하는 내용을 잘 확인**하면 틀리지 않고 정확하게 입력할 수 있다.

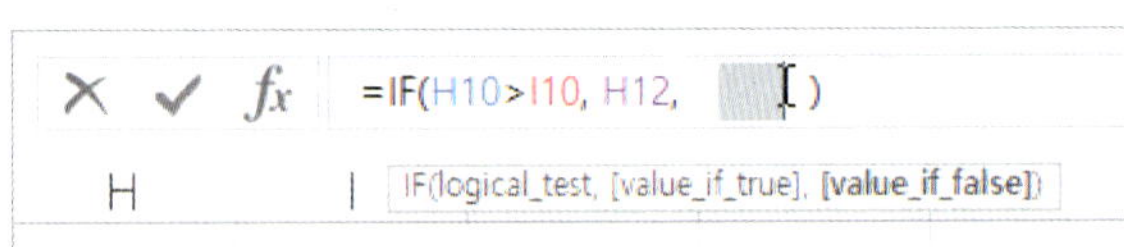

다음 워크시트는 예제 6 에서 다뤘던 내용이다. 셀 B8과 셀 C8에 각각 직원 전체의 판매 수량 합계와 매출액 합계를 SUM 함수를 사용하여 구하고 있는 예를 보여주고 있다. SUM 함수는 인수가 한 가지다. 그것은 합산할 셀 주소 또는 범위를 알려주는 정보다. 따라서 셀 B8에는 범위 B3:B7에 들어 있는 수량을 합하는 것이므로, 함수식 ***=SUM(B3:B7)***이라고 입력하면 된다. 마찬가지로 셀 C8에도 범위 C3:C7의 매출액 합계를 구해야 하므로, 셀 B8에 입력한 수식을 복사해서 활용하면 된다. 복사한 결과는 ***=SUM(C3:C7)***이 된다.

	A	B	C	D
1	예제 6	단가 :	50 (원)	
2	성명	수량	금액	C열 수식
3	이용민	17,000	850,000	=B3*$C$1
4	최이현	20,000	1,000,000	=B4*$C$1
5	정희도	10,000	500,000	=B5*$C$1
6	이원혁	6,000	300,000	=B6*$C$1
7	곽기훈	8,900	445,000	=B7*$C$1
8	합계	61,900	3,095,000	=SUM(C3:C7)

아포리즘 7 함수의 인수와 셀 범위

SUM 함수의 인수는 합산할 셀 주소 또는 범위를 입력하면 된다. 인접한 셀들이라면 직사각형 모양의 셀 범위는 주대각선상의 왼쪽 위, 오른쪽 아래의 셀 주소를 콜론(:)으로 연결하여 나타냄으로써 선택할 수 있다. 가령 워크시트의 셀 A1에서부터 셀 D5까지 총 20개의 셀 범위라면 *A1:D5*와 같이 나타낸다.

여기 저기 흩어져 있는 셀들인 경우에는 콤마(,)를 사용하여 나열하면 된다. 가령 셀 A1, 셀 F4, 그리고 범위 H5:K7까지의 셀 데이터를 모두 합해야 하는 경우는 *=SUM(A1, F4, H5:K7)*라고 입력하면 된다. 이때 인수가 마치 여러 종류가 들어간 것처럼 보이지만 사실상 합산 대상을 지정하는 것이기 때문에 SUM 함수는 괄호 안의 내용을 모두 합산 대상으로 인식한다.

이제 앞절에서 언급했던 함수 마법사에 대해서 조금 더 자세하게 알아보자. [그림 5-2]의 워크시트는 예로 사용할 데이터이다.

그림 5-2 함수 설명을 위한 데이터

	A	B
1	예제 데이터	
2	400	200
3	1	9
4	진달래	개나리
5	12.9	

함수 마법사 창을 열어서 SUM 함수를 선택해 보라. [그림 5-3]은 SUM 함수의 인수를 지정하기 위한 함수 인수 대화상자 창이다. 합계를 구할 셀 주소는 "Number1", "Number2" 옆의 인수상자에 셀의 주소나 범위를 입력하면 된다. 입력란이 더 필요한 경우 "Number2" 옆의 인수상자를 채우면 아래에 자동으로 인수상자가 추가된다. [그림 5-4]를 보면 "Number3" 인수상자가 하나 더 추가된 것을 볼 수 있다.

[그림 5-4] 대화상자의 중간 부분을 보면 아래와 같은 SUM 함수의 기능과 인수에 대한 설명이 나와 있다.

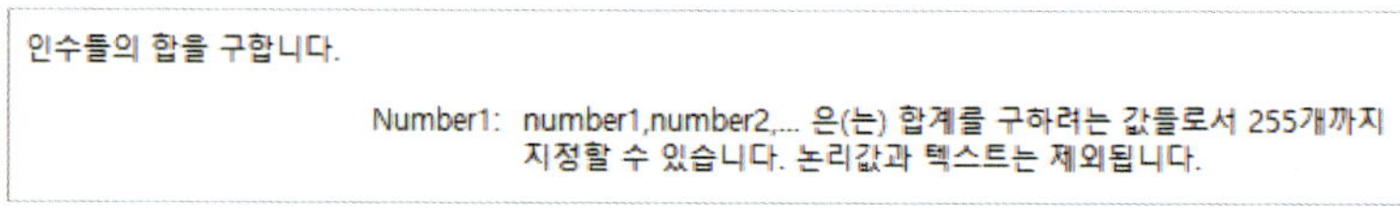

그리고 인수를 지정하면 실시간으로 대화상자의 하단에 이 함수가 반환할 합계가 보인다. 여기서는 합산을 위한 범위로 첫 번째는 A2:B2를 지정했고, 또 셀 A5를 두 번째로 추가 지정했다. 첫 번째 지정의 결과 ={400,200} 이런 값들이 합산될 것임을 보여주고 있고, 두 번째 지정의 결과 =12.9 값이 추가로 합산될 것임을 보여주고 있다. 또 최종 결과로는 612.9가 반환될 것이라고 실시간으로 보여주고 있다. [그림 5-4]에서 빨강 원으로 표시된 부분이다.

그림 5-3 SUM 함수 인수 지정을 위한 함수 인수 대화상자 창

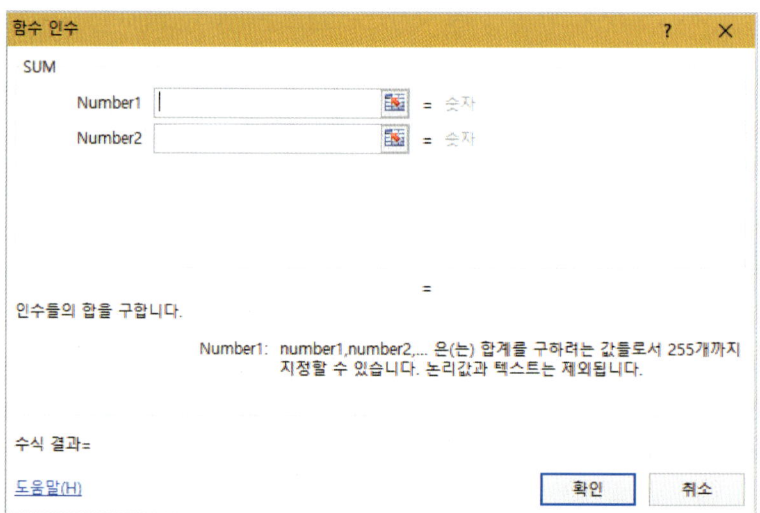

그림 5-4 SUM 함수 인수 지정 예

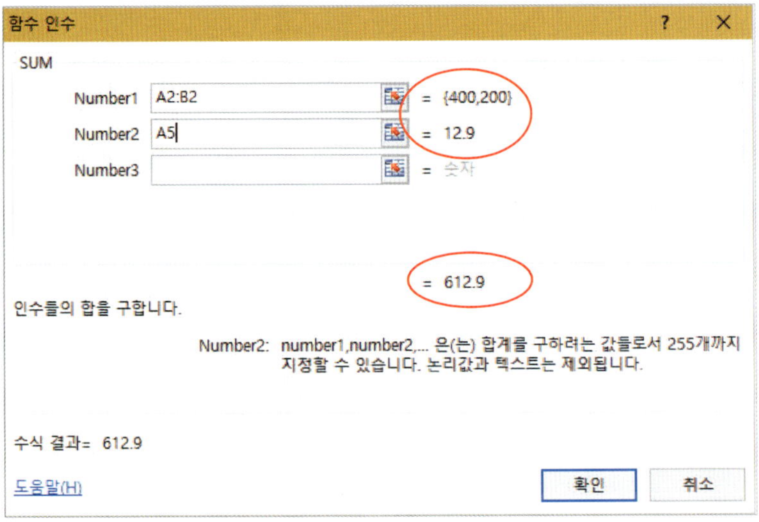

이때 [그림 5-4]의 인수상자 오른쪽 끝을 보면 **최소화 단추**( )가 보인다. 엑셀에서 매우 중요한 역할을 하는 아이콘으로 이 단추를 클릭해서 함수 마법사 창을 잠시 닫고 작업 중인 워크시트로 다시 돌아갈 수 있다. 물론 그때 함수 마법사 창은 아주 닫히는 것은 아니고 **최소화된 상태로 워크시트 위에 조그맣게 남아** 있다. 이에 대해서는 아래 아포리즘 8 에서 조금 더 상세하게 언급하였다.

아포리즘 8 대화상자 창과 워크시트를 연결하는 다리

함수 마법사 대화상자 창에서 인수를 지정하기 위해서 셀 주소를 직접 입력하는 대신, 워크시트로 가서 마우스로 직접 참조할 셀을 클릭하여 선택할 수도 있다. 이때 대화상자 창이 워크시트를 가리고 있으므로 대화상자 창을 최소화시켜 놓고 워크시트에서 작업하면 된다. 대화상자 창을 최소화시키기 위해서는 최소화 단추( )를 클릭하면 된다.

또 워크시트에서 마우스로 셀을 선택한 후에 다시 대화상자 창으로 돌아오기 위해서는 대화상자 확장 단추( )를 클릭하면 된다.

다음 그림은 대화상자 창이 최소화된 모습이다. 화면의 오른쪽 끝에 대화상자 확장 단추가 보인다.

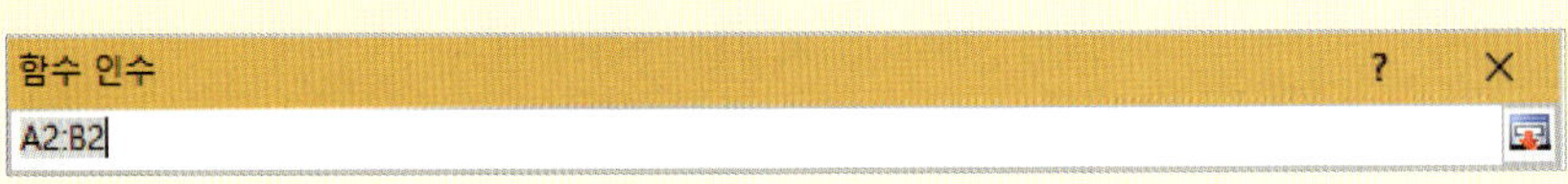

이제 엑셀에서 많이 사용하는 함수들 몇 가지만 간략하게 설명하려고 한다. 아래에 나열되는 표에서 마지막 열 "반환값"의 내용은 [그림 5-2]의 데이터를 대상으로 "사용 예"와 같이 입력하였을 때 함수가 반환하는 값을 의미한다. 함수이름 중 소문자로 나타낸 부분은 이름에 두 가지 의미가 섞여 있어서 그것을 확실하게 하려고 한 의도다. 가령 CountIF 함수는 IF 함수처럼 조건식을 추가 인수로 지정하여 조건에 맞는 데이터 개수를 구하는 함수다. 이것은 Count 함수와 IF 함수의 결합처럼 이해하면 쉽다.

(1) 수학/통계 함수

함수이름	설명	사용 예	반환값
SUM(범위)	범위 내 수치 데이터 합계를 구함	=SUM(A2:B3)	610
AVERAGE(범위)	범위 내 수치 데이터 평균을 구함	=AVERAGE(A2:B2)	300
MAX(범위)	범위 내 최대값을 구함	=MAX(A2:B2)	400
MIN(범위)	범위 내 최소값을 구함	=MIN(A2:B2)	200
COUNT(범위)	범위 내 수치 데이터 개수를 구함 (*텍스트 데이터는 무시)	=COUNT(A2:B5)	5
CountA(범위)	범위 내에 비어 있지 않은 셀의 개수를 구함	=CountA(A2:B5)	7
CountIF(범위, 조건식)	범위 내에 조건에 맞는 데이터 개수를 구함	=CountIF(A2:B5, ">100")	2
INT(숫자)	숫자의 정수부분을 구함	=INT(A5)	12
MOD(숫자, 나눗수)	숫자를 나눗수로 나눈 나머지를 구함	=MOD(A5, 5)	2.9
RANK.EQ(숫자, 범위)	범위 내에서 숫자의 크기순위를 반환	=RANK.EQ(B3, A2:B3)	3

* CountIF 함수에서 조건식은 따옴표(" ")를 사용하여 표시한다. 위 예의 조건식 ">100"는 "100보다 큰"이란 뜻이다.

(2) 텍스트(문자열) 함수

함수이름	설명	사용 예	반환값
RIGHT(문자열, 글자수)	문자열의 오른쪽부터 지정된 개수의 문자를 반환	=RIGHT(A4, 2)	달래
LEFT(문자열, 글자수)	문자열의 왼쪽부터 지정된 개수의 문자를 반환	=LEFT(B4, 1)	개
MID(문자열, 시작위치, 글자수)	문자열의 지정된 시작위치에서부터 지정된 개수만큼의 문자를 반환	=MID(B4, 2, 2)	나리

숫자나 날짜 데이터를 문자열 데이터로 변환시켜 주는 함수를 하나 더 공부해 보자. 이 함수는 TEXT 함수인데 숫자를 지정한 표시 형식(포맷)의 텍스트로 변환시켜 준다. 따라서 인수로는 숫자와 포맷(Format)의 두 가지를 지정해야 한다.

함수이름	설명	사용 예	반환값
TEXT(값, 문자열 포맷)	숫자나 날짜 등을 지정한 포맷의 문자열로 변환하여 반환함	=TEXT(8.835, "$0.00")	$8.84
		=TEXT(33, "000")	033
		=TEXT("2016-4-17", "yy mm dd")	16 04 17
		=TEXT(Month("2016-4-17"), "00월")	04월
		=TEXT(TODAY(), "오늘은 mm월dd일")	오늘은 04월17일

3 날짜 데이터 처리 및 날짜 함수

엑셀에서 날짜 데이터를 다루기 위한 아이디어와 관련된 함수 몇 가지를 알아보자. 엑셀에서는 날짜 데이터를 가지고 더하거나 빼는 연산을 할 수 있다. 이러한 기능은 실생활에서 아주 요긴하게 사용될 수 있다. 가령 도서관에서 책을 대출해 주면서 반납날짜를 통보할 때 대출기간을 15일이라고 하면, 반납일은 "오늘 날짜+15일"과 같이 산출할 수 있겠다. 이 외에도 금융기관에 돈을 맡기거나 빌려 써서 이자를 계산할 때에도 날짜를 따지는 일은 자주 필요할 것이다.

그럼 엑셀에서는 어떻게 날짜 데이터로 연산을 할 수 있게 한 것일까? 엑셀에 날짜를 입력하는 경우 셀에는 날짜가 표시되지만 엑셀은 이 **날짜를 순차적인 일련번호로 바꾸어 기억한다.** 어떻게 바꾸는가 하면, 1900년 1월 1일을 기준으로 일련번호 1로 변환하고 그 다음 날은 2, 또 그 다음 날은 3, 이런 식으로 순차적인 일련번호로 변환한다. 그래서 가령 1900년 1월 4일을 입력하면 그 날짜는 숫자 4로 기억되고, 2016년 3월 31일을 입력하면, 그 날짜는 숫자 42,460으로 기억하는 것이다. 2016년 3월 31일에 책을 대출했는데, 15일 후까지 반납해야 한다면 반납 기일은 "42,460+15=42,475"가 되고 이 숫자를 날짜로 변환하면 2016년 4월 15일이 된다. 물론 빼기도 할 수 있다. 날짜 데이터를 가지고 곱셈이나 나눗셈 등 다른 연산은 실질적으로 의미가 없으므로 정의되어 있지 않다.

보통 날짜를 입력하는 방법은 기호 슬래시(/)나 대시(–)를 사용하여 연, 월, 일을 구별하면 된다. 가령 2016년 3월 31일을 입력하려면 *2016/3/31*과 같이 하거나 또는 *2016-3-31*과 같이 입력하면 된다. DATE 함수를 이용해도 되는데, DATE 함수는 특정 날짜를 나타내는 순차적인 일련번호를 반환해 주는 함수다. 가령 위 날짜를 입력하기 위한 함수식은 *=DATE(2016, 3, 31)*과 같이 하면 된다. DATE 함수는 인수를 세 가지 지정해야 하는데, 앞에서부터 차례로 연(Year), 월(Month), 일(Day)에 해당하는 값을 인수로 지정해야 한다. 오늘 날짜를 입력하기 위한 함수로는 TODAY 함수가 있다. TODAY 함수는 인수를 지정하지 않아도 오늘 날짜를 반환할 수 있기 때문에 그냥 괄호 안에 아무 것도 넣지 않고 사용한다. 괄호 안에는 빈 칸을 넣거나 안 넣어도 상관없다. 예로 오늘 날짜를 입력하기 위해서는 함수식 *=TODAY( )*와 같이 사용하면 된다.

DATE 함수의 구문 : **DATE(연, 월, 일)**

외국에서는 날짜를 연, 월, 일의 순서가 아니라 다르게 사용한다. 그럼 엑셀을 외국에서 사용할 때는 문제가 없을까? 엑셀에서는 날짜를 숫자로 기억하고 있고, 화면에 보여줄 때는 사용자가 원하는 형식으로 보여준다. 보통 가장 간단한 형태는 "2016-3-31"인데, 때론 "2016년 3월 31일"이라고 나타낼 수도 있고, 미국에서 사용할 때는 "3/31/2016"이나 "31-Mar-16" 등 보여주는 형태는 매우 다양하게 지정할 수 있다. 이와 같이 보여주는 형태를 "서식"이라고 하는데 이에 대해서는 제6장에서 자세하게 다룰 것이다.

날짜 함수는 어떻게 활용할 수 있을까? 가령, 오늘(2016년 8월 13일이라고 가정하자) 처음 만난 친구와의 첫 100일 기념일이 언제가 될지를 알고 싶은 경우 바로 날짜 함수를 사용하면 쉽게 계산할 수 있다. 오늘부터 100일째 되는 날짜를 계산하기 위해서 사용할 수식은 *=TODAY( )+99*처럼 입력하면 된다. 따라서 오늘(함수 TODAY()가 반환하는 값)이 2016-8-13이라고 하면 100일 기념일은 2016-11-20이 된다.

예제 12 출장비 산출

다음 워크시트와 같이 사원별 출장 시작일과 출장 종료일이 주어져 있을 때, D열에는 숙박일수를, 그리고 E열에는 출장일수를 산출하라(워크시트에는 2016-6-25와 같이 모두 2016년 날짜를 입력한 것인데, 다만 화면에는 연도는 생략하고 월/일만 간략하게 보이도록 서식을 조정한 것이다. 이 부분에 대한 자세한 내용은 제6장에서 다룬다). 또 사원들의 출장 기록에 따라 적절한 출장비를 산출하라. 출장비는 숙박비와 일비로 구성되는데, 1일 숙박비와 일비는 범위 H1:I3의 데이터베이스에 주어져 있다. F열에 출장비를 산출하라.

키워드 : 상대참조/절대참조, 날짜 서식

	A	B	C	D	E	F	G	H	I
1	성명	시작일	종료일	숙박일수	출장일수	출장비		항목	금액(원/일)
2	김한별	6/25	7/2					숙박비	32,000
3	박군주	6/30	7/6					일비	25,000
4	박은영	7/14	7/19						
5	엄영희	7/26	8/3						
6	여인재	7/29	8/2						

| 풀이 |

숙박일수는 종료일에서 시작일을 빼면 산출할 수 있고, 출장일수는 숙박일수보다 1일을 더하면 된다. 따라서 셀 D2에는 수식 *=C2−B2*라고 하면 되고, 셀 E2에는 수식 *=D2+1*이라고 하면 된다.

숙박일수와 출장일수는 상대참조로 계산할 수 있지만, 출장비를 산출하기 위해서는 데이터베이스에 있는 1일 숙박비(셀 I2)와 일비(셀 I3) 자료를 사용해야 하므로, 수식에는 절대참조가 필요할 것이다. 따라서 셀 F2에 입력할 수식은 두 가지가 혼합된 형태이다. 출장비는 *숙박일수×1일 숙박비+출장일수×1일 일비*로 산출할 수 있다. 그러므로 셀 F2에 입력할 수식은 *=D2*$I$2+E2*$I$3*와 같이 산출할 수 있다.

나머지 사원들의 숙박일수, 출장일수, 출장비는 같은 방법으로 산출하면 되므로, 범위 D2:F2를 선택한 다음 아래로 복사하면 워크시트를 완성할 수 있다.

그림 5-5 예제 12 (출장비 산출) 결과

	A	B	C	D	E	F	G	H	I
1	성명	시작일	종료일	숙박일수	출장일수	출장비		항목	금액(원/일)
2	김한별	6/25	7/2	7	8	424,000		숙박비	32,000
3	박군주	6/30	7/6	6	7	367,000		일비	25,000
4	박은영	7/14	7/19	5	6	310,000			
5	엄영희	7/26	8/3	8	9	481,000			
6	여인재	7/29	8/2	4	5	253,000			

4 시간 데이터 처리 및 시간 함수

날짜 데이터처럼 실생활에서 시간 데이터도 더하거나 빼는 연산을 해야 할 경우가 많다. 가령 며칠 동안 작업한 총 작업시간을 계산하는 경우나, 시급을 계산하면서 작업시간 중 시간당 단가가 큰 잔업이나 휴일 근무 시간을 별도로 산출하는 경우 등이다.

엑셀에서 시간 데이터는 날짜 데이터와는 또 다른 방법으로 처리된다. 날짜 데이터는 1900년 1월 1일을 기준으로 일련번호로 변환하여 저장된다. 그리고 워크시트에 나타낼 때에는 저장되어 있는 일련번호 값을 다시 날짜로 환산하여 필요한 날짜 서식에 맞추어 표시하는 방법을 사용한다고 하였다.

날짜 데이터와는 달리 시간 데이터를 입력하면 그 값은 **0부터 1 사이의 실수값으로 저장된다**. 예로, 시간 데이터 "오전 4시 30분"을 입력하려면 셀을 클릭하여 "4:30"과 같이 입력하면 된다. 이 경우 엑셀은 이 시간 데이터를 0과 1 사이의 실수값인 "0.1875"로 변환하여 저장한다. 그리고 워크시트에는 선택하는 시간 서식에 맞추어 "4:30", "오전 4:30", "04시30분 AM"과 같이 표시하는 것이다. 시간 데이터가 저장되는 값은 오전 12시는 실수 0으로, 오전 6시는 실수 0.25로, 정오(오후 12시)는 실수 0.5로, 오후 6시는 실수 0.75로, 오후 11시59분59초는 실수 0.999988426로, 그리고 자정(오전 12시)은 실수 1로 저장한다.

서식에 대해서는 제6장 참고

이때 특별히 주의해야 할 것은 24시간이 넘는 시간 데이터를 입력하는 경우다. 가령 시간 데이터로 "30시간"인 "30:00"을 입력해 보자. 특별한 서식을 지정하지 않은 상태(사용자가 입력하는 방식에 따른 표시 - 사용자 지정)에서는 셀에 "30:00:00"이라고 표시된다. 이 셀에 서식으로 "시간 서식"을 선택하면 셀에는 "오전 6:00:00"라고 표시된다. 30시간을 입력했는데, 24시간제로 나타내려다 보니 30시간에서 24시간을 뺀 나머지 값으로 시간을 표시한다. 그러나 엑셀은 30시간을 모두 기억하고 있다. 확인해 보자. 이 셀에 지정된 서식을 지워보자. 리본 메뉴 홈 표시형식 그룹에 있는 "콤보 상자"를 눌러서 일반 (특정 서식 없음)을 선택하면 된다. 이렇게 하면 "오전 6:00:00"라고 표시된 시간 데이터 값은 다시 실수 1.25로 표시된다. 이것은 정수값 1+0.25이므로 하루 24시간하고 실수값 0.25에 해당하는 시간 6시간을 합한 30시간이 저장되어 있음을 의미한다.

마찬가지로 48시간을 입력하면 셀에 "00:00"과 같이 자정을 나타내는 것으로 표시되지만, 이 셀에 설정된 서식을 지우면 실수값 2로 바뀌면서 이틀(48시간)에 해당하는 시간이 저장되어 있다는 것을 알 수 있다.

(1) TIME 함수

시간을 입력하기 위한 함수로는 **TIME 함수**가 있다. 가령 함수식 *=TIME(14, 35, 20)* 처럼 사용하면 "오후 2시 35분 20초"가 입력된다. TIME 함수는 시간을 입력하는 용도로만 사용된다. 보통 시, 분, 초가 따로따로 저장되어 있는 데이터를 사용하여 시간 데이터를 만드는 경우나, 일련의 숫자로 저장되어 있는 숫자데이터를 시간 데이터로 변환해야 하는 경우에 필요하다.

가령 "143520"과 같이 입력된 숫자를 "14시 35분 20초"와 같은 시간 데이터로 변환시키고자 하는 경우에 활용할 수 있다. 간단히 위 데이터 변환 과정을 설명해 보자. 위 숫자 데이터 "143520"이 셀 A1에 입력되어 있다고 가정하자. 그렇다면 TIME 함수를 이용하여 셀 B1에 *=TIME(LEFT(A1, 2), MID(A1, 3, 2), RIGHT(A1, 2))*라고 수식을 입력하면, 셀 B1에는 "2:35:20 PM"이라는 시간이 표시된다.

TIME 함수의 구문 : TIME(시, 분, 초)

아포리즘 9 **TIME 함수에 대한 보다 정확한 이해**

TIME 함수에서 반환하는 소수 부분은 정확하게 0에서 0.999988426 사이의 값이며 이것은 0:00:00(오전 12:00:00)에서 23:59:59(오후 11:59:59) 사이의 시간을 나타낸다.

TIME 함수에서 사용하는 인수 중 시간(Hour) 값은 0에서 32767 사이의 숫자를 사용할 수 있다. 23보다 큰 숫자를 사용하면 24로 나눈 그 나머지가 시간 값으로 처리된다. 가령 TIME(27, 0, 0)은 TIME(3, 0, 0)이 되고, 이 값은 *0.125* 또는 *오전 3:00*로 나타난다 (* 32767 = $2^{15}-1$이다).

분(Minute) 값은 0에서 32767 사이의 숫자를 사용하는데, 59보다 큰 값은 시간과 분으로 자동으로 변환된다. 가령 TIME(0, 750, 0)라고 입력하면 TIME(12, 30, 0)으로 변환되고, 이 값은 *0.520833* 또는 *오후 12:30*으로 나타난다.

초(Second) 값은 0에서 32767 사이의 숫자를 사용하는데, 59보다 큰 값은 시간, 분, 초로 변환된다. 가령 TIME(0, 0, 3800)은 TIME(1, 03, 20)로 변환되고, 이 값은 *0.043981* 또는 *오전 1:03:20*로 나타난다.

시간을 나타내는 경우 외에 시간 데이터를 연산해야 하는 경우에는 TIME 함수를 사용할 필요가 없다.

(2) 시간 데이터 연산

엑셀이 시간 데이터를 실수값으로 변환하여 저장하는 이유는 시간 데이터의 연산을 위해서다. 실수값에서 정수 부분은 날짜(정수 1이 24시간)를 계산할 수 있고, 소수 부분 값에 24를 곱하면 시(hour)를, 60을 곱하면 분(minute), 초(second)를 계산해 낼 수 있기 때문이다.

가령, 저장된 시간 데이터 값이 "4.61458333"이라고 하면 이 데이터 값은 며칠, 몇 시간, 몇 분, 몇 초를 나타내는 시간 데이터 값일까 변환해 보자.

> 실수값 4.61458333 → 4(일) + 0.61458333(시간 데이터)
> 4(일) = 4 × 24 = 96(시)
> 0.61458333 × 24(시) = 14.74999992(시) = 14(시) + 0.74999992(시)
> 0.74999992 × 60(분) = 44.9999952(분) = 44(분) + 0.9999952(분)
> 0.9999952 × 60(초) = 59.999712(초) ≈ 60(초) = 1(분)
> 따라서 실수값 4.61458333 → 110(시) 45(분)이다.

따라서 오전 9시에 출근해서 오후 5시에 퇴근한 경우 몇 시간을 근무한 것인가를 계산할 때에는 시간 데이터를 사용하여 연산을 하면 바로 산출할 수 있다. 즉, "=퇴근시간 - 출근시간"으로 계산하면 산출되는 8시간이 근무시간이다. 8시간이지만 엑셀 화면에는 보통 "8:00" 또는 "오전 8:00"와 같이 표시된다. 또 첫 번째 작업시간은 6시간 45분이 걸렸고, 두 번째 작업시간은 9시간 30분이 걸렸다고 하자. 이때 두 가지 작업을 완료하는 데 걸리는 총 시간을 구해 보자. 총 시간은 수식 "=첫 번째 시간+두 번째 시간"으로 하면 된다. 가령 셀 B2에 6:45이 입력되어 있고, 셀 B3에 9:30이 입력되어 있다고 하자. 그리고 셀 B4에 총 소요시간을 구한다고 하자. 이 경우 셀 B4에 수식 *=B2+B3*라고 입력하면 16:15가 반환된다. 즉 16시간 15분이 걸렸다는 것이다.

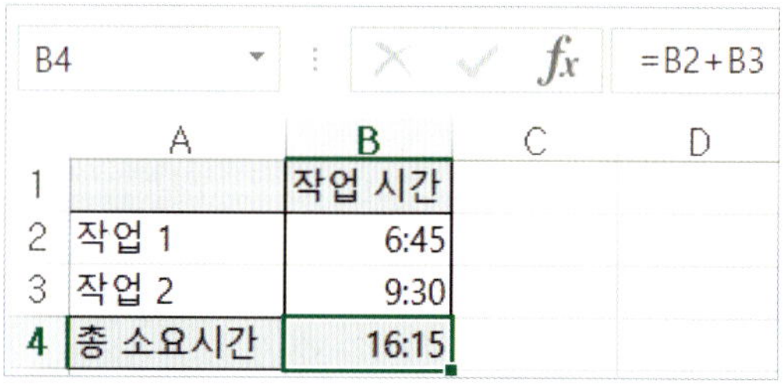

조금 신경을 써야 할 상황은 하루가 넘는 시간을 처리하는 경우이다. 가령 50시간 30분을 근무했다고 하자. 셀에 "50:30"이라고 입력하면 처음에는 사용자가 입력한 대로

"50:30"이라고 나타나지만, 여기에 메뉴에 있는 시간 서식을 적용시키면 화면에는 "2:30" 또는 "오전 2:30:00"이라고 나타난다. "어어? 이건 뭐지? 48시간이 어디로 도망 갔지?" 할 것이다. 50시간에서 이틀에 해당하는 48시간을 뺀 나머지는 2이므로 오전 2:30로 표시된 것이다. 그렇다고 48시간이 없어진 것은 아니고 앞에서 언급한 것처럼 엑셀에서는 화면에 표시하지는 않아도 실제 시간 데이터가 50시간 30분인 것을 정확하게 **내부적으로 기억**하고 있다.

그럼 이런 경우 어떻게 하면 내부적으로 기억하고 있는 전체 시간값을 화면에 표시되게 하고 활용할 수 있을까? **비법은 서식에 있다.** 필요할 때 시간 서식을 적절히 선택해 주면 원하는 대로 전체 시간 데이터가 화면에 출력되게 할 수 있다. 간단히 살펴보자. 위에서 "2:30"로 표시된 셀을 선택한 후에 [리본 메뉴] [홈] [셀] [서식]을 클릭해서 나오는 목록 중에서 [셀 서식]을 선택하면 [그림 5-6]과 같은 [셀 서식] 창이 열린다. 왼쪽 목록 중에서 [사용자 지정]을 선택하고, 형식 목록에서 ***"[h]:mm"*이라고 서식을 지정**(입력)해 보라. 서식에 **"[h]"**를 사용하면 24시간이 넘는 경우에도 정수 부분을 없애지 않고 다 표시를 한다. 그 결과 화면에는 "50:30", 즉 50시간 30분으로 표시된다.

서식에 대해서는 다음 제6장에서 조금 더 자세히 설명할 것이다. [그림 5-6]은 [셀 서식] 창에서 사용자 지정 서식을 직접 입력하거나 또는 서식 목록에서 필요한 서식을 선택하는 화면 예이다.

그림 5-6 [셀 서식] 창

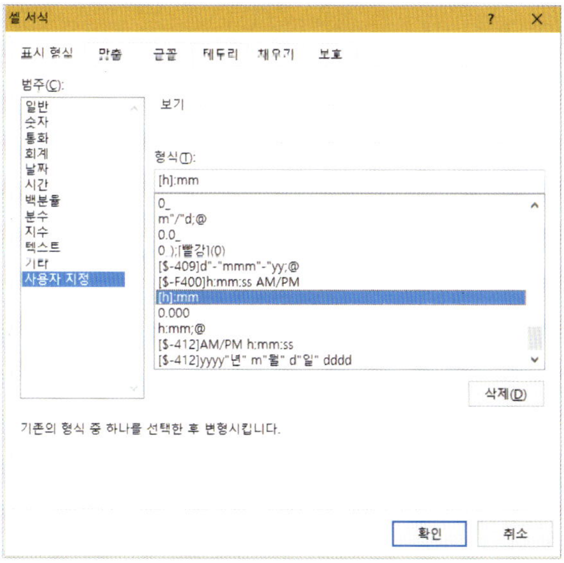

시간 데이터가 '오전' 또는 '오후' 없이 간단히 "15:10"과 같이 시간과 분만 나타나게 하려면 리본 메뉴 홈 셀 서식 클릭 후 셀 서식을 선택. 셀 서식 창 왼쪽의 "범주" 목록에서 시간을 클릭한 후 형식 목록 중에서 "13:30"이라고 되어 있는 사례를 선택하면 된다(서식 지정은 리본 메뉴 홈 표시 형식에 있는 목록 상자를 눌러서 맨 아래 기타 표시 형식을 눌러도 셀 서식 창이 열린다).

예제 13 총 작업시간 산출

이 워크시트는 며칠 동안 작업한 시간을 나타내고 있다. 셀 B5에 총 작업시간을 구하라. **키워드 : TIME 함수, SUM 함수, 시간 서식**

	A	B
1	날짜	작업 시간
2	1일	15:10
3	2일	23:00
4	3일	13:20
5	합계	

| 풀이 |

B열의 작업시간은 해당 셀에 "15:10", "23:00", "13:20"과 같이 직접 입력하였다. 여기서 시간 데이터는 '오전' 또는 '오후' 없이 간단히 "15:10"과 같이 나타나게 서식을 지정하였다. 셀 B5에 총 작업시간을 구하기 위해서는 범위 B2:B4까지의 시간 데이터를 합하면 된다. 셀 B5에 입력할 수식은 *=SUM(B2:B4)*라고 하면 된다.

그런데 총 작업시간은 서식을 특별한 형태로 지정하지 않으면 [그림 5-7]의 왼쪽 워크시트처럼 "3:30"으로 표시된다. 이제 이 셀 B5의 서식을 셀 서식 창에서 사용자 지정을 클릭한 후, "[h]:mm" 형식을 선택해 주면 "51:30"으로 정확하게 표시된다(* [h]와 같이 h에 대괄호가 붙으면 24시간이 넘는 시간을 모두 표시한다).

시간 서식은 보통 "h:mm"이라고 지정하면 "시"와 "분"만 표시하되, "분"의 경우에는 두 자리를 사용하여 가령 "15시 5분"이라고 입력하면 화면에 "15:05"와 같이 표시된다. 또한 사용자 서식을 "h:mm:ss"로 지정하면 "15:05:00"과 같이 초단위까지 표시된다.

그림 5-7 예제 13 (총 작업시간 산출) 결과 (잘못된 경우 vs. 제대로 산출한 경우)

	A	B
1	날짜	작업 시간
2	1일	15:10
3	2일	23:00
4	3일	13:20
5	합계	3:30

	A	B
1	날짜	작업 시간
2	1일	15:10
3	2일	23:00
4	3일	13:20
5	합계	51:30

이제 조금 더 복잡한 상황에서 시간 데이터를 활용하는 예제를 다뤄보기로 하자.

예제 14 TIME 함수 활용

아래의 워크시트는 출근시간과 퇴근시간을 기록한 내용이다. 이를 이용하여 D열에는 매일의 근무시간을 산출하고, 셀 D12에는 열흘간의 총 근무시간을 산출하라. **키워드 : TIME 함수, 시간 서식**

	A	B	C	D
1	날짜	출근시간	퇴근시간	근무시간
2	1일	9:10	20:30	
3	2일	13:20	23:40	
4	3일	10:00	22:55	
5	4일	9:10	20:30	
6	5일	13:20	23:40	
7	6일	10:00	22:40	
8	7일	9:10	20:30	
9	8일	13:20	23:40	
10	9일	10:00	22:50	
11	10일	9:10	20:30	
12	합계			

| 풀이 |

전체 출근시간과 퇴근시간을 살펴보면, 퇴근시간이 자정 전이고 출근시간이 더 이르므로 이 자료에서는 하루의 근무시간이 24시를 넘어가는 경우는 없다. 따라서 그냥 간단하게 셀 D2에 수식 *=C2-B2*라고 입력하면 그 날의 근무시간을 산출할 수 있다. 그리고 범위 D3:D11까지는 이 수식을 복사해서 활용하면 된다. 셀 D12에는 SUM 함수를 사용하여 수식 *=SUM(D2:D11)*라고 입력하면 된다.

셀 D12에 특별한 서식 지정이 없었으면 SUM 함수의 결과는 "18:45"로 표시될 것이다. 이것은 총 근무시간이 4일(96시간)이 넘기 때문에 이 부분이 표시되지 않은 것이다. 이때 셀 D12에 서식을 [❏ 사용자 지정] 클릭 후 "[h]:mm"으로 설정하면 "114:45", 즉 "114시간 45분"으로 총 근무시간이 제대로 표시되게 된다.

그림 5-8 예제 14 (TIME 함수 활용) 결과

	A	B	C	D
1	날짜	출근시간	퇴근시간	근무시간
2	1일	9:10	20:30	11:20
3	2일	13:20	23:40	10:20
4	3일	10:00	22:55	12:55
5	4일	9:10	20:30	11:20
6	5일	13:20	23:40	10:20
7	6일	10:00	22:40	12:40
8	7일	9:10	20:30	11:20
9	8일	13:20	23:40	10:20
10	9일	10:00	22:50	12:50
11	10일	9:10	20:30	11:20
12	합계			114:45

이번에는 예제 14 와 전반적으로는 유사하지만 근무시간이 하루를 넘겨 근무하는 경우가 있는 상황을 다루어 보자. 가령 8일째에는 21:20에 출근해서 그 다음 날 새벽 3:40에 퇴근한 것으로 바꾸어 총 근무시간을 산출해 보자.

이 경우 새벽 3:40에 퇴근한 시간 데이터를 입력할 때 "3:40"으로 하는 대신에, 하루(24시)가 넘은 것이므로 "27:40"으로 입력하기만 하면 총 근무시간을 산출할 때 아무런 문제가 없다. 이렇게 입력하면 8일째 근무시간은 수식 *=C2-B2*에 의해서 "6:20", 즉 "6시간 20분"으로 정확하게 산출되고 12열의 합계는 "110:45"으로 표시된다. 이와 같이 퇴근시간이 하루를 넘기는 경우도 있다면 아예 범위 D2:D12의 서식을 모두 "[h]:mm"으로 설정하는 것이 좋다.

	A	B	C	D
1	날짜	출근시간	퇴근시간	근무시간
2	1일	9:10	20:30	11:20
3	2일	13:20	23:40	10:20
4	3일	10:00	22:55	12:55
5	4일	9:10	20:30	11:20
6	5일	13:20	23:40	10:20
7	6일	10:00	22:40	12:40
8	7일	9:10	20:30	11:20
9	8일	21:20	27:40	6:20
10	9일	10:00	22:50	12:50
11	10일	9:10	20:30	11:20
12	합계			110:45

작업시간이 하루, 이틀 정도가 아니고 며칠씩 길게 발생하는 경우가 많다면 아예 출근시간이나 퇴근시간에 날짜와 시간이 결합된 서식을 사용하는 방법도 있다.

아래의 워크시트처럼 시작일자와 종료일자는 시간 서식을 클릭 후, "2012-3-14 13:30"으로 설정하면 날짜와 시간을 동시에 입력할 수 있다. 근무시간을 산출하는 D열의 서식은 앞의 예제에서 한 것처럼 ❑ 사용자 지정 클릭 후 "[h]:mm"으로 설정하면 된다. E열의 내용은 근무시간으로 산출된 D열의 시간값을 이해하기 쉽게 날짜와 시간으로 나누어 표시해 본 것이다.

	A	B	C	D	E
1	작업회차	시작일자	종료일자	근무시간	
2	1회차	2019-1-20 9:10	2019-1-23 20:30	83:20	3일(72시간)+11:20
3	2회차	2019-2-1 13:20	2019-2-2 23:40	34:20	1일(24시간)+10:20
4	3회차	2019-3-10 10:00	2019-3-12 22:55	60:55	2일(48시간)+12:55
5	합계			178:35	7일(168시간)+10:35

5 논리 함수

논리 함수는 엑셀이 스스로 판단해서 작업할 수 있도록 소위 인공지능과 같은 기능을 부여하기 위해서 사용하는 함수이다. 엑셀이 스스로 판단할 수 있다는 것은 사용자가 어떤 논리적 상황(조건식 Logical Test)을 제시하였을 때 엑셀이 그 논리적 상황이 참(TRUE)인지 거짓(FALSE)인지 판단할 수 있다는 것이다.

엑셀에서 활용 가능한 논리적 상황은 다음과 같다. 첫째, "셀 A1에 입력된 값이 셀 B2에 입력된 값보다 큰지 작은지"와 같이 수치 데이터의 크기를 비교하는 경우, 둘째 문자열 데이터가 "같은지 다른지"를 비교하는 경우, 셋째 함수가 반환하는 값이 무엇인지를 묻는 경우 그리고 넷째, 어떤 명령을 수행시켰을 때 그 결과가 "오류가 나오는지 아닌지"를 묻는 경우 등이다.

이 책에서는 위에서 언급한 첫째, 둘째, 셋째와 같은 상황에서 그 결과가 TRUE인지 FALSE인지를 따질 수 있는 논리 함수에 대해서만 언급하기로 한다. 대표적인 논리 함수로는 AND 함수, OR 함수, NOT 함수가 있다.

논리 함수는 데이터의 논리값이나 관계 연산자를 사용한 수식의 결과에 따라 저장된 논리값을 판단하기 위하여 사용한다. 가령 [그림 5-9]과 같은 데이터를 고려해 보자. 범위 B2:D4의 값은 숫자이고, 범위 B5:D5의 데이터는 논리값이다. 나머지 데이터는 모두 문자 데이터이다.

그림 5-9 논리 연산자를 설명하기 위한 예

	A	B	C	D
1	팀 그룹	1월	2월	3월
2	유럽	17,000	8,000	12,000
3	아시아	5,000	6,000	6,000
4	아메리카	7,000	14,000	17,000
5	목표달성	FALSE	FALSE	TRUE

첫 번째 질문 : 논리 함수식 *=NOT(B5)*의 결과는 어떤 논리값이 될까? 답은 TRUE이다. "NOT 함수"는 논리값을 반대로 반환하는 함수다. 셀 B5에 입력되어 있는 논리값이 FALSE이므로 이 논리 함수식은 TRUE를 반환한다.

두 번째 질문 : 논리 함수식 *=AND(B2>10, C2>10)*의 결과는 어떤 논리값이 될까? 답은 TRUE이다. "AND 함수"는 괄호 안에 들어가는 **인수**의 논리값이 모두 TRUE인 경우에만 결과를 TRUE로 반환한다. 이 논리 함수식에는 두 개의 인수가 나열되었는데, 첫 번째 인수 *B2>10*는 셀 B2의 값이 10보다 큰가를 따졌고(물론 셀 B2의 값이 17,000이므로 10보다 크기 때문에 논리값은 TRUE다), 두 번째 인수 *C2>10*는 셀 C2의 값이 10보다 큰가를 따졌다(셀 C2의 값이 8,000이므로 10보다 크기 때문에 논리값은 TRUE다). 두 인수의 논리값이 모두 TRUE이므로 이 논리 함수식은 최종적으로 TRUE를 반환한다.

세 번째 질문 : 논리 함수식 *=OR(B3=10, C3=10)*의 결과는 어떤 논리값이 될까? 답은 FALSE이다. "OR 함수"는 괄호 안에 들어가는 인수의 논리값 중에서 하나 이상의 인수가 TRUE이면 결과를 TRUE로 반환한다. 이 논리 함수식에는 두 개의 인수가 나열되었는데, 첫 번째 인수 *B3=10*는 셀 B3의 값이 10인가를 따졌고(물론 셀 B3의 값이 5,000이므로 10이 아니기 때문에 논리값은 FALSE다), 두 번째 인수 *C3=10*는 셀 C3의 값이 10인가를 따졌다(셀 C3의 값이 6,000이므로 10이 아니기 때문에 논리값은 FALSE다). 두 인수의 논리값 중에서 하나도 TRUE인 것이 없으므로 이 논리 함수식은 최종적으로 FALSE를 반환한다.

아래의 표는 [그림 5-10]의 예제 데이터를 사용하여 논리 함수의 구문과 기능을 정리한 것이다. 마지막 열 "반환값"의 내용은 [그림 5-10]의 데이터를 대상으로 "사용 예"와 같이 입력한 논리 함수의 반환값을 의미한다.

그림 5-10 논리 함수 예제 데이터

	A	B	C
1		자료	
2	90	5	TRUE
3	60	10	FALSE

함수이름	설명	사용 예	반환값
AND(인수, 인수, …)	인수가 모두 TRUE이면 TRUE를 반환	=AND(A2>50, A3<50)	FALSE
		=AND(B2<=5, B3<50)	TRUE
OR(인수, 인수, …)	인수가 하나라도 TRUE이면 TRUE를 반환	=OR(A3>50, B2=10)	TRUE
		=OR(B3>50, C3)	FALSE
NOT(인수)	인수의 논리값의 역을 반환	=NOT(C3)	TRUE

예로 든 논리 함수 *=OR(B3>50, C3)*를 보자. 첫 번째 인수로 주어진 조건식은 셀 B3의 값이 50보다 큰가를 묻는 것인데, 셀 B3의 값이 10이므로 이 조건식의 논리값은 FALSE이다. 또 두 번째 인수로 조건식 대신에 C3라고만 한 것은 셀 C3에 논리값이 입력되어 있기 때문에 특별히 다른 수식이 없어도 논리값을 알 수 있기 때문이다. 셀 C3의 논리값은 FALSE이다. 두 개의 인수로 주어진 조건식의 논리값 중에서 어느 하나도 TRUE가 아니기 때문에 이 논리 함수는 FALSE를 반환하였다.

6 복잡한 수식 계산 과정 확인

지나가는 길에 엑셀의 유용한 기능을 하나 더 확인해 보자. 셀에 복잡한 수식을 입력하는 경우에 과연 계산이 제대로 되고 있는 것인지 확인하고 싶을 때가 종종 있다. 이와 같은 경우에 수식의 전체 계산 결과가 아닌 중간중간 부분만의 계산 결과를 확인할 수 있는 방법이 있다.

예로 수식 *=15+(25+10)*3-50/10^2*과 같은 복잡한 수식을 입력해 보자. 이 수식을 일반적인 수학식으로 정리하면 아래와 같다. " * "는 곱셈, " / "는 나눗셈, " ^ "는 거듭제곱을 표시하는 연산자다.

수학식 : $=15+(25+10)\times 3-\frac{50}{10^2}$

위 수식에서 "(25+10)*3"의 부분만 어떻게 계산되는지 확인해 보자. 해당 셀을 선택한 후에 수식 입력줄에서 이 부분을 마우스로 드래그하여 기능키(Function Key) F9을 누르면 부분 계산값으로 "105"를 확인할 수 있다. 이때 조심해야 할 점은 이 상태에서 엔터키를 누르면 "105"라고 계산된 결과가 수식을 대체하게 된다. 따라서 원래의 수식을 그대로 활용해야 하는 경우라면 기능키(Function Key) F9을 눌러서 부분 계산값을 확인한 후에, 다시 취소(Cancel)키(× 또는 Esc)를 눌러서 원래대로 돌아가야 한다.

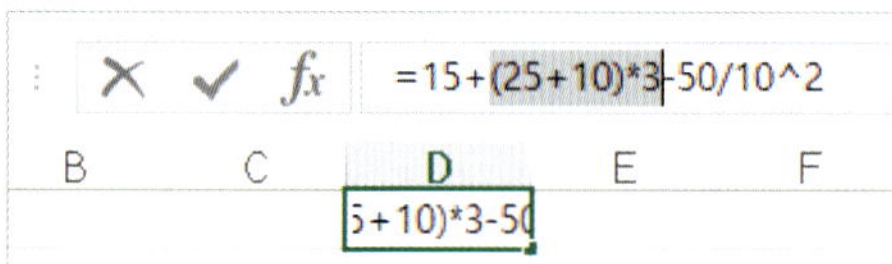

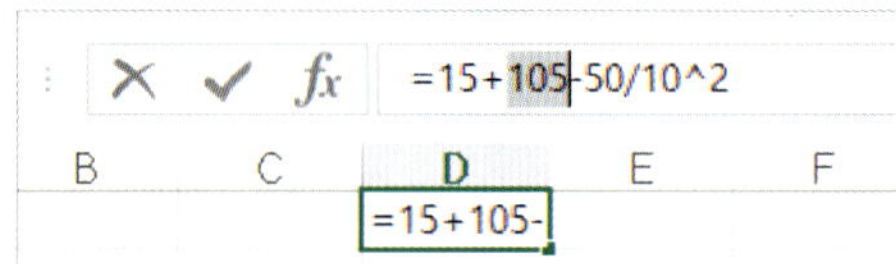

이와 같은 기능은 셀 참조가 복잡한 경우에도 사용할 수 있다. 가령 참조된 셀 주소나 범위를 드래그한 후에 F9키(F9)를 누르면 참조한 주소의 셀 값이 무엇인지도 보여준다. [그림 5-11]은 SUM 함수에서 참조한 범위(C3:D4)의 셀 값들({200,500; 300,600})을 보여주고 있다.

그림 5-11 참조된 셀의 값을 보여주는 F9키 기능

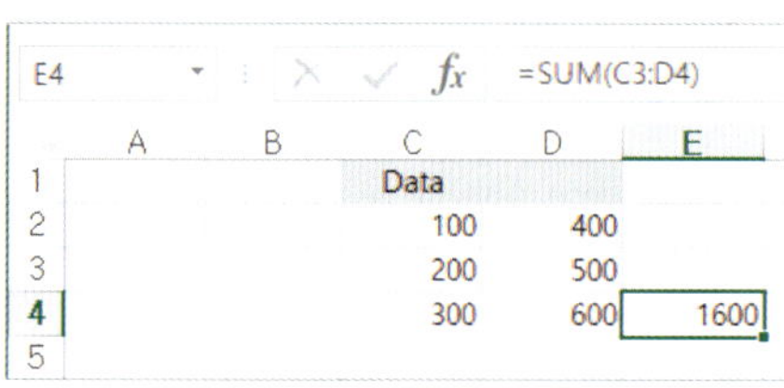

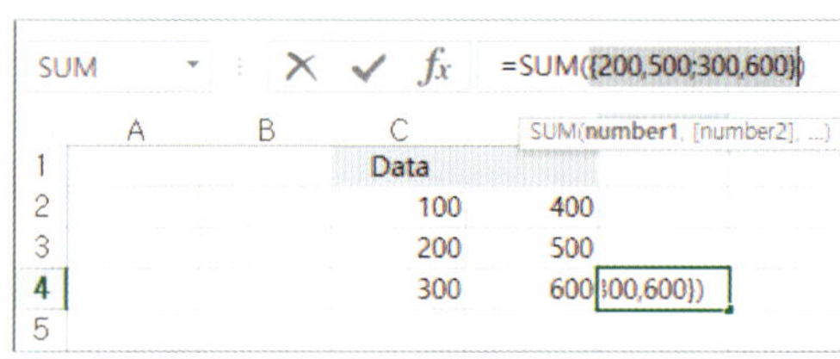

복잡한 수식의 중간 계산 과정을 살펴보는 방법에는 한 가지가 더 있다. 리본 메뉴 수식 수식 분석 수식 계산을 클릭하면 [그림 5-12]와 같은 수식 계산 창이 열리고 아래 계산을 누르면 한 단계씩 계산 과정을 실행시켜 볼 수 있다. 이런 기능은 복잡한 수식 속에서 어느 부분에 오류가 발생했는지를 찾고자 할 때 요긴하게 사용할 수 있다.

그림 5-12 수식 계산 창

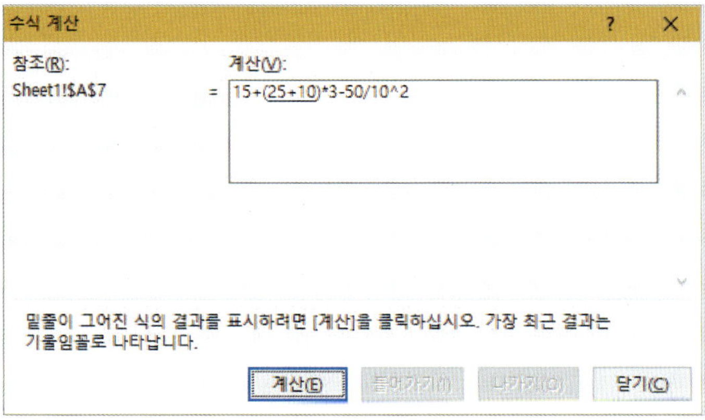
수식 계산
참조(R):
Sheet1!$A$7
계산(V):
= 15+(25+10)*3-50/10^2
밑줄이 그어진 식의 결과를 표시하려면 [계산]을 클릭하십시오. 가장 최근 결과는
기울임꼴로 나타납니다.
계산(E)
들어가기(I)
나가기(O)
닫기(C)

염건교수의 엑셀강의

Chapter 06

셀 서식

1. 셀 서식 이해
2. 서식 활용 방법
3. 자동 서식 활용

1 셀 서식 이해

워크시트의 셀에는 수치 데이터, 문자열 데이터, 날짜, 시간, 논리값, 수식 등 다양한 형태의 데이터를 입력할 수 있다. 또 이러한 데이터는 사용자의 의도와 필요에 의해서 글꼴이나 색상, 배경색, 테두리 선 등을 지정할 수 있는데 이러한 기능을 "서식"이라고 한다. 대표적인 서식으로는 글꼴, 글자 크기, 색상, 배경색 등인데, 서식을 사용자의 의도대로 지정한다 하더라도 데이터는 변하지 않기 때문에 필요에 따라 얼마든지 바꿀 수 있다.

이미 앞에서도 간략하게 언급이 되었지만, 날짜 데이터의 경우에는 국가마다 연, 월, 일을 표기하는 순서가 다르기 때문에 서식은 유용하게 활용될 수 있다. 시간 데이터의 경우에도 표기 방법이 다양하므로 사용자의 의도에 맞추어 활용할 수 있다. 숫자 데이터인 경우에는 읽기 편하도록 천 단위마다 콤마(,)를 넣을 수도 있고, 분수 표시를 하거나 소수점 이하 자릿수를 정하여 표시하게 할 수도 있다. 문자열 데이터의 경우에는 왼쪽 맞춤, 가운데 맞춤, 오른쪽 맞춤, 위쪽 맞춤 등의 지정도 가능하다. 통화(通貨) 표시를 붙이거나 백분율로 표시를 할 수도 있고, 우편번호, 전화번호, 은행 계좌번호처럼

그림 6-1 리본 메뉴의 서식 관련 아이콘

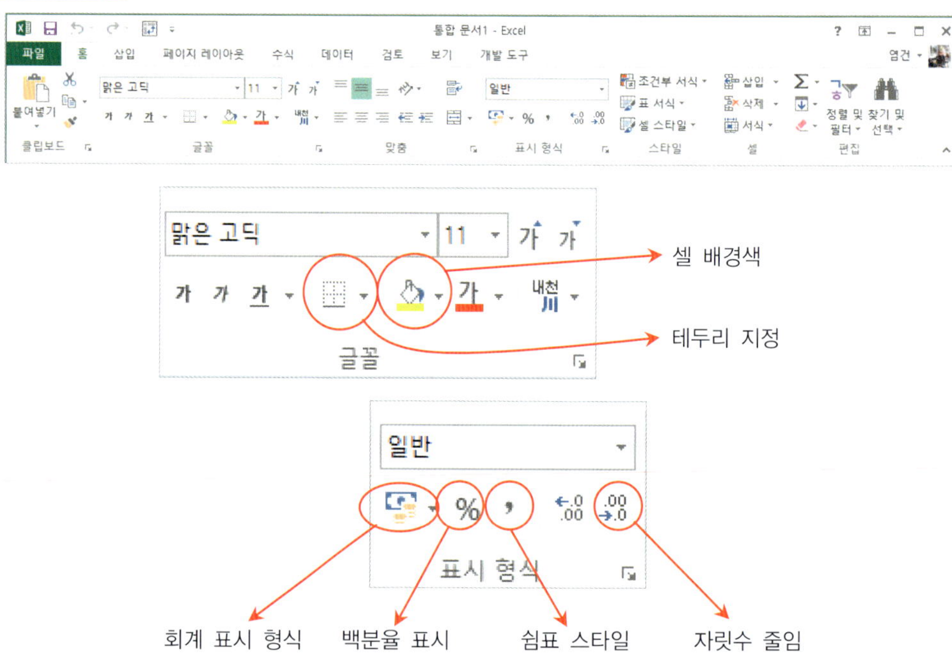

숫자 사이에 특별할 기호를 자동으로 넣는 사용자 지정도 할 수 있다(물론 이런 기호도 표시만 이렇게 될 뿐이지 실제 데이터는 전혀 변하지 않는다). 이 외에도 그냥 꾸밈과 가독성을 위해서 셀의 색상이나 테두리 선을 지정할 수도 있다. [그림 6-1]은 리본 메뉴 홈 탭인데, 글꼴, 글자색, 셀 배경색, 테두리 선, 맞춤, 날짜, 시간 데이터 표시 형식, 백분율, 쉼표 스타일, 소수점 이하 자릿수 조정 등 간단히 서식을 설정할 수 있는 명령들이 많이 보인다.

2 서식 활용 방법

서식을 지정하는 방법은 앞에서도 언급했지만 리본 메뉴 홈 셀 서식 을 클릭해서 나오는 목록 중에서 셀 서식 을 선택하면 [그림 4-10], [그림 5-6]과 같은 셀 서식 창이 열린다. 또는 리본 메뉴 홈 표시 형식 그룹에서 오른쪽 아래 끝에 있는 단추(◲)를 누르면 셀 서식 창이 열린다.

[그림 6-2]는 같은 데이터에 다양한 서식을 지정하여 다르게 표시한 예이다. 가령 범위 A2:C2에 들어 있는 수치는 모두 "20903"인데 리본 메뉴 홈 표시 형식 에서 통화 서식(쉼표 스타일)을 나타내는 " , " 기호를 클릭하면 천 단위마다 콤마가 표시된다. 또 통화 기호(₩, $, ¥, ¢, £ 등)를 사용하라고 지정하면 금액의 앞에 통화 기호가 붙는다.

범위 B4:B5에는 음수를 표시하는 회계 서식 두 가지를 각각 지정하였다. 셀 B4에는 마이너스(-) 기호를 셀의 왼쪽 끝에 붙여 표시하는 서식을 지정하였고, 셀 B5에는 음수인 경우에는 빨강색으로 괄호로 묶어서 표시하는 서식을 지정한 것이다.

범위 B8:B12에는 바로 옆 셀의 서식 없는 일반 숫자를 백분율로 표시하도록 서식을 지정한 것이다. 범위 C8:C12에는 "기타" 서식으로 "전화번호" 서식을 지정한 것이다. 입력된 데이터는 11자리 숫자이지만 사용자 지정 서식(000-0000-0000)에 따라서 중간에 하이픈(-) 기호가 들어간 것으로 표시되었다. 날짜, 시간, 전화번호 또는 자릿수를 정해서 표시해야 하는 경우처럼 자주 사용되는 사용자 지정 서식은 메뉴에서 선택할 수 있다. 또 사용자가 임의대로 그 형식을 만들어서 사용할 수도 있다.

범위 G2:G5에는 날짜 데이터를 다양한 사용자 지정 서식을 사용하여 표시한 것이다.

범위 F10:F12에는 몇 가지 시간을 입력하였는데, 간단한 시간 서식을 사용하였더니 24시간이 넘거나 말거나 모두 오전 6:14로 표시된 것을 볼 수 있다. 그러나 범위

G10:G12에는 같은 시간을 표시하면서 사용자 지정 서식인 "[h]:mm"을 사용했기 때문에 24시간이 넘는 시간인 경우라도 정확하게 표시되는 것을 볼 수 있다.

그림 6-2 다양한 서식의 활용 예

	A	B	C	D	E	F	G
1	일반	통화()	통화기호사용		일반	날짜	날짜(다양한 서식)
2	20903	20,903	₩20,903		20903	1957년 3월 24일	57.03.24
3	4256	4,256	₩4,256		4256	1911년 8월 26일	8/26/11
4	-3579	- 3,579	-$3,579.00		3	1900년 1월 3일	3-Jan-00
5	-45169	(45,169)	-₩45,169		45169	2023년 8월 31일	August-31-2023
6							
7	일반	백분율	전화번호		일반	시간	시간(사용자 정의)
8	0.253	25.3%	010-2070-6050		0.253	6:04 AM	6:04
9	897	89700%	010-4567-8901		0.897	9:31 PM	오후 9:31
10	1.26	126.0%	010-1234-5678		1.26	오전 6:14:24	30:14
11	-0.343	-34.3%	010-3456-7890		0.26	오전 6:14:24	6:14
12	3.26	326%	010-2100-9898		3.26	6시 14분	78:14

셀에 테두리를 표시하기 위해서는 테두리를 표시할 셀이나 범위를 선택한 후 리본 메뉴 홈 글꼴 에서 테두리 지정 을 클릭하면 다양한 테두리를 설정할 수 있다. 여기서 테두리 선 색, 테두리 선 스타일 등을 고를 수 있고, 또 보다 다양한 테두리 설정을 위해서는 ❑ 다른 테두리 ... 를 클릭하면 [그림 4-10]과 같은 셀 서식 창이 열린다. 여기서 테두리 선 스타일, 선 색, 미리 설정된 테두리 위치 또는 필요한 테두리 위치를 차례로 고르면 된다.

한번 설정된 서식 위에 같은 종류의 다른 서식을 지정하면 새로운 설정으로 변경된다. 그러나 셀 배경색의 경우 배경색을 없애려면 해당 범위를 선택한 후 리본 메뉴 홈 글꼴 에서 채우기 색 을 선택한 후 ❑ 채우기 없음 을 클릭해야 한다. 또 테두리 선을 없애려는 경우에는 리본 메뉴 홈 글꼴 에서 테두리 지정 을 선택한 후 ❑ 테두리 없음 을 클릭해야 한다.

3 자동 서식 활용

자주 사용되는 표 모양의 데이터는 셀 배경색이나 글꼴, 글자 크기, 테두리 선 등을 쉽게 적용할 수 있도록 "자동 서식"의 메뉴를 활용할 수 있다. 자동 서식은 리본 메뉴 홈 스타일 표 서식 을 클릭해서 나오는 목록에서 원하는 형태를 선택하면 된다.

[그림 6-3]은 표 모양의 데이터에 자동 서식을 적용한 결과이다. 자동 서식을 적용하면 지정한 데이터 범위는 엑셀에서의 소위 "표(Table)"로 변환된다. 표로 변환되면 차후 제13장에서 자세하게 설명될 데이터 관리 기능이 자동으로 추가된다. 데이터가 들어 있는 열의 머리글 부분을 보면 필터 단추(▾)가 붙어 있는 것을 볼 수 있는데, 이것을 클릭하면 데이터를 관리할 수 있는 메뉴가 나온다. 자동 서식에 의하여 표로 변환된 부분을 다시 원래의 일반적인 데이터 범위로 환원시키려면 표의 아무 셀이나 클릭한 다음 리본 메뉴 표 도구 디자인 도구 ❑ 범위로 변환 을 클릭하면 된다(참고로 표 도구 탭은 평소에는 화면에 보이지 않다가 표 속의 셀을 클릭하면 그때 리본 메뉴에 나타난다). 표로 변환되어 있음을 확인할 수 있는 방법은 표의 오른쪽 아래 끝에 보이는 작은 꺾쇠(◢) 표시를 확인하는 것이다.

데이터 관리에 대해서는 제13장을 참고할 것

그림 6-3 일반적인 데이터 범위와 자동 서식이 적용된 표 화면 비교

	C	D	E	F	G
48	이름	통계	수학	MIS	합계
49	김성수	100	90	85	275
50	최병길	89	95	89	273
51	유대문	67	100	90	257
52					

I	J	K	L	M
이름 ▾	통계 ▾	수학 ▾	MIS ▾	합계 ▾
김성수	100	90	85	275
최병길	89	95	89	273
유대문	67	100	90	257

제1부 종합 연습문제

종합 연습문제는 지금까지 공부한 내용을 충분히 이해했다면 스스로 해결할 수 있는 수준의 예제들이다. 지금까지 언급되었던 것 외의 다른 내용은 다루지 않고 있기 때문에 아래의 예제들을 스스로 해결할 수 있는가를 확인해 보기 바란다. 그런 후에 다음 단계로 넘어가는 것이 좋겠다.

예제 15 손익계산서 1

아주 단순화된 손익계산서를 완성해 보자. 2013년도부터 2016년도까지 정리하라. 2013년도 초기 자료(2013년 매출액, 인건비, 재료비, 관리비)는 데이터베이스에 주어진 대로 하라. 매출액은 매년 10%씩 성장한다. 매출원가는 인건비, 재료비, 관리비가 각각 매년 4%, 6%, 8%씩 증가한다. 단순화된 내용이므로 나머지 각 항목에 대해서는 아래 정의한 방법에 따라 산출하라. 또한 F열은 일종의 체크(Check) 열로 각 항목에 대해서 4년간 금액의 합계를 산출해 넣어라. 특별히 이 예제에서는 아래의 몇 가지 서식을 언급한대로 설정해 보라. **키워드 : 상대참조/절대참조, SUM 함수, 체크 열 개념, 셀 서식**

- ▶ 매출원가=인건비+재료비+관리비
- ▶ 매출총이익=매출액-매출원가
- ▶ 판매비는 매출총이익의 18%
- ▶ 납세전이익=매출총이익-판매비
- ▶ 세율은 납세전이익의 30%(편의상 단일 세율로 가정함)
- ▶ 납세후이익=납세전이익-세금

① A열에 입력하는 항목 내용 중에서 수입에 해당되는 내용은 "왼쪽 맞춤"으로, 지출에 해당되는 내용은 "오른쪽 맞춤"으로 설정하라.

② 모든 금액은 "쉼표 스타일"로 설정하여 천 단위마다 콤마가 찍히도록 하라.

③ 금액은 소수점 이하에서 반올림하여 정수로 표시되게 하라.

	A	B	C	D	E	F	G	H	I	J	K	L	M
1	손익계산서				(단위: 백만 원)								
2	항목	2013	2014	2015	2016	총합		2013년 각 초기값		각 항목 증가율		기타 비율	
3	매출액							매출액	6,000	매출액	10%	판매비	18%
4	인건비							인건비	700	인건비	4%	세율	30%
5	재료비							재료비	900	재료비	6%		
6	관리비							관리비	1,100	관리비	8%		
7	매출원가												
8	매출총이익												
9	판매비												
10	납세전이익												
11	세금												
12	납세후이익												

| 풀이 |

일단 2013년도 손익계산서를 완성하고 완성된 수식들을 2014년도, 2015년도, 2016년도로 복사해서 완성하면 된다. 단, 2013년도는 전년도 자료가 없는 상태지만, 2014년도부터는 전년도의 자료를 토대로 증가하는 내용들이 있으므로, 2014년도 자료 중에서는 수정해야 할 부분이 몇 군데 발생한다. 이것을 수정한 다음에 이제는 2014년도 내용을 그대로 2015년도, 2016년도로 복사하면 된다.

A열에 문제와 같이 항목 제목을 넣어라. 수입에 해당하는 행(매출액, 매출총이익, 납세전이익, 납세후이익)의 문자열은 디폴트로 왼쪽 맞춤이 되어 있다. 따라서 지출에 해당하는 행(인건비, 재료비, 관리비, 매출원가, 판매비, 세금)을 선택하여 리본 메뉴 홈 맞춤 에서 ❑ 오른쪽 맞춤 을 클릭하여 정렬한다.

셀 B3(2013년도 초기 매출액)에는 데이터베이스에 있는 자료를 직접 입력하는 것보다 데이터베이스 자료를 참조하는 것이 좋은 방법이다.

제7장 2절의 아포리즘 11 참고

따라서 셀 B3에는 데이터베이스에 있는 2013년도 매출액 초기값(셀 I3)을 절대참조로 하는 수식을 입력한다. 따라서 *=$I$3*로 하면 된다. 셀 B4(인건비), 셀 B5(재료비), 셀 B6(관리비)도 마찬가지로 데이터베이스에 있는 자료를 절대참조로 하는 수식을 입력하면 된다. 셀 B4에는 *=$I$4*라고 하면 무난하다. 그런데 이 예제는 연습문제이기 때문에 비용항목을 세 가지만 거론했을 뿐이지 실제 업무에서는 수십, 수백 개 또는 그 이상의 비용항목이 있을 수도 있다. 그래서 실제 업무에서는 엑셀의 자동 채우기 기능이 효과를 발휘할 가능성이 있다. 데이터베이스에서 자료를 가져오므로 절대참조가 필수적이지만, 각 비용의 나열 순서가 워크시트와 데이터베이스의 목록 순서가 같다면 상대적 위치를 적절히 이용할 가능성이 있다. 그래서 셀 B4에 입력할 수식으로 *=$I4*와 같이 하여 행 번호를 상대참조로 사용하게 되면 그 아래 나머지 비용항목은 이 수식을 복사해서 활용할 수 있다. 이 수식을 재료비, 관리비 셀로 복사하면 이 수식은 차례로 *=$I5*, *=$I6*가 되어 원하는 결과를 산출할 수 있다. 셀 B7(매출원가)에는 이 세 가지 비용항목을 합하는 SUM 함수식 *=SUM(B4:B6)*를 입력하면 된다.

셀 B8(매출총이익)에는 *매출액−매출원가*, 즉 수식 *=B3−B7*이라고 입력한다. 셀 B9(판매비)는 매출총이익의 18%이므로 수식 *=B8*M3*인데 판매비 비율(셀 M3)은 데이터베이스에서 가져오므로 절대참조를 사용해야 한다. 따라서 *=B8*$M$3*로 해야 한다.

셀 B10(납세전이익)은 매출총이익에서 판매비를 뺀 것이므로 수식 *=B8−B9*면 된다. 셀 B11(세금)은 여기서는 세율이 30%(셀 M4)로 정해져 있고, 세금은 *납세전이익×세율*과 같이 산출되므로 수식은 *=B10*M4*인데, 이것도 세율은 데이터베이스에서 가져온 내용이므로 절대참조를 사용하여 *=B10*$M$4*라고 해야 한다. 셀 B12(납세후이익)는 *납세전이익−세금*이므로 수식 *=B10−B11*로 하면 된다. 자 이렇게 해서 2013년도 손익계산서가 완성되었다.

이제 일단 2013년도 손익계산서 수식을 모두 2014년도로 복사하고 나서 수정해야 할 부분을 생각해 보자. 그것은 매출액과 각 비용이 매년 일정한 비율로 증가한다는 상황이다. 2013년도에서는 매출액과 각 비용에 대한 참조를 따로 고려했지만, 여기서는 손익계산서에 위치한 매출액과 각 비용의 나열 순서와 데이터베이스의 나열 순서가 일치하므로 2014년도 매출액

(셀 C3)을 산출하는 수식을 작성하여 아래 각 비용 부분에 복사해서 사용할 수 있겠다. 2014년도의 매출액은 전년도 금액의 10% 그리고 각 비용은 차례로 전년도 금액의 4%, 6%, 8%씩 증가한다고 가정했으므로 각 셀에 전년도의 금액보다 각각의 비율로 증가하는 수식을 작성하면 된다. 따라서 셀 C3(매출액)에 입력할 수식은 *=B3*(1+$K3)* 라고 작성한다. 그리고 이 수식을 아래 범위 C4:C6에 복사하면, 셀 C4에는 수식이 *=B4*(1+$K4)* 라고 입력되고, 셀 C5에는 수식이 *=B5*(1+$K5)* 라고 입력되고, 셀 C6에는 수식이 *=B6*(1+$K6)* 라고 입력된다. 나머지 2014년도 항목은 2013년도 항목의 수식이 그대로 복사된 대로 사용해도 변화가 없다. 이것으로 2014년도 손익계산서까지 완성되었다.

이제 2014년도 전체 항목을 마우스로 선택해서 2015년도, 2016년도로 복사하면 전체 워크시트가 완성된다. 추가적으로 금액은 "쉼표 스타일"로 설정하여 천 단위마다 콤마가 찍히도록 하고, 금액은 소수점 이하에서 반올림하여 정수로 표시되게 하라고 했으므로, 이제 문제에서 요구한 서식을 고려해 보자. 워크시트에서 내용이 채워질 전체 범위 B3:F12를 선택하여 리본 메뉴 홈 표시 형식 에서 ❑ 쉼표 스타일(,) 을 선택하면 모든 금액이 천 단위마다 콤마가 붙는 형식으로 표시된다. 그리고 역시 표시 형식 의 ❑ 자릿수 줄임 아이콘을 누르면 금액 등 수치 자료의 소수점 이하 자릿수를 줄일 수 있다. 옆의 그림은 리본 메뉴 의 표시 형식 을 보여주고 있다.

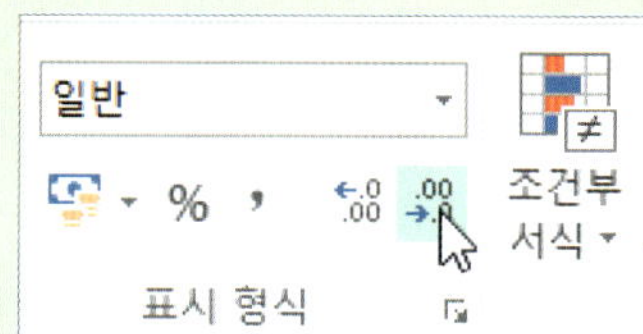

마지막으로 F열에는 각 항목별로 4년간 금액의 합계를 SUM 함수를 사용하여 산출한다. 셀 F3에 입력할 수식은 *=SUM(B3:E3)* 라고 입력하고, 나머지 항목에는 이 수식을 복사해서 워크시트를 완성하면 된다. 이 F열은 어떤 의미가 있을까? 굳이 이름 붙이자면 체크(Check) 열이라고 할 수 있다. 즉 손익계산서를 작성하기 위한 여러 수식들 중에서 어떤 부분이 틀렸는지 발견하기가 쉽지 않을 때 어디가 틀렸는지 그 범위를 좁혀서 찾기 쉽도록 정보를 만들기 위한 것이다. 가령 "매출액"의 합계 부분(셀 F3)이 예상했던 값과 다르게 산출되었다면 그 행에서 오류가 나왔을 가능성이 크다고 확신할 수 있는 것이다. 이 체크 열은 워크시트가 완성되어서 오류가 없는 것이 확인된 다음에는 삭제해도 상관없다. 여러분들이 이 워크시트를 완성하면서 F열의 값이 [그림 6-4]의 값과 다르게 나왔을 때 그 행만 잘 확인하면 비교적 쉽게 오류를 찾을 수 있을 것이다.

그림 6-4 예제 15 (손익계산서 1) 결과

	A	B	C	D	E	F	G	H	I	J	K	L	M
1	손익계산서				(단위: 백만 원)								
2	항목	2013	2014	2015	2016	총합		2013년 각 초기값		각 항목 증가율		기타 비율	
3	매출액	6,000	6,600	7,260	7,986	27,846		매출액	6,000	매출액	10%	판매비	18%
4	인건비	700	728	757	787	2,973		인건비	700	인건비	4%	세율	30%
5	재료비	900	954	1,011	1,072	3,937		재료비	900	재료비	6%		
6	관리비	1,100	1,188	1,283	1,386	4,957		관리비	1,100	관리비	8%		
7	매출원가	2,700	2,870	3,051	3,245	11,866							
8	매출총이익	3,300	3,730	4,209	4,741	15,980							
9	판매비	594	671	758	853	2,876							
10	납세전이익	2,706	3,059	3,451	3,888	13,103							
11	세금	812	918	1,035	1,166	3,931							
12	납세후이익	1,894	2,141	2,416	2,721	9,172							

예제 16 예산계획 수립 1

2016년도 상반기 예산계획을 수립해 보자. 현재 급여액은 월 300만 원이다. 매월 급여에 대한 공제액 비율은 15%이다. 급여는 4월에 5% 인상될 예정이다. 비용으로 월 집세 105만 원, 생활비 170만 원, 공과금 20만 원이 지출된다. 모든 비용항목은 2월부터 매월 0.5%씩 인플레이션이 예상된다. 현 1월초 통장의 잔액은 500만 원이다. 범위 B8:H18에 6월까지 예산계획을 완성해 보라. H열은 일종의 체크(Check) 열로 각각 행별로 합계를 산출해 넣어라. **키워드 : 상대참조/절대참조, SUM 함수, 체크 열 개념**

	A	B	C	D	E	F	G	H
1	1월초 예금 잔액		500	만 원				
2	급여		300	만 원				
3	각종 비율					1월 비용		
4	예상 월인상율		0.5%	(2월부터 매달 오름)		집세	105	만 원
5	급여 인상율		5.0%	(4월에 인상)		생활비	170	만 원
6	급여 총공제액 비율		15.0%			공과금	20	만 원
7	월	1	2	3	4	5	6	합계
8	월초 잔액							
9	수입							
10	급여							
11	공제액							
12	순지급액							
13	비용							
14	집세							
15	생활비							
16	공과금							
17	비용 합계							
18	월말 잔액							

| 풀이 |

예산계획에 필요한 각종 자료는 데이터베이스에서 읽어 온 자료라고 생각하고 해당 셀을 참조하여 수식을 작성하는 것이 좋다. 먼저 1월의 각종 수입과 비용을 산출한 다음 완성된 수식들을 옆으로 6월까지 복사해서 완성하면 된다. 단, 1월의 내용은 전월의 자료가 없는 상태지만, 2월부터는 전월의 자료를 토대로 인상되는 내용들이 있으므로, 2월 셀에 복사된 수식 중에는 수정해야 할 부분이 몇 군데 발생한다. 이것을 수정한 다음에 이제는 2월의 내용을 그대로 6월까지 복사하면 된다. 다만, 급여가 4월에 인상될 예정이므로 그 부분은 한 번 더 수정해야 완성된다.

셀 B8부터 시작해 보자. 셀 B8은 1월초 잔액을 산출해야 한다. 현재 통장의 잔액은 셀 C1(500만 원)에 기록되어 있고, 이것은 데이터베이스 자료이므로 절대참조를 사용해야 한다. 따라서 셀 B8에 입력할 수식은 *=$C$1*이다. 셀 B10에는 급여액(셀 C2)을 산출해야 하므로, 수식은 *=$C$2*라고 입력한다. 셀 B11에는 급여 공제액을 산출해야 한다. 급여 공제액은 급여의 15%(셀 C6)라고 하였으므로 공제액 산출식은 *=B10*$C$6*가 된다. 여기서 급여는 해당 월의 급여액을 사용해야 하므로 상대참조를, 공제비율은 매월 일정하므로 데이터베이스 자료(셀 C6)를 절대참조로 사용해야 한다. 셀 B12에는 급여에서 공제액을 뺀 순지급액을 산출하는 것이고, 이것은 매월 같은 식으로 계산되므로 상대참조를 이용해서 수식은 *=B10-B11*이 된다.

이제 각 비용을 산출해 보자. 1월의 집세, 생활비, 공과금은 데이터베이스에 자료로 주어져 있으니 절대참조로 가져오면 된다. 각 비용은 차례로 셀 G4, G5, G6에 있으니 셀 B14, B15, B16에 입력할 수식도 *=$G$4*, *=$G$5*, *=$G$6*라고 하면 무난하다. 그런데 지금은 연습문제이기 때문에 비용항목을 세 가지만 거론했을 뿐이다. 실제 업무에서는 수십, 수백 개 또는 그 이상의 비용항목이 있을 수도 있다. 그래서 실제 업무에서는 엑셀의 자동 채우기 기능이 효과를 발휘할 가능성이 있다. 데이터베이스에서 자료를 가져오므로 절대참조가 필수적이지만, 각 비용의 나열 순서가 워크시트와 데이터베이스의 목록 순서와 같다면 상대적 위치를 적절히 이용하는 방법이 좋다. 그래서 셀 B14에 입력할 수식으로 *=$G4*와 같이 하여 행 번호를 상대참조로 사용하게 되면 그 아래 비용항목은 이 수식을 복사해서 활용할 수 있다. 이 수식을 생활비, 공과금 셀로 복사하면 이 수식은 차례로 *=$G5*, *=$G6*가 되어 원하는 결과를 산출할 수 있다.

비용 합계(셀 B17)는 이 세 비용을 합하면 되므로 SUM 함수를 이용하여 *=SUM(B14:B16)*이라고 작성하면 된다. 그리고 맨 아래 행 월말 잔액(셀 B18)은 *월초 잔액+순지급액-비용합계*로 산출할 수 있으므로 수식은 *=B8+B12-B17*이라고 입력한다. 이제 1월의 예산계획이 완성되었다. 범위 B8:B18을 마우스로 선택하여 C열로 복사한다.

2월의 예산계획을 위해서 1월 수식에서 복사된 것 중 무엇이 변해야 하는가 생각해 보자. 첫째, 2월초 잔액(셀 C8)은 1월말 잔액을 참조하면 되고, 3월초 잔액은 2월말 잔액을 참조하는 식으로 서로 상대적 위치를 이용하여 참조되므로 복사된 수식 =$C$1을 *=B18*이라고 수정해야 한다. 2월의 급여(셀 C10)는 전 월과 같으므로 1월의 급여(셀 B10)를 참조하면 된다. 따라서 복사된 수식 =$C$2는 *=B10*으로 수정해야 한다. 2월의 공제액은 급여가 변하지 않았기 때문에 1월과 같다. 그러나 이 수식을 이후 3월부터 6월까지 복사해서 사용할 것을 고려하면 4월에 급여가 인상될 경우에도 자동으로 정확하게 산출될 수 있게 작성해야 한다. 그래서 공제액은 항상 *당월 급여액×공제비율*로 산출하는 것이 더 좋다. 따라서 셀 C11에 복사된 수식은 그대로 *=C10*$C$6*로 수정하지 않는다. 순지급액(셀 C12)은 급여에서 공제액을 빼는 관계이므로 역시 복사된 그대로 *=C10-C11*로 수정하지 않는다.

2월의 비용은 각 항목 모두 매월 0.5%(셀 C4)씩 인플레이션이 된다고 가정했으므로 전월의 비용보다 0.5%씩 증가하는 수식을 작성하면 된다. 따라서 셀 C14에 입력할 수식은 *=B14*(1+$C$4)*라고 새로 수정한다. 셀 C15와 셀 C16에는 셀 C14에 입력한 수식을 복사하여 사용한다. 나머지 항목은 복사된 그대로 둔다.

이제 1월, 2월의 예산계획 수식이 완성되었다. 이제는 범위 C8:C18을 마우스로 선택하여 3월부터 6월까지 복사해 사용한다. 다만 한 가지, 급여가 4월에는 인상된다는 것만 아직 반영되지 않았다.

4월의 급여가 산출될 셀 E10에 복사된 수식은 3월의 급여를 참조하는 수식 *=D10*이다. 그런데 이 급여액에서 5%가 인상될 것이므로 셀 E10의 수식은 *=D10*(1+$C$5)*와 같이 수정하면 된다. 이것으로 예산계획은 완성되었다.

열 H에 행별 합계를 산출하는 것은 SUM 함수를 이용하면 된다. 셀 H8에 입력할 수식은 *=SUM(B8:G8)*이라고 하면 되고, 나머지 셀에는 이 수식을 복사하면 된다. 중간에 데이터가 없는 행(9행과 13행)은 복사한 후에 수식을 지우면 간단하다. 이 체크 열은 앞에서도 설명하였지만 워크시트를 완성하면서 여러 수식들 중에서 어떤 부분이 틀렸을 때 어디가 틀렸는지 그 범위를 좁혀서 찾기 쉽게 하기 위한 것이다. 가령 "집세"의 합계 부분(셀 H14)이 예상했던 값과 다르게 산출되었고 그 전까지는 제대로 산출되고 있다면 그 행에서 오류가 나왔을 가능성이 크다고 확신할 수 있는 것이다.

그림 6-5 예제 16 (예산계획 수립 1) 결과

	A	B	C	D	E	F	G	H
1	1월초 예금 잔액		500	만 원				
2	급여		300	만 원				
3	각종 비율					1월 비용		
4	예상 월인상율		0.5%	(2월부터 매달 오름)		집세	105	만 원
5	급여 인상율		5.0%	(4월에 인상)		생활비	170	만 원
6	급여 총공제액 비율		15.0%			공과금	20	만 원
7	월	1	2	3	4	5	6	합계
8	월초 잔액	500	460	419	376	344	311	2,409
9	수입							
10	급여	300	300	300	315	315	315	1,845
11	공제액	45	45	45	47	47	47	277
12	순지급액	255	255	255	268	268	268	1,568
13	비용							
14	집세	105	106	106	107	107	108	638
15	생활비	170	171	172	173	173	174	1,033
16	공과금	20	20	20	20	20	21	122
17	비용 합계	295	296	298	299	301	302	1,792
18	월말 잔액	460	419	376	344	311	276	2,185

예제 16의 과제는 지금까지 다뤘던 예제들과 다른 점이 한 가지 더 있다. 그것은 워크시트에 나오는 표를 보기 좋게 만들기 위해서 머리글이나 수입, 비용, 데이터베이스 등을 구분하는 서식인 테누리가 사용되있다. 원래 서식은 워크시트가 완성된 다음에 입히는 것이 좋은 방법이지만, 이 예제에서는 설명을 위해서 처음부터 서식을 사용하였다. 문제는 서식을 미리 사용해 놓으면 수식이 입력된 셀을 복사할 때 서식도 함께 복사된다는 점이다. 모든 셀에 테두리가 있으면 별 문제가 아니지만, 예제 16에서처럼 구역별로 테두리가 있는 경우나, 셀에 배경색이 있는 경우에는 수식을 복사할 때 한 번 더 고려할 것이 있다. 그것은 복사할 때 서식까지 복사가 된다면 표가 더 보기 이렵게 엉망이 될 수도 있기 때문이다.

그렇다면 복사할 때 서식은 빼고 복사하는 방법도 있지 않을까? 그렇다. 수식을 복사하게 되면 복사된 범위의 우측 아래쪽에 삭은 옵션 선택 단추가 나타나서 사용자들의 선택을 기다린다. 이 단추를 클릭하면 일반적인 "셀 복사", "서식만 채우기" 등을 선택할 수 있다. 테두리가 있는 경우 "서식 없이 채우기"를 선택하면 테두리나 셀 배경색 등 서식은 빼고 수식 내용만 복사가 된다. 옆의 그림은 이 옵션 선택 단추의 예이다.

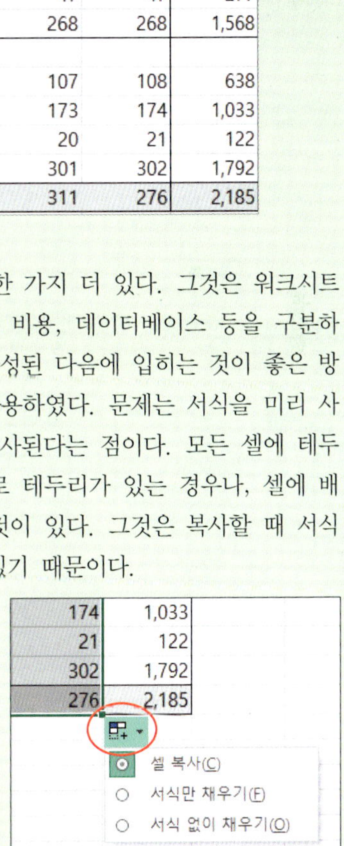

학습 가이드라인 2

- 지금까지 **제1부 핵심 단계**에서는 엑셀의 원리와 핵심적 기능에 대하여 살펴보았다. 제2부에서는 본격적으로 현실에서 부딪히는 다양한 문제에 엑셀을 활용하는 실무적 방법에 초점을 맞추고 기술하였다.
- 엑셀의 기능 중 가장 활용도가 높은 두 가지 함수(IF 함수와 VLOOKUP 함수)를 다루면서, 그 특성과 다양한 활용 방식에 대한 예를 제시하였다. 특히 이 함수들은 사람의 개입이 없이도 스스로 판단해서 업무를 선택하여 실행할 수 있는 인공지능과 같은 기능을 발휘할 수도 있기 때문에 이와 같은 함수를 업무에 활용할 수 있어야 비로소 컴퓨터를 자신의 업무에 제대로 활용할 수 있는 것이다.
- 간단히 언급하면, IF 함수는 두 가지 선택을 제시하고 상황(또는 조건)에 따라서 자동으로 판단하여 둘 중 하나를 선택해서 실행하도록 하는 기능을 제공한다. 그리고 VLOOKUP 함수는 여러 가지 선택 중에서 자동으로 하나를 선택해서 실행하도록 하는 기능, 즉 발전된 IF 함수의 기능을 제공한다.
- 또한 제2부에서는 제1부 핵심 단계에서 미처 언급하지 못했던 엑셀의 풍부한 기능들이 어떤 상황에 어떻게 활용될 수 있는지에 대해서 다양한 예제를 통해서 설명할 것이다.
- 그리고 실제로 업무를 위한 엑셀 워크시트를 다루면서 키보드로 일일이 입력하지 않고 간단히 마우스 클릭만으로도 데이터 입력이나 수정, 처리 등을 할 수 있는 기능인 양식 컨트롤(Form Controls) 도구를 사용하는 방법에 대한 내용이 이어진다. 이 내용은 일단 제2부에서는 기본적인 내용을 우선적으로 다루고, 이어서 제3부에서는 양식 컨트롤 도구를 다양하게 활용하는 방법에 대해서 다룰 것이다.

Part 02

활용 단계

■ **제2부 활용 단계**에서 반드시 이해해야 할 내용은, 인공 지능이라 할 수 있는 **IF 함수**에 대한 완벽한 이해와 IF 함수의 발전된 형태인 **VLOOKUP 함수**의 활용 방법이다. 특히 VLOOKUP 함수를 활용하고자 할 때, 인수를 잘 이해하고 사용해야 하는데, 특히 **찾을_값**에 대한 이해와 **참조표**의 설정에 대한 것이 중요하다.

염건교수의 엑셀강의

Chapter 07

엑셀에 지능을 부여하는 IF 함수

1. IF 함수 이해
2. 중첩 IF 함수
3. IF 함수의 실무 활용 예제
4. 기타 함수 활용 :
   정수 함수, 반올림 함수, SUMIF 함수 등

1 IF 함수 이해

IF 함수는 엑셀이 스스로 판단하여 일을 처리할 수 있도록 인공지능을 부여하는 중요한 역할을 한다. 이 IF 함수의 덕으로 매번 상황에 따라서 명령을 골라서 사용하지 않고 **엑셀이 자동적으로 선택하게** 할 수 있는 것이다. 엑셀에서 활용 가능한 다양한 함수들이 있지만 그 중에서도 가장 활용도가 높은 것이라 할 수 있다.

IF 함수의 구문은 아주 간단한데, 세 가지의 인수를 사용한다. 첫째는 논리 판단을 할 수 있는 조건식이고, 둘째는 조건식의 논리값이 참(TRUE)인 경우에 반환할 값, 셋째는 조건식의 논리값이 거짓(FALSE)일 때 반환할 값이다.

IF 함수의 구문 : **IF(조건식, 참일_때_반환할_값, 거짓일_때_반환할_값)**

다음과 같은 데이터를 사용하여 IF 함수의 기능을 이해해 보자. 셀 C1에 IF 함수를 넣어 보자. 조건식으로는 셀 A1의 값이 셀 A2의 값보다 큰가를 테스트하고, 참일 때에는 두 셀 값을 더한 값을 반환하고, 거짓일 때는 셀 A1에서 셀 A2를 뺀 값을 반환하는 인수를 넣어 보자. 그럼 입력할 IF 함수식은 ***=IF(A1>A2, A1+A2, A1−A2)***라고 하면 된다. 이 결과 셀 C1에 반환되는 값은 셀 A1의 값(600)이 셀 A2의 값(100)보다 크므로 조건식은 참이 되고, 반환되는 값은 "참일_때_반환할_값"인 ***A1+A2,*** 즉 두 값을 더한 700이 된 것이다.

	A	B	C
1	600	세계	700
2	100	평화	세계평화

하나의 예를 더 생각해 보자. 셀 C2에 또 다른 IF 함수를 넣어 보자. 조건식으로는 셀 B1의 값과 셀 B2의 값이 같은가를 테스트하고, 참일 때에는 셀 A1에서 셀 A2를 뺀 값을 반환하고, 거짓일 때는 두 문자열을 합한 값을 반환하는 인수를 넣어 보자. 그럼 입력할 IF 함수식은 ***=IF(B1=B2, A1−A2, B1&B2)***라고 하면 된다. 이 결과 셀 C2에 반환되는 값은 셀 B1의 값(세계)이 셀 B2의 값(평화)과 다르므로 조건식은 거짓이 되고, 반환되는 값은 "거짓일_때_반환할_값"인 ***B1&B2,*** 즉 두 문자열을 합한 "세계평화"가 된 것이다.

아포리즘 10 문자열을 연결하는 "앰퍼샌드(&) 연산자"

문자열 데이터를 연결하여 하나의 문자열로 만드는 작업은 종종 필요하다. 본문 IF 함수의 예에서 *B1&B2*라고 하면 셀 B1에 들어 있는 문자열("세계")과 셀 B2에 들어 있는 문자열("평화")을 연결하여 "세계평화"라는 문자열을 반환한다. 문자열 사이에 빈 칸이 들어가게 하려면 *B1&" "&B2* 처럼 중간에 삽입할 빈 칸을 원하는 개수만큼 따옴표로 싼 문자열(" ")을 역시 앰퍼샌드(&) 연산자로 연결하면 된다. 그래서 *B1&" "&B2*와 같이 사용하면 문자열 "세계 평화"가 반환된다.

숫자 데이터도 앰퍼샌드(&) 연산자를 사용하여 연결하면 숫자를 문자열로 바꾸어 연결된다. 이와 같이 여러 문자열을 연결하는 경우에는 앰퍼샌드(&) 연산자를 연결할 문자열 사이사이에 사용하면 된다.

예제 17 전형적인 IF 함수 활용 예

목표량과 달성량을 비교하여 목표 달성 여부를 자동으로 판단하게 해 보자. B열에는 목표량이, C열에는 달성량이 기록되어 있다. D열에는 목표 달성 여부를 기록하려고 한다. 달성량이 목표량을 초과한 경우에는 문자열 "초과"를 입력하고, 그렇지 않은 경우에는 문자열 "미달"이라고 기록하라.

	A	B	C	D
1	월별	목표량	달성량	평가구분
2	1	6,000	5,900	미달
3	2	4,500	5,500	
4	3	4,000	3,000	
5	4	5,000	5,000	
6	5	3,200	3,300	

키워드 : IF 함수

| 풀이 |

엑셀이 스스로 목표량과 달성량을 비교하여 판단하는 작업을 하려면 셀 D2에 IF 함수를 사용해야 한다. 이때 조건식으로는 목표량(B열)보다 달성량(C열)이 큰가를 물으면 되겠다. 그리고 이 조건식 값이 참이면 문자열 "초과"를 반환하고, 그렇지 않으면 문자열 "미달"을 반환하면 된다. 따라서 셀 D2에 입력할 수식은 *=IF(B2<C2, "초과", "미달")*이다. 나머지 범위 D3:D6에는 이 수식을 복사하면 워크시트가 완성된다.

그림 7-1 예제 17 (전형적인 IF 함수 활용 예) 결과

	A	B	C	D
1	월별	목표량	달성량	평가구분
2	1	6,000	5,900	미달
3	2	4,500	5,500	초과
4	3	4,000	3,000	미달
5	4	5,000	5,000	미달
6	5	3,200	3,300	초과

예제 18 논리 함수와 IF 함수 활용

다음과 같이 세 과목에 대한 졸업시험 결과가 있다. 세 과목 모두 60점 이상을 맞아야 합격(Pass)이다. 세 과목의 점수에 따라서 F열에 Pass/Non-Pass 여부를 판단하여 문자열 "P" 또는 "NP"를 기록하라. **키워드 : IF 함수, AND 함수, OR 함수**

	A	B	C	D	E	F
1	번호	이름	마케팅	회계학	경영학	P/NP
2	1	김경석	70	80	100	P
3	2	정유경	88	58	52	
4	3	엄정인	78	98	79	
5	4	김가람	75	80	61	
6	5	정주영	66	56	50	

| 풀이 |

엑셀이 스스로 합격, 불합격 여부를 판단하도록 하기 위해서는 셀 F2에 IF 함수를 사용해야 한다. 이때 조건식으로는 세 과목이 모두 60점 이상이 되어야 합격이므로 AND 연산자를 사용해서 각 과목의 점수가 60점 이상인가를 물으면 되겠다.

이 조건식만 먼저 언급하면 *AND(C2>=60, D2>=60, E2>=60)*이라고 해야 한다. 세 과목 점수가 모두 60점 이상인가를 부등호 한 번만 사용해서 표시할 수는 없다. 그리고 AND 연산자의 특성상 모두 60점 이상이어야 참이므로 그때 반환할 값은 문자열 "P"로 설정하고, 그렇지 않으면 문자열 "NP"로 설정하면 된다. 따라서 셀 F2에 입력할 수식은 *=IF(AND(C2>=60, D2>=60, E2>=60), "P", "NP")*이다. 이와 같이 함수 안에 또 함수를 사용할 때 주의해야 할 점은 수식 속에서 여는 괄호 "("의 개수와 닫는 괄호 ")"의 개수가 항상 같아야 한다는 점이다. 여기서는 모두 두 개씩 사용되었다. 범위 F3:F6에는 이 수식을 복사해서 사용하면 된다.

물론 AND 연산자 대신 OR 연산자를 사용할 수도 있다. 조건식에 OR 연산자를 사용하는 경우에는 각 과목에 대해서 60점 미만인가를 묻고, 어느 한 과목이라도 60점 미만이면 OR 연산자의 특성상 참이므로 그때 반환할 값은 문자열 "NP"로 설정하고, 그렇지 않으면 세 과목이 모두 60점 이상이라는 것이니까 문자열 "P"로 설정하면 된다. 따라서 셀 F2에 입력할 수식은 *=IF(OR(C2<60, D2<60, E2<60), "NP", "P")*이다. 조건식으로 AND 연산자를 사용할 때는 참인 경우가 합격이고, 조건식으로 OR 연산자를 사용할 때는 참인 경우가 불합격인 점을 주의해야 한다.

그림 7-2 예제 18(논리 함수와 IF 함수 활용) 결과

	A	B	C	D	E	F
1	번호	이름	마케팅	회계학	경영학	P/NP
2	1	김경석	70	80	100	P
3	2	정유경	88	58	52	NP
4	3	엄정인	78	98	79	P
5	4	김가람	75	80	61	P
6	5	정주영	66	56	50	NP

예제 19 IF 함수 활용

직위에 따라 차등으로 인센티브를 지급하려고 한다. 직위에 따른 인센티브 비율은 팀장은 기본급의 10%, 사원은 기본급의 15%로 정했다. D열에 지급할 인센티브를 산출하라. 단 인센티브 지급 비율은 범위 D2:D3의 데이터를 사용하라. **키워드 : IF 함수**

	A	B	C	D
1			직위	지급 비율
2			팀장	10%
3			사원	15%
4	성명	직위	기본급	인센티브
5	설미영	팀장	1,200,000	120,000
6	유상석	팀장	900,000	
7	최이현	사원	1,100,000	
8	지윤희	팀장	620,000	
9	강진원	사원	780,000	
10	김천수	사원	1,000,000	

| 풀이 |

역시 직위에 따라 엑셀 스스로 인센티브 비율을 선택하도록 하려면 IF 함수를 사용해야 한다. 셀 D5에 작성할 IF 함수는 조건식으로 직위(셀 B5)가 "팀장"인가를 묻고, 참인 경우라면 팀장의 지급비율인 셀 D2의 값을 가져다 기본급(셀 C5)에 곱해서 인센티브를 반환하고, 아니라면 사원의 지급비율인 셀 D3의 값을 가져다 기본급에 곱해서 인센티브를 반환하면 된다.

직위가 "팀장"인가를 묻는 조건식은 직위는 셀 B5에 입력되어 있으므로 *B5="팀장"* 이라고 하면 된다. 이때 셀 B5와 셀 C5(기본급)는 상대참조를 사용해야 이 수식을 아래로 복사해서 활용할 때 상대적 위치에 따라 차례로 다음 직원의 직위인 B6, B7, …, B10과 비교하고, 각자의 기본급인 C6, C7, …, C10을 사용해서 인센티브를 정확하게 산출하게 될 것이다. 그리고 지급비율은 항상 데이터베이스와 같은 셀 D2 또는 D3에 있으므로 이 값을 참조하기 위해서는 절대참조를 사용해야 한다는 것을 잊지 말아야 한다. 따라서 셀 D5에 작성할 수식은 *=IF(B5="팀장", C5*$D$2, C5*$D$3)*가 된다. 나머지 범위 D6:D10에는 이 수식을 복사해서 사용하면 된다.

그림 7-3 예제 19 (IF 함수 활용) 결과

	A	B	C	D
1			직위	지급 비율
2			팀장	10%
3			사원	15%
4	성명	직위	기본급	인센티브
5	설미영	팀장	1,200,000	120,000
6	유상석	팀장	900,000	90,000
7	최이현	사원	1,100,000	165,000
8	지윤희	팀장	620,000	62,000
9	강진원	사원	780,000	117,000
10	김천수	사원	1,000,000	150,000

2 중첩 IF 함수

IF 함수는 엑셀이 스스로 판단해서 작업을 하게 하므로 굉장히 유용한 기능이다. 그런데 조건식에 따라 참과 거짓의 둘 중의 하나를 선택하기 때문에 경우의 수가 세 가지 이상이 되면 한 번에 고르게 할 수는 없다. 그러나 엑셀 함수에서는 인수로 함수를 사용하는 것이 가능하다. 그래서 IF 함수 속에 또 IF 함수를 중첩해서 사용한다면 세 가지 이상이 되는 선택의 상황이더라도 얼마든지 IF 함수를 활용할 수가 있는 것이다. 오직 수식이 길어지는 단점이 있을 뿐이다. 다음의 예제를 통해서 이러한 내용을 이해해 보기로 하자.

예제 20 중첩 IF 함수 1

점수별로 A, B, C 세 가지 성적을 부여하려고 한다. 점수가 90 이상이면 A, 90 미만 80 이상이면 B, 80 미만이면 C를 부여한다. A열에는 점수가 기록되어 있다. B열에 성적을 산출하라.

키워드 : IF 함수

	A	B
1	점수	성적
2	91	A
3	89	
4	65	
5	82	
6	76	
7	99	

| 풀이 |

셀 B2에 IF 함수를 사용하되 일단 조건식으로 점수가 90 이상인가를 묻고, 참이면 문자열 "A"를 반환하고, 거짓일 경우(90 미만인 경우) 성적이 B와 C가 있을 수 있으므로 여기에 IF 함수를 하나 더 사용하면 된다. 이 부분은 "거짓일_때_반환할_값"을 지정하는 부분인데, 여기에 IF 함수를 또 사용한다는 것이다.

즉 이 두 번째 IF 함수의 조건식은 "점수가 80 이상인가"를 물어서 참이면 문자열 "B"를 반환하면 되고, 거짓이면 문자열 "C"를 반환하면 된다. 주의할 점은, 이 조건식에서 90 미만인가는 더 이상 물을 필요가 없다. 그 이유는 이미 앞의 조건식에서 90 이상이 아니라서 이쪽으로 넘어온 것이기 때문이다.

따라서 셀 B2에 입력할 수식은 *=IF(A2>=90, "A", IF(A2>=80, "B", "C"))*이다. 중첩 IF 함수 구문에서는 왼쪽 괄호의 개수와 오른쪽 괄호의 개수가 잘 맞는지 확인하는 것이 중요하다. 나머지 범위 B3:B7에는 이 수식을 복사해서 활용하면 된다.

그림 7-4 예제 20 (중첩 IF 함수 1) 결과

	A	B
1	점수	성적
2	91	A
3	89	B
4	65	C
5	82	B
6	76	C
7	99	A

예제 21 중첩 IF 함수 2

이번 예제는 예제 20에서 다룬 자료를 한 단계 더 복잡한 상황으로 만든 것이다. 이번에는 점수별로 A, B, C, D 네 가지 성적을 부여하려고 한다. 점수가 90 이상이면 A, 90 미만 80 이상이면 B, 80 미만 70 이상이면 C, 70 미만이면 D를 부여한다. A열에는 점수가 기록되어 있다. B열에 성적을 산출하라. **키워드 : IF 함수**

	A	B
1	점수	성적
2	91	A
3	89	
4	65	
5	82	
6	76	
7	99	

| 풀이 |

예제 20과 유사하지만 이번에는 네 가지 상황을 구분해야 하므로, IF 함수를 세 번 중첩해서 사용하면 된다. 셀 B2에 IF 함수를 사용하되 일단 조건식으로 점수가 90 이상인가를 묻고, 참이면 문자열 "A"를 반환하고, 거짓일 경우(90 미만인 경우) 성적이 B, C, D가 있을 수 있으므로 일단 IF 함수를 하나 더 사용한다. 이 부분에서 사용할 조건식은 80 이상인가를 물으면 된다.

점수가 80 이상이라면 문자열 "B"를 반환하고, 거짓이면 성적이 C 또는 D이므로 IF 함수를 또 하나 사용한다. 여기서 사용할 조건식은 70 이상인가를 물어서 참이면 문자열 "C"를 반환하고, 거짓이면 문자열 "D"를 반환하면 된다.

따라서 셀 B2에 입력할 수식은 *=IF(A2>=90, "A", IF(A2>=80, "B", IF(A2>=70, "C", "D")))*이다. 이 중첩 IF 함수 구문에서는 왼쪽 괄호의 개수와 오른쪽 괄호의 개수가 세 개씩이어야 한다. 나머지 범위 B3:B7에는 이 수식을 복사해서 활용하면 된다.

그림 7-5 예제 21 (중첩 IF 함수 2) 결과

	A	B
1	점수	성적
2	91	A
3	89	B
4	65	D
5	82	B
6	76	C
7	99	A

예제 22 중첩 IF 함수 3

예제 19 에서 다룬 내용인데 약간 복잡성을 더해 본 것이다. 예제 19 에서는 직위가 "팀장"과 "사원"의 두 가지였으나, 여기에 한 가지를 더하여 이번에는 "부장", "팀장", "사원"의 세 가지 직위가 존재하는 경우다. 직위에 따른 인센티브 지급비율은 워크시트에 나와 있다. 역시 D열에 각 직원별 인센티브를 산출하는 문제다. **키워드 : IF 함수**

	A	B	C	D
1			직위	지급 비율
2			부장	5%
3			팀장	10%
4			사원	15%
5	성명	직위	기본급	인센티브
6	설미영	부장	1,200,000	60,000
7	유상석	팀장	900,000	
8	최이현	부장	1,100,000	
9	지윤희	팀장	620,000	
10	강진원	사원	780,000	
11	김천수	사원	1,000,000	

| 풀이 |

세 가지 직위를 구분해야 하므로 중첩된 IF 함수를 사용해야 한다. 셀 D6에 작성할 IF 함수는 조건식으로 직위(셀 B6)가 "부장"인가를 묻고, 참인 경우라면 부장의 지급비율인 셀 D2의 값을 가져다 기본급(셀 C6)에 곱해서 인센티브를 반환하고, 아니라면 다시 직위가 "팀장"인지 "사원"인지를 묻는 IF 함수가 한 번 더 사용되어야 한다.

그 두 번째 IF 함수 부분에서는 직위가 "팀장"인가를 묻고, 참인 경우라면 팀장의 지급비율인 셀 D3의 값을 가져다 기본급에 곱해서 인센티브를 반환하고, 아니면 "사원"의 지급비율인 셀 D4의 값을 가져다 기본급에 곱해서 인센티브를 반환하면 된다.

따라서 셀 D6에 작성할 수식은 ***=IF(B6="부장", C6*$D$2, IF(B6="팀장", C6*$D$3, C6*$D$4))***가 된다. 나머지 범위 D7:D11에는 이 수식을 복사해서 사용하면 된다.

그림 7-6 예제 22(중첩 IF 함수 3) 결과

	A	B	C	D
1			직위	지급 비율
2			부장	5%
3			팀장	10%
4			사원	15%
5	성명	직위	기본급	인센티브
6	설미영	부장	1,200,000	60,000
7	유상석	팀장	900,000	90,000
8	최이현	부장	1,100,000	55,000
9	지윤희	팀장	620,000	62,000
10	강진원	사원	780,000	117,000
11	김천수	사원	1,000,000	150,000

예제 23 중첩 IF 함수 4

이번 예제는 예제 22에 논리 함수를 사용해야 하는 상황을 덧붙여서 조금 더 복잡한 상황으로 만든 것이다. 이제는 직위가 총 다섯 가지다. 임원과 부장의 경우에는 인센티브 지급이 없고, 팀장과 과장인 경우에는 기본급의 10%, 그리고 사원은 기본급의 15%를 지급하는 것으로 하자. D열에 각 직원별 인센티브를 산출해 보라. **키워드 : IF 함수, OR 함수**

	A	B	C	D
1			직위	지급 비율
2			임원/부장	0%
3			팀장/과장	10%
4			사원	15%
5	성명	직위	기본급	인센티브
6	설미영	임원	1,200,000	0
7	유상석	팀장	900,000	
8	최이현	부장	1,100,000	
9	지윤희	과장	620,000	
10	강진원	사원	780,000	
11	김천수	사원	1,000,000	

| 풀이 |

인센티브 지급 비율이 세 가지가 되므로 중첩된 IF 함수를 사용해야 한다. 그리고 직위가 "임원"이나 "부장"인 경우를 묻는 조건식은 OR 논리 함수를 사용하면 된다. 이 경우에는 *OR(B6="임원", B6="부장")*이라고 물으면 된다. 마찬가지로 직위가 "팀장"이나 "과장" 인가를 묻는 조건식은 *OR(B6="팀장", B6="과장")*이라고 하면 된다. 나머지는 예제 22와 같다.

제5장 5절 참고

셀 D6에 작성할 IF 함수는 조건식으로 직위(셀 B6)가 "임원" 또는 "부장"인가를 묻고,

참인 경우라면 "임원/부장"의 인센티브 비율인 셀 D2의 값을 가져다 기본급(셀 C6)에 곱해서 인센티브를 반환하고, 아니라면 직위가 "사원"인가를 묻는 IF 함수가 한 번 더 사용되어야 한다. 그 IF 함수 부분의 조건식으로 직위가 "사원"인가를 묻고, 참인 경우라면 사원의 지급비율인 셀 D4의 값을 가져다 기본급에 곱해서 인센티브를 반환하고, 아니면 "팀장" 또는 "과장"일 것이므로 "팀장/과장"의 지급비율인 셀 D3의 값을 가져다 기본급에 곱해서 인센티브를 반환하면 된다.

이때 묻는 순서가 바뀐 것 같은 생각이 들지도 모른다. "사원"인가를 묻지 않고 앞에서의 조건식 *OR(B6="팀장", B6="과장")*으로 직위가 "팀장" 또는 "과장"인가를 물어서, 참인 경우라면 팀장/과장의 지급비율인 셀 D3의 값을 가져다 기본급에 곱해서 인센티브를 반환하고, 아니면 "사원"의 지급비율인 셀 D4의 값을 가져다 기본급에 곱해서 인센티브를 반환해도 똑같은 결과가 나오지만, 이렇게 묻는다면 앞에서 언급한 수식보다 OR 연산자를 한 번 더 사용하기 때문에 조금 더 수식이 길어진다. 그래서 살짝 순서를 바꿔서 묻는 것이 더 좋은 방법이라고 할 수 있다.

따라서 셀 D6에 작성할 수식은 *=IF(OR(B6="임원", B6="부장"), C6*$D$2, IF(B6="사원", C6*$D$4, C6*$D$3))*가 된다. 나머지 범위 D7:D11에는 이 수식을 복사해서 사용하면 된다.

그림 7-7 예제 23(중첩 IF 함수 4) 결과

	A	B	C	D
1			직위	지급 비율
2			임원/부장	0%
3			팀장/과장	10%
4			사원	15%
5	성명	직위	기본급	인센티브
6	설미영	임원	1,200,000	0
7	유상석	팀장	900,000	90,000
8	최이현	부장	1,100,000	0
9	지윤희	과장	620,000	62,000
10	강진원	사원	780,000	117,000
11	김천수	사원	1,000,000	150,000

위 예제 23에서 직위가 "임원"이나 "부장"인가를 따지는 논리식은 *OR(B6="임원", B6="부장")*이라고 사용하였다. 직관적으로 보면 셀 주소 B6를 한 번만 사용해서 *OR(B6="임원", "부장")*이라고 하면 좋을 것 같은데, 엑셀은 이와 같은 표현을 이해하지 못한다. 중복되는 것 같아도 셀 주소 B6를 조건을 따질 때마다 사용해야만 한다.

아포리즘 11 어떤 방식이 "더 좋은 방식"일까?

예제 23의 풀이 과정을 보면, 직위가 "임원" 또는 "부장"인 경우에 인센티브를 지급하지 않는다고 했는데, 우리가 최종적으로 사용한 셀 D6의 수식을 보면 그냥 간단히 "0"이라고 입력하지 않고, *C6*$D$2*라고 사용했다. 여기서 셀 D2의 데이터 값은 0이므로 결과적으로 이 수식도 0으로 계산된다.

어떤 방법이 **더 좋은 방식**일까? 이 둘은 무슨 차이일까? "0"을 입력하는 방식은 상수를 사용한다는 것이고 셀 참조를 활용한 수식을 입력하는 방식은 데이터가 바뀌는 경우를 고려한 것이다. 따라서 임원의 인센티브 비율이 상황에 따라서 바뀔 수 있다면 셀 참조를 활용하여 수식을 작성하는 방식이 더 좋은 방식이라고 할 수 있다. 상황이 바뀜에 따라 **일일이 수식을 바꾸지 않아도 되기 때문**이다.

아포리즘 12 VLOOKUP 함수의 필요성

IF 함수는 두 가지 상황을 엑셀 스스로가 판단해서 자동으로 작업을 선택하게 하는 인공지능의 역할을 한다. 그리고 구별해야 하는 상황이 세 가지, 네 가지가 된다 하더라도 IF 함수를 중첩해서 사용하면 얼마든지 가능하다는 것도 살펴봤다.

다만 구별해야 하는 상황이 많아지면 중첩 IF 함수 구문이 너무 길어져서 불편해질 뿐이다. 이런 불편함을 해소하기 위해서 엑셀에서는 VLOOKUP 함수를 고안하였다. 이 함수에 대해서는 제9장에서 자세하게 다룰 것이다.

3 IF 함수의 실무 활용 예제

이 절에서는 활용도가 가장 높은 IF 함수의 다양한 실무적 사례를 단계적으로 살펴보도록 한다.

예제 24 수당지급액 1

판매원별로 각종 수당액을 산출하는 문제이다. 기본급은 모든 판매원에게 일률적으로 지급된다. 판매수당은 판매량 개당 1,000원씩 지급된다. 판매량이 1,000개를 초과하는 경우 특별수당으로 초과한 수량만큼 개당 500원씩 지급된다. 각각의 열에 해당 수당액을 산출하고 마지막 F열에는 전체 지급액 합계를 구하라. 또 마지막 11행에는 각 열별 합계를 산출하라. 키워드 : 상대참조/절대참조, SUM 함수, IF 함수

	A	B	C	D	E	F
1			종류	수당액		
2			기본급	50,000		
3			판매수당	1,000		
4			특별수당	500		
5	판매원	판매량	기본급	판매수당	특별수당	급여
6	김승현	750				
7	박민지	1,500				
8	조아연	1,210				
9	유장우	430				
10	이강철	55				
11	합계	3,945				

| 풀이 |

셀 C6(기본급)에는 데이터베이스에 있는 기본급 5만 원을 절대참조하여 수식 *=$D$2* 라고 입력하면 된다. 셀 D6(판매수당)에는 판매량에 수당액(1,000원/개)을 곱하는 수식 *=B6*$D$3* 라고 입력하면 된다. 이때 이 수식을 아래 다른 판매원에도 복사하여 사용할 것이므로 판매량은 상대참조, 판매수당액은 절대참조 방식으로 해야 한다.

특별수당(셀 E6)은 지급 조건이 있으므로 IF 함수를 사용해야 한다. 조건은 판매량(셀 B6)이 1,000개를 넘는 경우이므로, 조건식은 *B6>1000* 가 되고, 이 논리값이 TRUE이면 초과한 수량(B6−1000)에 대해서 개당 500원씩 지급하므로 수당액은 *(B6−1000)*500* 을 반환하면 되고, FALSE인 경우에는 지급하지 않는다. 따라서 셀 E6에 입력할 수식은 *=IF(B6>1000, (B6−1000)*$D$4, 0)* 이 된다. 셀 F6에는 각종 지급액 합계 함수 *=SUM(C6:E6)* 를 입력한다.

이제 6행에 대해서 완성했으므로 나머지 10행까지는 이 수식들을 모두 마우스로 선택하여 한 번에 아래로 복사하여 사용한다. 11행에 산출할 열별 합계를 위해서 셀 B11에는 수식 *=SUM(B6:B10)* 을 입력하면 되고 나머지 범위 C11:F11에는 이 수식을 복사해서 사용하면 된다.

그림 7-8 예제 24 (수당지급액 1) 결과

	A	B	C	D	E	F
1			종류	수당액		
2			기본급	50,000		
3			판매수당	1,000		
4			특별수당	500		
5	판매원	판매량	기본급	판매수당	특별수당	급여
6	김승현	750	50,000	750,000	0	800,000
7	박민지	1,500	50,000	1,500,000	250,000	1,800,000
8	조아연	1,210	50,000	1,210,000	105,000	1,365,000
9	유장우	430	50,000	430,000	0	480,000
10	이강철	55	50,000	55,000	0	105,000
11	합계	3,945	250,000	3,945,000	355,000	4,550,000

예제 25 예산계획 수립 2

예제 16(제1부 종합 연습문제)에서 다루었던 내용을 조금 발전시킨 것이다. 예제 16에서 다루었던 워크시트를 복사하여 해당 부분만을 수정하여 작업해 보라. 한 해의 상반기 예산계획을 수립하는 문제다. 현재 급여액은 월 300만 원이다. 매월 급여에 대한 공제액 비율은 15%이다. 급여는 4월에 90% 인상될 예정이다. 비용으로 집세(이번에는 집세는 매월 내는 것이 아니고 홀수 달에만 250만 원씩 내는 것으로 수정함)와 생활비 170만 원, 공과금 20만 원이 지출된다고 가정하자. 집세 외의 비용항목은 2월부터 매월 0.5%씩 인플레이션이 예상된다. 현 1월초 통장의 잔액은 500만 원이다. 이제 지난 예제 16과 다른 점은 새 달의 월초 잔액이 항상 500만 원 이상을 유지하도록 한다는 조건(셀 G2)이다. 월초 잔액이 500만 원이 되지 않는 경우에는 은행에서 부족한 금액을 대출받아서 월초 잔액을 500만 원으로 유지하려고 한다. 물론 월말 잔액이 500만 원을 넘고 은행에 대출받은 부채가 있으면 월초 잔액 500만 원을 유지하고 남는 돈으로 부채를 최대한 상환해야 한다. 예제 16처럼 범위 B8:H18에 6월까지 예산계획을 완성해 보라. 또 행 20, 21, 22를 추가하여 대출, 상환, 부채 금액을 기록하도록 만들어라. H열은 일종의 체크(Check) 열로 각각 행별로 합계를 산출해 넣어라. **키워드 : 상대참조/절대참조, SUM 함수, IF 함수, 체크 열 개념**

	A	B	C	D	E	F	G	H	I	J
1	1월초 예금 잔액		500	만 원						
2	급여		300	만 원	품위유지최소비용		500	만 원		
3	각종 비율					1월 비용				
4	예상 월인상율		0.5%	(2월부터 매달 오름)		집세	250	만 원	(홀수 달에만 지출)	
5	급여 인상율		90.0%	(4월에 인상)		생활비	170	만 원		
6	급여 총공제액 비율		15.0%			공과금	20	만 원		
7	월	1	2	3	4	5	6	합계		
8	월초 잔액									
9	수입									
10	급여									
11	공제액									
12	순지급액									
13	비용									
14	집세									
15	생활비									
16	공과금									
17	비용 합계									
18	월말 잔액									
19										
20	대출									
21	상환									
22	부채									

| 풀이 |

앞에서 다뤘던 예제 16의 내용을 참고하면서 이번 예제에서 변화된 부분에 대해서 집중적으로 검토해 보기로 한다.

셀 B8의 월초 잔액은 변화 없이 *=$C$1*이다. 셀 B10의 급여액도 변화 없이 *=$C$2*이다. 셀 B11의 급여 공제액도 변화 없다. 공제액 산출식은 *=B10*$C$6*이다. 셀 B12의 순지급액도 변화 없이 *=B10−B11*이다. 비용 항목 중에서 생활비, 공과금은 예제 16

의 경우와 똑같다. 따라서 셀 B15, B16에 입력할 수식은 *=$G5, =$G6*이다(셀 B15에 수식을 작성하고 셀 B16에는 그 수식을 복사해서 사용하면 좋다).

이 예제에서 새로 고민해야 할 내용은 집세(셀 B14) 부분이다. 집세는 짝수 달은 납부하지 않고, 홀수 달에만 납부(금액은 셀 G4)한다. 따라서 홀수 달인가 아닌가를 조건식으로 묻는 IF 함수가 필요하다. 셀 B7에는 월이 입력되어 있으므로, 이 값을 활용한다. 홀수인지 짝수인지를 구별하는 방법은 제5장 2절에서 언급한 나머지 함수인 MOD 함수를 이용하면 편하다. 즉 월을 2로 나누어 나머지가 0이면 짝수 달, 그렇지 않으면 홀수 달이다. "월을 2로 나눈 나머지가 0인가?"라는 조건식을 수식으로 나타내면 *MOD(B7, 2)=0*이 된다. 따라서 셀 B14에 입력할 수식은 *=IF(MOD(B7, 2)=0, 0, $G$4)*이다. 즉 월을 2로 나눈 나머지가 0이면 집세는 없고, 그렇지 않으면 홀수 달인 셈이므로 250만 원(셀 G4)의 집세를 반환하는 것이다.

그 다음 비용 합계(셀 B17)는 그대로 *=SUM(B14:B16)*이다. 그리고 월말 잔액(셀 B18)도 그대로 *=B8+B12-B17*이다.

이제 이번 예제에서 다뤄야 할 내용은 그 아래에 품위유지를 위한 대출 관련 부분이다. 셀 A20에는 "대출"이라고 입력하고, 셀 A21에는 "상환" 그리고 셀 A22에는 "부채"라고 입력한다. 이제 범위 B20:G20에는 매월 대출받는 금액을 산출하고, 범위 B21:G21에는 매월 상환하는 금액을 그리고 범위 B22:G22에는 그 달 현재 부채액을 산출해야 한다.

먼저 셀 B20에 작성할 대출 관련 수식을 생각해 보자. 대출 여부는 월말 잔액이 500만 원이 넘는가에 달렸다. 즉, 월말 잔액이 500만 원 미만이면 대출을 받고 500만 원 이상이면 대출을 받지 않는다. 따라서 여기서 IF 함수를 사용해야 한다. 조건식은 "월말 잔액(셀 B18)이 500만 원 이상인가"를 물으면 된다. 그리고 TRUE면 대출액은 0이고, FALSE면 500만 원이 되도록 대출을 받아야 하므로 대출액은 500만 원에서 모자라는 금액, 즉 *500-월말 잔액*으로 계산할 수 있다. 따라서 셀 B20에 입력할 수식은 *=IF(B18>=$G$2, 0, $G$2-B18)*이라고 하면 된다. 여기서 500만 원은 데이터베이스에 "품위유지최소비용"이란 이름으로 셀 G2에 입력되어 있으므로 절대참조로 사용해야 한다.

이번에는 셀 B21에 입력할 상환액을 생각해 보자. 이번 달이 첫 달이므로 아직 대출을 받은 것이 없는 상태다. 따라서 이 달의 상환액은 고민할 것도 없이 *0*이다. 그렇지만 2월에는 상환 여부를 따져야 할 것이다. 이 수식에 대해서는 2월의 수식(셀 C21)을 고민할 때 다시 하도록 한다.

셀 B22에 입력할 부채액은 대출받은 금액에서 상환한 금액을 빼면 된다. 따라서 여기에 입력할 수식은 *=B20-B21*이다. 그러나 이 수식도 2월부터는 1월의 부채 잔액을 고려해야 하므로 달라져야 한다. 여기까지 1월에 대한 수식은 완성되었다.

이번에는 2월의 수식에서 무엇이 변해야 하는가 생각해 보자. 첫째, 2월초 잔액(셀 C8)은 1월말 잔액에다 대출받은 금액을 더해주고, 상환한 금액이 있으면 빼주면 된다. 그래서 여기 입력할 수식은 *=B18+B20-B21*이라고 입력하면 된다. [그림 7-9]의 결과를 보면 1월말 잔액은 315만 원이 되었고, 이 금액은 500만 원을 넘지 못하므로 "500-315"를 계산해서 모자라는 돈 185만 원을 대출받게 된다. 그리고 1월말 잔액 315만 원에 대출액 185만 원을 더해서 2월초 잔액은 500만 원이 된 것이다.

둘째, 집세는 1월의 수식을 복사하면 되고, 나머지 비용(생활비, 공과금)은 인플레이션을 고려해서 증가하는 것으로 수식을 수정하면 된다. 예제 16 에서와 마찬가지로 전월의 비용보다 0.5%씩 증가하는 수식으로 각각 *=B15*(1+$C$4)*, *=B16*(1+$C$4)* 로 입력하면 된다.

셋째, 2월의 대출액(셀 C20)은 셀 B20의 수식을 복사하면 된다.

넷째, 이제 2월의 상환액(셀 C21)을 산출하는 수식은 어떻게 만들까? 이해를 위해서 먼저 상환을 해야 할 상황을 생각해 보자. 상환은 월말 잔액이 500만 원이 넘어서 상환할 돈이 있고 또 전월의 부채가 0보다 큰 경우에만 상환을 하게 된다. 그렇지 않으면 상환할 수 없으므로(여유 돈이 없어서 상환을 못하거나 갚을 부채가 없으므로 상환할 필요가 없다) 상환액은 0이다. 이 부분만 먼저 조건식을 고려해 보자. 두 가지 조건을 모두 충족하는 경우에만 상환을 하게 되므로 AND 함수를 사용하여 *AND(월말잔액>500, 전월부채>0)* 이라고 할 수 있다. 이 조건이 TRUE면 상환액을 산출하고, FALSE면 상환액은 0이 된다. 그러면 상환을 하게 되는 경우 상환액은 얼마가 되어야 하는가? 상환할 수 있는 금액은 월말잔액이 500만 원을 초과하는 금액이면 그 여유자금을 다 상환에 쓸 수 있지만, 전월부채가 그 여유자금보다 작다면 전월부채 금액만 상환하면 된다. 또 전월부채가 상환할 수 있는 여유자금보다 훨씬 많다면 여유자금을 모두 상환에 써야 한다. 그렇다면 상환할 금액은 두 금액(여유자금과 전월부채)을 비교하여 더 작은 쪽을 선택하면 된다. 따라서 상환할 금액을 산출하는 수식은 MIN 함수를 사용하여 *MIN(월말잔액-500, 전월부채)* 가 된다. 따라서 셀 C21에 입력할 상환액을 반환하는 수식은 *=IF(AND(월말잔액>500, 전월부채>0), MIN(월말잔액-500, 전월부채), 0)* 라고 입력하면 된다. 여기 텍스트로 쓴 내용을 셀 주소를 참조하여 수정하면 *=IF(AND(C18>$G$2, B22>0), MIN(C18-$G$2, B22), 0)* 이 된다(※ MIN(월말잔액-500, 전월부채) 함수의 결과가 음수가 반환되는 것을 걱정할 필요는 없다. 이미 "월말잔액-500"이나 전월부채가 모두 양수인 경우에만 이 계산을 하기 때문이다).

다섯째, 셀 C22에 입력할 이번 달 부채를 산출하는 수식은 1월에 입력한 수식과는 조금 다르다. 그것은 1월에는 전월의 자료가 없지만, 2월부터는 전월까지의 부채가 있기 때문이다. 따라서 *전월부채+이번 달 대출액-이번 달 상환액* 으로 산출해야 하고 입력할 수식은 *=B22+C20-C21* 이 된다.

이와 같이 수정이 필요한 수식을 만들고, 나머지는 1월의 수식을 복사하면 2월까지의 예산계획이 완성된다. 이제는 범위 C8:C22를 마우스로 선택하고 3월부터 6월까지 복사하면 된다. 다만 한 가지, 급여가 4월에 인상된다는 것만 아직 반영되지 않았다. 4월 급여 인상 부분은 예제 16 과 같다. 따라서 셀 E10의 수식은 *=D10*(1+$C$5)* 와 같이 수정하면 된다. 이것으로 예산계획은 완성되었다.

이 예제에서도 열 H는 행별 합계를 산출하면 되고, 이 행은 전체 워크시트에서 어느 부분이 틀렸는지를 비교적 쉽게 찾기 위해서 작성하는 것이다. 이 체크 열은 워크시트가 완성되고 오류가 없는 것이 확인된 다음에는 삭제해도 상관없다. 여러분들이 이 워크시트를 완성하면서 H열의 값이 [그림 7-9]의 값과 다르게 나왔을 때 그 행만 잘 확인하면 오류를 훨씬 쉽게 찾을 수 있을 것이다.

그림 7-9 예제 25 (예산계획 수립 2) 결과

	A	B	C	D	E	F	G	H	I	J
1	1월초 예금 잔액		500	만 원						
2	급여		300	만 원	품위유지최소비용		500	만 원		
3	각종 비율					1월 비용				
4	예상 월인상율		0.5%	(2월부터 매달 오름)		집세	250	만 원	(홀수 달에만 지출)	
5	급여 인상율		90.0%	(4월에 인상)		생활비	170	만 원		
6	급여 총공제액 비율		15.0%			공과금	20	만 원		
7	월	1	2	3	4	5	6	합계		
8	월초 잔액	500	500	500	500	500	524	3,024		
9	수입									
10	급여	300	300	300	570	570	570	2,610		
11	공제액	45	45	45	86	86	86	392		
12	순지급액	255	255	255	485	485	485	2,219		
13	비용									
14	집세	250	0	250	0	250	0	750		
15	생활비	170	171	172	173	173	174	1,033		
16	공과금	20	20	20	20	20	21	122		
17	비용 합계	440	191	442	193	444	195	1,904		
18	월말 잔액	315	564	313	792	541	814	3,339		
19										
20	대출	185	0	187	0	0	0	372		
21	상환	0	64	0	292	16	0	372		
22	부채	185	121	308	16	0	0	630		

4 기타 함수 활용 : 정수 함수, 반올림 함수, SUMIF 함수 등

이제 IF 함수에 대한 설명을 마치면서 약방의 감초처럼 실제 업무에서 자주 사용되는 몇 가지 함수에 대해 예제와 함께 언급하려고 한다.

(1) 정수 함수 : INT 함수

반올림과는 달리 **무조건 소수점 아래를 버리고 가까운 정수로 내림**하는 함수이다. 아래 사용 예에 있는 것처럼 소수점 아래가 5(절반)를 넘거나 말거나 가까운 정수 8로 내려 반환한다. 인수로 음수가 사용된 경우 직관적인 이해가 약간 어려울 수 있는데, 아래 [그림 7-10]의 수직선을 보면 이해가 쉽다. 즉 인수가 양수인 경우 *INT(8.9)*는 정수로 내림하기 때문에 왼쪽의 정수 8을 반환하게 되는 것이고, 인수가 음수인 경우

INT(-8.9) 도 정수로 내림하기 때문에 왼쪽의 정수 -9를 반환하게 되는 것이다.

그림 7-10 INT 함수의 처리 개념

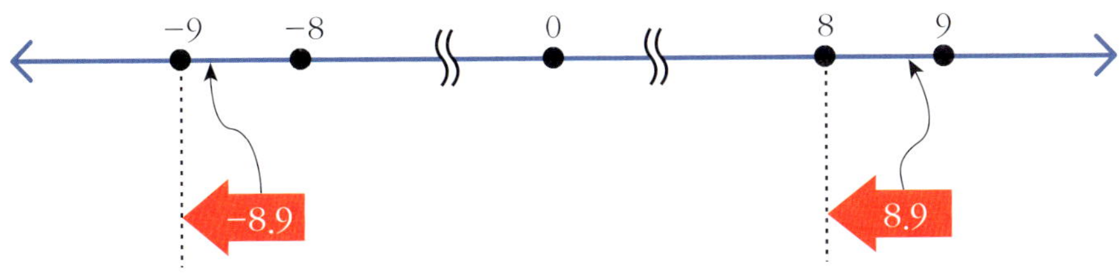

함수이름	설명	사용 예	반환값
INT(숫자)	숫자의 소수점 아래를 버리고 가까운 정수로 내림함	=INT(8.3)	8
		=INT(8.9)	8
		=INT(-8.9)	-9

INT 함수는 어떤 경우에 주로 사용되는가? 가령 정가 382,700원인 상품을 판매할 때 고객 서비스 차원에서 천원 미만을 깎아주기로 했다 하자. 이 경우 상품판매가격은 천원 미만인 700원을 떼어버리고 계산서에 382,000원이라고 산출되어야 한다. 이런 작업을 엑셀에서 하려고 할 때 천원 미만을 깎아주는 경우라면 판매가격 382,700원을 먼저 1,000으로 나눈다. 그리고 그 결과 계산되는 숫자 382.7에 INT 함수를 적용시킨다. 그러면 382.7의 소수부분 0.7을 떼어버리고 정수 382를 반환한다. 그리고 그 정수에 도로 1,000을 곱하면 382,000원이 될 것이다. 이것을 엑셀 수식으로 작성하면 *=INT(382700/1000)*1000* 이라고 하면 되고, 그 결과 382,000(원)이 반환되는 것이다.

또 이번에는 거꾸로 생각해 보자. 숫자 0.15874에서 소수 둘째 자리 미만을 버린 수를 산출해야 하는 경우이다. 이 경우에는 버리지 않고 살려야 하는 부분(소수 둘째 자리)을 고려해서 이 숫자에 100을 먼저 곱한다. 그럼 0.15874는 15.874가 된다. 이 숫자에 INT 함수를 적용시키면 소수부분 0.874가 떨어져 나가고 정수 15가 반환된다. 그리고 이번에는 반대로 이 정수를 도로 100으로 나눠주면 0.15가 되는 것이다. 이것을 엑셀 수식으로 작성하면 *=INT(0.15874*100)/100* 이라고 하면 되고, 그 결과 소수 둘째 자리까지만 표시되는 0.15가 반환되는 것이다.

(2) 반올림 함수 : ROUND 함수

숫자 데이터 값을 지정한 자릿수로 반올림한 수를 반환하는 함수이다. 인수가 두 개인데, 첫 번째 인수는 반올림할 숫자, 두 번째 인수는 반올림할 자릿수를 지정하는 용도다. 두 번째 인수로는 정수를 사용할 수 있는데, 내용은 아래와 같다.

ROUND 함수의 구문 : ROUND(반올림할_숫자, 반올림할_자릿수)

ROUND 함수에서 두 번째 인수의 용법

- 0보다 큰 값이면 지정한 소수 자릿수로 반올림한다.
- 0이면 가장 가까운 정수로 반올림한다.
- 0보다 작으면 소수점 왼쪽에서 반올림한다.

비슷한 함수로 ROUNDDOWN 함수와 ROUNDUP 함수가 있다. ROUNDDOWN 함수는 앞에서 언급한 INT 함수와 같은 용도로 사용할 수 있다.

함수이름	설명	사용 예	반환값
ROUND(숫자, 숫자)	숫자를 두 번째 인수로 지정한 자릿수에서 반올림한 수를 반환	=ROUND(−1.475, 2)	−1.48
		=ROUND(422.5, 0)	423
		=ROUND(27.3, −1)	30
RoundDown(숫자, 숫자)	숫자를 두 번째 인수로 지정한 자릿수에서 내림한 수를 반환	=RoundDown(−1.475, 2)	−1.47
		=RoundDown(422.5, 0)	422
		=RoundDown(27.3, −1)	20
RoundUp(숫자, 숫자)	숫자를 두 번째 인수로 지정한 자릿수에서 올림한 수를 반환	=RoundUp(−1.475, 2)	−1.48
		=RoundUp(422.5, 0)	423
		=RoundUp(27.3, −1)	30

(3) 조건이 있는 합계 함수 : SUMIF 함수

SUMIF 함수는 SUM 함수에 조건을 지정하는 인수를 하나 더 넣어서 조건에 맞는 데이터만 선택하여 합계를 구하는 함수이다.

SUMIF 함수의 구문 : SUMIF(범위, 조건, [합계_범위])

조건을 나타내는 내용은 따옴표(" ")를 사용하여 수식이나 문자열을 넣으면 된다. 열별로 항목이 나열된 데이터 목록에서 사용할 경우에는 세 번째 인수를 사용할 수도 있는데, 세 번째 인수가 없으면 첫 번째 인수가 지정한 범위에서 조건에 맞는 데이터를 선택하여 합계를 구하지만, 이 세 번째 인수로 합계를 구할 특정한 범위(열)를 지정할 수도 있다. 이 경우 조건에 맞는 데이터를 선택할 때는 첫 번째 인수로 지정된 범위(열)에서 고르고 합할 데이터는 같은 행의 세 번째 인수에서 지정한 범위(열)의 셀 값을 합하는 것이다.

아래의 예제를 통해서 SUMIF 함수의 용법을 자세히 알아보기로 하자. 아래 표는 SUMIF 함수의 기능과 사용 예를 정리한 것이다. 데이터는 [그림 7-11]의 워크시트를 사용하였다. 마지막 열 "반환값"의 내용은 "사용 예"와 같이 입력한 SUMIF 함수의 반환값을 의미한다.

함수이름	설명	사용 예	반환값
SUMIF(범위, 조건, [합계 범위])	지정한 조건에 맞는 데이터를 선택하여 합계를 반환	=SUMIF(C2:C7, ">=200")	900
		=SUMIF(B2:B7, B5, C2:C7)	140
		=SUMIF(A2:A7, A2, C2:C7)	360

그림 7-11 SUMIF 함수 설명을 위한 데이터

	A	B	C
1	품목	납품회사	매출액
2	Wool	㈜아이언	100
3	Cotton	화성테크	400
4	Cotton	㈜아이언	300
5	Wool	한신정밀	60
6	Wool	화성테크	200
7	Cotton	한신정밀	80

위 표의 두 번째 사용 예로 정리한 SUMIF 함수식 ***=SUMIF(B2:B7, B5, C2:C7)***의 처리 과정을 생각해 보자. 첫 번째 인수의 범위는 B열이다. 여기서 조건으로 셀 B5(한신정밀)를 지정하였다. 따라서 B열에서 납품회사의 이름이 "한신정밀"인 데이터를 찾아서 합계를 구한다는 것이다. 그런데, 합산할 수치 데이터가 없다. 이런 경우 세 번째 인수가 필요한 것이다. 여기서는 C열(C2:C7)을 합산할 열로 지정하였다. 따라서 이 SUMIF 함수식은 B열(납품회사)에서 "한신정밀"사를 찾아서 C열의 매출액을 모두 합산

한 결과를 반환하라는 의미인 것이다. 여기서는 납품회사가 "한신정밀"인 경우, 매출액이 60과 80인 두 건이 있으므로 결과는 140이 반환된 것이다.

예제 26 **SUMIF 함수**

[그림 7-11]의 데이터를 이용하여 몇 가지 조건을 충족하는 데이터의 합계를 산출해 보자. **키워드 : SUMIF 함수**

① 매출액이 100 미만인 경우만 합계를 산출해 보라.
② "㈜아이언"에서 납품한 매출액만 합계를 산출해 보라.
③ "Cotton" 품목의 매출액만 합계를 산출해 보라.

| 풀이 |

① 매출액이 100 미만인 조건은 "<100"과 같이 나타낼 수 있다. 그리고 매출액은 C열에 입력되어 있다. 따라서 이를 산출하기 위한 수식은 *=SUMIF(C2:C7, "<100")*라고 하면 된다. 반환되는 값은 140.

② 납품회사 이름(B열)이 "㈜아이언"인 회사를 선택해서 매출액을 합산해야 하므로 조건이 적용되어야 할 열과 합산을 할 데이터가 다르다. 따라서 합계열을 세 번째 인수로 지정해야 한다. 따라서 이를 위한 수식은 *=SUMIF(B2:B7, "㈜아이언", C2:C7)*라고 해야 한다. 이때 조건으로 지정한 문자열 "㈜아이언"은 셀 참조로 가령 셀 B2(㈜아이언)에 문자열이 들어 있으므로 그것을 이용해서 수식을 *=SUMIF(B2:B7, B2, C2:C7)*라고 할 수도 있다. 반환되는 값은 400.

③ 품목(A열)이 "Cotton"인 경우만 선별해서 매출액의 합계를 구하는 것이다. 역시 조건이 적용되는 열(A열)과 합계를 구할 열(C열)이 다르므로 세 번째 인수가 필요하다. 따라서 이 경우 수식은 *=SUMIF(A2:A7, "Cotton", C2:C7)* 또는 *=SUMIF(A2:A7, A3, C2:C7)*라고 하면 된다. 반환되는 값은 780.

(4) 날짜 관련 함수

날짜와 관련된 함수로 YEAR 함수, MONTH 함수, DAY 함수, WEEKDAY 함수 등이 있다. 인수로는 일련번호를 지정하면 된다. 일련번호로 표시된 날짜 데이터를 읽고 연(YEAR), 월(MONTH), 일(DAY) 등을 반환해 주는 함수이다. 가령 MONTH ("2016/04/17")이라고 사용하면 4라고 월 숫자를 반환해 준다. 물론 YEAR ("2016/04/17")이라고 사용하면 2016의 숫자를 반환한다. 이때 DAY(42477)이라고 하면 17이라는 일자 숫자를 반환한다. 42477은 "2016년 4월 17일"을 일련번호로 변환한 수치다.

제5장 3절 날짜 함수 참고

WEEKDAY 함수는 인수로 날짜 데이터(또는 일련번호)를 입력하면 요일에 따라 1부터 7까지의 숫자를 반환하는 함수다. 1은 일요일을 의미하며, 2는 월요일, 이런 식으로 7은 토요일을 의미한다.

함수이름	설명	사용 예	반환값
MONTH(일련번호)	일련번호로 표시된 날짜 데이터의 월을 반환함	=MONTH("2016/4/17")	4
YEAR(일련번호)	일련번호로 표시된 날짜 데이터의 연을 반환함	=YEAR("2016/4/17")	2016
WeekDay(일련번호)	일련번호로 표시된 날짜 데이터를 입력하면 요일에 따라 1부터 7까지의 숫자를 반환함	=WeekDay("2016/4/17")	1

예제 27 날짜 함수 활용

B열에 있는 계약일자에서 월을 뽑아내어 C열에 표시하라. 이때 "00월"이란 형식으로 표시하라. 또 D열에는 계약월이 7월보다 작으면 "상반기", 같거나 크면 "하반기"라고 표시하라. **키워드 : MONTH 함수, TEXT 함수**

	A	B	C	D
1	계약번호	계약일자	계약월	완공월
2	2016-0078	2016-02-02		
3	2016-0079	2016-04-17		
4	2016-0080	2016-04-30		
5	2016-0081	2016-09-07		
6	2016-0082	2016-10-30		

| 풀이 |

셀 C2에, 날짜에서 월을 뽑아내기 위해서는 MONTH 함수를 사용하면 된다. 수식 *MONTH(B2)*는 셀 B2의 날짜에서 월을 뽑아 숫자 2를 반환해 준다. 이제 다시 이 결과에 TEXT 함수를 적용시켜 원하는 포맷을 지정해 주면 "00월"로 표시할 수 있다. 따라서 셀 C2에 입력할 수식은 *=TEXT(MONTH(B2), "00월")*로 하면 된다.

그리고 셀 D2에는 IF 함수를 사용하여 월 값이 7보다 작으면 "상반기", 아니면 "하반기"란 문자열을 반환시키면 된다. 따라서 셀 D2에 입력할 수식은 *=IF(MONTH(B2)<7, "상반기", "하반기")*라고 하면 된다.

그림 7-12 예제 27 (날짜 함수 활용) 결과

	A	B	C	D
1	계약번호	계약일자	계약월	완공월
2	2016-0078	2016-02-02	02월	상반기
3	2016-0079	2016-04-17	04월	상반기
4	2016-0080	2016-04-30	04월	상반기
5	2016-0081	2016-09-07	09월	하반기
6	2016-0082	2016-10-30	10월	하반기

(5) 찾기/참조 관련 함수 : INDEX 함수, MATCH 함수, ADDRESS 함수

(※ 여기서 다룰 세 가지 함수는 다양한 곳에 요긴하게 사용할 수 있는 함수이다. 그러나 익혀서 활용하기에 다소 까다로운 중급 수준의 내용이기 때문에 혹시 어렵다고 느껴지면 건너뛰었다가 제3부를 다 마친 후에 공부해도 상관없다.)

이들 세 가지 함수는 앞에서 분류하여 언급했던 여러 함수와는 달리 데이터 목록에서 지정한 위치에 있는 셀 값을 가져오거나(INDEX 함수), 찾는 내용이 들어 있는 셀의 상대적 위치를 반환해 주거나(MATCH 함수), 워크시트상에서 지정한 위치의 셀 주소를 가져오는(ADDRESS 함수) 등의 특별한 기능을 수행하는 함수들이다.

먼저 **INDEX 함수**를 알아보자. 아래의 함수 구문처럼 INDEX 함수에서는 값을 찾아올 범위(이것을 엑셀에서는 배열(Array)라고 부른다)를 첫 번째 인수로 제시한다. 그리고 행_번호와 열_번호를 입력한다. 이렇게 사용하면 INDEX 함수는 주어진 범위에서 행 번호, 열 번호에 해당하는 위치에 있는 **셀 값을 반환**해 준다.

INDEX 함수의 구문 : INDEX(범위, 행_번호, [열_번호])

예로, 제2장 4절에서 사용했던 3년간 지점별 총이익 순위를 나타내고 있는 [그림 2-12]의 워크시트를 놓고 INDEX 함수의 사용방법에 대해서 공부해 보자. 아래의 [그림 7-13]은 [그림 2-12]와 동일한 내용이다. 먼저 특별한 현실적 의미는 없지만 자료만 놓고 다음과 같은 INDEX 함수가 반환하는 값을 확인해 보자.

그림 7-13 3년간 지점별 총이익 순위

	A	B	C	D	E	F
1	3년간 지점별 총이익 순위				3년간	
2	연도	2013년	2014년	2015년	합계	순위
3	용인	430	406	565	1,401	3
4	성남	306	341	390	1,037	5
5	수원	460	538	705	1,703	2
6	분당	755	850	895	2,500	1
7	화성	337	352	407	1,096	4

❶ *INDEX(A2:F7, 4, 5)*라고 하면, 반환되는 셀 값은? 해당 범위(A2:F7 빨강 표시 부분)에서 네 번째 행이면 "수원" 지점 자료이고, 다섯 번째 열이면 "합계"열을 가리킨다. 따라서 수원 지점의 합계 셀인 셀 E5의 값 1,703을 반환한다. 이것이 가장 일반적인 INDEX 함수의 사용 예이다.

위 INDEX 함수의 구문을 보면 세 번째 인수인 열_번호에는 대괄호([ ])가 표시되어 있는데, 이것은 생략 가능한 인수라는 의미다. 즉 주어진 범위가 하나의 행이나 열로 된 경우라면 굳이 두 가지 정보를 사용할 필요가 없기 때문이다. 즉 하나의 열로 주어진 범위에서는 행_번호로 인식하고, 한 행으로 주어진 범위에서는 열_번호로 인식하여 해당되는 셀 값을 반환한다.

❷ *INDEX(A3:A7, 3)*이라고 하면, 반환되는 셀 값은? 해당 범위(A3:A7 파랑 표시 부분)에서 세 번째 행이면 "수원" 지점 자료이고, 열_번호가 생략되어 있으므로 그대로 셀 A5의 값 "수원"이란 텍스트를 반환한다.

❸ *INDEX(A5:E5, 4)*라고 하면, 반환되는 셀 값은? 해당 범위(A5:E5 초록 표시 부분)에서 네 번째 열이면 "2015년" 자료이고, 행_번호가 생략된 것으로 간주하여 그대로 셀 D5의 값 705를 반환한다.

이번에는 조금 현실적 의미를 부여할 수 있는 INDEX 함수의 사용 예를 고려해 보자. [그림 7-13]의 자료에서 3년간 총이익 순위 1, 2, 3위에 해당하는 지점이 어느 곳인지 산출하려고 한다면 어떻게 사용하면 될까?

INDEX 함수를 사용하려면 원하는 자료가 몇 번째에 있는지 알아야 한다. 즉 순이익 1, 2, 3위에 해당하는 지점이 목록에서 몇 번째 있는지를 알아내야 한다. 이를 알아내기 위해서 필요한 함수가 **MATCH 함수**다. MATCH 함수는 찾아야 할 값과 찾아야 할 범위를 인수로 주고, 찾는 방법을 옵션으로 준다. 즉, **찾을_값**이 **찾을_범위**에서 몇 번째 위치에 있는지 알아내서 그 **상대적 위치를 반환**해 주는 함수다.

MATCH 함수의 구문 : MATCH(찾을_값, 찾을_범위, [찾는_방법])

MATCH 함수에서 세 번째 인수(찾는_방법)의 용법(생략하면 1로 간주)

- 1 찾을_값보다 작거나 같은 값 중에서 최대값을 찾음.
- 0 찾을_값과 같은 첫 번째 값을 찾음.
- -1 찾을_값보다 크거나 같은 값 중에서 최소값을 찾음.

[그림 7-13]의 F열(순위)에서 1위를 나타내는 숫자 1이 몇 번째에 있는지 알기 위해서 사용할 MATCH 함수식은 ***=MATCH(1, F3:F7, 0)***이라고 하면, 순이익 순위가 1인 지점은 네 번째에 있으므로 4를 반환해 준다. MATCH 함수에서 세 번째 인수인 **찾는_방법** 옵션으로 0을 지정하면 찾을_값과 정확하게 같은 값을 찾는다. 옵션을 1로 지정하면 찾을_값보다 작거나 같은 값 중에서 최대값을 찾는다. 옵션이 -1인 경우에는 찾을_값보다 크거나 같은 값 중에서 최소값을 찾는다. 이 세 번째 옵션을 생략하면 1로 간주하여 처리한다(옵션을 1로 지정할 경우 찾을_범위는 **오름차순으로 정렬**이 되어 있어야 하며, 옵션을 -1로 지정할 경우 찾을_범위는 내림차순으로 정렬이 되어 있어야 한다).

찾을_값, 찾는_방법 옵션 설정에 대해서는 제9장 1절을 참고할 것

데이터 정렬에 대해서는 제13장 1절을 참고할 것

예제 28 MATCH 함수 활용

다음 워크시트 자료에서 3년간 총이익 순위 1, 2, 3위에 해당하는 지점이 어느 곳인지 산출하라. 워크시트에서 보는 바와 같이 셀 G3, G4, G5에 각각 1, 2, 3이란 순위를 기록하고, 셀 H3, H4, H5에 차례로 총이익 순위 1, 2, 3위에 해당하는 지점을 찾아서 기록하라.

키워드 : 상대참조/절대참조, SUM 함수, RANK.EQ 함수, INDEX 함수, MATCH 함수

	A	B	C	D	E	F	G	H
1		3년간 지점별 총이익 순위			3년간		상위	
2	연도	2013년	2014년	2015년	합계	순위	랭커	지점
3	용인	430	406	565	1,401	3	1	
4	성남	306	341	390	1,037	5	2	
5	수원	460	538	705	1,703	2	3	
6	분당	755	850	895	2,500	1		
7	화성	337	352	407	1,096	4		

| 풀이 |

이때 셀 H3에 입력할 수식은 어떻게 작성하면 될까? 일단 순위에 해당하는 지점을 찾기 위해서는 INDEX 함수를 사용해야 한다. 여기서 순위가 1인 지점은 4번째에 위치한 분당 지점이므로 이 분당 지점을 찾는 INDEX 함수식은 *=INDEX(A3:A7, 4)*이라고 하면 된다. 그런데 순위 1에 해당하는 지점이 몇 번째 행에 있는지 알아내야 하므로 INDEX 함수의 두 번째 인수에 MATCH 함수를 사용하면 된다. 이때 찾을_값은 셀 G3에 입력된 순위이고, 찾을_범위는 F열이고, 찾는_방법 옵션은 0이다. 따라서 MATCH 함수식 *MATCH(G3, F3:F7, 0)*을 사용하면 순위 1이 몇 번째 행에 있는지 반환해 준다. 여기서는 4번째 행이다. 그러므로 셀 H3에 입력할 수식은 *=INDEX($A$3:$A$7, MATCH(G3, $F$3:$F$7, 0))*와 같이 INDEX 함수의 두 번째 인수에 MATCH 함수식을 사용하면 된다.

먼저 이 수식의 계산 과정을 살펴보자. 찾을_값은 1이므로 MATCH 함수는 4를 반환하고, 따라서 이 수식은 *=INDEX($A$3:$A$7, 4)*가 된다. 따라서 지점 목록($A$3:$A$7)에서 4번째에 위치한 "분당"을 최종적으로 반환하는 것이다.

여기서 두 함수에서 사용되는 범위는 모두 절대참조로 사용되고 있다. 그 이유는 이 수식을 아래 셀 H4과 H5로 복사하여 활용할 때, 순위를 참조하는 찾을_값 셀은 변해도, 두 가지 목록 범위(지점 목록 $A$3:$A$7과 순위 목록 $F$3:$F$7)는 고정되어야 하기 때문이다. 이 수식을 아래로 복사하면 셀 H4에는 *=INDEX($A$3:$A$7, MATCH(G4, $F$3:$F$7, 0))*, 셀 H5에는 *=INDEX($A$3:$A$7, MATCH(G5, $F$3:$F$7, 0))*와 같은 수식으로 저장된다. 따라서 아래 [그림 7-14]와 같이 순이익 순위 1, 2, 3위에 해당하는 지점명이 산출된다. [그림 7-15]에는 수식에 사용된 INDEX 함수 및 MATCH 함수가 인수로 참조하고 있는 범위와 찾을_값 셀 등이 표시되어 있으니 INDEX 함수의 범위와 MATCH 함수의 찾을_값과 찾을_범위를 다시 한번 확인하기 바란다.

그림 7-14 예제 28 (MATCH 함수 활용) 결과

	A	B	C	D	E	F	G	H
1		3년간 지점별 총이익 순위			3년간		상위	
2	연도	2013년	2014년	2015년	합계	순위	랭커	지점
3	용인	430	406	565	1,401	3	1	분당
4	성남	306	341	390	1,037	5	2	수원
5	수원	460	538	705	1,703	2	3	용인
6	분당	755	850	895	2,500	1		
7	화성	337	352	407	1,096	4		

그림 7-15 수식에 참조되고 있는 범위와 셀 표시

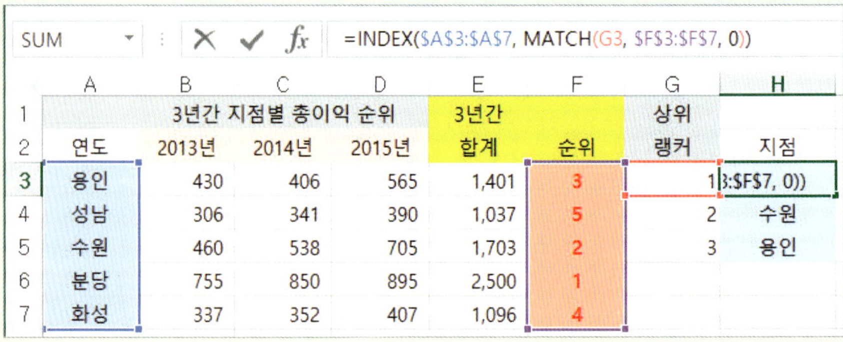

마지막으로 ADDRESS 함수에 대해서 생각해 보자. **ADDRESS 함수**는 인수로 주어진 행 번호와 열 번호로 만들어지는 **셀 주소를 텍스트로 반환해** 주는 함수다. 이것만 보면 아주 간단한데, 세 번째 인수가 있어 다소 복잡하게 느껴진다. 세 번째 인수는 셀 주소를 참조할 때 사용하는 **4가지 유형**(제4장 3절 참조) 중에서 어느 하나로 지정하기 위한 옵션이다.

ADDRESS 함수의 구문 : ADDRESS(행_번호, 열_번호, 절대_숫자)

절대_숫자 : 1(절대 행과 열), 2(절대 행, 상대 열), 3(상대 행, 절대 열), 4(상대 행과 열)

가령 ***ADDRESS(5, 6, 1)***이라고 사용하면, 행_번호는 5이므로 5행이고, 열_번호는 6이므로 F열을 참조하게 된다(열 번호 6이면 F열이라고 표시하는 A1 참조 스타일. 자세한 내용은 아포리즘 13을 참고하라). 그리고 세 번째 인수인 절대_숫자가 1이면 행과 열을 모두 절대참조 방식으로 셀 주소를 만들어서 반환하게 된다. 즉, "$F$5"가 반환된다. 절대_숫자에 따라 반환되는 텍스트는 아래의 표와 같다.

ADDRESS 함수의 세 번째 옵션값	반환되는 텍스트
ADDRESS(5, 6, 1)	$F$5
ADDRESS(5, 6, 2)	F$5
ADDRESS(5, 6, 3)	$F5
ADDRESS(5, 6, 4)	F5

그런데 이 ADDRESS 함수는 어떤 경우에 사용하게 될까? 사용자에 따라서 다양한 곳에 활용할 수 있겠지만, 저자의 경우에는 엑셀을 사용하여 강의를 하는 경우에 프레젠테이션 기법 중 하나로 종종 사용하고 있다. 예를 들면, [그림 7-16]에서 보는 바와 같이 **특정 셀에 사용된 수식의 내용을 동시에 보여주고자 할 때** 사용한다. 그림에서 수식 입력줄에 보이는 셀 F5에 입력되어 있는 수식과 ADDRESS 함수를 사용하여 반환된 셀 G5의 내용이 서로 똑같다는 것을 볼 수 있을 것이다(엑셀에서는 워크시트 전체에 적용된 수식을 모두 수식으로 보여주는 기능은 있어도 특정 셀만 수식으로 보이게 하는 기능은 없다. 수식 표시에 대해서는 제3장 4절을 참고하라).

그림 7-16 ADDRESS 함수를 사용하는 상황 예

F5 | =RANK.EQ(E5,$E$3:$E$7)

	A	B	C	D	E	F	G
1		3년간 지점별 총이익 순위			3년간		
2	연도	2013년	2014년	2015년	합계	순위	F열에 사용된 수식
3	용인	430	406	565	1,401	3	=RANK.EQ(E3, $E$3:$E$7)
4	성남	306	341	390	1,037	5	=RANK.EQ(E4, $E$3:$E$7)
5	수원	460	538	705	1,703	2	=RANK.EQ(E5, $E$3:$E$7)
6	분당	755	850	895	2,500	1	=RANK.EQ(E6, $E$3:$E$7)
7	화성	337	352	407	1,096	4	=RANK.EQ(E7, $E$3:$E$7)

G열에 그냥 텍스트로 기록하면 간단할 텐데, 왜 복잡하게 ADDRESS 함수를 사용하는지 반문할지도 모르겠다. 텍스트로 똑같이 기록하는 방법으로 등호(=) 앞에 아포스트로피(')를 붙이면 수식이 바로 텍스트로 변환되어 그대로 출력된다. 그런데 문제는 완성된 워크시트에 행이 삽입되거나 삭제되는 경우에 발생한다. 즉 아포스트로피를 붙여서 작성된 텍스트는 행(또는 열)이 삽입(또는 삭제)되는 경우에 그에 따라 **자동으로 수정되지 않는다**. 그러나 ADDRESS 함수를 사용하여 반환된 셀 수식은 행(또는 열)이

삽입되거나 삭제되는 경우에 그에 따라 자동으로 행(또는 열) 번호가 수정되어 표시된다.

아래 [그림 7-17]은 위 워크시트에서 1행의 위에 행을 하나 삽입한 경우에 자동으로 행 번호가 수정되어 표시되고 있는 것을 보여준다. 완성된 자료의 위쪽으로 행이 하나 삽입되어 행 번호가 전부 하나씩 커진 상태다. 또 [그림 7-18]은 1열의 왼쪽에 열을 하나 삽입한 경우에 자동으로 열 번호가 수정되어 표시되고 있는 것을 보여준다. 셀 H2의 머리글도 "G열에 사용된 수식"으로 자동 수정된 것을 확인하라.

그림 7-17 행이 삽입된 상황에 따라 셀 주소가 자동으로 수정된 결과

F6 | fx | =RANK.EQ(E6,$E$4:$E$8)

	A	B	C	D	E	F	G
1							
2		3년간 지점별 총이익 순위			3년간		
3	연도	2013년	2014년	2015년	합계	순위	F열에 사용된 수식
4	용인	430	406	565	1,401	3	=RANK.EQ(E4, $E$4:$E$8)
5	성남	306	341	390	1,037	5	=RANK.EQ(E5, $E$4:$E$8)
6	수원	460	538	705	1,703	2	=RANK.EQ(E6, $E$4:$E$8)
7	분당	755	850	895	2,500	1	=RANK.EQ(E7, $E$4:$E$8)
8	화성	337	352	407	1,096	4	=RANK.EQ(E8, $E$4:$E$8)

그림 7-18 열이 삽입된 상황에 따라 셀 주소가 자동으로 수정된 결과

	A	B	C	D	E	F	G	H
1			3년간 지점별 총이익 순위			3년간		
2		연도	2013년	2014년	2015년	합계	순위	G열에 사용된 수식
3		용인	430	406	565	1,401	3	=RANK.EQ(F3, $F$3:$F$7)
4		성남	306	341	390	1,037	5	=RANK.EQ(F4, $F$3:$F$7)
5		수원	460	538	705	1,703	2	=RANK.EQ(F5, $F$3:$F$7)
6		분당	755	850	895	2,500	1	=RANK.EQ(F6, $F$3:$F$7)
7		화성	337	352	407	1,096	4	=RANK.EQ(F7, $F$3:$F$7)

따라서 일단 완성된 워크시트의 중간에 내용을 추가하거나 삭제해야 하는 경우, 즉 위 상황처럼 행(또는 열) 삽입이나 삭제에 따라 자동으로 참조된 셀 주소가 그에 맞게 변해야 하는 경우에는 ADDRESS 함수를 사용하면 된다. 이때 한 가지 더 알아야 할 함수로 **ROW 함수**와 **COLUMN 함수**가 있다. ROW 함수는 참조된 셀의 행 번호를 반환해 주는 함수이고, COLUMN 함수는 열 번호를 반환해 주는 함수다. 가령 ***ROW(C10)*** 이란 수식은 10을 반환한다. 또 ***COLUMN(C10)*** 은 **C열에 해당하는 열 번호 3을 반환**한다. 또 ***ROW( )***와 같이 인수를 생략하고 사용하면 현재 셀 포인터가 있는 셀 주소의 행 번호를, ***COLUMN( )*** 은 현재 셀 포인터가 놓인 셀 주소의 열 번호를 반환한다.

ROW 함수의 구문 : ROW(참조)
COLUMN 함수의 구문 : COLUMN(참조)

이제 [그림 7-16]의 셀 G3에 입력된 수식을 생각해 보자. 이 수식은 텍스트를 만드는 수식이므로 문자열을 합쳐주는 앰퍼샌드(&) 연산자를 사용하여 출력할 텍스트를 만들어 주면 된다(앰퍼샌드(&) 연산자에 대해서는 1절의 **아포리즘 10**을 참고하라). 이때 셀 G3에 출력할 문자열을 먼저 생각해 보자. 여기서 만들어야 할 문자열은 바로 왼쪽의 셀 F3에 입력한 RANK.EQ 함수식 ***=RANK.EQ(E3, $E$3:$E$7)***이다. 이 함수식은 문자열과 셀 참조 내용으로 구분해 보면 다음과 같다. 문자열은 검정, 셀 참조 부분은 빨강으로 구분해 보았다.

=RANK.EQ(E3 , $E$3 : $E$7)

문자열은 모두 네 부분이 있다. 각각 "***=RANK.EQ(***" 부분, 콤마(***,***), 콜론(***:***), 그리고 맨 뒤의 괄호 "***)***"이다. 그리고 세 부분의 참조가 있다. 각각 ***E3, $E$3, $E$7***이다. 문자열 네 부분을 모두 앰퍼샌드(&) 연산자를 사용하여 합하면 된다. 중간중간의 참조 부분은 ADDRESS 함수를 사용하여 텍스트로 만들면 된다. 가령 **셀 E3는 ADDRESS(ROW(E3), COLUMN(E3), 4)라고 하면 텍스트로 "E3"라고 반환**된다(기존의 문자열은 따옴표로 싸서 사용해야 하지만 ADDRESS 함수가 반환하는 내용은 텍스트이기 때문에 앰퍼샌드(&) 연산자로 바로 연결하면 된다). 여기서 세 번째 인수인 절대_숫자를 4로 지정한 것을 확인해 보라. ADDRESS 함수에서 절대_숫자 4는 행과 열을 모두 상대참조로 표시해 준다. 따라서 그냥 "E3"로 반환되는 것이다.

그렇다면 나머지 참조 $E$3는 ADDRESS 함수로 어떻게 만들 수 있겠는가? 일단 절대_숫자를 1로 지정하면 행과 열이 모두 절대참조 방식인 형태 "$E$3"로 반환될 것이다. 즉 ***ADDRESS(ROW(E3), COLUMN(E3), 1)***이라고 하면 "$E$3"로 반환되는데, 문제는 여기 셀 G3에 입력한 수식을 아래로 복사해서 사용할 것을 고려해야 한다는 데 있다. 셀 F3에 입력한 함수식 ***=RANK.EQ(E3, $E$3:$E$7)***을 보면 RANK.EQ 함수의 첫 번째 인수는 상대참조로 되어 있지만, 두 번째 인수는 랭킹을 따질 데이터 범위를 나타내는 것이므로 절대참조로 되어 있다. 따라서 이 범위의 주소 E3와 E7은 절대참조로 사용해야 한다. 결국 위 ADDRESS 함수식은 절대_숫자를 1로 쓰되 *ADDRESS(ROW($E$3), COLUMN($E$3), 1)*과 같이 절대참조로 사용하여, 아래로 복사해도 "$E$3"로 반환되도록 만들어야 하는 것이다. 뒤에 $E$7에 해당하는 텍스트를 만드는 함수식도 마찬가지로 *ADDRESS(ROW($E$7), COLUMN($E$7), 1)*이라고 해야 한다.

이렇게 해서 앞에서 언급한 네 부분의 문자열과 방금 언급한 3가지 참조 부분 문자열을 모두 일렬로 합하면 셀 F3에 입력한 수식이 표시되는 것이다. 이 수식을 알기 쉽게 도식화하면 다음과 같다. 원래 문자열인 네 부분은 검정으로, 등호와 앰퍼샌드(&) 연산자는 파랑으로, ADDRESS 함수로 산출되는 참조셀 문자열은 빨강으로 구분하여 표시했다.

```
=    "=RANK.EQ("    &  ADDRESS(ROW(E3), COLUMN(E3), 4)
  &     ","         &  ADDRESS(ROW($E$3), COLUMN($E$3), 1)
  &     ":"         &  ADDRESS(ROW($E$7), COLUMN($E$7), 1)
  &     ")"
```

이렇게 작성된 셀 G3의 수식을 나머지 셀 G4에서 G7까지 복사해서 사용하면 된다. 이제 워크시트에 행이 삽입되거나 삭제되는 경우에 G열에 표시되는 수식은 항상 F열에 입력된 수식과 똑같은 참조 내용으로 표시될 것이다. [그림 7-19]는 셀 G3에 위 수식을 입력하고 아래로 복사한 결과, 표시된 각 셀의 텍스트 내용을 보여주고 있다.

그림 7-19 셀 G3에 입력한 수식

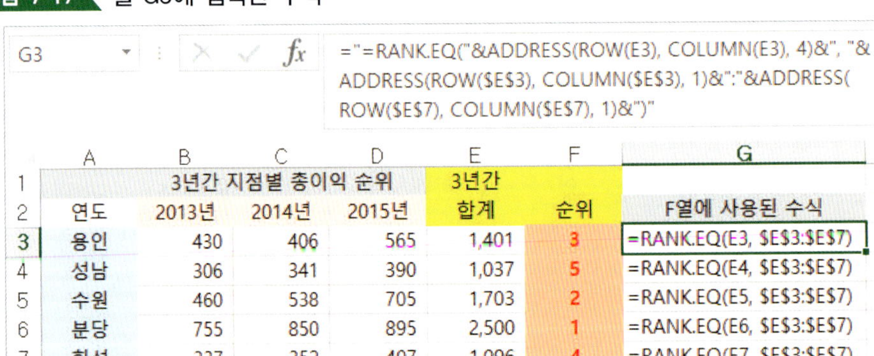

G3 | ="=RANK.EQ("&ADDRESS(ROW(E3), COLUMN(E3), 4)&", "&ADDRESS(ROW($E$3), COLUMN($E$3), 1)&":"&ADDRESS(ROW($E$7), COLUMN($E$7), 1)&")"

	A	B	C	D	E	F	G
1		3년간 지점별 총이익 순위			3년간		
2	연도	2013년	2014년	2015년	합계	순위	F열에 사용된 수식
3	용인	430	406	565	1,401	3	=RANK.EQ(E3, $E$3:$E$7)
4	성남	306	341	390	1,037	5	=RANK.EQ(E4, $E$3:$E$7)
5	수원	460	538	705	1,703	2	=RANK.EQ(E5, $E$3:$E$7)
6	분당	755	850	895	2,500	1	=RANK.EQ(E6, $E$3:$E$7)
7	화성	337	352	407	1,096	4	=RANK.EQ(E7, $E$3:$E$7)

참고로 셀 G2에 입력한 수식은 무엇일까? 여기서는 열 번호 F와 뒤에 텍스트 "열에 사용된 수식"을 합하면 된다. 그럼 열 번호 F는 어떻게 만들 수 있을까? *ADDRESS(ROW(F2), COLUMN(F2), 4)*라고 하면 반환되는 텍스트는 "F2"가 된다. 여기서 왼쪽에서 첫 글자만 떼어오면 되므로 LEFT 함수를 사용하여 *LEFT(ADDRESS(ROW(F2), COLUMN(F2), 4), 1)*이라고 하면 "F"만 반환된다. 여기에 뒤의 텍스트를 합하면 완성할 수 있다. 즉, *=LEFT(ADDRESS(ROW(F2), COLUMN(F2), 4), 1)&"열에 사용된 수식"*이라고 작성하면 된다.

아포리즘 13 A1 참조 스타일과 R1C1 참조 스타일

지금까지 이 책에서 언급하고 있는 방식처럼 셀 참조할 때 행은 1부터 1,048,576까지의 번호를 붙여 나타내고, 열은 A부터 XFD(16,384번째)까지 알파벳을 붙여서 사용하는 **"열 문자/행 번호"** 참조 방식을 **A1 참조 스타일**이라고 한다.

그러나 잠깐 앞에서 언급한 COLUMN 함수를 보면, 참조한 셀의 열 번호를 반환한다. 번호로 표시된 열을 A1 참조 스타일에서는 알파벳으로 다시 바꿔서 표시해 주는 것이다.

때에 따라서는 열에도 번호를 붙여서 사용하는 것이 편리한 경우도 있다. 엑셀에서는 열에도 일련번호를 붙여서 사용할 수 있는 기능도 제공한다. 이와 같이 행과 열 모두에 번호가 매겨지는 **"열 번호/행 번호"** 참조 방식을 **R1C1 참조 스타일**이라고 한다.

참조 스타일의 변경은 [리본 메뉴] [파일] [옵션] [수식] [수식작업]에서 선택할 수 있다. 아래 그림은 이 부분을 보여주고 있다. [그림 7-20]은 R1C1 참조 스타일로 설정된 엑셀 작업화면이다. 열에도 일련번호가 붙어 있는 것을 볼 수 있다.

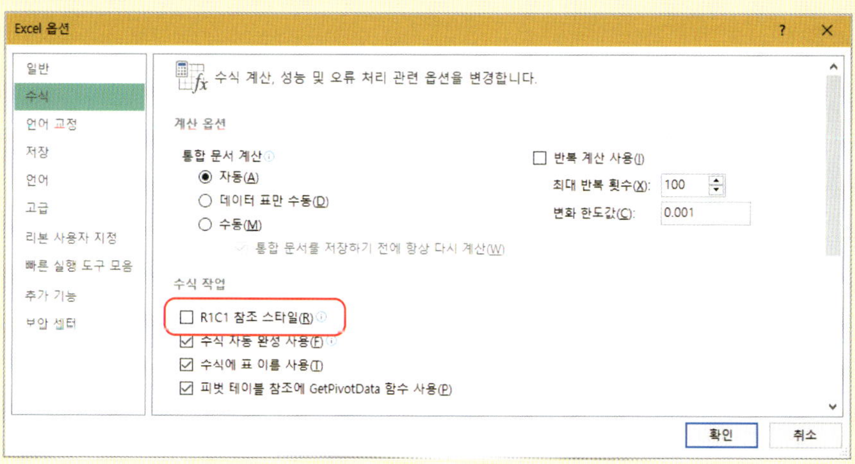

그림 7-20 R1C1 참조 스타일로 설정된 워크시트 작업화면

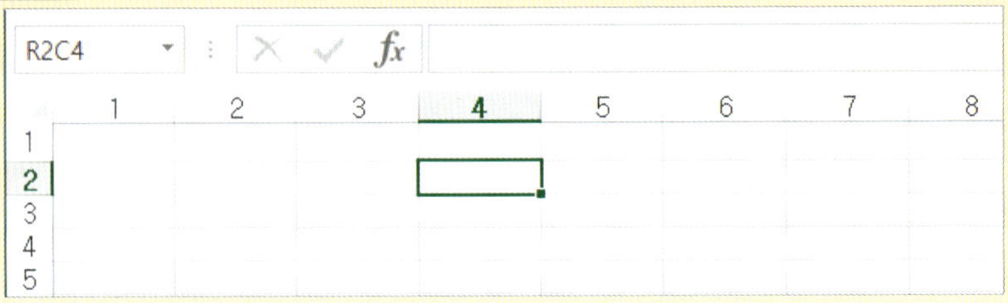

Chapter

08

조건부 서식과 양식 컨트롤(Form Controls) 도구

1. 조건부 서식(Conditional Formatting) 활용
2. 양식 컨트롤도구의 이해 : 스핀 단추, 스크롤 막대

1 조건부 서식(Conditional Formatting) 활용

이 절에서는 제6장에서 언급했던 서식을 조금 발전시켜서 상황에 따라서 셀의 서식이 자동으로 바뀌는 기능에 대해서 살펴보자. 워크시트가 복잡해질수록 이러한 기능은 데이터의 변화를 사용자가 쉽게 인식할 수 있게 도와준다. 가령 회계용 워크시트에서 수익이 준다든지 적자가 발생하는 경우에 글자색이 자동으로 빨강색으로 바뀌게 설정할 수 있다. 또 고객관리를 위한 워크시트에서 단골 고객이나 까다로운 고객의 경우 적절한 서식으로 주의를 환기시켜 줄 수도 있다.

정리하면 조건부 서식이란 셀 값이나 조건에 따라 셀에 서식을 자동으로 적용하는 방식을 말한다. 조건부 서식을 적용하는 방법은 적용할 범위를 선택한 후에 셀 값의 조건을 입력하고 원하는 서식을 지정하면 된다. 조건부 서식으로는 셀 값이 특정한 조건을 만족하면 글자색 등을 바꾸는 셀 강조도 있고, 셀 값에 따라 값 외에 미리 정해진 아이콘이나 그래픽이 표시되게 할 수도 있다. 또 행 전체의 배경색을 바꾸거나 테두리가 나타나게 할 수도 있다. 아래의 몇 가지 예제를 통해서 이러한 조건부 서식을 익혀 보도록 하자.

예제 29 셀 강조

성적에 따라서 글자색이 바뀌도록 열 A에 조건부 서식을 적용해 보자. 적용할 글자색은 범위 C1:D4의 내용처럼 지정하라. 완성되면 열 A에 임의로 다양한 최종학점을 입력해 보면서 과연 성적에 따라 글자색이 바뀌는지 확인해 보라. **키워드 : 조건부 서식**

	A	B	C	D
1	최종학점		성적	글자색
2	B+		A	파랑색
3	F		B	초록색
4	A+		F	빨강색
5	C+			
6	F			
7	B0			
8	D+			

| 풀이 |

먼저 조건부 서식을 적용할 셀 범위(A2:A8)를 선택한다. 리본 메뉴 홈 스타일 에서 조건부 서식 을 클릭한다. [그림 8-1]의 목록에서 셀 강조 규칙 을 클릭하여 나오는 오른쪽의 목록에서 ❑ 텍스트 포함 을 클릭한다.

그림 8-1 조건부 서식 지정

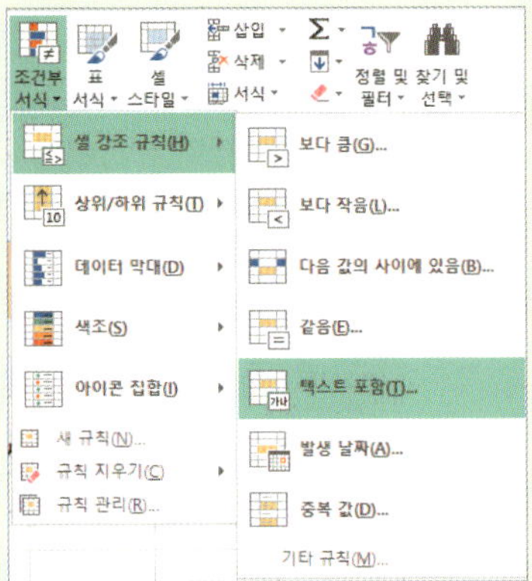

그러면 [그림 8-2]와 같이 특정 텍스트를 포함했을 때 적용할 서식을 지정하는 창이 열린다. 이때 왼쪽의 박스 속에 원하는 텍스트(여기서는 먼저 "A"를 지정하자)를 입력하고 오른쪽 **콤보 상자**를 누른다. [그림 8-3]의 셀 서식 창에서 원하는 서식(여기서는 글자색을 파랑으로)을 지정한다.

그림 8-2 조건부 서식 지정을 위한 텍스트 포함 창

그림 8-3 셀 서식 창

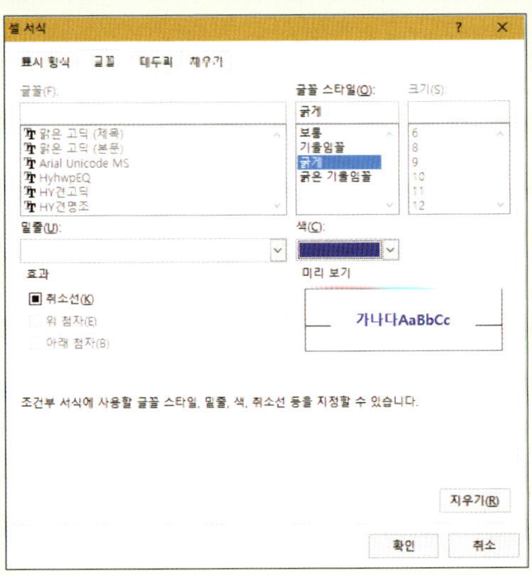

이런 식으로 나머지 두 가지 성적 B와 F의 경우에 대해서도 마찬가지 방법으로 범위 A2:A8를 선택한 상태에서, 리본 메뉴 홈 스타일 조건부 서식 셀 강조 규칙 ❑ 텍스트 포함 을 클릭, 그리고 특정 텍스트 지정(차례로 이번에는 "B", 그리고 또 다음에는 "F")하고 해당 셀 서식을 지정하는 과정을 반복하면 된다.

세 가지 조건부 서식의 지정이 다 끝나면 지금까지 지정된 조건부 서식의 규칙을 확인해 보도록 하자. 조건부 서식을 지정한 범위를 클릭한 다음 메뉴에서 조건부 서식 ❑ 규칙 관리 를 클릭하면 [그림 8-4]와 같이 선택한 범위에 지정되어 있는 조건부 서식 규칙이 정리되어 출력된다.

그림 8-4 조건부 서식 규칙 관리자 창

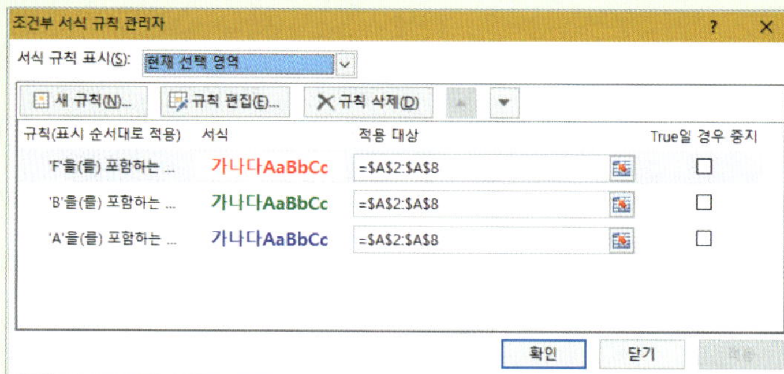

지금까지 범위 A2:A8에 조건부 서식 세 가지를 지정하였다. 마지막으로 A열의 최종학점을 임의로 변화시켜 보면서 그에 따라 글자색이 과연 자동으로 변하는지 반드시 확인해 보기 바란다(참고로 조건부 서식의 조건을 선택할 때 문자열이 "A"인 경우라고 하지 않고, 문자열이 "A"를 포함하는 경우를 선택한 이유는 최종학점 칸에 "A" 외에도 "A+" 또는 "A0"를 입력하는 경우라도 글자색을 파랑으로 표시하기 위해서다. "A+"나 "A0"가 없는 경우라면 메뉴에서 "셀 강조 규칙"을 클릭하여 나오는 목록에서 "같음"을 선택해도 된다).

그림 8-5 예제 29 (셀 강조) 결과

최종학점
B+
F
A+
C+
F
B0
D+

예제 30 조건부 아이콘 표시

2016년 메이저리그에 출전하는 한국 야구선수들의 타율을 기록한 내용이다. 타율에 따라 미리 정해진 아이콘이 표시되게 해 보자. **키워드 : 조건부 서식, 아이콘 표시**

	A	B	C	D
1	선수명	타수	안타수	타율
2	강정호	557	109	0.196
3	추신수	476	105	0.221
4	류현진	535	178	0.333
5	이대호	450	157	0.349
6	박병호	507	145	0.286
7	김현수	405	95	0.235

타율	아이콘
3할 이상	초록 신호등
2할3푼 이상	노랑 신호등
그 미만	빨강 신호등

| 풀이 |

타율은 안타수를 타수로 나누면 계산된다. 먼저 조건부 서식을 지정할 셀 범위(D2:D7)를 선택한 후, 리본 메뉴 홈 스타일 에서 조건부 서식 을 클릭한다. 목록에서 이번에는 아이콘 집합 을 클릭하여 나오는 [그림 8-6]의 목록에서 적당한 "신호등" 아이콘 집합을 선택한다. 그러면 일단 자료의 최소값과 최대값을 기준으로 3등분된 규칙에 의해서 신호등 아이콘이 타율 앞에 붙는다. 그런데 이것은 아직 위 타율 조건에 맞게 설정된 것은 아니므로 오른쪽 하단의 단추를 클릭하거나 조건부 서식 을 클릭해서 나오는 목록에서 ❑ 규칙 관리 를 클릭하여 미리 설정된 "서식 규칙"을 편집해야 한다. [그림 8-7]은 서식 규칙 편집 창의 모습이다.

그림 8-6 아이콘 집합 목록

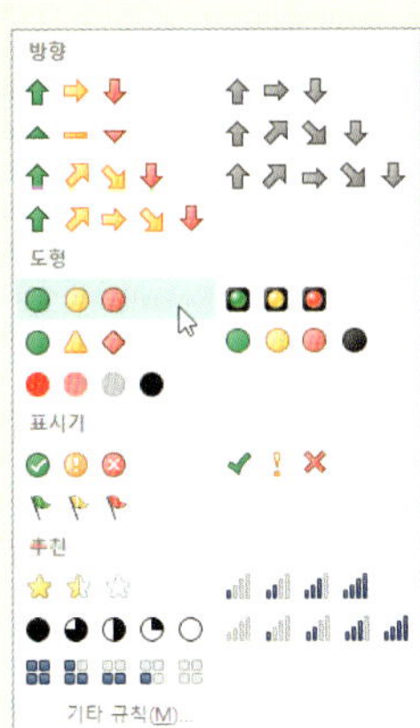

[그림 8-7]과 같은 서식 규칙 편집 창에서 필요한 조건을 입력하여 지정한다. 아이콘은 타율 숫자의 앞에 표시된다. 숫자는 표시되지 않고 아이콘만 보이게 하려면 중간 부분에 보이는 "아이콘만 표시" 확인란(□)에 체크하면 된다(신호등 아이콘의 색이

거꾸로 된 스타일로 하려면 "아이콘 순서 거꾸로" 단추를 누르면 된다). 신호등 아이콘의 색상에 따라 아래쪽에 부등식과 값을 지정한다. 여기서는 초록 신호등은 타율이 3할 이상인 경우에 표시하려고 하므로 값을 "0.3보다 같거나 크게(>= 0.3)"를 지정하면 된다. 따라서 그 오른쪽에 있는 종류는 "숫자"를 선택한다. 그리고 같은 방법으로 타율이 2할3푼보다 같거나 큰 경우에는 노랑 신호등으로 지정한다.

그림 8-7 서식 규칙 편집 창

이제 조건부 서식 지정이 다 되었으면 안타수를 바꿔가면서 과연 조건대로 아이콘이 잘 맞게 변하는지 확인해 보기 바란다.

그림 8-8 예제 30 (조건부 아이콘 표시) 결과

	A	B	C	D
1	선수명	타수	안타수	타율
2	강정호	557	109	🔴 0.196
3	추신수	476	105	🔴 0.221
4	류현진	535	178	🟢 0.333
5	이대호	450	157	🟢 0.349
6	박병호	507	145	🟡 0.286
7	김현수	405	95	🟡 0.235

위 예제 30에서 볼 수 있는 바와 같이, 신호등 아이콘의 색을 구분해 주는 값을 지정하는 방법에는 두 가지가 있다. 예제에서는 종류를 "숫자"로 설정하고 "0.3"과 "0.23"을 사용하였다. 예제에서처럼 주어진 타율 기준이 아니라 전체 타자의 타율을 3등분하여 상위 ⅓에 해당하는 경우와 상위 ⅔에 해당하는 경우로 구분하여 아이콘을 붙이고자 한다면, 그리고 종류를 "숫자"로 하였다면, 초록색 신호등에는 값을 0.67 이상, 노랑 신호등에는 값을 0.33 이상으로 입력해야 한다.

만약에 종류를 "백분율"로 선택한 경우에는 값을 백분율에 맞게 지정해야 한다. 백분율을 선택하면 데이터의 최대값(0.349)과 최소값(0.196)을 기준으로 구분한다. 이때는 값을 67이라고 입력하면 상위 ⅓, 값을 33이라고 하면 상위 ⅔에 해당되는 경우라는 뜻이다. 이와 같이 종류를 "백분율"로 선택하고 전체를 3등분하여 아이콘 색을 표시하려고 한다면, 위 예제에서는 타율이 0.298 이상이면 초록색, 타율이 0.247 이상이면 노랑 신호등이 표시된다.

최대값 (0.349)	● (초록)	0.298	● (노랑)	0.247	● (빨강)	최소값 (0.196)

예제 31 행 전체에 조건부 서식 적용

전체 고객 명단에서 거래규모가 "상"인 고객을 골라 행 전체에 조건부 서식(글자색, 셀 배경색)을 적용하라. **키워드 : 조건부 서식, 행 전체 적용**

	A	B	C	D	E
1	고객	직업	성별	나이	거래규모
2	홍길동	회사원	남	58	상
3	고소은	주부	여	29	하
4	최효원	공무원	남	35	중
5	김수진	교육직	여	33	상
6	안유호	회사원	남	26	하
7	강지희	전문직	여	47	상
8	박경수	회사원	남	38	중

| 풀이 |

먼저 조건부 서식을 지정할 행 전체를 포함한 셀 범위(A2:E8)를 선택한 후, 리본 메뉴 홈 스타일 조건부 서식 을 클릭한다. 목록에서 이번에는 ❑ 새 규칙 을 클릭하여 나오는 [그림 8-9]와 같은 새 서식 규칙 창의 규칙 유형 선택 에서 맨 아래에 있는 "▶ 수식을 사용하여 서식을 지정할 셀 결정"을 선택한다.

그림 8-9 새 서식 규칙 창

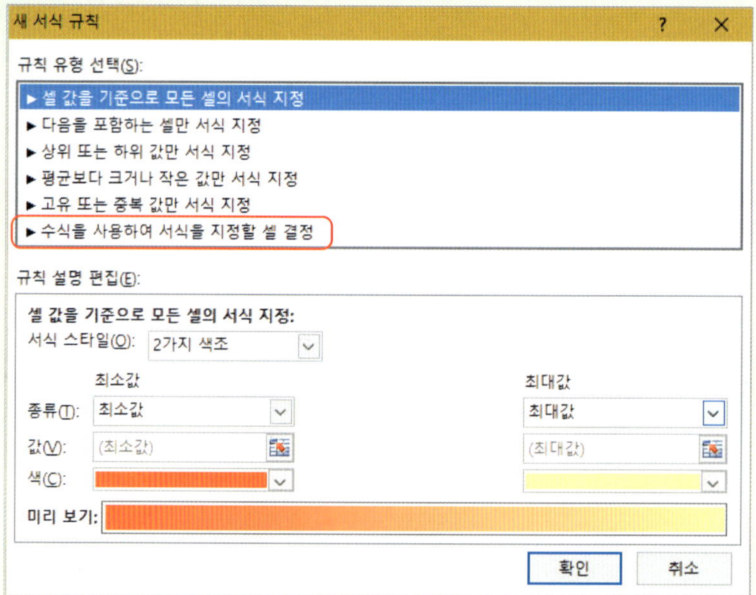

그러면 [그림 8-10]과 같은 서식 규칙 편집 창으로 바뀐다. 이제 빨강 원으로 표시한 입력란에 조건을 설정할 E열(거래규모)의 가장 앞에 나오는 셀 E2를 클릭하면 입력란에는 수식 *=$E$2*가 입력된다(수식을 사용한 조건부 서식 조건은 항상 등호(=)로 시작하며 셀 참조는 절대참조방식으로 기록된다. 대개 행별로 적용하는 조건부 서식 조건은 때로는 행 번호는 상대참조로 수정해야 하는 경우도 있다). 이때 기능키(Function Key) F4를 이용해서 수식을 *=$E2*가 되도록 혼합참조로 지정하여, 다른 고객의 거래규모에도 차례로 적용될 수 있도록 수정한다. 그리고 수식 뒤에 *=$E2="상"*과 같이 조건에 맞는 문자열을 입력한다. 그리고 그 아래에 있는 서식을 클릭해서 적당한 서식을 지정한다.

이제 이 수식이 아래 행에 적용될 때에 자동으로 행 번호가 변하면서 조건충족 여부를 따지게 될 것이다. 즉, 다음 3행에서는 *$E3="상"*이 될 것이고, 또 그 다음 4행에서는 *$E4="상"*으로 바뀌면서 이 조건식의 결과를 판단할 것이다. 이런 식으로 판단해서 조건식의 결과가 TRUE이면 조건부 서식 설정이 적용되어 바로 그 행 전체가 지정한 서식으로 변한다.

그림 8-10 서식 규칙 편집 창

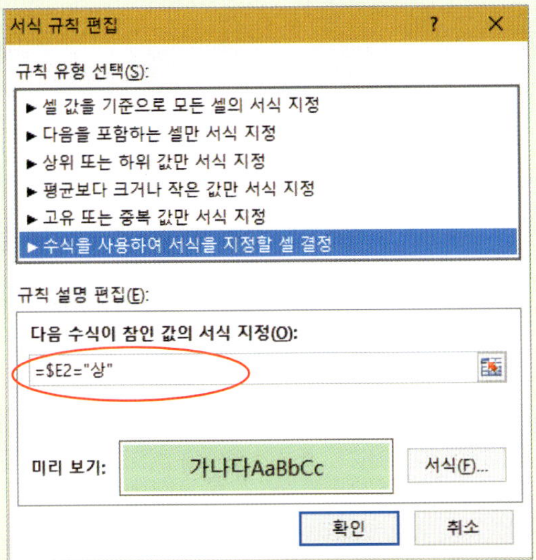

이후 리본 메뉴 홈 스타일 에서 조건부 서식 을 클릭한 다음, 목록에서 규칙 관리 를 클릭하여 조건부 서식 규칙 관리자 창을 열고, 서식 적용대상으로 범위 $A$2:$E$8이 지정되어 있는 것을 확인해 보라.

그림 8-11 조건부 서식 규칙 관리자 창

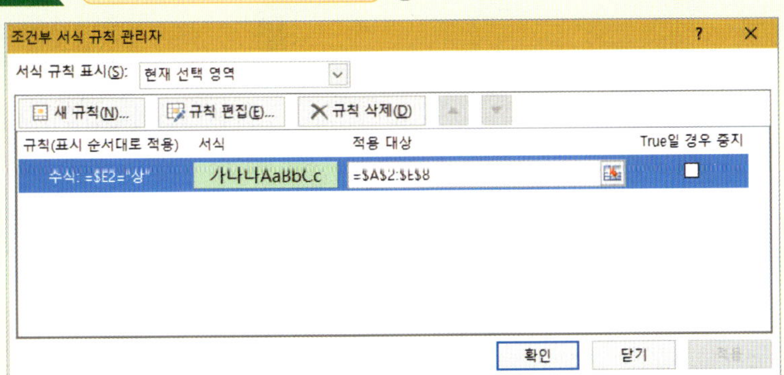

조건부 서식 지정이 완료되었으면, 워크시트에서 거래규모를 "상", "중", "하"로 바꿔 가면서 원하는 대로 "상"인 경우에만 행 전체가 지정된 서식으로 바뀌는가를 확인해 보라.

그림 8-12 예제 31 (행 전체에 조건부 서식 적용) 결과

	A	B	C	D	E
1	고객	직업	성별	나이	거래규모
2	홍길동	회사원	남	58	상
3	고소은	주부	여	29	하
4	최효원	공무원	남	35	중
5	김수진	교육직	여	33	상
6	안유호	회사원	남	26	하
7	강지희	전문직	여	47	상
8	박경수	회사원	남	38	중

아포리즘 14 조건부 서식 규칙 관리자 창

Microsoft Office 2007 이후 버전에서는 같은 셀 범위에 여러 가지의 조건부 서식을 지정할 수 있다. 이 경우 여러 규칙은 화살표(▲ ▼)를 눌러서 그 적용 순서를 바꿀 수 있다. 창의 오른쪽에 보이는 "True일 경우 중지" 확인란(□)은 여러 규칙을 지원하지 않고 마지막에 지정한 규칙을 우선 적용하도록 되어 있던 2007 이전 버전과의 호환성 때문에 만들어진 것이니 최근 버전 사용자라면 무시해도 된다.

(자료원 : https://support.office.com/en-us/article/Manage-conditional-formatting-rule-precedence-e09711a3-48df-4bcb-b82c-9d8b8b22463d, 2016.7.31.)

제2부 종합 연습문제 예제 45 참고

위 아포리즘 14 의 내용처럼 조건부 서식으로 같은 셀이나 범위에 여러 개의 규칙을 지정할 수 있다. 그러나 앞에 나오는 규칙이 적용되었다면 뒤에 나오는 규칙은 적용되지 않는다. 아래의 결과를 보면 이 내용을 쉽게 이해할 수 있을 것이다.

워크시트의 범위 N14:N17에 두 개의 규칙을 설정한 상황이다. 하나는 90 이상이면 빨강색으로 표시하고, 또 하나의 규칙은 80 이상이면 파랑색으로 표시하라는 조건부 서식 설정이다. 따라서 80 미만이면 아무런 서식도 적용되지 않는다. 이러한 조건부 서식은 아래 [그림 8-13]의 서식 규칙 편집 창에 보이는 것처럼 지정하면 된다. 여기서 주의할 점은 앞의 예제 31 에서 설명한 바와 같이 기능키(Function Key) F4를 이용해서 수식을 *=$N14*가 되도록 혼합참조로 지정해야, 아래 다른 셀(N15, …, N17)에도 차례로 적용될 수 있다. 두 번째 규칙도 마찬가지 방법으로 부등식 조건을 *>=80*으로 지정하고, 서식을 파랑 글씨로 지정한다.

그림 8-13 [서식 규칙 편집] 창

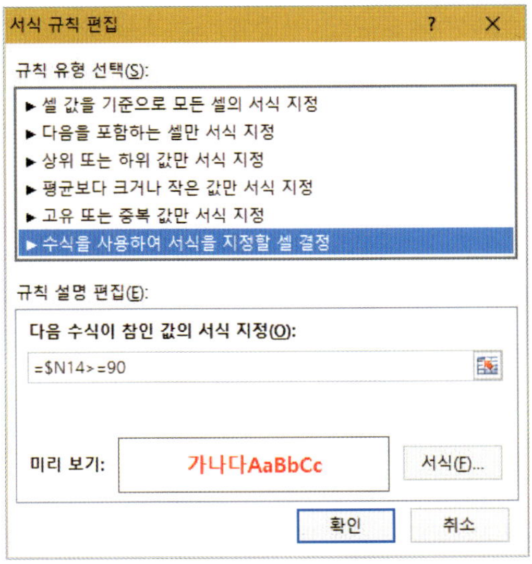

먼저 아래 [그림 8-14] [조건부 서식 규칙 관리자] 창의 규칙 순서를 확인해 보자. *=$N14>=90*이면 빨강색으로 표시하는 규칙이 앞에 위치하고 있다. 오른쪽의 결과를 보면 셀 N14는 79이므로 두 규칙 모두 적용되지 않았다. 다음 셀 N15는 83이므로 앞의 규칙은 통과하고 두 번째 규칙이 적용되어 파랑색으로 표시되었다. 다음 셀 N16은 97이므로 첫 번째 규칙이 적용되어 빨강색으로 표시된다. 그리고 첫 번째 규칙이 적용되었으므로 두 번째 규칙은 적용되지 않는다. 다음 셀 N17은 88이므로 첫 번째 규칙은 통과하고 두 번째 규칙이 적용되어 파랑색으로 표시된 것이다. 이렇게 조건이 중복되지 않도록 큰 값부터 차례로 규칙을 적용하도록 배열하면 원하는 대로 조건부 서식이 적용될 수 있는 것이다.

그림 8-14 정확한 순서로 규칙을 배열한 상황과 그 결과

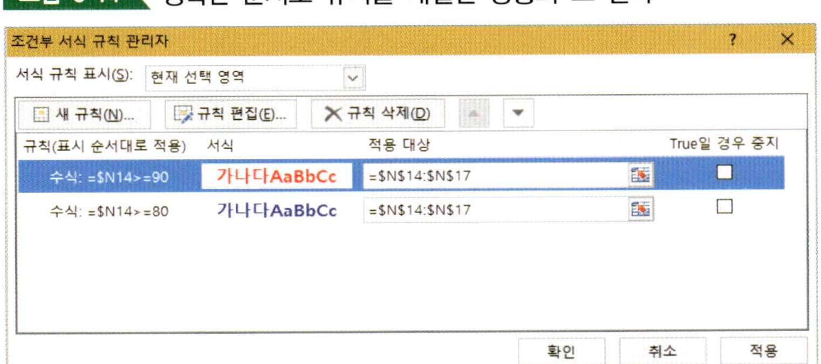

	N
14	79
15	83
16	97
17	88

이번에는 [그림 8-15] **조건부 서식 규칙 관리자** 창의 규칙 순서를 확인해 보자. 앞의 배열과는 반대로 ***=$N14>=80***이면 파랑색으로 표시하는 규칙이 앞에 위치하고 있다. 오른쪽의 결과를 살펴보자. 셀 N14는 79이므로 두 규칙 모두 적용되지 않았다. 다음 셀 N15는 83이므로 첫 번째 규칙이 적용되어 파랑색으로 표시되었다. 그리고 첫 번째 규칙이 적용되었으므로 두 번째 규칙은 적용되지 않았다. 다음 셀 N16은 97이지만 역시 첫 번째 규칙이 적용되어 파랑색으로 표시된다. 그리고 또 첫 번째 규칙이 적용되었으므로 두 번째 규칙은 적용되지 않는다. 다음 셀 N17도 88이므로 첫 번째 규칙이 적용되어 파랑색으로 표시된 것이다. 그리고 두 번째 규칙은 적용되지 않는다. 이렇게 배열의 순서가 잘못되면 원하는 대로 조건부 서식이 적용되지 않는다.

그림 8-15 잘못된 순서로 규칙을 배열한 상황과 그 결과

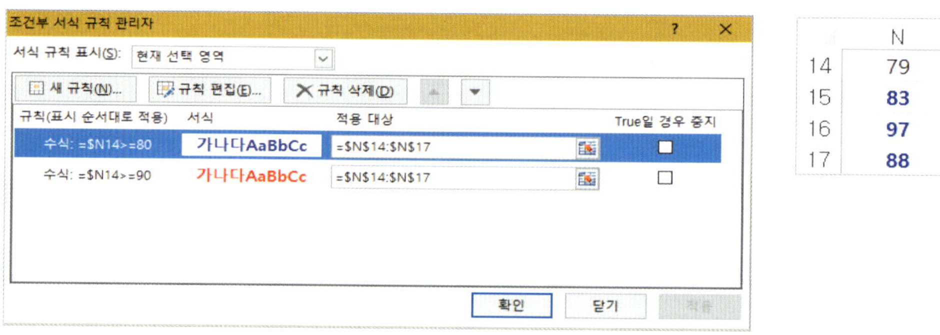

참고로 조건부 서식의 내용이 규칙1은 글자색, 또 규칙2는 배경색을 지정하는 것이라면 같은 범위에 지정된 규칙들이라고 하더라도 서로 다른 서식이기 때문에 둘 다 적용된다. 같은 종류의 서식을 반복해서 지정하는 경우에만 두 번째 규칙은 적용하지 않는다는 것이다. 예를 들면 규칙1에 의해서 글자색을 빨강으로 했는데 다시 글자색을 파랑으로 하라는 규칙2가 있는 경우 규칙2는 적용되지 않는다.

2 양식 컨트롤 도구의 이해 : 스핀 단추, 스크롤 막대

(1) 양식 컨트롤 도구 이해

양식(Form)이란 데이터 목록, 입력 상자, 선택 장치 등을 말한다. 이러한 양식을 만들어서 사용하게 해주는 양식 컨트롤(Form Controls)이란 엑셀 대부분의 버전에서 호환되는 기본 컨트롤이다. 어려운 VBA 코드(Visual Basic for Applications Code)를 사용하지 않고도 간단하게 워크시트에 이러한 양식 컨트롤 도구를 붙일 수 있다. 데이터의 입력, 변경이나 데이터의 선택과 같은 작업에 양식 컨트롤 도구를 이용하면 키보드를 사용하지 않고도 간편하게 마우스 클릭만으로 처리할 수 있다. 엑셀에서는 다음과 같은 종류의 양식 컨트롤 도구를 지원한다.

그림 8-16 양식 컨트롤 도구

(2) 개발 도구 탭 활성화

아포리즘 15 리본 메뉴에서 개발 도구 탭 활성화에 대하여

양식 컨트롤 도구를 사용하기 위해서는 리본 메뉴에 개발 도구 탭이 나타나야 한다. 엑셀을 설치할 때 보통은 개발 도구 탭이 비활성화 상태로 설치된다.

리본 메뉴 파일에서 왼쪽 메뉴의 맨 아래 ❑ 옵션을 클릭하면, [그림 8-17]의 Excel 옵션 창이 뜨고, 여기서 ❑ 리본 사용자 지정을 클릭하면 리본 메뉴의 목록에 대해서 사용자 설정을 할 수 있다. 개발 도구 탭이 보이게 하려면 오른쪽 메뉴 목록에서 "개발 도구" 앞의 확인란(☐)에 체크 표시를 하면 된다. ❑ 확인 단추를 누르고 다시 엑셀 워크시트로 가면 리본 메뉴에 개발 도구 탭이 보일 것이다.

그림 8-17 Excel 옵션 창

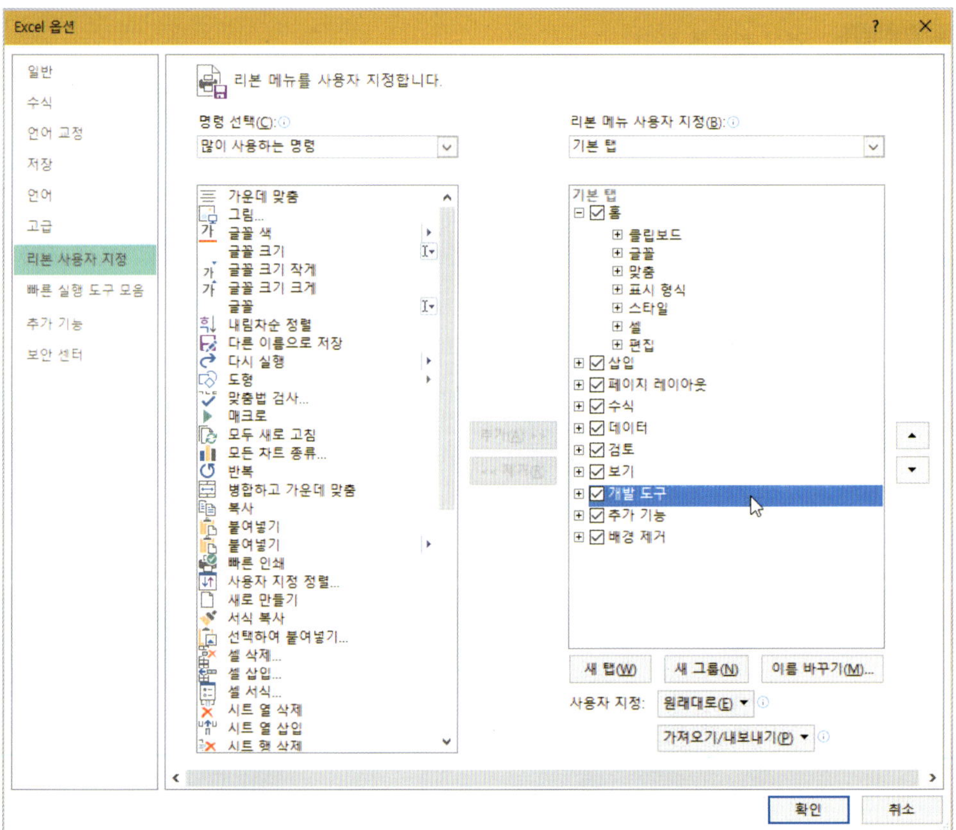

양식 컨트롤 도구를 워크시트에서 사용하기 위해서는 리본 메뉴 개발 도구 컨트롤

에서 삽입 을 클릭하여 필요한 양식 컨트롤 도구를 선택한 다음(이때 마우스 포인터의 모양이 작은 더하기기호(+)로 변한다), 워크시트의 원하는 셀 위에 마우스로 드래그하여 그려 넣으면 된다. [그림 8-18]은 삽입 을 클릭했을 때 나타나는 양식 컨트롤 도구들이다. 이 중에서 아래쪽 ActiveX 컨트롤은 이 책에서는 다루지 않는다.

그림 8-18 양식 컨트롤 도구 메뉴

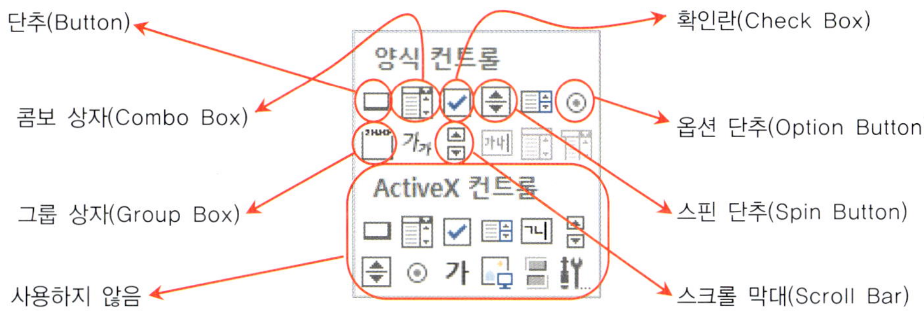

마우스 드래그를 통해서 양식 컨트롤 도구는 워크시트 위에 그려진다. 다른 그림과 같은 개체와 마찬가지로 양식 컨트롤 도구는 마우스로 선택한 특정 셀의 위에 그려질 뿐이다. 그렇다고 양식 컨트롤 도구가 셀 속에 데이터처럼 입력되는 것은 아니고 다만 행이나 열이 삽입되는 경우에 그에 따라서 처음에 자리 잡은 셀과 함께 움직인다. 또한 양식 컨트롤 도구를 클릭한 다음 마우스로 드래그하면 다른 위치로 쉽게 옮길 수 있다.

제3장 2절 참고

그렇다면 양식 컨트롤 도구와 워크시트의 셀은 어떻게 연결할 수 있을까? [그림 8-19]는 양식 컨트롤 도구가 특정 셀과 연결되는 개념을 보여주기 위한 것이다. 그림에서처럼 **양식 컨트롤 도구는 워크시트 위에 떠 있는 것**이고 떠 있는 위치와는 상관없이 **"컨트롤" 설정을 통해서 특정한 셀과 연결**시킬 수 있는 것이다. 컨트롤을 설정하기 위해서는 양식 컨트롤 도구를 오른쪽 마우스 버튼으로 클릭하여 나오는 팝업메뉴([그림 8-20])에서 ❑ 컨트롤 서식 을 클릭하면 설정할 수 있다.

그림 8-19 양식 컨트롤 도구와 셀과의 관계

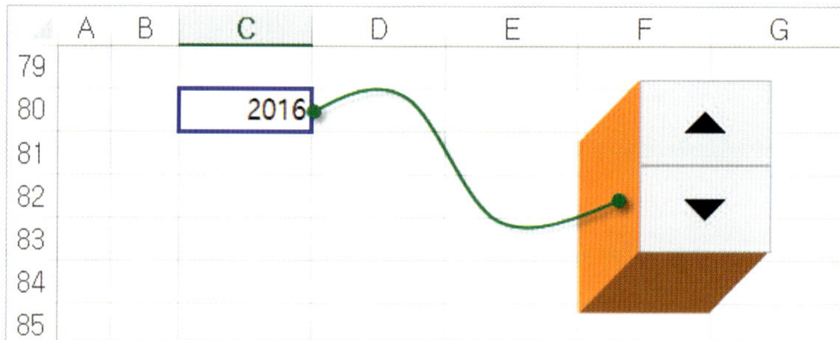

그림 8-20 양식 컨트롤 도구에 "컨트롤" 설정하기

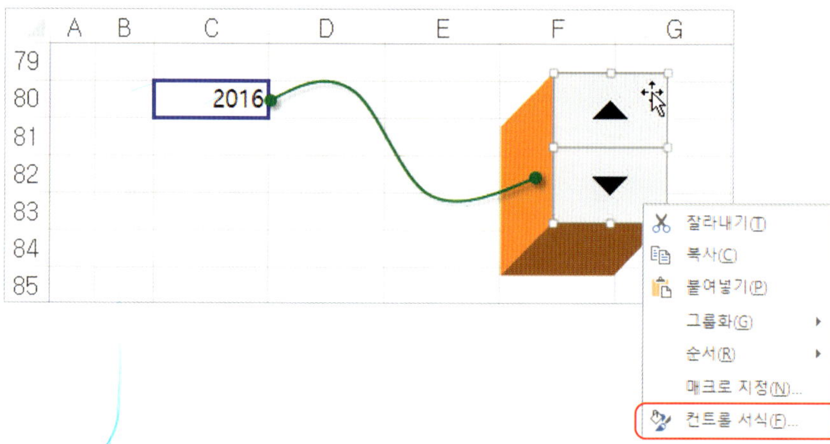

아포리즘 16 **양식 컨트롤 도구를 셀 테두리에 딱 맞추는 방법**

양식 컨트롤 도구의 크기를 셀에 딱 맞추는 방법은 Alt키(Alt)를 누르고 마우스를 드래그하면 된다. 왼쪽, 오른쪽으로 한 번씩 셀 테두리 쪽으로 드래그하면 셀 하나 또는 원하는 범위에 딱 맞게 자동으로 크기가 정해진다.

(3) 스핀 단추와 스크롤 막대

몇 가지 예제를 통해서 스핀 단추와 스크롤 막대의 활용 방법에 대해서 공부해 보자 (스핀 단추를 예전 버전에서는 회전자라고 부르기도 했다).

예제 32 스핀 단추 활용

예제 6 에서 다뤘던 직원별 매출액을 산출하는 워크시트를 사용하여 이번에는 스핀 단추를 붙여 보자. 예제 6 에서 제품별 단가는 50원으로 주어져 있었지만, 여기서는 단가를 최소 30원에서 최대 100원까지 조절할 수 있도록 하라. 또 마우스로 스핀 단추를 한 번 클릭할 때마다 5원씩 조절되도록 컨트롤을 설정하라. **키워드 : 상대참조/절대참조, 양식 컨트롤 도구, 스핀 단추**

	A	B	C	D
1		단가 :	50 (원)	
2	성명	수량	금액	
3	이용민	17,000		
4	최이현	20,000		
5	정희도	10,000		
6	이원혁	6,000		
7	곽기훈	8,900		
8	합계			

| 풀이 |

예제 6 에서는 단가가 들어 있는 셀 C1을 절대참조하여 셀 C3에 수식 *=B3*$C$1* 을 입력하였다. 이 수식을 바꿀 필요는 없고, 스핀 단추를 이용해서 단가 금액을 마우스로 변경시킬 수 있게 만들면 된다. 먼저 양식 컨트롤 도구에서 스핀 단추를 골라서 적당한 곳(여기서는 범위 D1:D2)에 그려 넣은 후에, 컨트롤을 잘 설정해 주면 된다.

그려진 스핀 단추를 마우스 오른쪽 버튼으로 클릭하여 컨트롤 서식 을 선택하면 [그림 8-21]의 컨트롤 서식 창이 열린다. 여러 가지 탭이 있는데 맨 오른쪽 컨트롤 탭에서 필요한 내용을 설정하면 된다. 현재값은 워크시트에서 현재 보이는 값을 지정한다. 여기서는 50을 입력한다. 최소값과 최대값은 예제에서 주어진 대로 차례로 30과 100으로 지정한다(이때 설정 가능한 최소값은 0이고 최대값은 30,000임을 주의해서 확인할 것. 이에 대한 자세한 내용은 다음 예제 34 에서 다룰 것임). 증분 변경값은 스핀 단추의 버튼을 한 번 클릭할 때마다 커지거나 작아지는 값이다. 여기서는 5로 설정한다. 마지막으로 **셀 연결은 바로 스핀 단추와 셀을 연결하는 장치**이다. 여기서는 이 스핀 버튼을 눌렀을 때 단가가 변해야 하므로 셀 C1을 지정해주면 된다. 연결되는 셀 참조는 항상 절대참조로 기록된다. 그 아래 3차원 음영(3D Shading) 옵션은 양식 컨트롤 도구에 음영이 추가되어 3차원으로 보이게 하는 용도다.

그림 8-21 컨트롤 서식 창

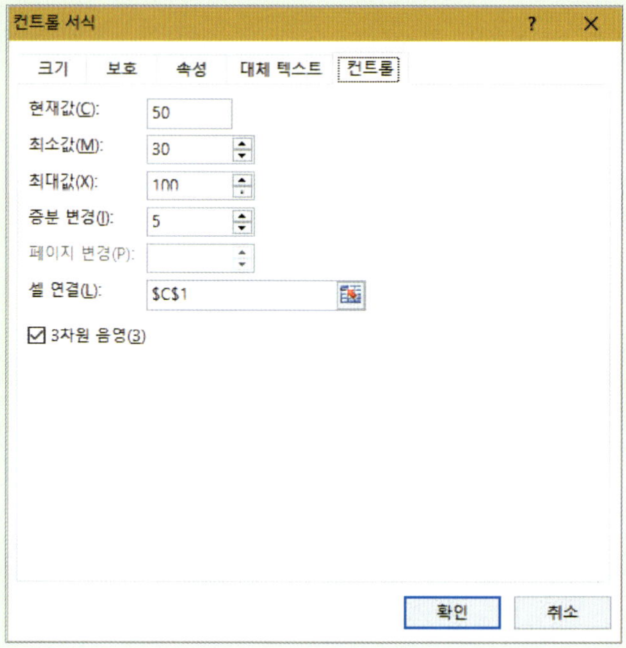

이제 설정이 끝났으면 스핀 단추를 클릭하여 셀 C1의 단가가 5씩 변하는지 확인하고 그 단가가 변할 때 직원들의 매출액도 함께 따라 변하는지 확인해 보기 바란다.

그림 8-22 예제 32 (스핀 단추 활용) 결과

	A	B	C	D
1		단가 :	50 (원)	▲
2	성명	수량	금액	▼
3	이용민	17,000	850,000	
4	최이현	20,000	1,000,000	
5	정희도	10,000	500,000	
6	이원혁	6,000	300,000	
7	곽기훈	8,900	445,000	
8	합계	61,900	3,095,000	

예제 33 스크롤 막대 활용

스핀 단추를 사용하여 판매수량을 입력할 수 있도록 하라. 워크시트에 있는 것처럼 판매수량은 0부터 500까지 변화시킬 수 있도록 하고, 한 번 클릭에 변화하는 양은 10으로 설정하라. 또 스크롤 막대를 사용하여 단가를 조절할 수 있도록 하라. 단가는 10부터 200까지 변화시킬 수 있도록 하고, 한 번 클릭에 2씩 변하게 하고, 페이지 변경값은 10으로 설정하라. 셀 B6에는 총매출액을 산출하라(*총매출액=판매수량×단가*). **키워드 : 양식 컨트롤 도구, 스핀 단추, 스크롤 막대**

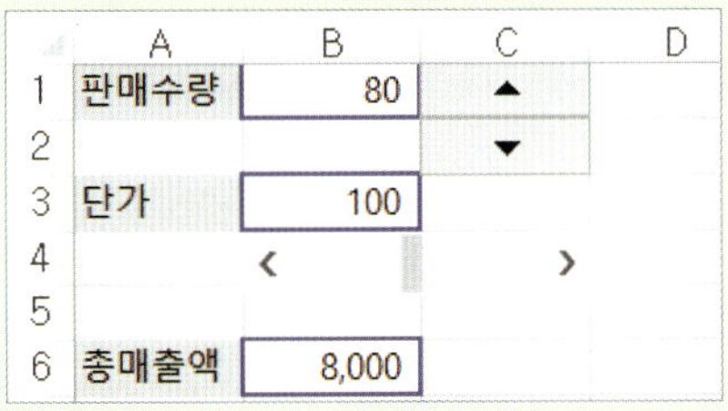

| 풀이 |

총매출액은 수식 *=B1*B3* 로 작성하면 된다. 두 가지 양식 컨트롤 도구를 붙여야 하는데, 먼저 예제 32 에서와 마찬가지로 스핀 단추를 클릭해서 범위 C1:C2에 그려 넣어 보자. 스핀 단추를 마우스 오른쪽 버튼으로 클릭 후 [그림 8-23]의 왼쪽과 같이 컨트롤 서식을 설정한다. 이 스핀 단추는 셀 B1에 연결한다. 마우스로 연결할 셀을 직접 선택하기 위해서는 셀 연결란의 오른쪽 끝에 있는 최소화 단추( )를 클릭하면 된다. 컨트롤 서식 창이 작아지고 워크시트에서 셀 B1을 클릭할 수 있다. 그리고 다시 컨트롤 서식 창으로 돌아가기 위해서는 대화상자 확장 단추( )를 클릭하면 된다.

최소화 단추에 대해서는 제5장 2절의 아포리즘 8 참고

이번에는 스크롤 막대를 선택하여 범위 B4:C4에 붙여 넣는다. 마찬가지로 스크롤 막대를 마우스 오른쪽 버튼으로 클릭 후 [그림 8-23]의 오른쪽과 같이 컨트롤 서식을 설정한다. 이 스크롤 막대는 셀 B3에 연결한다. 스크롤 막대의 컨트롤 서식은 스핀 단추의 컨트롤 서식과 거의 똑같지만 스크롤 막대의 경우에 **"페이지 변경"** 옵션이 하나 더 활성화된다. 이것은 스크롤 막대 가운데 보이는 엘리베이터와 양쪽 끝 사이의 공간을 클릭했을 때 증분 변경 크기를 보다 크게 설정할 수 있는 기능이다. 스크롤 막대는 양쪽 끝에 있는 화살표를 누르는 경우는 2씩 변경되지만, 페이지 변경은 10씩 변경되도록 설정하였다.

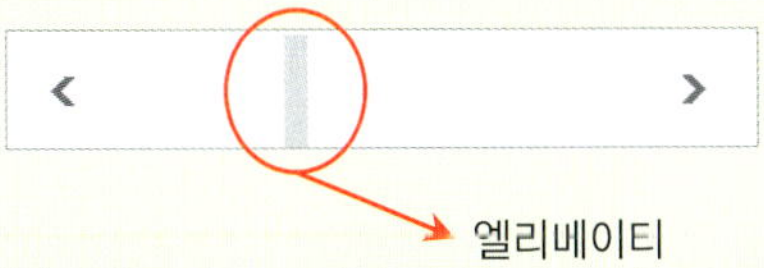

이제 설정이 끝났으면 스핀 단추를 클릭하여 셀 B1의 판매수량이 10씩 변하는지 확인하고, 스크롤 막대를 클릭할 때 셀 B3의 단가가 변하는지 확인하라. 스크롤 막대의 경우에는 양쪽 끝 화살표를 누를 때와 엘리베이터 옆 빈 공간을 누를 때 변하는 값에 차이가 있는지 확인해 보라. 그리고 판매수량이나 단가가 변할 때 셀 B6의 총매출액이 그에 따라 변하는지 확인해 보기 바란다.

그림 8-23 스핀 단추와 스크롤 막대의 [컨트롤 서식] 창

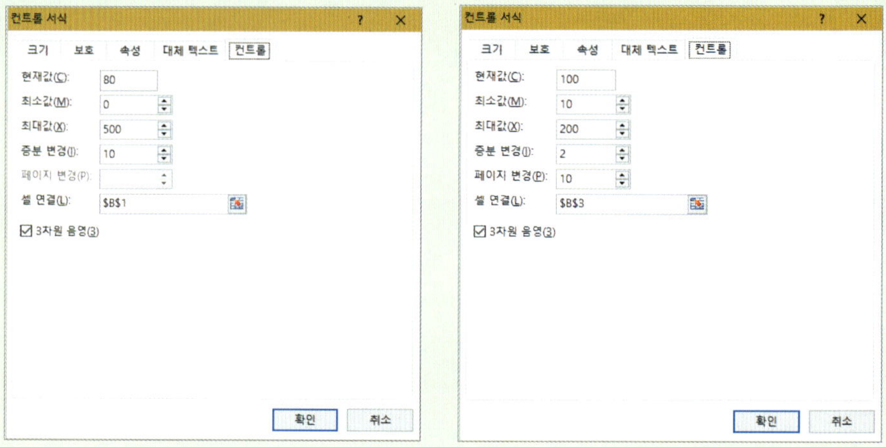

예제 34 수당지급액 2

예제 24에서 다뤘던 수당지급액 산출 문제에 양식 컨트롤 도구를 붙여서 각 수당을 조절할 수 있게 만든 예제다. 나머지 내용은 특별수당 지급기준량만 빼고 예제 24와 동일하다. 즉, 기본급은 모든 판매원에게 일률적으로 지급되고, 판매수당은 판매량에 따라 지급된다. 판매량이 특별수당 지급기준량을 초과하는 경우 초과한 수량에 따라 특별수당이 지급된다. 각각의 열에 해당 수당을 산출하고 마지막 F열에는 전체 지급액 합계(급여)를 구하라. 또 마지막 11행에는 각 열별 합계를 산출하라. **키워드 : 상대참조/절대참조, SUM 함수, IF 함수, 양식 컨트롤 도구, 스핀 단추**

① 기본급은 최소 10,000원, 최대 100,000원으로 하고, 증분 변경은 1,000원으로 설정하라.

② 판매수당과 특별수당은 최소 500원, 최대 5,000원으로 하고, 증분 변경은 100원으로 설정하라.

③ 특별수당을 지급하는 기준량도 스핀 단추를 연결해서 조정할 수 있도록 하라. 최소 500개, 최대 5,000개로 하고, 증분 변경은 100개씩으로 설정하라.

	A	B	C	D	E	F	G	H	I
1			종류	수당액	스핀단추	보조연결셀			
2			기본급	50,000					
3			판매수당	1,000					
4			특별수당	500					
5	판매원	판매량	기본급	판매수당	특별수당	급여	특별수당 지급기준량		▲
6	김승현	750	50,000	750,000	0	800,000	1000	(개)	▼
7	박민지	1,500	50,000	1,500,000	250,000	1,800,000			
8	조아연	1,210	50,000	1,210,000	105,000	1,365,000			
9	유장우	430	50,000	430,000	0	480,000			
10	이강철	55	50,000	55,000	0	105,000			
11	합계	3,945	250,000	3,945,000	355,000	4,550,000			

| 풀이 |

스핀 단추를 사용하여 데이터베이스에 있는 각종 수당 등 자료를 조절할 수 있도록 하는 것이므로 예제 24 에서 작성한 워크시트에 있는 수식은 대부분 그대로 사용할 수 있다. 다만 특별수당 지급 기준량이 상수가 아니라 데이터베이스 자료로 바꿔야 하므로 그 부분만 수정하면 된다.

예제 24 에서 작성한 수식들이다. 셀 C6(기본급)에는 데이터베이스에 있는 기본급 수당액(셀 D2)을 절대참조하여 수식 *=$D$2* 라고 입력하였다. 셀 D6(판매수당)에는 판매량(셀 B6)에 수당액(셀 D3)을 곱하는 수식 *=B6*$D$3* 라고 입력하였다. 이때 판매량은 상대참조, 수당액은 절대참조 방식으로 해야 한다.

특별수당(셀 E6)은 지급조건이 있으므로 IF 함수를 사용해야 한다. 지급조건은 판매량(셀 B6)이 지급기준량(셀 G6)을 넘는 경우이므로, 조건식은 *B6>$G$6* 가 되고, 이 논리값이 TRUE이면 초과한 수량(B6−$G$6)에 대해서 특별수당(셀 D4)을 지급하므로 수당액은 *(B6−$G$6)*$D$4* 를 반환하면 되고, FALSE인 경우에는 지급하지 않는다. 따라서 셀 E6에 입력할 수식은 *=IF(B6>$G$6, (B6−$G$6)*$D$4, 0)* 이 된다. 셀 F6에는 세 가지 지급액 합계 함수 *=SUM(C6:E6)* 를 입력한다.

이제 6행에 대해서 완성했으므로 나머지 10행까지는 이 수식들을 모두 한 번에 복사하여 사용한다. 11행에 산출할 열별 합계를 위해서 셀 B11에는 수식 *=SUM(B6:B10)* 을 입력하면 되고 나머지 범위 C11:F11에는 이 수식을 복사해서 사용하면 된다. 여기까지는 특별수당 지급기준량을 새롭게 데이터베이스 자료를 절대참조하여 사용하는 것 외에는 예제 24 와 동일하다.

이제 각 수당액과 지급기준량에 스핀 단추를 연결하는 일만 남았다. 각 수당을 조절하기 위한 스핀 단추는 범위 E2:E4에 각각 넣기로 한다. 먼저 판매 수당을 조절하기 위한 스핀 단추는 셀 E3 위에 그려 넣는다. 컨트롤 서식은 현재값(1,000), 최소값(500), 최대값(5,000), 증분 변경(100)으로 입력하고, 연결 셀은 D3로 한다. 두 번째로 특별수당을 조절하기 위한 스핀 단추는 셀 E4 위에 그려 넣는다. 컨트롤 서식은 현재값(500), 최소값(500), 최대값(5,000), 증분 변경(100)으로 입력하고, 연결 셀은 D4로 한다.

(※ **이 부분이 핵심임**) 첫 번째 기본급을 조절하기 위한 스핀 단추는 셀 E2 위에 그려 넣는다. 이것을 순서를 바꿔서 지금 설명하는 이유는 컨트롤 서식으로 입력할 최대값이 100,000원으로, 최대값 설정의 한계값인 30,000을 넘기 때문이다. 따라서 바로 입력할 수가 없다. 이와 같은 경우에는 **보조연결셀을 하나 정해서 이 스핀 단추의 연결셀로 활용하는 방법을 사용해야** 한다. 그리고 수당액은 그 보조연결셀 값을 적당히 활용하여 산출되게 하면 된다. 그래서 셀 F2를 **보조연결셀**로 하고 스핀 단추를 여기에 연결한다. 컨트롤 서식은 현재값(50), 최소값(10), 최대값(100), 증분 변경(1)으로 입력한다. 즉 원래 필요한 값의 1/1000을 입력한 것이다. 그리고 셀 D2에는 이 보조연결셀 F2 값을 참조해서 원래 필요한 값을 산출해야 한다. 따라서 셀 D2에는 수식 *=F2*1000*을 입력하면 된다. 이 스핀 단추를 클릭하면 연결된 셀 F2의 값이 변하는 것이고, 셀 D2의 값은 위 수식(F2*1000)에 의해서 산출된다는 것을 확실하게 이해해야 한다. 이런 방식을 이용해서 컨트롤 서식이 일정한 영역의 정수로만 설정하게 제한되어 있다고 하더라도 영역을 넘는 큰 값이나 심지어 소수로 변하는 경우 등 **다양한 경우에도 얼마든지 활용**할 수 있는 것이다.

마지막으로 특별수당 지급기준량을 조절하기 위한 스핀 단추는 범위 I5:I6 위에 그려 넣는다. 컨트롤 서식은 현재값(1,000), 최소값(500), 최대값(5,000), 증분 변경(100)으로 입력하고, 연결셀은 G6로 한다. 이것으로 워크시트가 완성되었다.

여러 수당액을 변화시켜 보면서 각종 수당이 제대로 산출되는지 확인해 보기 바란다. [그림 8-24]는 특별수당 지급기준량을 1,300개로 조정했을 때의 결과 화면이다. 지급기준량을 1,300개로 했으므로 조아연(판매량 1,210개) 판매원이 받았던 특별수당(셀 E8)이 없어진 것(0이 되었음)을 확인할 수 있다.

그림 8-24 예제 34 (수당지급액 2) 결과

	A	B	C	D	E	F	G	H	I
1			종류	수당액	스핀단추	보조연결셀			
2			기본급	50,000		50			
3			판매수당	1,000					
4			특별수당	500					
5	판매원	판매량	기본급	판매수당	특별수당	급여	특별수당 지급기준량		▲
6	김승현	750	50,000	750,000	0	800,000	1300	(개)	▼
7	박민지	1,500	50,000	1,500,000	100,000	1,650,000			
8	조아연	1,210	50,000	1,210,000	0	1,260,000			
9	유장우	430	50,000	430,000	0	480,000			
10	이강철	55	50,000	55,000	0	105,000			
11	합계	3,945	250,000	3,945,000	100,000	4,295,000			

Chapter 09

다재다능한 VLOOKUP 함수

1. VLOOKUP 함수 이해
2. HLOOKUP 함수
3. VLOOKUP 함수의 다양한 활용
4. 다른 워크시트의 자료 참조

1 VLOOKUP 함수 이해

이미 제7장 2절의 아포리즘 12 에서 언급한 것처럼 VLOOKUP 함수는 중첩 IF 함수를 보다 간편하게 사용할 수 있도록 고안된 함수이다. 다시 말하면 IF 함수가 두 가지 선택 중에서 어느 하나를 골라서 실행하는 함수라고 한다면, **VLOOKUP 함수는 표의 형태로 주어지는 목록(이것을 참조표라고 함)에서 어느 하나를 골라서 실행하는 함수다.** 따라서 기본적인 특성은 IF 함수처럼 엑셀에 인공지능을 부여하는 역할을 하지만 데이터 목록을 활용해서 선택의 폭을 넓게 할 수 있다는 점에서 훨씬 더 다양하게 사용될 수 있다.

VLOOKUP 함수는 더욱 다양하게 활용할 수 있도록 4가지 인수를 사용한다. VLOOKUP 함수가 참조표라고 부르는 목록에서 해당되는 내용을 골라서 반환해주는 함수라는 점을 분명히 이해한다면 4가지 인수도 쉽게 이해할 수 있다. 첫 번째 인수인 **찾을_값(Lookup Value)**은 참조표와 비교하여 해당되는 내용을 찾기 위한 값이다. 주의해야 할 점은 **항상 참조표의 첫째 열에서 찾는다**는 점이다(따라서 찾을_값에 해당되는 내용이 참조표의 첫 번째 열에 위치할 수 있도록 참조표의 범위를 잘 맞추어 조정해야 한다). 두 번째 인수인 **참조표(Table)**는 해당되는 내용을 담고 있는 목록을 의미한다. 일종의 데이터베이스라고 할 수 있다. 세 번째 인수인 **표시_열_번호(Column Index Number)**는 해당되는 내용이 있는 행에서 몇 번째 열의 데이터를 반환할 것인지를 지정하는 번호다. 가령 "2"라고 인수를 입력했다면, 참조표에서 해당되는 내용을 찾아서 그 행의 두 번째 열의 데이터를 반환해 주는 것이다. 그리고 네 번째 인수인 **[근사허용(Range Lookup)]**은 찾을 때 똑같은 값의 데이터를 찾느냐 아니면 똑같은 값이 없을 때 근사를 허용할 것인가를 지정하는 논리값이다. TRUE 또는 FALSE를 사용할 수 있고, TRUE 대신 1, FALSE 대신 0을 사용해도 된다. 아래의 VLOOKUP 함수 구문에서 이 인수를 표시할 때 대괄호([ ])를 사용하고 있는 이유는 이 인수는 때에 따라서 생략이 가능하다는 의미이다. 여기서는 근사를 허용하는 경우가 일반적인 경우(디폴트값)이고 따라서 TRUE인 경우에는 생략할 수 있다.

VLOOKUP 함수의 구문 : **VLOOKUP(찾을_값, 참조표, 표시_열_번호, [근사허용])**

그러면 찾을_값을 참조표에서 어떻게 찾을까? 항상 찾을_값을 참조표의 **첫 번째 열**

에서 아래로 내려가면서 찾는다. 그리고 찾을_값보다 **작거나 같은 값 중에서 최대값**을 찾는다. 따라서 근사를 허용하는 경우에는 참조표는 첫 번째 열에 대해서 반드시 **오름차순으로 정렬**이 되어 있어야 한다. 물론 근사를 허용하지 않는 경우에는 똑같은 값을 찾는 것이므로 참조표가 첫 번째 열에 대해서 정렬되어 있지 않아도 상관없다.

아래의 예를 보고 VLOOKUP 함수의 기능을 확실하게 이해해 보자. [그림 9-1]은 여기서 사용된 참조표이다. VLOOKUP 함수의 정의된 기능을 통해서 이 참조표에서 데이터를 어떻게 찾는지 확인해 보기로 하자. 표에서 반환값은 VLOOKUP 함수가 반환하는 값을 의미한다.

그림 9-1 VLOOKUP 함수 사용 예 및 참조표

예	VLOOKUP 함수식	반환값
1	=VLOOKUP(0.95, 참조표, 1, true)	0.946
2	=VLOOKUP(0.8, 참조표, 2)	2.57
3	=VLOOKUP(1, 참조표, 3, true)	100
4	=VLOOKUP(0.746, 참조표, 3, false)	200
5	=VLOOKUP(0.1, 참조표, 2, true)	#N/A
6	=VLOOKUP(5, 참조표, 2, true)	1.71

	I	J	K
15	밀도	점도	온도
16	0.457	3.55	500
17	0.525	3.25	400
18	0.616	2.93	300
19	0.675	2.75	250
20	0.746	2.57	200
21	0.835	2.38	150
22	0.946	2.17	100
23	1.09	1.95	50
24	1.29	1.71	0

위 예에서 참조표가 들어 있는 범위는 I15:K24다. 참조표 범위에 머리글 행이 포함되지 않아도 상관없으나 보통 포함시키는 것이 표 자체로서 완성도가 높아서 더 좋다. 보통 엑셀 수식에서 참조표는 데이터베이스와 같은 역할을 하므로 절대참조 방식으로 참조한다. 따라서 참조표의 주소는 ***$I$15:$K$24***라고 쓰는 것이 좋다. 위 [그림 9-1]의 예에서는 VLOOKUP 함수의 참조표 칸에 범위 ***$I$15:$K$24***를 직접 사용하지 않고 대신 "참조표"란 이름을 사용하였다. 위 참조표 범위를 미리 이름 관리자에 정의를 해 놓았기 때문에 범위를 사용하는 대신에 정의된 이름 "참조표"를 수식에서 사용할 수도 있다.

이와 같이 자주 참조되는 셀이나 범위에는 이름을 붙여서 이름 관리자에 정의(저장)해 놓고, 수식에서 셀 주소나 범위 대신 그 이름을 사용할 수도 있다. 특정한 셀 범위를 이름 관리자에 정의하는 방법은 [리본 메뉴] [수식] [정의된 이름] [이름 관리자]를 선택한 다음, [그림 9-2]의 왼쪽 그림과 같은 [이름 관리자] 창에서 [새로 만들기]를 클릭하면 된다.

그림 9-2 이름 관리자 창과 새 이름 창

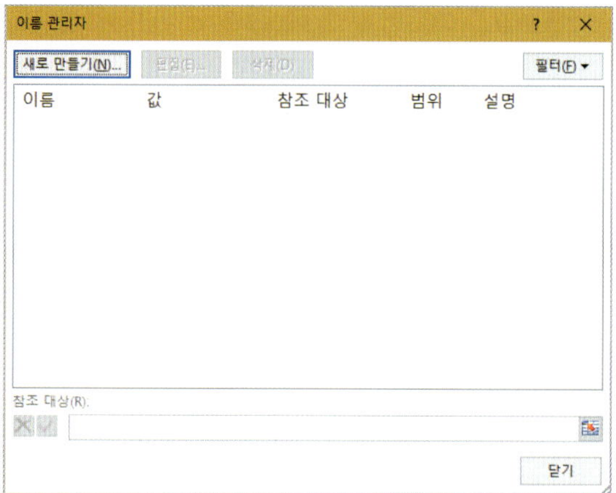

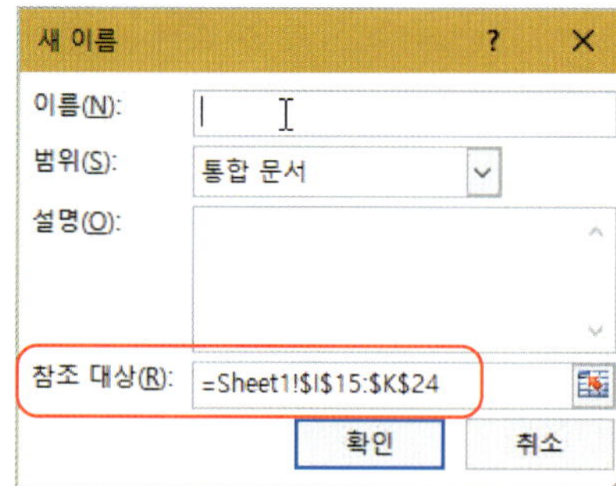

새 이름 창에서 참조 대상에 표시되는 워크시트 이름과 범위를 확인하고 이름 칸에 정의할 이름을 입력하면 된다. 이름 관리자에 정의된 이름을 활용하는 방법에 대해서는 아래 아포리즘 17 을 참고하라.

아포리즘 17 이름 정의 및 사용

자주 사용되거나 또는 처음 봐서는 이해하기 어려운 셀이나, 상수, 수식, 범위 등을 참조할 때, 이름을 정의해 놓으면 사용할 때 용도를 쉽게 알 수 있는 장점이 있다. 가령 범위 C20:C30에 입력된 데이터에 "상반기판매량"이라고 이름을 붙였다고 하자. 그러면 수식 *=SUM(C20:C30)* 처럼 범위를 직접 사용하는 대신에 정의된 이름을 사용하여 *=SUM(상반기판매량)* 이라고 작성할 수 있다.

통합문서에 여러 워크시트가 있는 경우, 특정 워크시트의 이름과 함께 범위를 정의하여 사용하면 통합문서의 모든 워크시트에서 인식된다. 가령 위 "상반기판매량"이 Sheet1의 범위 C20:C30의 내용이고 이것을 *Sheet1!상반기판매량* 으로 정의하였다면 수식에서 *상반기판매량* 이라고만 해도 통합문서 전체에서 인식된다(워크시트 이름 다음에 느낌표(!)가 있음을 확인할 것).

또 다른 통합문서에서 정의된 이름도 파일의 이름과 함께 범위를 정의하여 사용하면 다른 통합문서에서도 인식된다. 가령 위 Sheet1의 범위 C20:C30의 내용이 파일 Sale.xlsx에 있는 것이라고 하자. 그리고 이름을 정의할 때 *[Sale.xlsx]Sheet1!상반기판매량* 으로 정의하면 다른 통합문서에서 *상반기판매량* 이라고만 해도 인식된다(통합문서 파일이름이 대괄호([ ])로 워크시트 이름 앞에 붙어 있음을 확인할 것).

4절의 아포리즘 19 참고

위 [그림 9-1] 표 예 1의 VLOOKUP 함수식을 살펴보자. 찾을_값이 0.95다. 0.95를 참조표의 첫 번째 열(I열)에서 찾는다. 이 참조표는 첫 번째 열에 대해서 오름차순으로 정렬이 되어 있다. 0.95를 위에서부터 차례로 찾아 나간다. VLOOKUP 함수의 네 번째 근사허용 인수가 TRUE이므로 0.95보다 같거나 작은 값 중에서 가장 큰 값을 찾는다. 그것은 22행의 0.946이 된다. 그리고 세 번째 표시_열_번호는 1이다. 즉 첫 번째 열(밀도)의 값 0.946을 반환한다.

아포리즘 18 데이터 정렬 : 오름차순, 내림차순

범위를 지정하여 범위 내 데이터를 정렬시키는 방법은 리본 메뉴 데이터 정렬 및 필터 에서 ❑ 정렬 을 클릭하여 나오는 정렬 창에서 정렬할 기준으로 사용할 **열, 정렬 기준, 정렬(방식)**을 설정하면 된다. **열**의 "정렬 기준" 콤보 상자를 클릭하면 범위 속 열의 머리글이 목록으로 보이고 그 중에서 정렬 기준이 되는 열을 선택할 수 있다. 여기서는 밀도를 선택한다. 그리고 **정렬 기준**으로 보통은 값이지만 셀 색, 글꼴 색 등을 선택할 수도 있다. 그리고 **정렬**에서는 오름차순, 내림차순, 사용자 지정 목록 중에서 선택하면 된다. 여기 참조표에서는 오름차순을 선택한다.

정렬할 범위에 머리글 행이 있는 경우 아래와 같은 정렬 창의 오른쪽 위에 있는 "□ 내 데이터에 머리글 표시"에 체크표시(☑)를 하면 그 부분은 정렬에서 제외된다. 머리글 표시에 체크되어 있으면 아래 정렬 기준에 열의 머리글 내용이 목록으로 나오고, 체크되어 있지 않은 경우에는 목록으로 열 I, 열 J, 열 K, … 이런 식으로 표시된다. 데이터 정렬에 대해서는 제13장 1절에서 다룰 것이다.

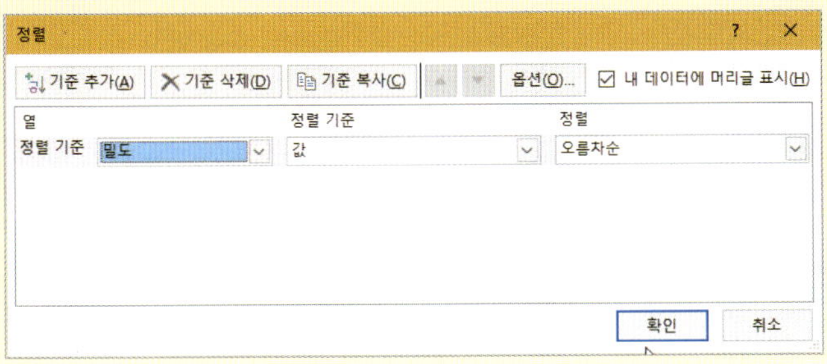

예 2의 VLOOKUP 함수식에서 찾을_값은 0.8이다. 0.8을 참조표의 첫 번째 열(I열)에서 찾는다. VLOOKUP 함수의 네 번째 근사허용 인수가 생략되어 있으므로 근사를 허용하는 경우이다. 따라서 0.8보다 같거나 작은 값 중에서 가장 큰 값을 찾는다. 그것은 20행의 0.746이 된다. 그리고 세 번째 표시_열_번호는 2이다. 즉 두 번째 열(점도)의 값 2.57을 반환한다.

예 3의 VLOOKUP 함수식에서 찾을_값은 1이다. 이 경우도 네 번째 근사허용 인수가 TRUE이므로 근사를 허용하는 경우이다. 따라서 1보다 같거나 작은 값 중에서 가장 큰 값을 찾는다. 그것은 22행의 0.946이 된다. 그리고 세 번째 표시_열_번호는 3이다. 즉 세 번째 열(온도)의 값 100을 반환한다.

예 4의 VLOOKUP 함수식에서 찾을_값은 0.746이다. 이번에는 네 번째 근사허용 인수가 FALSE이므로 근사값이 아닌 정확하게 같은 값을 찾아야 한다. 찾을_값 0.746과 똑같은 값은 20행의 0.746이 된다. 그리고 세 번째 표시_열_번호는 3이다. 즉 세 번째 열(온도)의 값 200을 반환한다.

예 5의 VLOOKUP 함수식에서도 찾을_값은 0.1이다. 0.1을 참조표의 첫 번째 열(I열)에서 찾는다. 그런데 첫 번째 열의 가장 작은 값이 0.457로 0.1은 이것보다도 작은 값이다. VLOOKUP 함수에서 찾을_값은 참조표 첫 번째 열의 가장 작은 첫 번째 값보다는 커야 한다. 지금처럼 작을 경우에는 "찾을 수 없다(Not Available)"는 오류 메시지인 ***#N/A***을 반환한다.

예 6의 VLOOKUP 함수식에서 찾을_값은 5이다. 이번에는 참조표 첫 번째 열의 가장 큰 값인 1.29보다도 큰 값이다. 그렇지만 VLOOKUP 함수에서는 근사를 허용하는 경우라면 찾을_값보다 같거나 작은 값 중에서 가장 큰 값을 찾게 되어 있으므로 이 경우 24행의 1.29를 찾는다. 여기서는 네 번째 근사허용 인수가 생략되어 있으므로 근사를 허용하는 경우다. 그리고 세 번째 표시_열_번호는 2이다. 따라서 두 번째 열(점도)의 값 1.71을 반환한다.

VLOOKUP 함수에서 근사가 허용된 경우, **같거나 작은 값 중에서 가장 큰 값**을 찾는다. 이것을 다음과 같이 그림으로 이해하면 무척 간단하다. 가령, 위 예 2의 주문처럼 0.8을 찾는다고 하자. 이 경우 아래 그림처럼 첫 번째 열이 오름차순으로 되어 있으므로 위에서부터 0.8이 들어가야 할 위치를 찾아서 위쪽 행을 선택하면 된다.

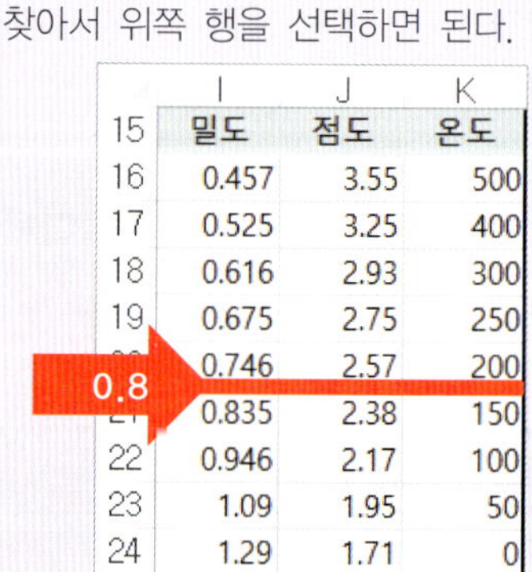

	I	J	K
15	밀도	점도	온도
16	0.457	3.55	500
17	0.525	3.25	400
18	0.616	2.93	300
19	0.675	2.75	250
20	0.746	2.57	200
21	0.835	2.38	150
22	0.946	2.17	100
23	1.09	1.95	50
24	1.29	1.71	0

예제 35 학점 부여

자료는 학생들의 중간고사, 기말고사 성적과 출석 점수, 그리고 과제 점수이다. 중간, 기말고사 점수는 각각 30%씩 반영하고, 출석과 과제 점수는 각각 20%씩 반영하여 최종 점수를 산출한다. 그리고 최종 점수에 따라 적절한 학점을 부여해 보라. 최종 점수에 따른 학점표는 범위 I1:J10에 있다. 그리고 제8장 1절에서 다룬 것처럼 학점별(A, B, C, D, F)로 서로 다른 색상으로 표시되도록 학점 열에 조건부 서식을 적용하라. **키워드 : VLOOKUP 함수, 조건부 서식**

	A	B	C	D	E	F	G	H	I	J
1	이름	중간	기말	출석	과제	최종	학점		점수	학점
2	이정희	72	58	100	100				0	F
3	방주영	0	98	0	0				40	D0
4	김경숙	65	93	100	100				60	D+
5	임승철	93	85	100	90				65	C0
6	황효진	73	72	90	90				75	C+
7	김봉남	62	52	100	80				80	B0
8									85	B+
9									90	A0
10									95	A+

| 풀이 |

이 예제는 세 가지 내용을 묻고 있다. 첫 번째 문제는 F열에 최종 성적을 산출하는 것, 두 번째 문제 최종 성적에 따라 G열에 적절한 학점을 부여하는 것, 그리고 세 번째 문제는 G열에 조건부 서식을 적용하는 것이다. 차례로 생각해 보자.

첫째, 셀 F2에는 가중치를 고려한 최종 성적을 산출하는 수식을 입력해야 한다. 가중치는 따로 셀에 제시되어 있지 않으므로 그냥 상수를 사용하기로 하자. 중간, 기말고사 점수는 각각 30%씩 반영하고, 출석과 과제 점수는 각각 20%씩 반영한다고 하므로 셀 F2에 입력할 수식은 *=(B2+C2)*30%+(D2+E2)*20%* 라고 하면 된다(가중평균이므로 가중치의 합이 항상 1이 되어야 하는 것을 확인하라. 여기서는 30%+30%+20%+20%=100%로 1이 된다).

둘째, 셀 G2에는 최종 성적에 따라 학점을 부여해야 한다. 학점의 종류가 많으므로 IF 함수를 사용하는 것보다는 VLOOKUP 함수를 사용하는 것이 훨씬 편리하다. 최종 성적(셀 F2)을 찾을_값으로 하고, 범위 I1:J10의 내용을 참조표로 사용한다면 참조표의 첫 번째 열인 점수를 따라 찾을_값(셀 F2의 값)을 찾아서 참조표의 두 번째 열(학점)의 내용을 반환시키면 바로 그것이 학점이 된다. 따라서 셀 G2에 입력할 VLOOKUP 함수식은 *=VLOOKUP(F2, $I$1:$J$10, 2)*라고 하면 된다. 학점표는 95점 이상이면 A+, 90점 이상 95점 미만이면 A0, 이런 식으로 근사를 허용해야 하므로 네 번째 인수 TRUE는 생략해도 된다. 또 찾을_값은 상대참조로 해야 이 VLOOKUP 함수식을 아래로 복사해서 사용할 때 해당 학생의 최종 성적을 찾을_값으로 해서 학점을 찾게 된다. 그렇지만 참조표는 범위 I1:J10에 고정되어 있으므로 절대참조로 해야 한다(이 학점표는 점수(I열)에 대해서 오름차순으로 정렬되어 있음을 확인할 것). 그리고 셀 F2와 셀 G2를 한꺼번에 선택해서 밑으로 복사해서 사용하면 된다.

셋째, 학점에 따라 글자색이 달라지도록 조건부 서식을 설정해 보자. “A”를 포함하는 학점은 파랑, “B”를 포함하는 학점은 초록, “C”와 “D”를 포함하는 학점은 검정, “F”를 포함하는 학점은 빨강으로 모두 굵은 글씨체로 표시되게 해보자. 조건부 서식을 적용할 셀 범위(G2:G7)를 선택한다. 리본 메뉴 홈 스타일 조건부 서식 셀 강조 규칙 을 선택하고, ❏ 텍스트 포함 을 클릭한다. [그림 9-3]과 같이 포함할 텍스트로 *A*를 입력하고, 적용할 서식으로는 ***사용자 지정 서식***을 선택하여, 글꼴 스타일은 ***굵게***를, 색은 ***파랑***으로 지정한다(사용자 지정 서식은 제8장 1절의 [그림 8-3] 셀 서식 창을 참고할 것).

그림 9-3 텍스트 포함 창

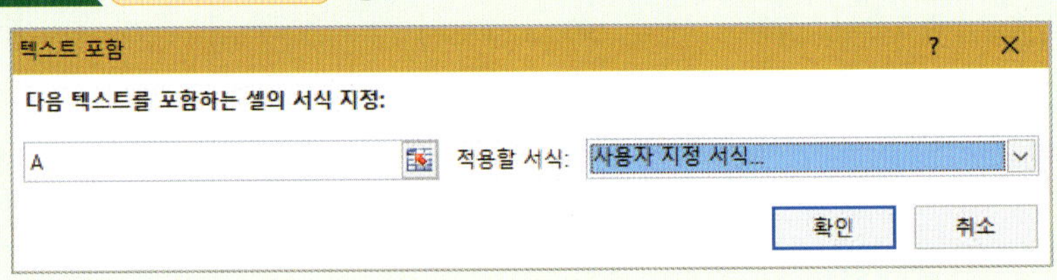

조건부 서식을 적용할 셀 범위(G2:G7)를 선택한 상태에서 같은 방법으로 반복하여, 텍스트 B가 포함된 셀에는 굵은 초록색으로 설정하고, 텍스트 F가 포함된 셀에는 굵은 빨강으로 설정한다. 세 가지 조건부 서식 지정이 끝났다면 리본 메뉴 홈 스타일 조건부 서식 ❏ 규칙 관리 를 클릭해 보자. 그러면 [그림 9-4]와 같이 지금까지 그 범위에 지정한 조건부 서식이 정리되어 출력된다(조건부 서식에 대한 자세한 내용은 제8장 1절의 예제 29 를 참고할 것).

그림 9-4 조건부 서식 규칙 관리자 창

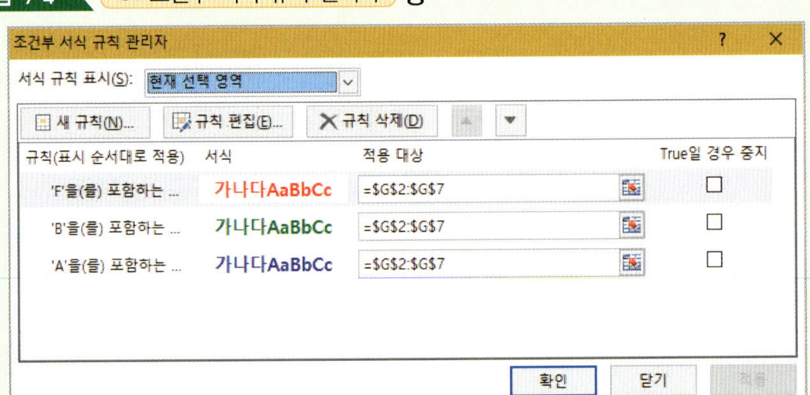

그림 9-5 예제 35(학점 부여) 결과

	A	B	C	D	E	F	G	H	I	J
1	이름	중간	기말	출석	과제	최종	학점		점수	학점
2	이정희	72	58	100	100	79.0	C+		0	F
3	방주영	0	98	0	0	29.4	F		40	D0
4	김경숙	65	93	100	100	87.4	B+		60	D+
5	임승철	93	85	100	90	91.4	A0		65	C0
6	황효진	73	72	90	90	79.5	C+		75	C+
7	김봉남	62	52	100	80	70.2	C0		80	B0
8									85	B+
9									90	A0
10									95	A+

예제 36 정확히 일치해야 하는 경우

G열에 사원의 이름을 입력하면 주어진 데이터베이스를 검색하여 평가점수(H열)와 특별수당(I열)이 출력되도록 작성하라. **키워드 : VLOOKUP 함수**

	A	B	C	D	E	F	G	H	I
1	사원 정보 데이터베이스								
2	이름	부서	직위	평가점수	특별수당		성명	평가점수	특별수당
3	정로환	기술	부장	A	240		정로화		
4	최효원	영업	부장	B	140		박한얼		
5	정로화	총무	팀장	B	120		홍기주		
6	홍기주	영업	팀장	C	50		염건		
7	박한얼	총무	사원	A	250		이대진		
8	이대진	영업	사원	B	130				
9	성호명	기술	사원	C	60				

| 풀이 |

이 예제에서 눈여겨 봐야 할 점은 사원정보 데이터베이스가 **첫 번째 열(이름)에 대해서 오름차순 정렬이 되어 있지 않다**는 점이다. 따라서 이 참조표를 활용할 경우 근사를 허용하기는 불가능하다. 또한 찾을_값이 사원 이름이므로 근사치를 찾는다는 것도 의미가 없는 상황이다.

셀 H3에는 평가점수를 기록해야 한다. 참조표는 범위 A2:E9을 활용하면 되고, 찾을_값은 셀 G3에 입력된 사원 이름으로 찾으면 된다. 참조표에서 똑같은 이름을 찾아서 네 번째 열에 있는 평가점수를 가져오면 된다. 따라서 표시할 열 번호는 4이다. 근사 허용이 되지 않으므로 VLOOKUP 함수의 네 번째 인수는 FALSE 또는 0이라고 반드시 입력해야 한다. 그러므로 셀 H3에 입력할 VLOOKUP 함수식은 *=VLOOKUP(G3, $A$2:$E$9, 4, FALSE)*라고 해야 한다.

셀 I3에는 특별수당을 표시해야 하므로, 표시할 열 번호는 5이다. 따라서 입력할 VLOOKUP 함수식은 *=VLOOKUP(G3, $A$2:$E$9, 5, 0)*이라고 하면 된다.

[그림 9-6]에서 사원 이름으로 "염건"이라고 입력한 경우의 결과를 살펴보자. 참조표에 똑같은 이름이 없으므로 오류 메시지 *#N/A*가 출력되었다(참고로 찾을_값으로 "정*"와 같이 와일드 카드 문자 "*"를 사용하여 검색하는 경우에는 사원 중에서 이름이 "정"으로 시작하는 여러 사원이 모두 해당되는데, VLOOKUP 함수가 반환하는 이름은 참조표에 먼저 등장하는 사원이 된다. 따라서 여기서는 "정로환"이 된다).

그림 9-6 예제 36 (정확히 일치해야 하는 경우) 결과

	A	B	C	D	E	F	G	H	I
1	사원 정보 데이터베이스								
2	이름	부서	직위	평가점수	특별수당		성명	평가점수	특별수당
3	정로환	기술	부장	A	240		정로화	B	120
4	최효원	영업	부장	B	140		박한얼	A	250
5	정로화	총무	팀장	B	120		홍기주	C	50
6	홍기주	영업	팀장	C	50		염건	#N/A	#N/A
7	박한얼	총무	사원	A	250		이대진	B	130
8	이대진	영업	사원	B	130				
9	성호명	기술	사원	C	60				

2 HLOOKUP 함수

VLOOKUP 함수와 유사한 특성의 함수로는 HLOOKUP 함수와 그냥 LOOKUP 함수가 있다. LOOKUP 함수는 테이블 형태로 주어지는 참조표 대신에 그냥 벡터(한 행 또는 열)에서 데이터를 찾을 때 사용한다. 대신 인수로, 찾을_값, 찾는_벡터, 결과_벡터를 지정해 주면 된다. 네 번째 인수가 없으므로 항상 근사를 허용하며 벡터는 오름차순으로 정렬이 되어 있어야 한다. 간편해서 사용할 수는 있지만 똑같은 상황에 VLOOKUP 함수로도 충분히 사용할 수 있으므로 굳이 기억할 필요는 없다. 앞의 예제 35에서 학점을 산출하기 위한 수식을 예로 들어 설명해 보겠다. *=LOOKUP(79.0, I1:I10, J1:J10)*이라고 하면 찾을_값 79.0을 I열에서 찾아서 반환하는 값은 같은 행의 J열 값(C+)이 되는 것이다.

또 HLOOKUP 함수는 VLOOKUP 함수와 거의 똑같은데 다만 참조표의 행과 열이 바뀐 것이다(참고 : 세로Vertical vs. 가로Horizontal). 따라서 찾을_값을 참조표의 첫 번째 행에서 오른쪽으로 진행하면서 찾는다. 또 반환은 "표시_행_번호"에 따라 찾은 열에서 해당 행에 위치한 값을 반환하게 된다.

HLOOKUP 함수의 구문 : HLOOKUP(찾을_값, 참조표, 표시_행_번호, [근사허용])

예제 37 HLOOKUP 함수

범위 A2:D5의 데이터베이스 자료를 이용하여 예의 HLOOKUP 함수가 반환하는 값을 각각 예측해 보라. **키워드 : HLOOKUP 함수**

	A	B	C	D
1	부품명	노즐	모터	센서
2	가격	400	40	8
3	무게	700	60	5
4	수량	2	20	50

예	HLOOKUP 함수식	반환값
1	=HLOOKUP("노즐", $B$1:$D$4, 2, TRUE)	
2	=HLOOKUP("모터", $B$1:$D$4, 3, FALSE)	
3	=HLOOKUP("모터", $B$1:$D$4, 3, TRUE)	
4	=HLOOKUP("센서", $B$1:$D$4, 4)	
5	=HLOOKUP("모타", $B$1:$D$4, 4)	
6	=HLOOKUP("모타", $B$1:$D$4, 4, FALSE)	
7	=HLOOKUP("팬", $B$1:$D$4, 4)	
8	=HLOOKUP("거치대", $B$1:$D$4, 4)	

| 풀이 |

HLOOKUP 함수이므로 찾을_값을 참조표의 첫 번째 행(2행)에서 찾는다. 근사를 허용하는 경우를 위해서 참조표는 2행에 대해서 오름차순(가나다 순)으로 정렬이 되어 있음을 확인하라(A열은 머리글이라 정렬에서 제외되었고, 나머지 2행은 노즐, 모터, 센서의 순서로 정렬되어 있다).

예	설명	반환값
1	=HLOOKUP("노즐", $B$1:$D$4, 2, TRUE) 찾을_값 "노즐"을 참조표에서 찾는다. 네 번째 인수가 TRUE로 근사가 허용되었지만, 첫 번째 행에 "노즐"이 있으므로 B열을 찾는다. "표시 행 번호"는 2이므로 "가격" 행(2행)의 값 400을 반환한다.	400
2	=HLOOKUP("모터", $B$1:$D$4, 3, FALSE) 찾을_값 "모터"를 참조표에서 찾는다. 네 번째 인수가 FALSE로 근사가 허용되지 않으므로 똑같은 값을 찾는다. 첫 번째 행에 "모터"가 있는 C열을 찾는다. "표시 행 번호"는 3이므로 "무게" 행(3행)의 값 60을 반환한다.	60
3	=HLOOKUP("모터", $B$1:$D$4, 3, TRUE) 네 번째 인수가 TRUE로 근사가 허용되었지만, 첫 번째 행에 "모터"가 있으므로 위 2번 문제와 똑같이 C열을 찾는다. 나머지는 위와 똑같다.	60
4	=HLOOKUP("센서", $B$1:$D$4, 4) 찾을_값 "센서"를 참조표에서 찾는다. 네 번째 인수가 생략되었으므로 근사가 허용되었지만, 첫 번째 행에 "센서"가 있으므로 D열을 찾는다. "표시 행 번호"는 4이므로 "수량" 행(4행)의 값 50을 반환한다.	50
5	=HLOOKUP("모타", $B$1:$D$4, 4) 찾을_값 "모타"를 참조표에서 찾는다. 근사가 허용되므로, 첫 번째 행에 "모타"는 없지만 찾을_값보다 같거나 작은 값 중에서 가장 큰 값을 찾으면 "노즐"이 있는 B열이 된다. "표시 행 번호"는 4이므로 "수량" 행(4행)의 값 2를 반환한다(※ 모타 < 모터 : 모타가 모터보다 앞에 위치함).	2
6	=HLOOKUP("모타", $B$1:$D$4, 4, FALSE) 찾을_값 "모타"를 참조표에서 찾는다. FALSE로 근사가 허용되지 않았다. 그런데 첫 번째 행에 "모타"가 없으므로 오류 메시지 "#N/A"을 반환한다.	#N/A
7	=HLOOKUP("팬", $B$1:$D$4, 4) 찾을_값 "팬"을 참조표에서 찾는다. 근사가 허용되므로, 첫 번째 행에 "팬"은 없지만 찾을_값보다 같거나 작은 값 중에서 가장 큰 값을 찾으면 가장 마지막에 있는 "센서"가 있는 D열을 찾는다. "표시 행 번호"는 4이므로 "수량" 행(4행)의 값 50을 반환한다.	50
8	=HLOOKUP("거치대", $B$1:$D$4, 4) 찾을_값 "거치대"를 참조표에서 찾는다. 근사가 허용되었지만, 첫 번째 행의 가장 앞에 있는 "노즐"보다도 작은 값이므로 오류 메시지 "#N/A"을 반환한다.	#N/A

3 VLOOKUP 함수의 다양한 활용

예제 38 전기요금 산출 1

사용자 등급별로 요금 산출체계가 다른 상황이다. 여러 등급의 사용자에 대하여 적절하게 전기요금을 산출해 보라. 전기요금은 기본요금에 사용량에 따른 사용료를 더하여 산출된다. 사용자 등급별 기본요금과 단위당 사용료는 아래와 같다. 범위 H1:J5의 내용을 참조표로 활용하라. 또 기본요금은 사용량과 관계없이 무조건 부과되는 것으로 가정하라. 키워드 : VLOOKUP 함수

① A등급(상업용) : 20,000원+사용량×100원
② B등급(비영리) : 40,000원+사용량×20원
③ C등급(개인) : 10,000원+사용량×80원
④ D등급(산업용) : 0원+사용량×60원

	A	B	C	D	E	F	G	H	I	J
1	사용자	등급	사용량	기본요금	사용료	요금합		등급	기본요금	사용료(원)
2	화성테크	D	1,500					D	0	60
3	세마빌딩	A	450					C	10,000	80
4	정조대학	B	1,300					B	40,000	20
5	차두리	C	250					A	20,000	100
6	손흥민	C	350							

| 풀이 |

VLOOKUP 함수를 사용하기 위해서 사실상 어렵고 중요한 것은 주어진 조건의 내용을 참조표로 정리하는 작업이다. 여기서는 사용자 등급이 A, B, C, D로 네 가지가 있고, 각각의 등급에 따라서 기본요금과 사용량 단위당 사용료가 달리 책정되어 있다. 이 내용을 참조표를 만들어 정리하고 그것을 이용해서 VLOOKUP 함수를 사용해야 한다.

여기서는 범위 H1:J5에 등급, 기본요금, 단위당 사용료로 구별하여 책정된 내용을 정리하였다. 가능하면 등급열(H열)에 대해서 오름차순으로 정렬해 놓는 것이 좋겠지만, 이 예제에서는 이해를 위해서 일부러 정렬이 안 된 상태로 두었다.

등급열이 오름차순으로 정렬이 되어 있지 않지만 등급에는 근사치란 것이 의미가 없을 것이므로 이 상황에서는 VLOOKUP 함수의 네 번째 인수에 근사허용을 하지 않는 옵션 FALSE(또는 0)를 사용해야만 한다. 이 점을 고려하여 셀 D2에 입력할 VLOOKUP 함수식을 먼저 작성해 보자. 찾을_값으로는 셀 B2의 등급을 사용한다. 참조표는 범위 H1:J5에 있고, 이 수식을 아래 다른 사용자의 경우에도 복사해서 사용해야 하므로 절대참조로 사용하여야 한다. 기본요금은 참조표의 두 번째 열에 있으므로 표시_열_번호는 2이다. 따라서 수식은 *=VLOOKUP(B2, $H$1:$J$5, 2, FALSE)* 라고 하면 된다.

셀 E2의 사용료를 산출하는 수식을 작성해 보자. 사용료는 *사용량(셀 C2)×단가*로 계산하면 되고, 단가는 참조표를 사용해서 세 번째 열을 반환시키면 된다. 따라서 수식은 *=C2*VLOOKUP(B2, $H$1:$J$5, 3, FALSE)* 라고 하면 된다.

셀 F2의 요금합은 *=D2+E2*로 산출할 수 있다. 그리고 세 가지 항목의 범위 D2:F2를 한꺼번에 선택한 다음 아래로 복사하면 된다. 워크시트가 완성된 후에는 사용자별 등급을 변화시켜 보면서 그에 따라 기본요금과 사용료 단가가 제대로 적용되고 있는지 확인해 보라.

그림 9-7 예제 38 (전기요금 산출 1) 결과

	A	B	C	D	E	F	G	H	I	J
1	사용자	등급	사용량	기본요금	사용료	요금합		등급	기본요금	사용료(원)
2	화성테크	D	1,500	0	90,000	90,000		D	0	60
3	세마빌딩	A	450	20,000	45,000	65,000		C	10,000	80
4	정조대학	B	1,300	40,000	26,000	66,000		B	40,000	20
5	차두리	C	250	10,000	20,000	30,000		A	20,000	100
6	손흥민	C	350	10,000	28,000	38,000				

위 예제 38 은 VLOOKUP 함수의 이해를 위해서 단순화시킨 전기요금 산출 문제다. 이제 실제 **누진적 전기요금 산출 방식**에 대해서 살펴보자. 이와 같은 누진적 요금제도나 누진세를 산출하는 상황에도 역시 VLOOKUP 함수를 활용하면 매우 편리하다.

2017년 우리나라의 일반 주택용 전력(저압) 사용요금은 6단계로 나누어 사용량이 많아질수록 누진적으로 비싼 전력량 요금을 적용하고 있다. 아래의 [그림 9-8]은 6단계로 구분된 기본요금과 단계별 전력량 요금을 보여주고 있다(그러나 주택용 전력도 고압전력인 경우는 또 요금이 다르고, 최저요금 및 상황에 따른 할인 요금 등 세부적인 내용은 별도의 정책에 따라 부과된다. 여기서는 그런 부분은 생략한다).

그림 9-8 주택용 전력요금 책정 자료

기본요금(원/호)		전력량 요금(원/kWh)	
100kWh 이하 사용	410	처음 100kWh 까지	60.7
101 ~ 200kWh 사용	910	다음 100kWh 까지	125.9
201 ~ 300kWh 사용	1,600	다음 100kWh 까지	187.9
301 ~ 400kWh 사용	3,850	다음 100kWh 까지	280.6
401 ~ 500kWh 사용	7,300	다음 100kWh 까지	417.7
500kWh 초과 사용	12,940	500kWh 초과	709.5

* 자료원 : KEPCO(home.kepco.co.kr, 2016. 8. 8.)

청구 금액은 사용량에 따른 **순수 전기요금**과 그것에 대한 **10%의 부가세**와 또 **3.7%의 기반기금**을 합한 금액으로 책정한다. 순수 전기요금은 사용량 단계에 따른 기본요금에 단계별 전력량 요금을 합한 금액이다. 가령 95kWh를 사용하였다고 하면, 410원의 기본요금에 전력량 요금 *95×60.7=5,767(원)*을 합하여 6,177(원)의 순수 전기요금이 계산되고, 여기세 10%의 부가세(618원)와 3.7%의 기반기금(229원)을 모두 더하면 총 7,023(원)의 청구 금액이 계산된다. 또 187kWh를 사용하였다고 하면, 910원의 기본요금에 전력량 요금은 처음 100kWh까지는 *100×60.7=6,070(원)*이고 나머지 87kWh에 대한 전력량 요금은 *87×125.9=10,953(원)*이므로 이 둘의 합계인 17,023(원)이다. 기본요금과 전력량 요금을 더하면 17,933(원)의 순수 전기요금이 계산된다. 여기에 부가세(1,793원)와 기반기금(664원)을 더하면 총 20,390(원)의 청구 금액이 계산된다. 이와 같이 사용량이 많아지면 단계별로 전력량 요금이 비싸지는 **누진 정책에서 전력량 요금을 계산하는 개념**을 그림으로 나타내면 [그림 9-9]와 같다. 즉, 187kWh를 사용한 경우라면 그림에서 왼쪽 첫 번째 100kWh까지의 전력량 요금 6,070원에 기준 100kWh를 초과한 사용량 ***187 − 100 = 87***에 대해서는 두 번째 단계의 전력량 요금 단가인 125.9원을 적용한 요금을 계산하는 것이다. 또 235kWh를 사용한 경우라면 200kWh를 초과한 상황이므로 200kWh까지의 누적 전력량 사용요금 18,660원에 기준 200kWh를 초과한 사용량 ***235 − 200 = 35***에 대해서는 세 번째 단계의 전력량 요금 단가인 187.9원을 적용한 요금을 계산한다.

그림 9-9 해당 단계까지의 누적 전력량 사용요금

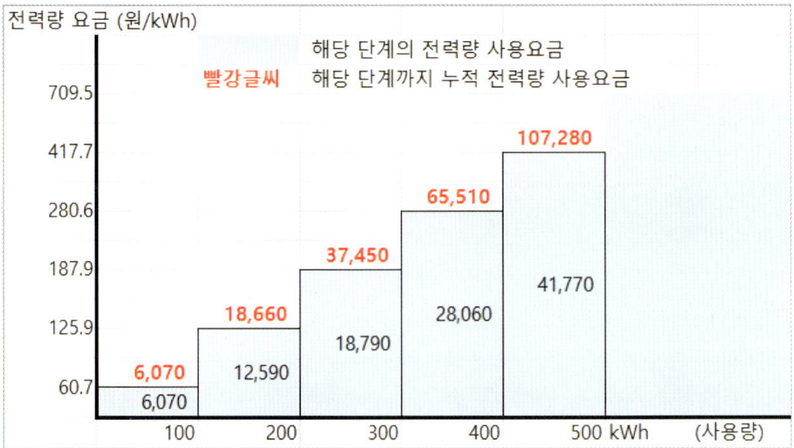

예제 39 누진 전기요금

현재 우리나라의 주택용 전력(저압) 사용요금 기준([그림 9-8] 참고)에 따라 범위 A3:A8에 입력된 각 사용량에 따른 청구 금액을 아래 워크시트의 내용처럼 몇 가지 세부 항목으로 나누어 산출해 보라. 청구 금액은 순수 전기요금 외에 부가세로 순수 전기요금의 10%가, 또 기반기금으로 역시 순수 전기요금의 3.7%가 추가된다. **키워드 : 상대참조/절대참조, VLOOKUP 함수, 누진 정책**

	A	B	C	D	E	F	G	H
1		①	②	③	④=①+②+③	⑤=④*10%	⑥=④*3.7%	⑦=④+⑤+⑥
2	사용량	기본요금	전단계까지 누적전력량 사용요금	현 단계의 전력량요금	순수 전기요금	부가세 (10%)	기반기금 (3.7%)	청구 금액
3	95							
4	187							
5	235							
6	357							
7	465							
8	575							

| 풀이 |

가장 먼저 계획하여 작성할 내용은 VLOOKUP 함수에 사용할 참조표이다. 참조표의 첫 번째 열은 각 주택의 전력 사용량을 비교할 수 있는 값이어야 한다. 따라서 [그림 9-10]에서 빨강 선으로 표시된 참조표의 내용처럼 6단계를 구분하는 기준 사용량을 첫째 열로 하고 단계별 기본요금 및 단계별 전력량 요금 그리고 [그림 9-9]에서 볼 수 있는 바와 같이 전 단계까지 누적 전력량 사용요금 등의 자료가 필요하다. 첫째 열의 값은 [그림 9-8]에서 볼 수 있는 것처럼 각 단계를 100kWh 사용량 단위로 구분하고 있으므로 셀 A11의 하한값만 0으로 하여(음수 사용량은 없을 것이므로) 그 기준치를 그대로 사용하면 된다. 두 번째 열의 단계별 기본요금과 세 번째 열의 단계별 전력량 요금도 [그림 9-8]의 값을 그대로 사용하면 된다.

네 번째 열의 **누적 전력량 사용요금**은 적절한 계산을 해서 완성해야 한다. 첫 번째 값인 셀 D11의 값은 *0*이다. 셀 D12의 값은 100kWh까지의 사용요금이므로 첫 번째 단계의 전력량 요금인 60.7(원/kWh)을 곱하면 6,070원이 된다. 따라서 셀 D12에 입력한 수식은 전 단계까지의 누적 전력량 사용요금에 현 단계의 전력량 사용요금을 더한 *=D11+(A12-A11)*C11*이다(여기서는 단계 기준량 간격이 항상 100kWh로 일정하기 때문에 A12-A11 대신에 상수로 100을 사용해도 상관없다. 그러나 단계 기준량 간격이 일정하지 않은 일반적인 경우라면 이 식처럼 사용하면 된다). 이제 범위 D13:D16에는 이 셀 D12에 입력한 수식을 복사해서 사용하면 된다. 그리고 범위 *$A$10:$D$16*을 앞으로 사용할 VLOOKUP함수의 참조표로 활용하면 된다.

누진적 전기요금 산출 방식의 이해를 돕기 위해서 B열은 기본요금을, C열은 전 단계까지의 누적 전력량 요금(가령 235kWh를 사용하였다고 하면 전 단계의 한계량인 200kWh까지 사용량 요금을 의미)을, D열은 현 단계의 전력량 요금(즉 200kWh를 초과한 35kWh에 대한 요금을 의미)을, 그리고 E열은 앞의 세 가지 요금을 합한 순수 전기요금을 나타낸다. F열은 순수 전기요금의 10%에 해당하는 부가세를, G열은 순수 전기요금의 3.7%에 해당하는 기반기금을, 그리고 마지막 H열은 E열의 순수 전기요금과 F열의 부가세와 G열의 기반기금을 합한 최종 청구요금을 나타내도록 중간 과정을 나누었다.

이제 각 셀에 입력한 수식에 대해서 생각해 보자. 셀 B3는 기본요금을 계산한다. 사용량에 따라 기본요금이 다르므로 VLOOKUP 함수를 이용하여 해당 단계의 기본요금을 가져오면 된다. 찾을_값은 사용량이 된다. 또한 기본요금은 참조표의 두 번째 열의 내용이다. 따라서 셀 B3에 입력할 수식은 *=VLOOKUP(A3, $A$10:$D$16, 2)*라고 하면 된다. 근사허용이 되어야 하므로 네 번째 인수 TRUE는 생략하였다.

셀 C3는 전 단계까지 누적 전력량 사용요금을 계산한다. 참조표의 네 번째 열의 내용이다. 따라서 셀 C3에 입력할 수식은 *=VLOOKUP(A3, $A$10:$D$16, 4)*라고 하면 된다.

셀 D3는 현 단계의 전력량 사용요금을 계산한다. 현 단계의 전력량 요금 단가는 참조표의 세 번째 열의 내용이고, 현 단계의 요금 단가를 적용할 사용량은 찾을_값인 셀 A3의 사용량에서 현 단계의 기준량(참조표의 첫 번째 열의 내용)을 빼면 된다. 그리고 요금은 *현 단계 전력량 요금×현 단계 사용량*으로 계산하면 된다. 그리고 현 단계 사용량은 *사용량−현 단계 기준량*이다. 따라서 셀 D3에 입력할 수식은 *=VLOOKUP(A3, $A$10:$D$16, 3)*(A3−VLOOKUP(A3, $A$10:$D$16, 1))*이라고 하면 된다. 셀 E3(순수 전기요금)에는 세 가지 요금의 합을 산출하면 되므로 입력할 수식은 *=B3+C3+D3*라고 하면 된다. 셀 F3에는 순수 전기요금(셀 E3)의 10%에 해당하는 부가세를 계산하면 되므로 입력할 수식은 *=E3*10%*라고 하면 된다. 마찬가지로 셀 G3에도 순수 전기요금의 3.7%에 해당하는 기반기금을 계산하면 되므로 입력할 수식은 *=E3*3.7%*라고 하면 된다. 그리고 마지막으로 셀 H3에 계산할 청구요금은 앞에서 계산한 세 가지 금액을 합하면 된다. 따라서 입력할 수식은 *=E3+F3+G3*라고 하면 된다. 지금까지 작성한 수식들(범위 B3:H3)을 모두 선택한 후 한꺼번에 아래로 복사해서 사용하면 된다. 다 완성되었으면 A열에 사용량을 임의로 입력해 보면서 H열에 청구요금이 정확하게 산출되는지 확인해 보라. 범위 A3:A8에 어디든지 임의의 사용량을 입력하면 그 행 H열에 청구 금액이 산출된다.

(※ [그림 9−10] 워크시트의 2행과 10행처럼 한 행에 줄을 바꿔가면서 두 줄 이상의 내용을 입력하려면 Alt키와 엔터키를 동시에 누르면 된다. 자세한 내용은 제4장 3절의 **아포리즘 6**을 참고할 것)

그림 9-10 예제 39 (누진 전기요금) 결과

	A	B	C	D	E	F	G	H
1		①	②	③	④=①+②+③	⑤=④*10%	⑥=④*3.7%	⑦=④+⑤+⑥
2	사용량	기본요금	전단계까지 누적전력량 사용요금	현 단계의 전력량요금	순수 전기요금	부가세 (10%)	기반기금 (3.7%)	청구 금액
3	95	410	0	5,767	6,177	618	229	**7,023**
4	187	910	6,070	10,953	17,933	1,793	664	**20,390**
5	235	1,600	18,660	6,577	26,837	2,684	993	**30,513**
6	357	3,850	37,450	15,994	57,294	5,729	2,120	**65,144**
7	465	7,300	65,510	27,151	99,961	9,996	3,699	**113,655**
8	575	12,940	107,280	53,213	173,433	17,343	6,417	**197,193**
9								
10	단계 기준량	단계별 기본요금	단계별 전력량요금	누적전력량 사용요금				
11	0	410	60.7	0				
12	100	910	125.9	6,070				
13	200	1,600	187.9	18,660				
14	300	3,850	280.6	37,450				
15	400	7,300	417.7	65,510				
16	500	12,940	709.5	107,280				

예제 40 손익계산서 2

이 예제는 예제 15 에서 다뤘던 손익계산서 작성 예제와 유사한 내용이다. 다만 영업이익에 따라 세율이 달리 적용된다는 내용과 예제 15 에서는 매출원가를 구성하는 3가지 항목이 있었는데 여기서는 간단히 원가는 매출액의 70%로 한다는 내용만 다른 점이다. 2012년도 초기 매출액과 광고비는 데이터베이스의 자료로 주어졌다. 매출액과 광고비는 각각 매년 전년도의 7%, 4%씩 증가한다. 총수익은 *매출액– 원가*로 산출하고, 영업이익은 *총수익– 광고비*로 산출한다. 세율은 영업이익에 따라 다르게 적용된다(현실의 누진세는 아니고 연습을 위해서 임의로 정한 것임). **키워드 : 상대참조/절대참조, VLOOKUP 함수, 소수점 이하 자릿수 맞춤**

① 영업이익<18 이면 : 세율은 10%
② 18≦영업이익<20 이면 : 세율은 20%
③ 20≦영업이익 이면 : 세율은 25%

	A	B	C	D	E	F	G	H	I	J	K
1		2012	2013	2014	2015	2016		데이터베이스		매출액 증가율	7%
2	매출액							초기 매출액	100	광고비 증가율	4%
3	원가							초기 광고비	15	원가비율	70%
4	총수익										
5	광고비							영업이익	세율		
6	영업이익								10%		
7	세금								20%		
8	순이익								25%		

| 풀이 |

데이터베이스에 있는 자료를 활용하는 경우에는 셀 참조는 절대참조로 사용해야 하고, 매년 반복되는 수식을 위해서는 상대참조를 사용해야 한다. 셀 B2(초기 매출액)에 입력할 수식은 데이터베이스에 있는 초기 매출액(셀 I2)을 참조하면 된다. 따라서 입력할 수식은 *=$I$2*면 된다. 셀 B3(원가)는 그 해 매출액의 일정비율(여기서는 셀 K3의 70%)로 산출하므로 입력할 수식은 *=B2*$K$3*라고 하면 된다.

셀 B4(총수익)는 *매출액－원가*로 산출하므로 수식은 *=B2－B3*라고 입력한다. 셀 B5(초기 광고비)는 데이터베이스의 셀 I3에 있으므로 절대참조를 사용하여 수식 *=$I$3*로 입력한다. 그리고 셀 B6(영업이익)은 총수익에서 광고비를 뺀 것이므로 수식 *=B4－B5*면 된다.

셀 B7(세금)에는 영업이익(B6)의 규모에 따라 세율이 달라지므로 VLOOKUP 함수를 사용하여 적절한 세율을 참조표에서 가져오면 되겠다. 그런데 현재 참조표가 제시되지 않았으므로 범위 H5:I8에 참조표를 먼저 만들어야 한다. 두 번째 열에는 세율을 기록하고 세율은 차례로 10%, 20%, 25%이므로 범위 I6:I8에 각각 입력한다. 이제 문제에서 제시된 영업이익의 규모에 따라 이 세율이 정확하게 적용되려면 H열(영업이익)의 값을 어떻게 설정해야 할까? 영업이익이 20 이상이면 마지막 세율 25%를 적용해야 하므로 H열(셀 H8)의 마지막 가장 큰 값은 20이 되어야 한다. 그리고 바로 직전의 구분 경계값은 영업이익이 18 이상이므로 셀 H7의 값은 18로 지정하면 18 이상 20 미만인 경우에는 이 행을 선택하게 될 것이다. 그리고 두 번째 열의 내용을 반환하면 세율 20%를 가져다 사용할 수가 있게 된다. 하나 남은 셀 H6는 영업이익이 18 미만인 경우에 적용되는데 이때 하한값은 언급되지 않았기 때문에 주의해야 한다. VLOOKUP 함수에서 여기 참조표의 첫 번째 열에 입력하는 하한값보다 작은 값을 **찾을_값**으로 참조하는 경우에는 "#N/A"이라는 오류가 발생하기 때문이다. 그러므로 어느 해에도 영업이익이 0보다 적게 발생할 가능성이 없다면 셀 H6의 값을 0으로 설정하면 되고, 만약 실제 업무에서 영업이익이 음수가 되는 경우도 발생할 가능성이 있다면 이 셀 H6의 값을 발생 가능한 음수보다 더 작은 값으로 설정해야 오류가 발생하지 않는다.

셀 B7(세금)에 입력할 세금은 *영업이익×세율*로 계산할 수 있고, 세율은 VLOOKUP 함수를 이용하여 참조표에서 가져오면 된다. 따라서 여기 입력할 수식은 *=B6*VLOOKUP(B6, $H$5:$I$8, 2)*인데, 이 수식은 계속 다음 해에도 복사해서 사용할 것이기 때문에 참조표는 절대참조를 사용하여 *$H$5:$I$8*이라고 해야 한다.

셀 B8(순이익)은 영업이익에서 세금을 뺀 것이므로 수식 *=B6－B7*으로 하면 된다. 자, 이렇게 해서 2012년도 손익계산서가 완성되었다.

이제 2012년도 손익계산서 수식(범위 B2:B8)을 모두 2013년도로 복사하면서 수정해야 할 부분을 생각해 보자. 그것은 매출액과 광고비가 매년 일정한 비율로 증가한다는 내용이다. 다음 해의 매출액은 전년도에 비해 7% 그리고 광고비는 4%씩 증가한다고 했으므로 각 셀에 전년도의 금액보다 각각의 비율로 증가하는 수식을 작성하면 된다. 따라서 셀 C2(2013년도 매출액)에 입력할 수식은 *=B2*(1+$K$1)*라고 작성한다. 그리고 셀 C5에는 수식 *=B5*(1+$K$2)*라고 작성한다. 나머지 항목은 2012년도 항목의 수식을 그대로 복사해서 사용해도 변화가 없다. 이것으로 2013년도 손익계산서까지 완성되었다.

이제 2013년도 전체 항목(범위 C2:C8)을 선택해서 2014년, 2015년, 2016년으로 복사하면 전체 워크시트가 완성된다. 추가적으로 금액에 대한 서식은 "쉼표 스타일"로 설정하여 천 단위마다 콤마가 찍히도록 하고, 금액은 소수점 이하 첫째 자리까지 표시되는 것이 좋겠다. 소수점 이하 자릿수를 맞추는 방법은 워크시트에서 금액이 표시되는 범위 B2:F8을 선택하여 리본 메뉴 홈 표시 형식 그룹 의 자릿수 줄임 아이콘을 클릭하면 조절이 가능하다.

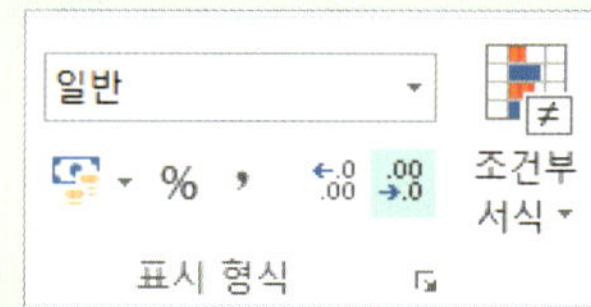

그림 9-11 예제 40 (손익계산서 2) 결과

	A	B	C	D	E	F	G	H	I	J	K
1		2012	2013	2014	2015	2016		데이터베이스		매출액 증가율	7%
2	매출액	100.0	107.0	114.5	122.5	131.1		초기 매출액	100	광고비 증가율	4%
3	원가	70.0	74.9	80.1	85.8	91.8		초기 광고비	15	원가비율	70%
4	총수익	30.0	32.1	34.3	36.8	39.3					
5	광고비	15.0	15.6	16.2	16.9	17.5		영업이익	세율		
6	영업이익	15.0	16.5	18.1	19.9	21.8		0	10%		
7	세금	1.5	1.7	3.6	4.0	5.4		18	20%		
8	순이익	13.5	14.9	14.5	15.9	16.3		20	25%		

예제 41 손익계산서 3

이 예제는 예제 40에 상황을 하나 더 추가하여 변화시킨 것이다. 초기 매출액과 초기 광고비, 원가비율, 매출액과 광고비 연 증가율은 주어진 데이터베이스 자료와 같다. 예제 40과 같이 세율은 영업이익에 따라 다르게 적용된다. 그 기준은 아래에 정리되어 있다. 새롭게 추가된 부분은 세금 공제 후 순이익의 크기에 따라 경영평가를 하는 부분이다. 평가 기준 역시 아래에 정리되어 있다. 워크시트를 완성하라. **키워드 : 상대참조/절대참조, VLOOKUP 함수**

첫째, 영업이익에 따른 세율은 다음과 같다.

① 영업이익<10 이면 : 세율은 0%
② 10≦영업이익<50 이면 : 세율은 10%
③ 50≦영업이익 이면 : 세율은 20%

둘째, 세금 공제 후 순이익에 따른 경영평가 기준은 다음과 같다.

① 순이익<10 이면 : B
② 10≦순이익<20 이면 : A
③ 20≦순이익<40 이면 : AA
④ 40≦순이익 이면 : AAA

	A	B	C	D	E	F	G	H	I	J	K
1		2012	2013	2014	2015	2016		데이터베이스		매출액 증가율	15%
2	매출액							초기 매출액	600	광고비 증가율	10%
3	원가							초기 광고비	250	원가비율	60%
4	총수익										경영
5	광고비							영업이익	세율	순이익	평가
6	영업이익								0%		B
7	세금								10%		A
8	순이익								20%		AA
9	경영평가										AAA

| 풀이 |

내용은 앞의 예제 40과 동일한데 다만 데이터 수치는 다르다. 셀 B2(2012년 매출액)에 입력할 수식은 *=$I$2*이다. 셀 B3(원가)에 입력할 수식은 *=B2*$K$3*라고 하면 된다. 셀 B4(총수익)에 입력할 수식은 *=B2−B3*라고 입력한다. 셀 B5(초기 광고비)에 입력할 수식은 *=$I$3*이다. 그리고 셀 B6(영업이익)의 수식은 *=B4−B5*이다.

셀 B7(세금)에 사용할 VLOOKUP 함수를 위한 참조표는 예제 40처럼 만든다. 두 번째 열의 범위 I6:I8에 차례로 세율을 0%, 10%, 20%를 각각 입력한다. H열(영업이익)의 값은 가장 큰 값이 들어갈 셀 H8부터 설정해 나가는 것이 쉽다. 먼저 영업이익이 50 이상이면 마지막 세율 20%를 적용해야 하므로 H열(셀 H8)의 마지막 가장 큰 값은 50이 되어야 한다. 그리고 바로 직전의 구분 경계값은 영업이익이 10 이상이므로 셀 H7의 값은 10으로 지정하면 10 이상 50 미만인 경우에는 이 행을 선택하게 될 것이다. 그리고 두 번째 열의 내용을 반환하면 세율 10%를 가져다 사용할 수가 있게 된다. 하나 남은 셀 H6은 영업이익이 10 미만인 경우에 적용되는데 이때 하한값은 언급되지 않았지만, 2012년도 영업이익(셀 B6) 산출액을 보면 −10이다. 따라서 참조표의 첫 번째 열에 입력하는 하한값은 이것보다 훨씬 작은 값을 입력해야 오류가 발생하지 않을 것이다. 그러므로 셀 H6의 값은 −100으로 넉넉하게 설정하는 것이 좋다.

셀 B7(세금)에 입력할 세금을 산출하기 위한 수식은 *=B6*VLOOKUP(B6, $H$5:$I$8, 2)*이다. 셀 B8(순이익)은 수식 *=B6−B7*으로 하면 된다.

이제 이 문제에서 새롭게 추가된 내용이 있다. 그것은 산출된 순이익(셀 B8)의 값에 따라 경영판정을 해야 하는 것이다. 셀 B9에는 셀 B8의 값을 찾을_값으로 하는 또 다른 VLOOKUP 함수를 사용해서 경영평가 결과를 가져와야 한다. 그리고 이를 위한 참조표를 또 만들어야 한다. 앞에서와 마찬가지로 범위 J5:K9에 경영평가를 위한 참조표를 만들기로 하고 K열(범위 K6:K9)에 평가 내용 B, A, AA, AAA를 차례로 입력한다. 평가등급을 위한 순이익 기준은 문제에서 제시되었으므로 그를 이용해서 첫 번째 열에 입력할 구분 경계값을 생각해야 한다. 이것도 맨 마지막 값부터 생각하면 더 쉽다. 순이익이 40 이상인 경우에 평가는 "AAA"이다. 따라서 셀 J9에는 40을 입력한다. 그리고 차례로 셀 J8에는 20, 셀 J7에는 10 그리고 역시 하한값은 앞에서처럼 순이익도 마이너스가 될 수 있으므로 셀 J6에는 −100을 입력한다(충분히 작은 값을 입력하는 것이므로 대략 −10 이하로 발생할 가능성이 없으면 −10으로 입력해도 상관없다).

그러면 셀 B9에 경영평가 결과를 표시하기 위한 수식은 *=VLOOKUP(B8, $J$5:$K$9, 2)* 라고 하면 된다. 자, 이렇게 해서 2012년도 손익계산서가 완성되었다.

이제 2012년도 손익계산서 수식(범위 B2:B9)을 모두 2013년도로 복사하면서 수정해야 할 부분을 생각해 보자. 그것은 매출액과 광고비가 매년 일정한 비율로 증가한다는 내용이다. 다음 해의 매출액은 전년도에 비해 15% 그리고 광고비는 10%씩 증가한다고 했으므로 각 셀에 전년도의 금액보다 각각의 비율로 증가하는 수식을 작성하면 된다. 따라서 셀 C2(2013년도 매출액)에 입력할 수식은 *=B2*(1+$K$1)* 라고 작성한다. 그리고 셀 C5에는 수식 *=B5*(1+$K$2)* 라고 작성한다. 나머지 항목은 2012년도 항목의 수식을 그대로 복사해서 사용해도 변화가 없다. 이것으로 2013년도 손익계산서까지 완성되었다.

이제 2013년도 전체 항목(범위 C2:C8)을 잡아서 2014년, 2015년, 2016년으로 복사하면 전체 워크시트가 완성된다.

그림 9-12 예제 41 (손익계산서 3) 결과

	A	B	C	D	E	F	G	H	I	J	K
1		2012	2013	2014	2015	2016		데이터베이스		매출액 증가율	15%
2	매출액	600.0	690.0	793.5	912.5	1,049.4		초기 매출액	600	광고비 증가율	10%
3	원가	360.0	414.0	476.1	547.5	629.6		초기 광고비	250	원가비율	60%
4	총수익	240.0	276.0	317.4	365.0	419.8					경영
5	광고비	250.0	275.0	302.5	332.8	366.0		영업이익	세율	순이익	평가
6	영업이익	-10.0	1.0	14.9	32.3	53.7		-100	0%	-100	B
7	세금	0.0	0.0	1.5	3.2	10.7		10	10%	10	A
8	순이익	-10.0	1.0	13.4	29.0	43.0		50	20%	20	AA
9	경영평가	B	B	A	AA	AAA				40	AAA

앞의 1절에서, VLOOKUP 함수에서 참조표의 범위를 지정할 때 보통 표의 머리글을 포함시키는 것이 표 자체의 완성도 때문에 좋다고 언급하였다. 대부분의 경우 머리글 행은 이하 실제 내용 행과 잘 구별되기 때문에 문제될 것이 없다. 그런데 참조표의 첫 번째 열의 내용이 수치가 아니라 모두 텍스트로 구성되어 있다고 하면 VLOOKUP 함수가 첫 번째 행이 머리글인지 아닌지 구별하는 기능은 없다. 그러나 이와 같이 첫 번째 열이 텍스트로 구성된 경우에는 VLOOKUP 함수에서 당연히 근사허용이 되지 않는 상황일 경우가 대부분이고, 따라서 똑같은 텍스트를 찾아서 반환하는 것이기 때문에 머리글을 포함해서 참조표를 지정하더라도 찾을_값이 공교롭게도 머리글 내용과 똑같지만 않다면 전혀 문제될 것은 없다. 그렇다 하더라도 혹시 문제가 발생할 여지가 없는지 한 번 더 검토하는 습관을 가지는 것이 좋겠다.

이번에는 참조표의 범위가 지금까지 언급했던 예처럼 하나의 그룹으로 작성된 것이

아니라 두 그룹 또는 그 이상 여러 그룹으로 된 경우를 생각해 보자. 예로 [그림 9-13]의 워크시트 상황처럼 **참조표가 범위 E1:F5와 범위 H1:I5와 같이 두 그룹**으로 되어 있는 표라고 하자(두 그룹 사이의 G열은 독자들이 내용을 보기 쉽도록 편의상 넣은 것이라고 생각하라). 지금까지의 예제보다는 조금 복잡한 상황이긴 하지만 이런 경우에도 두 그룹에서 찾을_값이 있는 그룹을 찾아서 가격을 반환하게 하는 새로운 함수를 하나 사용하면 문제없다.

예제 42 복수 참조표 활용

아래의 워크시트는 판매된 제품에 대한 청구서를 출력하는 상황이다. A열에는 판매 날짜를 입력한다. 그리고 B열에 제품 코드를 입력하면 C열에 해당 제품의 가격이 출력되도록 범위 C3:C7에 적당한 수식을 작성하라. 단 제품 코드와 가격 정보가 담긴 데이터베이스가 두 그룹으로 구성되어 있다. **키워드 : 상대참조/절대참조, VLOOKUP 함수, COUNTIF 함수**

	A	B	C	D	E	F	G	H	I
1		청구서			제품 코드	가격		제품코드	가격
2	날짜	제품 코드	가격		80012	1,000		90014	5,600
3	16/7/17	80234			80176	2,500		90028	4,900
4	16/7/17	90014			80234	900		90036	1,500
5	16/8/15	90028			80333	3,400		90145	3,600
6	16/8/15	90145							
7	16/8/15	80012							

| 풀이 |

참조표는 "제품 코드"에 따라 "가격"을 조회하기 위한 데이터베이스 표라고 하자. 셀 B3에 제품 코드가 입력되면 셀 C3에 조회한 제품의 가격이 출력되도록 하는 VLOOKUP 함수식을 작성하면 된다. 그런데 참조표로 사용할 **데이터베이스가 두 개의 그룹**으로 되어 있는 것이 새로운 상황이다. 이런 경우에는 두 그룹의 참조표를 차례로 찾으면 된다.

찾을_값으로 입력된 제품 코드(셀 B3)를 사용하여, 이것을 먼저 왼쪽 그룹의 참조표로 가져가서 찾아서 있으면 두 번째 열의 가격을 가져오면 되고, 이 그룹에 없는 경우라면 오른쪽 그룹의 참조표로 가서 찾아서 가져오면 된다(그룹이 여럿인 경우라도 차례로 찾으면 된다).

먼저 제5장 2절에서 다뤘던 **COUNTIF 함수**를 생각해 보라. COUNTIF 함수는 두 개의 인수를 지정하는데, 첫 번째 인수는 범위(Range)이고 두 번째 인수는 조건이다. 즉 주어진 범위에서 조건에 맞는 셀의 개수를 반환해주는 함수다. 따라서 COUNTIF 함수를 사용하여 참조표의 첫 번째 그룹을 범위로 설정하고 조건으로 찾을_값을 지정하면, 그 그룹에 찾을_값이 있으면 1을 반환하고, 없으면 0을 반환한다. 이것을 수식으로 써 보자. *COUNTIF($E$1:$F$5, B3)*라고 하면 첫 번째 그룹(범위 E1:F5)에 찾을_값(셀 B3에 입력된 제품 코드)이 있으면 1을, 없으면 0을 반환한다. 그리고 이 반환값에 따라 1이면 이 그룹을 참조표로 사용하면 되고, 0이면 두 번째 그룹을 참조표로 사용하면 되는 것이다. 그리고 두 가지 상황에서 자동으로 적절한 것을 골라서 사용하게 하는 함수로는 IF 함수가 있다. 결국 여기서는 IF 함수의 조건식으로 COUNTIF 함수를 사용하겠다는 것이다. 이 부분만 정리해 보면 *IF(COUNTIF($E$1:$F$5, B3)=1, $E$1:$F$5, $H$1:$I$5)* 이다. 이 IF 함수식을 말로 설명하면, 첫 번째 그룹에 찾을_값이 있으면 참조표는 첫 번째 그룹($E$1:$F$5)을, 찾을_값이 없으면 참조표는 두 번째 그룹($H$1:$I$5)을 사용한다는 의미이다(여기서 COUNTIF 함수의 반환값이 1인가를 묻지 않아도 반환값이 0이 아니면 TRUE, 0이면 FALSE로 간주하기 때문에 *COUNTIF($E$1:$F$5, B3)=1* 이라고 하는 대신 그냥 *COUNTIF($E$1:$F$5, B3)* 라고만 써도 된다).

COUNTIF 함수에 대해서는 제5장 2절 참고

그래서 셀 C3에 입력할 VLOOKUP 함수식은 *=VLOOKUP(B3, IF(COUNTIF($E$1:$F$5, B3), $E$1:$F$5, $H$1:$I$5), 2, 0)* 라고 하면 된다. 즉 VLOOKUP 함수의 참조표를 방금 언급한 IF 함수식으로 선택해서 적용한다는 것이다. 첫 번째 참조표이든 두 번째 참조표이든 가져올 값은 가격이므로 항상 두 번째 열을 표시_열_번호(여기서는 2)로 지정하면 되고, 똑같은 제품 코드를 찾아야 하므로 근사는 허용되지 않아야 한다. 그래서 마지막 인수는 0(FALSE)으로 사용하였다. 나머지 범위 C4:C7에는 이 수식을 복사해서 사용하면 된다. 완성되었으면 입력된 제품 코드에 맞게 가격을 가져왔는지 확인해 보기 바란다.

그림 9-13 예제 42(복수 참조표 활용) 결과

	A	B	C	D	E	F	G	H	I
1		청구서			제품 코드	가격		제품코드	가격
2	날짜	제품 코드	가격		80012	1,000		90014	5,600
3	16/7/17	80234	900		80176	2,500		90028	4,900
4	16/7/17	90014	5,600		80234	900		90036	1,500
5	16/8/15	90028	4,900		80333	3,400		90145	3,600
6	16/8/15	90145	3,600						
7	16/8/15	80012	1,000						

이와 같이 기본적인 함수의 용법을 잘 이해하고 활용할 줄 알면, 복잡한 상황인 경우에도 얼마든지 응용하는 방법을 찾아낼 수 있다.

4 다른 워크시트의 자료 참조

지금까지는 셀 참조를 하는 경우에 같은 워크시트에 있는 셀 주소만을 사용했다. 엑셀에서는 셀 참조 시에 다른 워크시트에 있는 셀 주소도 참조할 수 있으며, 다른 엑셀 통합문서 파일의 워크시트에 있는 셀 주소도 참조할 수 있다. 나아가서 네트워크로 연결되어 있는 경우라면 다른 컴퓨터에 있는 파일의 워크시트도 참조할 수 있다(물론 다른 컴퓨터에서 접근을 허용하는 것이 전제되어야 한다).

이제 다른 워크시트에 있는 자료를 참조해서 활용하는 경우를 예제로 다루어 보자.

아포리즘 19 다른 워크시트의 셀 참조

다른 워크시트의 셀 주소를 참조하는 경우, 셀 주소 앞에 워크시트 이름을 붙이면 된다. 가령, Sheet1에 있는 셀 A5를 참조하는 경우라면 ***Sheet1!A5*** 와 같이 셀 주소 앞에 워크시트 이름을 붙이면 된다. 단, 워크시트 이름 다음에 느낌표(!)를 붙여야 한다(워크시트 이름에 특수문자를 사용하는 경우 이름을 아포스트로피(')로 묶어야 한다).

또 다른 엑셀 통합문서 파일에 있는 워크시트의 셀 주소를 참조하는 경우, 셀 주소 앞에 엑셀 통합문서 파일 이름과 워크시트 이름을 붙이면 된다. 가령 Sale.xlsx 파일의 Sheet1에 있는 범위 A5:C10을 참조하는 경우라면 ***[Sale.xlsx]Sheet1!A5:C10*** 과 같이 셀 주소 앞에 파일 이름과 워크시트 이름을 붙이면 된다. 단, 파일 이름은 대괄호([ ])로 묶어야 하고, 워크시트 이름 다음에는 느낌표(!)를 붙여야 한다.

1절의 아포리즘 17 참고

예제 43 다른 워크시트 참조

다른 워크시트에 있는 자료를 가져와 활용하는 경우이다. "주주명단"이란 이름의 워크시트([그림 9-14])에는 실질 주주들의 정보가 저장되어 있다. 워크시트 "주주명단"을 참조하여 현재의 워크시트에 주주총회를 알리는 통지문을 만들어 출력하고자 한다. 통지문 셀 B1에 식별번호(여기서는 1~15까지의 정수)를 입력하면 범위 B2:B5의 각 셀에 차례로 주주번호, 주주명, 보유주식수, 주소가 출력되게 하라. 각 셀에 적절한 수식을 입력하여 통지문을 완성해 보라. **키워드 : 다른 워크시트 참조, VLOOKUP 함수**

	A	B	C	D	E
1	식별번호	1			
2	주주번호	20110301001			
3	주주명	장위엔			
4	보유주식수	2,050			
5	주소	天津市 津南区 红勷领世郡			

| 풀이 |

먼저 VLOOKUP 함수를 사용하여 해당되는 자료를 찾아온다고 할 때 인수를 어떻게 입력해야 하는지 생각해 보자.

셀 B2(주주번호)에 입력해야 할 VLOOKUP 함수식을 생각해 보자. 찾을_값은 식별번호로 입력하는 정수이다. 셀 B1에 입력되어 있으므로 B1을 참조하면 된다. 그리고 참조표는 다른 워크시트 "주주명단"에 있는 범위 A2:E17을 지정한다. 당연히 절대참조 방식으로 해야 하며, 범위 앞에 워크시트 이름을 붙여야 한다. 그리고 여기 나타낼 내용은 주주번호이므로 참조표에서 두 번째 열이다. 식별번호는 근사를 허용하는 경우 의미가 없으므로 근사는 허용되지 않는다. 따라서 셀 B2에 입력할 수식은 *=VLOOKUP(B1, 주주명단!$A$2:$E$17, 2, FALSE)* 라고 하면 된다.

마찬가지로 셀 B3에는 주주명을 표시해야 하므로 참조표의 세 번째 열을 표시하면 된다. 따라서 수식은 *=VLOOKUP(B1, 주주명단!$A$2:$E$17, 3, FALSE)* 가 된다. 또 셀 B4는 보유주식수이므로 수식은 *=VLOOKUP(B1, 주주명단!$A$2:$E$17, 5, FALSE)* 가 된다. 그리고 셀 B5에는 주소를 가져와야 하므로 입력할 수식은 *=VLOOKUP(B1, 주주명단!$A$2:$E$17, 4, FALSE)* 가 된다.

통지문을 완성했으면, 식별번호를 1에서 15까지 임의로 바꾸어 가면서 과연 해당되는 주주의 정보를 잘 표시하고 있는지 확인해 보라.

그림 9-14 "주주 명단" 워크시트

	A	B	C	D	E
1	실질주주 명단				
2	번호	주주번호	주주명	주소	주식수
3	1	20110301001	장위엔	天津市 津南区 红磡领世郡	2,050
4	2	19830901002	이경원	경기 수원시 권선구 서둔동 250번지 농촌진흥청	48
5	3	20150519103	조봉현	서울시 중랑구 면목5동 160-33	150
6	4	19910301004	김민성	광주시 북구 두암동 821-2 동강빌딩 3층 세종증권	3,854
7	5	20101101005	유대상	대구 수성구 범어1동 373-4번지 녹원빌라 201호	125
8	6	20080227006	조려방	대전시 서구 삼천동국화라이프아파트 205-808	2,135
9	7	19950301007	심기승	인천시 부평구 부평6동 623-27	256
10	8	20060324008	김영환	경기 평택 모곡 450-2	3,353
11	9	20070221009	최지훈	2335 N196TH PL #O-208, Shoreline, WA 98133	5,226
12	10	19980808010	홍경숙	서울 마포구 망원2동 438-7 다보주택 B-201	220
13	11	20010109011	윤규갑	충북 청주시 흥덕구 송정동 한국도자기 27-10번지	180
14	12	19931030012	원동렬	경남 거제시 신현읍 장평리 530번지 삼성중공업	150
15	13	20041009013	박진주	서울 서초구 방배동 872-9	100
16	14	20131225014	배성민	대전 대덕구 오정동 133 한남대학교 기획예산팀	250
17	15	20160402015	박수희	경기 수원시 팔달구 인계동 1124 하나은행	300

통지문 | 주주명단

준비

아포리즘 20 마우스로 다른 워크시트의 셀을 선택하는 경우

수식을 입력할 때 마우스를 이용하여 직접 해당 셀이나 범위를 클릭하면 셀의 주소가 자동으로 입력된다. 그렇다면 다른 워크시트에 있는 셀을 참조하기 위해서 수식을 입력하는 중에 다른 워크시트를 클릭하는 경우에는 무엇이 다른가 알아보자.

옆의 그림에서 볼 수 있는 것처럼 여러 워크시트를 사용하는 경우에, 워크시트 탭을 클릭하면 그 워크시트만 활성화된다. 엑셀에서는 활성화된 워크시트 탭은 밝은 색으로 나타내고, 뒤로 감춰진 워크시트는 조금 어두운 색으로 나타낸다.

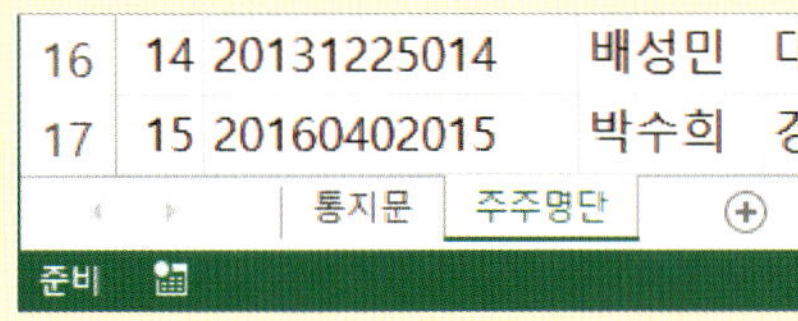

예제 43 에서 셀 B2에 VLOOKUP 함수를 입력하면서 다른 워크시트에 있는 목록을 마우스로 클릭해서 입력해 보면 아래의 그림처럼 두 개의 워크시트가 모두 활성화된 상태로 표시되고 있는 것(두 워크시트 탭 색이 모두 밝은 색이다)을 확인할 수 있다. 수식을 완성하고 엔터키를 누르면 다시 원래 상태로 돌아가면서 수식에는 다른 워크시트 이름이 느낌표와 함께 자동으로 붙어서 표시된다.

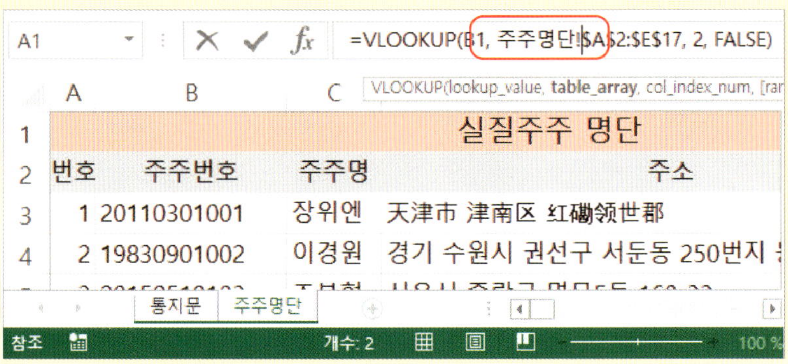

예제 44 다른 파일의 워크시트 참조

예제 43 과 동일한 작업이지만, 이번에는 주주명단이 현재의 엑셀 통합문서와는 다른 파일인 "주주통지문.xlsx"에 있는 워크시트 "주주명단"을 참조하는 경우 VLOOKUP 함수가 어떻게 달라지는지 작성해 보라. **키워드 : 다른 파일의 워크시트 참조, VLOOKUP 함수**

| 풀이 |

셀 B2에 입력할 VLOOKUP 함수를 작성하면서 참조표를 선택하기 위해서 "주주통지문.xlsx" 파일을 열고 "주주명단" 워크시트를 클릭해서 범위 A2:E17을 마우스로 드래그하면 자동으로 *=VLOOKUP(B1, [주주통지문.xlsx]주주명단!$A$2:$E$17, 2, false)* 와 같이 수식이 입력된다. 나머지 셀 B3, B4, B5에 입력할 수식도 표시_열_번호만 바뀌고 나머지는 모두 똑같다.

그림 9-15 예제 44(다른 파일의 워크시트 참조) 결과

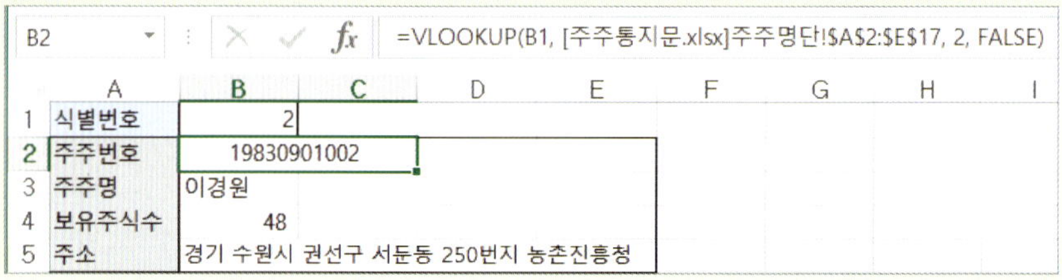

B2 =VLOOKUP(B1, [주주통지문.xlsx]주주명단!$A$2:$E$17, 2, FALSE)

	A	B	C	D	E
1	식별번호	2			
2	주주번호	19830901002			
3	주주명	이경원			
4	보유주식수	48			
5	주소	경기 수원시 권선구 서둔동 250번지 농촌진흥청			

제2부 종합 연습문제

예제 45 조건부 서식

우리나라 출신 메이저리그 선수들의 올해 연봉액과 올해 활약에 대한 평가자료가 주어져 있다. 평가에 따른 인상률(범위 G1:H7의 내용)을 적용하여 내년도 연봉액이 결정된다고 하자. D열에는 평가에 따른 인상률을 기록하고, 인상률에 따라 아래 표와 같이 신호등 아이콘을 붙여보라. 또 E열에는 인상률에 따른 내년도 연봉액을 산출하라. 그리고 연봉액의 크기에 따라 표와 같이 글자색을 달리 하여 셀 강조를 하는 조건부 서식을 적용해 보라. **키워드 : 조건부 서식, VLOOKUP 함수**

인상률	신호등
100% 이상	녹색
50% 이상	황색
50% 미만	적색

연봉액	글자색
1,000 이상	파랑
500 이상	초록
300 미만	빨강

	A	B	C	D	E	F	G	H
1	선수명	올해 연봉	평가	인상률	내년 연봉		평가	인상률
2	강병호	200	AA				S	150%
3	김대호	600	A				AA	100%
4	추현수	145	BB				A	75%
5	김정호	240	S				BB	50%
6	류신수	550	AA				B	0%
7	최현진	640	B				C	-50%

| 풀이 |

셀 D2에 입력할 인상률은 VLOOKUP함수를 이용하여 셀 C2의 평가를 찾을 값으로 하여 참조표(범위 G1:H7)에서 찾아서 두 번째 열의 인상률을 가져오면 된다. 그런데 참조표의 '평가'열이 정렬되어 있지 않을 뿐만 아니라 근사값은 의미가 없으므로 VLOOKUP 함수에서 근사허용 논리값은 FALSE 또는 0으로 입력해야 한다. 따라서 셀 D2에 입력할 수식은 *=VLOOKUP(C2, $G$1:$H$7, 2, FALSE)* 라고 하면 된다.

셀 F2에 산출할 내년도 연봉액을 생각해 보자. 올해 연봉액에 인상률을 고려하여 책정하는 것이므로 올해 연봉액에 인상액을 더하면 된다. 이것을 수식으로 나타내면 *올해 연봉액+올해 연봉액×인상률* 이므로 이것을 간단히 정리하면 *올해 연봉액×(1+인상률)* 과 같이 된다. 따라서 셀 F2에 입력할 수식은 *=B2*(1+D2)* 가 된다.

두 셀에 입력한 수식을 한꺼번에 선택하여 그 아래 나머지 선수들의 부분에 복사해서 사용하면 워크시트가 완성된다.

다음으로 셀 강조를 위한 조건부 서식을 생각해 보자.

신호등 아이콘을 붙이는 것은 제8장 1절의 예제 30 에 자세히 설명되어 있으니 그것을 참고하라.

다시 간단히 언급하면, 먼저 조건부 서식을 지정할 셀 범위(D2:D7)를 선택한 후, 리본 메뉴 홈 스타일 에서 조건부 서식 을 클릭한다. 목록에서 "아이콘 집합"을 클릭하여 "신호등" 아이콘 집합을 선택한다. 그러고 나서 인상률 조건에 맞게 규칙을 재설정해야 한다. "규칙 관리"를 클릭하여 디폴트로 설정된 "서식 규칙"을 편집한다. 신호등 아이콘의 색상에 따라 아래쪽에 부등식과 값을 지정한다. 여기서는 녹색 신호등은 인상률이 100% 이상인 경우에 표시하려고 하므로 값을 "1.0보다 같거나 크게(>= 1.0)"를 지정하면 된다. 따라서 그 오른쪽에 있는 종류는 "숫자"를 선택한다. 그리고 같은 방법으로 인상률이 50%(숫자로 하면 0.5) 이상인 경우에는 황색 신호등으로 지정한다. 자동으로 나머지는 적색 신호등이 적용된다.

산출된 연봉액의 크기에 따라 글자색이 변하게 하는 조건부 서식은 예제 29 에서 다룬 내용과 유사하다. 여기서는 간단히 언급하기로 한다. 먼저 조건부 서식을 지정할 셀 범위(E2:E7)를 선택한 후, 리본 메뉴 홈 스타일 에서 조건부 서식 을 클릭한다. 목록에서 "셀 강조 규칙"을 클릭하고, 이어서 "기타 규칙"을 클릭한다. [그림 9-16]과 같은 새 서식 규칙 창에서 규칙 유형으로 "다음을 포함하는 셀만 서식 지정"을 선택하고, 화면 아래의 '규칙 설명 편집' 내용으로는 앞에서부터 차례로, 기준은 "셀 값"으로 하고, 부등호는 ">="로 하고, 조건값은 첫 번째 조건에 맞는 연봉액 1,000을 입력한 다음, 파랑 글자색을 지정한다.

그림 9-16 새 서식 규칙 창

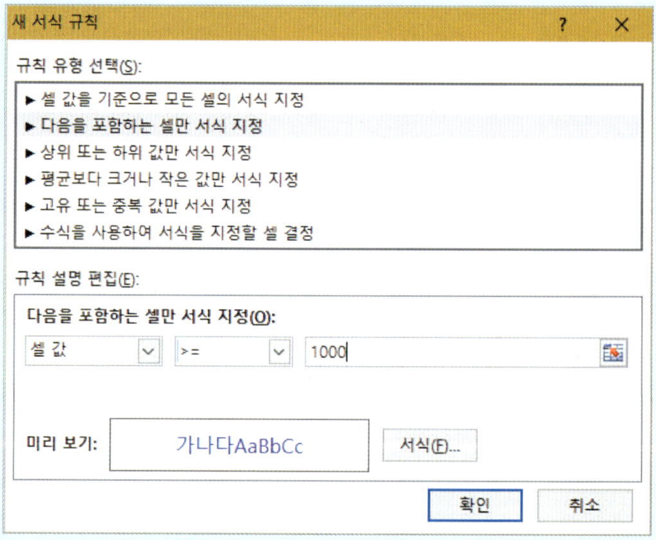

이어서 두 번째 조건부 서식은 셀 범위(E2:E7)를 선택한 후, 리본 메뉴 홈 스타일 에서 조건부 서식 을 클릭하여 규칙 관리 를 선택한다. 조건부 서식 규칙 관리자 창에서 "새 규칙"을 클릭하여 앞에서와 같이 두 번째 조건을 입력한다. "다음을 포함하는 셀만 서식 지정"을 선택하고, '규칙 설명 편집' 내용으로는 앞에서부터 차례로, 기준은 "셀 값"으로 하고, 부등호는 ">="로 하고, 조건값은 두 번째 조건에 맞는 연봉액 500을 입력한 다음, 서식 을 클릭하여 초록 글자색을 지정한다. 그리고 조건부 서식 규칙들 간에 먼저 적용해야 할 규칙을 순서대로 조정해 줘야 한다. [그림 9-17]은 두 번째로 지정한 규칙이 더 앞 순서에 놓여 있는 모습이다. 이대로 적용하면 연봉액이 1,000이 넘는 경우에도 당연히 500이 넘기 때문에 초록색으로 표시된다(앞에 나온 규칙이 적용된 셀에는 같은 종류의 규칙은 추가로 적용되지 않는다). 따라서 먼저 연봉액이 1,000이 넘는가를 체크하는 것이 순서다. [그림 9-17] 화면의 중앙 조금 윗부분에 있는 화살표를 이용하여 규칙이 적용되는 순서를 변경할 수 있다(제8장 1절의 **아포리즘 14** 참고). 그리하여 [그림 9-18]처럼 설정해야 한다. 이와 같이 하면 먼저 "연봉액이 1,000 이상인가?"를 체크하여 맞다면 파랑 글씨로 표시하고 다음 규칙은 적용하지 않는다. 그러나 연봉액이 1,000 이상이 아니면 다음 규칙인 "연봉액이 500 이상인가?"를 체크하게 된다.

그림 9-17 새 규칙을 추가한 직후 화면

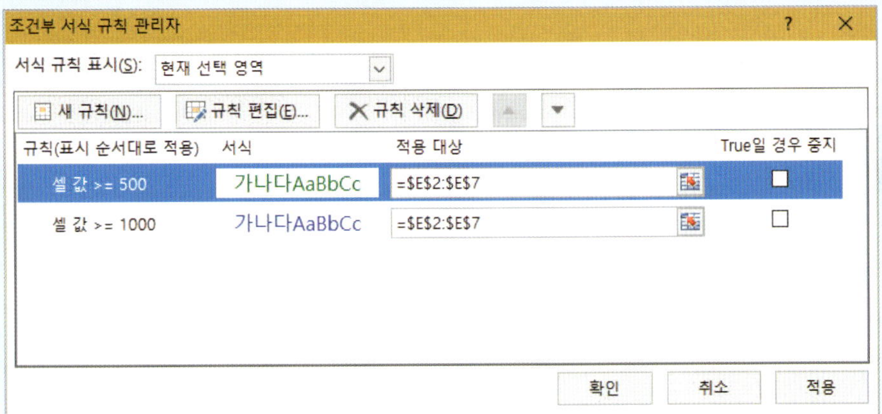

그림 9-18 규칙들 간의 적용순서를 조정한 결과

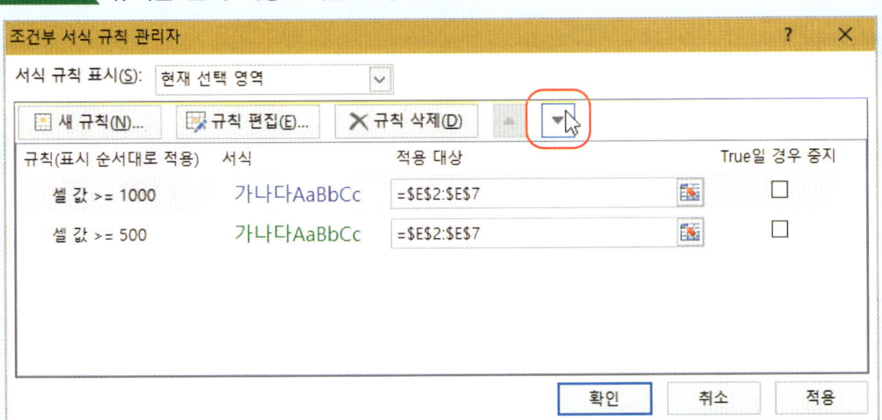

이제 마지막 조건부 서식도 같은 방법으로 설정한다. [그림 9-19]는 설정된 내용을 보여주고 있다. 여기서 이 규칙은 "연봉액이 300 미만인가?"를 먼저 체크하므로 아래 규칙과 겹치지 않는다. 300 미만이 아니면 다시 연봉액이 큰 순서로 "1,000 이상인가?"부터 체크하기 때문이다.

그림 9-19 조건부 서식 규칙 설정 내용

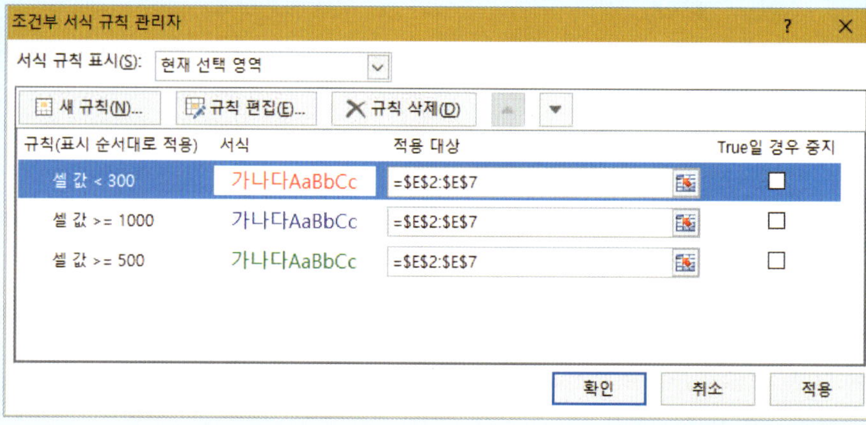

그림 9-20 예제 45 (조건부 서식) 결과

	A	B	C	D	E	F	G	H
1	선수명	올해 연봉	평가	인상률	내년 연봉		평가	인상률
2	강병호	200	AA	100%	400		S	150%
3	김대호	600	A	75%	1,050		AA	100%
4	추현수	145	BB	50%	218		A	75%
5	김정호	240	S	150%	600		BB	50%
6	류신수	550	AA	100%	1,100		B	0%
7	최현진	640	B	0%	640		C	-50%

예제 46 전기요금 산출 2

예제 38과 기본적인 내용은 동일하지만, 기본요금 부과 정책만 조금 더 복잡하게 만들어서 다시 고려해 보자. D등급은 기본요금이 없으므로 그대로 사용량에 단가를 곱해서 산출하고, 나머지 등급에 대해서는 200 미만으로 사용하는 경우에는 기본요금만 부과하고, 200을 초과하여 사용하는 양에 대해서만 사용료를 추가로 부과하는 방식으로 정책이 바뀌었다고 하자. 새로운 요금정책에 따라 사용자별 전기요금을 산출해 보라. 전기요금은 기본요금에 사용료를 더하여 산출된다. 사용자 등급별 기본요금과 단위당 사용료는 아래와 같이 예제 38과 동일하다. 범위 H1:J5의 내용을 참조표로 활용하라. **키워드 : VLOOKUP 함수, 중첩 IF 함수**

① A등급(상업용) : 20,000원+사용량×100원
② B등급(비영리) : 40,000원+사용량×20원
③ C등급(개인) : 10,000원+사용량×80원
④ D등급(산업용) : 0원+사용량×60원

	A	B	C	D	E	F	G	H	I	J
1	사용자	등급	사용량	기본요금	사용료	요금합		등급	기본요금	사용료(원)
2	화성테크	D	1,500					D	0	60
3	세마빌딩	A	450					C	10,000	80
4	정조대학	B	1,300					B	40,000	20
5	차두리	C	250					A	20,000	100
6	손흥민	C	350							

| 풀이 |

바뀐 요금정책은 사용량 200까지는 기본요금만 부과하고 200을 초과하는 부분에 대해서만 등급별 사용료를 부과한다는 것이다. D등급의 경우에는 기본요금이 없으므로 전체 사용량에 대해서 사용료를 부과한다.

일단 D열의 기본요금은 등급에 따라서 부과되는 것이므로 예제 38에서 사용했던 수식과 다르지 않다. 참조표에서 등급에 따른 기본요금을 가져오면 되므로, 셀 D2에 입력할 수식은 *=VLOOKUP(B2, $H$1:$J$5, 2, FALSE)*라고 하면 된다.

사용료를 새로운 정책에 따라 정확하게 산출하기 위해서는 IF 함수를 사용하여 사용자 등급이 "D"등급인가를 확인하여 "D"등급이 아니라면 기본요금이 있는 정책으로 요금을 산출하고, "D"등급인 경우에는 사용량에 사용료 단가를 곱해서 산출하면 되겠다. 이 부분만 먼저 수식으로 작성해 보면 *=IF(B2<>"D", 새로운 요금정책 적용, C2*VLOOKUP(B2, $H$1:$J$5, 3, 0))*가 된다. 그리고 *새로운 요금정책 적용*부분, 즉 A, B, C등급의 경우에는, 사용량이 200을 초과했는가를 확인하여, 초과한 경우라면 *(사용량−200)×단가*와 같이 사용량에서 200을 뺀 사용량에 대한 요금을 산출하고, 200을 초과하지 않은 경우라면 기본요금만 부과하는 경우이므로 추가 사용료는 0으로 산출하면 된다. *새로운 요금정책 적용* 부분만을 수식으로 작성해 보면 *IF(C2>=200, (C2−200)*VLOOKUP(B2, $H$1:$J$5, 3, 0), 0)*가 된다.

따라서 이 두 내용을 모두 적용하여 셀 E2에 입력할 수식을 작성하면 *=IF(B2<>"D", IF(C2>=200, (C2−200)*VLOOKUP(B2, $H$1:$J$5, 3, 0), 0), C2*VLOOKUP(B2, $H$1:$J$5, 3, 0))*라고 하면 된다(중첩 IF 함수 구문이므로 열린 괄호와 닫는 괄호의 짝에 유의할 것).

F열 요금합은 D열과 E열의 금액을 합하는 수식 *=D2+E2*가 되고, 나머지 사용자에 대해서는 이 수식들을 한꺼번에 아래로 복사해서 사용하면 된다.

그림 9-21 예제 46 (전기요금 산출 2) 결과

	A	B	C	D	E	F	G	H	I	J
1	사용자	등급	사용량	기본요금	사용료	요금합		등급	기본요금	사용료(원)
2	화성테크	D	1,500	0	90,000	90,000		D	0	60
3	세마빌딩	A	450	20,000	25,000	45,000		C	10,000	80
4	정조대학	B	1,300	40,000	22,000	62,000		B	40,000	20
5	차두리	C	250	10,000	4,000	14,000		A	20,000	100
6	손흥민	C	350	10,000	12,000	22,000				

예제 47 국회의원 비례대표제 의석 배분

최근 20대 국회의원을 선출하는 총선이 있었다. 국회의원 총수는 300명인데, 그 중 지역구 의석은 253석, 비례대표제 의석은 총 47석이다. 이 47석은 지역구 당선자를 5명 이상 배출하거나 정당투표 득표율이 3% 이상이 되는 정당만 배분받을 수 있다. 이번 총선에 참가한 정당별 득표율 자료 및 지역구 당선자수를 토대로 47석의 의석이 각 정당에 몇 석씩 돌아가는지 산출해 보라(일부 정당 이름과 득표율은 편의를 위해서 가상으로 만들었다). **키워드 : OR 함수, SUMIF 함수, INT 함수, RANK.EQ 함수**

	A	B	C	D	E
1	비례대표 의석수		47	(명)	
2	정당	득표율	당선자수	할당여부	배분인원
3	새누리당	33.50%	105		
4	더불어민주당	25.54%	110		
5	국민의당	26.74%	25		
6	정의당	7.23%	2		
7	기독자유당	2.63%	0		
8	민주당	2.10%	0		
9	기타	2.26%	0		
10	무소속	0.00%	11		
11	계	100.00%	253		

| 풀이 |

셀 C1에는 배분해야 할 총의석수(47석)가 주어져 있다. 먼저 D열에 당선자수나 득표율에 따라 배분받을 수 있는지를 따지는 논리 함수식이 필요하다. 이 논리적 판단은 두 가지 조건 중 어느 하나라도 충족하면 배분이 가능하므로 OR 함수를 사용한다. OR 함수를 사용하면 조건을 충족하면 TRUE를, 그렇지 않으면 FALSE를 반환한다. 그러면 다음 열에서 이 논리값을 사용하여 배분에 활용하면 되겠다. 이 OR 함수에 사용할 조건식은 득표율(셀 B3)이 3% 이상이거나, 당선자수(셀 C3)가 5명 이상이면 되므로 *OR(B3>=3%, C3>5)*라고 하면 된다. 따라서 셀 D3에 입력할 함수식은 *=OR(B3>3%, C3>=5)*가 된다. 그리고 이 수식을 범위 D4:D9까지 복사하면 정당별로 배분이 가능한 정당과 그렇지 않은 정당이 TRUE, FALSE로 표시된다. 셀 D10의 무소속은 배분이 없으므로 셀 D10에는 논리값으로 FALSE라고 입력한다. 그냥 따옴표 없이 문자로 FALSE라고 입력하면 논리값으로 인식한다. 이 결과가 아래 [그림 9-22]이다.

그림 9-22 비례대표제 의석 배분 가능 정보 산출 결과

	A	B	C	D	E
1	비례대표 의석수		47	(명)	
2	정당	득표율	당선자수	할당여부	배분인원
3	새누리당	33.50%	105	TRUE	
4	더불어민주당	25.54%	110	TRUE	
5	국민의당	26.74%	25	TRUE	
6	정의당	7.23%	2	TRUE	
7	기독자유당	2.63%	0	FALSE	
8	민주당	2.10%	0	FALSE	
9	기타	2.26%	0	FALSE	
10	무소속	0.00%	11	FALSE	
11	계	100.00%	253		

이제 D열에 논리값이 산출되었고, 배분이 가능한 정당들의 득표율에 따라 47명을 나누어야 한다. 셀 B11에 있는 득표율 합계(100%)는 배분 자격이 없는 정당이나 무소속까지 모두 합한 득표율이므로 배분이 가능한 정당들만의 득표율 합계가 필요하다. 셀 D11에는 이 값을 계산해 입력하고 배분할 때 활용하기로 한다. 배분이 가능한 정당들만의 합계를 구하기 위해서는 SUMIF 함수를 사용하는 것이 적절하다. 즉, IF 조건으로 D열의 논리값이 TRUE인 정당만 골라서 B열의 득표율을 합하라는 인수를 지정해주면 된다. 이 SUMIF 함수식은 *=SUMIF(D3:D10, TRUE, B3:B10)* 이라고 하면, D열의 할당 여부가 TRUE로 반환된 정당의 득표율만 합하게 된다. 이 합계값은 93.01%로 산출되었다.

SUMIF 함수에 대해서는 제7장 4절 참고

배분인원 계산은 다음과 같이 한다. 새누리당의 경우, 득표율(셀 B3)이 33.5%이고 배분 가능한 정당들의 득표율 합계가 93.01%이므로, $\text{전체 47명} \times \frac{33.5\%}{93.01\%}$ 로 계산된다. 이 식의 계산 결과는 16.9명이 된다. 이 계산을 위해서 IF 함수가 필요한데, 그것은 셀 D3의 논리값이 TRUE인 경우에만 이렇게 계산하고, FALSE라면 계산할 것도 없이 그냥 배정이 0이라고 반환하기 위해서다. 따라서 셀 E3에 작성할 수식은 *=IF(D3, $C$1*(B3/$D$11), 0)* 라고 하면 된다. 이 IF 함수에서 조건식으로는 그냥 셀 D3만 참조하였는데, 셀 D3에는 논리값이 입력되어 있으므로 이렇게만 해도 조건식의 결과가 TRUE인지 FALSE인지 알 수 있기 때문이다. 그리고 TRUE인 경우에는 위 식처럼 배분 가능한 인원을 계산해서 반환한다. 이때 비례대표 전체 인원수 47명(셀 C1)은 절대참조로 해야 하고, 배분 가능한 정당들만의 득표율 합계 93.01%(셀 D11)는 역시 절대참조로 해야 한다. 여기까지의 결과가 [그림 9-23]이다.

그림 9-23 할당 여부에 따라 계산된 배분인원

	A	B	C	D	E
1	비례대표 의석수		47 (명)		
2	정당	득표율	당선자수	할당여부	배분인원
3	새누리당	33.50%	105	TRUE	16.9
4	더불어민주당	25.54%	110	TRUE	12.9
5	국민의당	26.74%	25	TRUE	13.5
6	정의당	7.23%	2	TRUE	3.7
7	기독자유당	2.63%	0	FALSE	0.0
8	민주당	2.10%	0	FALSE	0.0
9	기타	2.26%	0	FALSE	0.0
10	무소속	0.00%	11	FALSE	0.0
11	계	100.00%	253	93.01%	47.0

그런데 여기서 주의해야 할 점은 배분인원은 자연수가 되어야 하는데 계산 결과는 소수부분이 있으므로 소수부분을 어떻게 처리하느냐에 있다. 비례대표 배분 규정에 의하면 "자연수로 배분하되 남는 의석은 소수부분의 크기가 큰 순서로 배정한다"고 되어 있다. 단순히 쉽게 생각해서 반올림으로 배분하면 어떨까 생각할지 모르겠다. 우연히 반올림했을 때 어떤 당은 소수부분이 0.5가 넘어서 1명이 더 가고, 어떤 당은 그 반대로 1명이 덜 가서 자연스럽게 맞아 떨어질 수도 있겠지만, 이 방법은 정확한 방법이 아니다. [그림 9-24]는 반올림으로 배정

하였더니 총인원이 48명으로 한 명이 늘어난 결과가 된 것을 보여준다.

그림 9-24 잘못된 경우 : 반올림으로 산출

	A	B	C	D	E	F
1	비례대표 의석수		47	(명)		
2	정당	득표율	당선자수	할당여부	배분인원	반올림배정
3	새누리당	33.50%	105	TRUE	16.9	17
4	더불어민주당	25.54%	110	TRUE	12.9	13
5	국민의당	26.74%	25	TRUE	13.5	14
6	정의당	7.23%	2	TRUE	3.7	4
7	기독자유당	2.63%	0	FALSE	0.0	0
8	민주당	2.10%	0	FALSE	0.0	0
9	기타	2.26%	0	FALSE	0.0	0
10	무소속	0.00%	11	FALSE	0.0	0
11	계	100.00%	253	93.01%	47.0	48

그렇다면 어떻게 해야 할까? 이를 위해서 셀 E1에 복잡한 수식을 한 번에 기록하려고 하지 말고 열을 몇 개 더 추가해서 단계적으로 산출해 나가면 훨씬 쉽게 모형을 완성할 수 있다. 필요시 셀을 감추거나 할 수 있으므로 중간단계로 몇 개의 열을 더 만들어도 아무 문제가 없다. 그래서 E열에는 앞에서 계산된 소수부분이 포함된 배분인원값을 산출하고, F열에는 그 중 자연수부분 인원만을 기록하고, G열에는 소수부분만을 기록하기로 하자. 그리고 소수부분이 큰 순서로 남은 인원을 배정하면 될 것이다.

셀 F3에는 셀 E3에 산출된 배분인원(16.9)에서 정수부분만을 떼어 기록한다. 이때 사용되는 수식은 정수함수라고 하는 INT 함수다. 수식 *=INT(E3)* 라고 하면 E3값에서 정수부분(16)만을 떼어 반환해 준다. 셀 F11에는 정수부분만으로 배정된 의석수를 모두 합한 값을 산출한다. [그림 9-25]를 보면 여기서는 44석만 배분되었다.

셀 G3에는 소수부분만 따로 정리한다. 소수부분은 원래 값에서 정수부분을 빼면 되므로, 수식은 *=E3-F3* 로 하면 된다. 이제 처음 비례대표 의석수(47석)에서 정수부분만으로 배정된 의석수(44석)를 빼면 추가로 배정할 남은 의석수(3석)가 계산된다. 이 값을 셀 I1에 기록하자. 셀 I1에 입력할 수식은 *=C1-F11* 이다. 그리고 소수부분의 크기를 비교해서 가장 큰 정당부터 I3값(3석)까지 배정하면 된다.

소수부분의 크기를 비교해서 큰 순서를 매기기 위해서는 랭킹 함수 RANK.EQ 함수를 사용하면 된다. RANK.EQ 함수는 인수를 두 가지 사용하는데, 첫 번째 인수는 크기를 비교해야 할 수치(여기서는 소수부분값)이고, 두 번째 인수는 비교자료의 범위(여기서는 범위 G3:G10)를 지정하면 된다. 따라서 셀 H3에 입력할 수식은 *=RANK.EQ(G3, $G$3:$G$10)* 이라고 하면 된다. 두 번째 인수를 절대참조로 사용한 이유는 이 셀 H3에 입력한 수식을 아래로 복사해서 사용할 때 소수부분은 각 정당의 값을 참조해야 하므로 상대참조를 쓰지만, 비교자료 범위는 항상 일정하므로 절대참조를 사용하여 변하지 않도록 해야 하기 때문이다. 이 수식을 아래로 복사하면 소수부분의 크기를 비교한 랭킹 순위가 반환된다. 이 예제에서는 새누리당이 0.93으로 1위, 더불어민주당이 0.91로 2위, 정의당이 0.65로 3위, 국민의당이 0.51로 4위 그리고 나머지 당들은 모두 소수부분이 0이므로 공동 5위로 기록되었다.

이제 마지막 남은 과정은 순위는 나왔는데 어디까지 추가 배정이 가능한가를 고려하는 것이다. 앞에서 셀 I1에 남은 의석수(3명)를 기록해 놨으므로 이 숫자(3)에 해당하는 순위까지 추가로 1명씩 배정하면 된다. 그래서 추가배정 여부를 기록하는 I열을 추가했다. 따라서 셀 I3에 입력할 수식은 *=IF(H3<=$I$1, 1, 0)*이라고 하면 된다. 즉, 순위가 남은 의석수와 같거나 작으면 1명을 추가로 배정하고 그렇지 않으면 배정이 없다는 뜻이다. 그리고 이 수식을 아래로 복사하면 랭킹 순위 3위까지 1명씩 추가배정된 것을 볼 수 있다. 셀 I11에는 추가배정수의 합을 구하여 남은 의석수(3명)와 같은지 확인할 수 있다(이때 만약 소수부분에 동률이 나와서 배정된 숫자가 남은 의석수보다 커진 경우에는 소수부분을 더 세밀하게 계산하여 순위를 구분하거나 그것도 동일한 경우라면 법에 따라 순위를 정하는 과정이 필요하겠다. 여기서는 그런 부분은 생략하였다). 마지막 J열에는 자연수부분만으로 배정된 의석수와 방금 추가배정한 의석수를 더해서 최종 배정 의석수를 산출한다. 셀 J3에 입력한 수식은 *=F3+I3*로 하면 된다. 셀 J11에 최종인원의 합을 구해서 원래 비례대표 의석수(47명)와 같은지 확인해 보기 바란다. 앞에서 따로 3행 아래의 다른 당에 입력할 수식에 대해서는 구체적으로 언급하지 않았지만, 이런 부분은 모두 3행에 입력한 수식을 아래로 복사해서 사용하면 된다.

그림 9-25 예제 47 (국회의원 비례대표제 의석 배분) 결과

	A	B	C	D	E	F	G	H	I	J
1	비례대표 의석수		47	(명)		정수	소수부분	남는 의석수	3	(명)
2	정당	득표율	당선자수	할당여부	배분인원	배분인원	크기	Ranking	추가배정	최종인원
3	새누리당	33.50%	105	TRUE	16.9	16	0.93	1	1	17
4	더불어민주당	25.54%	110	TRUE	12.9	12	0.91	2	1	13
5	국민의당	26.74%	25	TRUE	13.5	13	0.51	4	0	13
6	정의당	7.23%	2	TRUE	3.7	3	0.65	3	1	4
7	기독자유당	2.63%	0	FALSE	0.0	0	0.00	5	0	0
8	민주당	2.10%	0	FALSE	0.0	0	0.00	5	0	0
9	기타	2.26%	0	FALSE	0.0	0	0.00	5	0	0
10	무소속	0.00%	11	FALSE	0.0	0	0.00	5	0	0
11	계	100.00%	253	93.01%	47.0	44			3	47

학습 가이드라인 3

- 제1부와 제2부를 통해서 엑셀의 핵심 원리와 기본적인 활용법에서부터 제법 실무적인 활용법까지 공부하였다. 제3부에서는 몰라도 기본적인 엑셀 활용에는 문제가 없지만, 알면 마치 날개를 단 듯이 더 다양한 상황에 활용할 수 있는 엑셀의 추가적 기능들에 대해서 공부하려고 한다. 제3부의 각 장의 내용들은 어느 정도는 각각 독립적인 내용이라 할 수 있으므로 시간이 나는 대로 하나씩 익혀 나가면 된다.
- 제10장에서는 제2부에서 기본적인 내용만 소개했던 **양식 컨트롤 도구**의 활용에 대한 내용을 발전시킬 것이고, 제11장에서는 금융 분야에서 많이 사용되고 있는 **재무 함수**의 활용법에 대하여 다룬다. 그리고 제12장에서는 엑셀의 4대 기능 중 하나인 **차트** 활용에 대하여 다룬다. 제13장에서는 엑셀을 이용한 **데이터 관리** 방식에 대하여 다룰 것이고, 마지막으로 제14장에서는 앞서 언급했던 양식 컨트롤 도구 중에서 **매크로** 활용과 관련된 내용을 다룬다.
- 제3부에서는 추가되는 새로운 기능을 이해하는 것도 필요하지만, 지금까지 공부했던 엑셀의 핵심적인 내용들을 실무적인 내용들과 결합시켜 활용하는 예제들이 다루어진다. 이를 통하여 독자들이 업무에서 발생하는 다양한 상황에 적용시킬 수 있는 창의력을 끌어 올릴 수 있을 것이다.

Part 03

응용 단계

■ **제3부 응용 단계**에서 반드시 이해해야 할 내용은, 재무 함수 활용에서 **인수 간 부호의 변화**, 차트 활용에서 **차트 요소**, 데이터 관리를 위한 **피벗 테이블 보고서**를 만드는 방법이다.

Chapter

10

양식 컨트롤 도구의 활용

1. 양식 컨트롤 도구 활용 개념
2. 양식 컨트롤 도구 : 확인란(Check Box)
3. 양식 컨트롤 도구 : 콤보 상자(Combo Box)

1 양식 컨트롤 도구 활용 개념

여기서는 제8장 2절에서 다뤘던 양식 컨트롤 도구에 몇 가지 내용을 더 추가하려고 한다. 양식이란 데이터 목록, 입력 상자, 선택 장치 등을 말한다. 이러한 양식을 만들어서 사용하게 해주는 **양식 컨트롤**이란 엑셀 대부분의 버전에서 호환되는 기본 컨트롤이다. 어려운 VBA 코드(Visual Basic for Applications Code)를 사용하지 않고도 간단하게 워크시트에 이러한 양식 컨트롤을 붙일 수 있다. 데이터의 입력, 변경이나 데이터의 선택과 같은 작업에 양식 컨트롤 도구를 이용하면 키보드를 사용하지 않고도 간편하게 마우스 클릭만으로 처리할 수 있다. 이 장에서는 제8장 2절에서 언급했던 **스핀 단추**와 **스크롤 막대**에 이어서 **확인란**과 **콤보 상자**의 활용에 대해서 살펴보기로 한다.

이미 앞에서 언급한 내용이지만 스핀 단추라는 양식 컨트롤 도구를 한 번 더 살펴보기로 하자. 양식 컨트롤 도구를 워크시트에서 사용하기 위해서는 [리본 메뉴] [개발 도구] [컨트롤]에서 [삽입]을 클릭하여 필요한 양식 컨트롤 도구를 선택한 다음, 워크시트의 원하는 셀 위에 마우스로 드래그하여 그려 넣으면 된다.

예제 32 스핀 단추 활용(앞에서 다루었던 예제임)

[예제 6]에서 다뤘던 직원별 매출액을 산출하는 워크시트를 사용하여 이번에는 스핀 단추를 붙여 보자. [예제 6]에서 제품별 단가는 50원으로 주어져 있었지만, 여기서는 단가를 최소 30원에서 최대 100원까지 조절할 수 있도록 하라. 또 마우스로 스핀 단추를 한 번 클릭할 때마다 5원씩 조절되도록 컨트롤을 설정하라. **키워드 : 상대참조/절대참조, 양식 컨트롤 도구, 스핀 단추**

	A	B	C	D
1		단가 :	50 (원)	
2	성명	수량	금액	
3	이용민	17,000		
4	최이현	20,000		
5	정희도	10,000		
6	이원혁	6,000		
7	곽기훈	8,900		
8	합계			

| 풀이 |

[예제 6]에서는 단가가 들어 있는 셀 C1을 절대참조하여 셀 C3에 수식 *=B3*$C$1*을 입력하였다. 이 수식을 바꿀 필요는 없고, 이제는 양식 컨트롤 도구에서 스핀 단추를 클릭하여 범위 D1:D2에 그려 넣은 후에, 컨트롤을 적절히 설정해 주면 된다.

그려진 스핀 단추를 마우스 오른쪽 버튼으로 클릭하여 컨트롤 서식 을 선택하여 나오는 컨트롤 서식 창에서 필요한 내용을 설정하면 된다. 현재값은 워크시트에서 현재 보이는 값을 지정한다. 여기서는 50을 입력한다. 최소값과 최대값은 예제에서 주어진 대로 차례로 30과 100으로 지정한다. 증분 변경값은 5로 입력한다. 마지막으로 셀 연결은 셀 C1을 지정해주면 된다.

이제 설정이 끝났으면 스핀 단추를 클릭하여 셀 C1의 단가가 5씩 변하는지 확인하고 그 단가가 변할 때 직원들의 매출액도 함께 따라 변하는지 확인해 보기 바란다.

그림 10-1 예제 32 (스핀 단추 활용) 결과

	A	B	C	D
1		단가 :	50 (원)	▲
2	성명	수량	금액	▼
3	이용민	17,000	850,000	
4	최이현	20,000	1,000,000	
5	정희도	10,000	500,000	
6	이원혁	6,000	300,000	
7	곽기훈	8,900	445,000	
8	합계	61,900	3,095,000	

2 양식 컨트롤 도구 : 확인란(Check Box)

양식 컨트롤 도구 중 확인란(Check Box)과 콤보 상자(Combo Box)는 사용자가 선택할 수 있는 항목(메뉴와 같은 목록)을 주고 그 중에서 원하는 것을 선택하게 하는 경우에 사용할 수 있다. 확인란은 목록 중에서 여러 개를 동시에 선택할 수 있는 경우에 사용하고, 콤보 상자는 목록 중에서 어느 하나를 선택해야 하는 경우에 사용한다. 물론 목록 중에서 단 하나 만을 선택해야 하는 경우에 양식 컨트롤 도구 중에서 옵션 단추(Option Button)를 사용할 수도 있는데, 이에 대해서는 제14장에서 다룰 것이다.

확인란 양식 컨트롤 도구는 [그림 10-2]와 같이 목록 중에서 원하는 내용의 선택 여부를 확인할 때 사용하는데 여러 개를 동시에 선택(복수선택)하는 것이 가능하다. 따라서 목록 개수만큼의 확인란 양식 컨트롤 도구를 사용해야 한다.

그림 10-2 확인란 양식 컨트롤 도구 사용 예

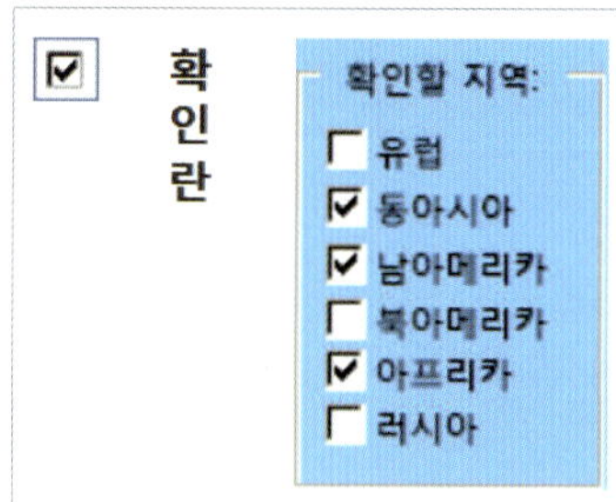

확인란 양식 컨트롤 도구는 매우 단순한 장치다. 확인란을 체크(클릭)하면 연결된 셀의 논리값이 TRUE로 저장되고, 선택을 취소하면 연결된 셀의 논리값이 FALSE로 저장된다. 확인란 [컨트롤 서식] 창을 보면 '선택하지 않은 상태'인지 '선택한 상태'인지만 보여주는 내용과 연결 셀을 지정하는 것밖에 없다. [그림 10-3]은 확인란 [컨트롤 서식] 창을 보여준다.

그림 10-3 확인란 [컨트롤 서식] 창

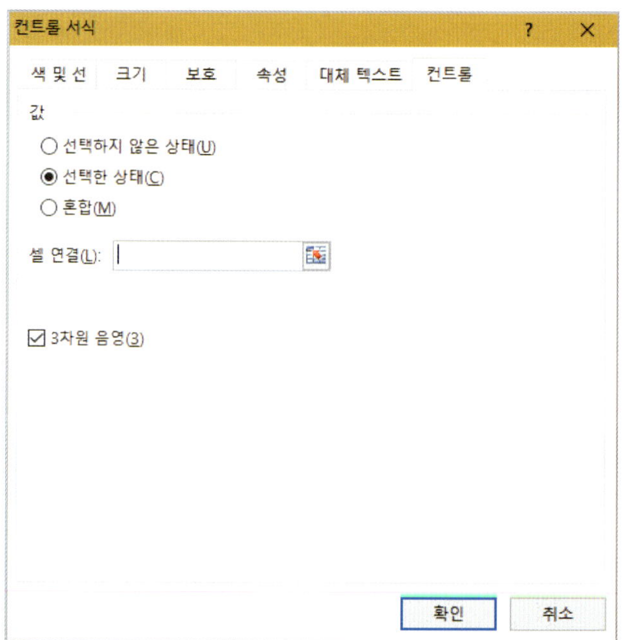

확인란 양식 컨트롤 도구를 워크시트에 그려 넣으면 [그림 10-4]의 왼쪽 그림처럼 처음에는 그 워크시트에 몇 번째로 삽입되는 확인란인지 자동으로 그 숫자가 붙은 확

인란 도구만 그려진다. 따라서 확인란 도구에 적절한 텍스트를 붙이려면 마우스 오른쪽 버튼을 클릭하여 나오는 팝업메뉴 창에서 **❑ 텍스트 편집** 을 누르고 적절하게 확인란 항목 제목을 수정해야 한다. 가령 이 확인란 도구에 "아시아"란 항목 제목을 붙이면 비로소 [그림 10-4]의 오른쪽 그림처럼 만들어진다.

그림 10-4 확인란 양식 컨트롤 도구의 항목 제목 입력

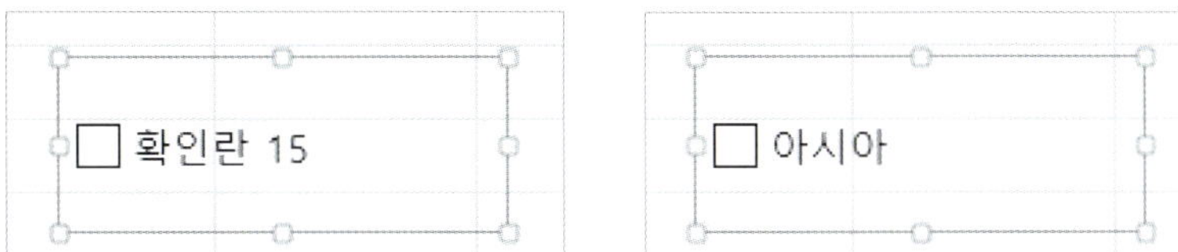

그렇다면 확인란으로 나타낸 목록에서 어느 것을 선택하였을 때 어떤 원리로 작동이 되는 것일까? 사실 확인란 도구를 선택하거나 해제하는 경우에 실제로는 연결된 셀의 논리값이 TRUE로 되거나 FALSE로 변할 뿐이다. 확인란을 선택했다고 해서 무언가 그것과 연결된 작업이 실행되는 것은 전혀 아니다. 그런데 어떻게 원하는 작업이 실행되는 것일까?

그 원리의 비밀은 확인란 도구에 연결된 셀의 논리값에 따라 작동 여부를 선택하는 IF 함수에 있다. 즉, 확인란과 연결된 셀의 논리값이 TRUE이면 어떤 작업을 실행하라는 IF 함수로 된 수식을 필요한 셀에 작성해 놓으면 된다. 예제들을 통하여 그 원리를 확인해 보자.

예제 48 확인란 활용

다음은 연말정산 작업과 관련된 간단한 연습문제다. 세 가지 기초공제 내용에 대해서 해당 여부를 확인란을 붙여서 선택하도록 만들어라. 기초공제 내용으로는 "세대주", "배우자", "부모님" 항목을 만들어라. 확인란 도구와 연결되는 셀은 각각 확인란이 위치한 셀의 바로 왼쪽 셀(A열)로 하라. C열에는 각각의 확인란을 선택할 때 해당되는 공제액이 표시되도록 필요한 수식을 입력하라. **키워드 : IF 함수, 양식 컨트롤 도구, 확인란**

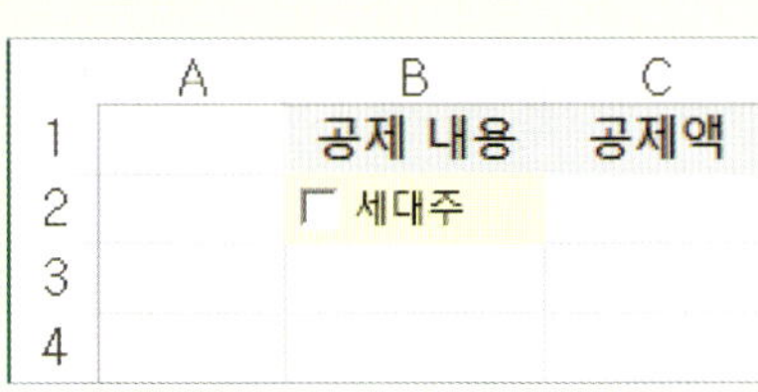

공제 내용	공제액
세대주	1,000
배우자	2,000
부모님	3,000

| 풀이 |

리본 메뉴 개발 도구 컨트롤 삽입 을 클릭하여 확인란 도구를 선택한 다음, 워크시트의 셀 B2에 딱 맞도록 마우스로 드래그한다.

셀의 테두리선에 딱 맞게 확인란을 그리기 위해서는 제8장 2절의 아포리즘 16 참고

그려진 확인란을 마우스 오른쪽 버튼으로 클릭한 후 팝업메뉴에서 ❑ 컨트롤 서식 을 선택하면 [그림 10-3]과 같은 확인란 컨트롤 서식 창이 열린다. 여러 가지 탭이 있는데 맨 오른쪽 컨트롤 탭에서 오로지 연결 셀만 선택해 주면 된다. 여기서는 셀 A2를 연결 셀로 설정한다. 연결 셀은 항상 절대참조 방식으로 $A$2로 저장되는 것을 확인하라. 확인란 도구의 컨트롤 서식 창에서는 맨 왼쪽에 있는 색 및 선 탭에서 확인란 도구에 색상을 설정할 수 있다. 그리고 확인란을 더블클릭하여 제목으로 "세대주"라고 입력한다. 이와 같은 방법으로 확인란 도구를 셀 B3와 B4에도 그려 넣는다. 각각의 연결 셀은 차례로 A3, A4로 설정하면 된다. 각각의 확인란 도구 제목으로 "배우자", "부모님"이라 입력한다. 그러면 옆의 워크시트처럼 될 것이다. 이제 각각의 확인란을 체크하면 A열의 연결된 셀의 논리값이 FALSE에서 TRUE로, 또 체크를 해제하면 TRUE에서 FALSE로 변하는 것을 확인할 수 있을 것이다.

	A	B	C
1		공제 내용	공제액
2	FALSE	☐ 세대주	
3	TRUE	☑ 배우자	
4	TRUE	☑ 부모님	

확인란을 그려 넣은 다음에는 해당되는 확인란을 체크했을 때 필요한 작업을 할 수 있도록 필요한 수식을 입력하면 된다. 그 수식은 C열에 입력할 것인데, 이때 A열의 논리값을 이용하여 원하는 작업을 하도록 하면 된다.

먼저 셀 C2에 입력할 수식을 생각해 보자. 이 상황은 세대주 공제를 받기 위하여 "세대주" 확인란을 체크하는 경우인데, 이 경우 셀 C2에 공제액으로 1,000이 출력되도록 하면 된다. 다시 말하면 "세대주" 확인란을 체크하면 셀 A2의 논리값이 TRUE로 되고 따라서 셀 C2에는 이 논리값을 이용하여 숫자 1,000이 나타나고, 아니면 공제액 0이 표시되게 하면 된다. 따라서 셀 C2에 입력할 수식은 *=IF(A2, 1000, 0)*이면 된다. IF 함수에서 첫 번째 인수는 조건식이나 논리값인데, 셀 A2는 논리값이므로 인수에 A2라고 셀 참조만 해도 그 셀 값에 따라서 TRUE이면 숫자 1,000을 반환하고, FALSE이면 숫자 0을 반환하게 되어 원하는 결과를 얻을 수 있다.

마찬가지 방법으로 셀 C3에 입력할 수식은 *=IF(A3, 2000, 0)*이고, 또 셀 C4에 입력할 수식은 *=IF(A4, 3000, 0)*이라고 하면 된다. 이제 완성된 워크시트에서 각각의 확인란을 체크 또는 해제하면서 원하는 공제액이 제대로 표시되는지 확인하면 된다.

그림 10-5 예제 48 (확인란 활용) 결과

	A	B	C
1		공제 내용	공제액
2	TRUE	☑ 세대주	1,000
3	TRUE	☑ 배우자	2,000
4	TRUE	☑ 부모님	3,000

	A	B	C
1		공제 내용	공제액
2	FALSE	☐ 세대주	-
3	TRUE	☑ 배우자	2,000
4	FALSE	☐ 부모님	-

예제 49 연말정산 모형

이번에는 위 예제 48 을 재활용하여 간단한 연말정산 모형을 만들어 보기로 하자. "세대주", "배우자", "부모님"의 기초공제 내용에 대해서 해당 여부는 확인란을 붙여서 선택하도록 만들어라. 각 항목별 공제액은 아래의 표와 같다. 확인란 도구와 연결되는 셀은 각각 확인란이 놓인 셀의 바로 왼쪽 셀(A열)로 하라. C열에는 각각의 확인란을 선택할 때 해당되는 공제액이 표시되도록 필요한 수식을 입력하라. 나머지 공제대상인 보험료 등의 비용은 워크시트에 나와 있고, 이 사람의 연간 과세대상소득액과 원천징수액은 역시 워크시트에 기록되어 있다. 셀 F3에 공제총액을 산출하고, 셀 F4에 과표액을 구하라. 과표액은 과세대상소득액에서 공제총액을 빼면 된다. 세금은 과표액의 10%로 산출된다고 가정하여 셀 F5에 납부할 세금액을 산출하라. 최종적으로 산출세액과 원천징수액을 비교하여 셀 F7에 연말정산액을 계산하라. 연말정산액은 산출세액에서 원천징수액을 빼면 된다. 연말정산액은 확인란으로 나타낸 공제 내용 세 가지를 모두 선택한 것으로 하여 계산하라.

키워드 : IF 함수, 양식 컨트롤 도구, 확인란

공제 내용	공제액
세대주	1,000
배우자	2,000
부모님	3,000

	A	B	C	D	E	F
1		공제 내용	공제액		연말정산	
2					과세대상소득	28,540
3					공제총액	
4					과표액	
5		의료보험료	500		산출세액	
6		기타보험료	380		원천징수액	2,300
7		교육비	120		연말정산액	

| 풀이 |

예제 48 에서와 같이 리본 메뉴 - 개발 도구 - 컨트롤 - 삽입 을 클릭하여 확인란 도구를 선택한 다음, 워크시트의 셀 B2, 셀 B3, 셀 B4에 각각 그려 넣고, 셀 연결은 각각 A2, A3, A4로 한다. 또 해당되는 확인란을 체크했을 때 필요한 작업을 할 수 있도록 셀 C2, 셀 C3, 셀 C4에 각각 *=IF(A2, 1000, 0)*, *=IF(A3, 2000, 0)*, *=IF(A4, 3000, 0)*를 입력한다. 이제 완성된 워크시트에서 각각의 확인란을 체크 또는 해제하면서 원하는 공제액이 제대로 표시되는지 확인하면 된다.

셀 F3의 공제총액은 각종 공제액을 합하는 수식 *=SUM(C2:C7)*을 입력하면 된다. 셀 F4의 과표액은 수식 *=F2−F3*를 입력한다. 셀 F5의 산출세액은 과표액의 10%를 계산하면 되므로 수식 *=F4*10%*라고 입력한다. 셀 F7에 입력할 연말정산액은 내야 할 세금액 셀 F5에서 이미 징수된 원천징수액 셀 F6를 빼면 된다. 따라서 수식은 *=F5-F6*가 된다. 여기서는 결과가 −146이 나왔다. 이는 내야 할 세금액보다 이미 원천징수된 금액이 146 만큼 많기 때문에 돌려받는 결과가 나온 것이다.

그림 10-6 예제 49 (연말정산 모형) 결과

	A	B	C	D	E	F
1		공제 내용	공제액		연말정산	
2	TRUE	☑ 세대주	1,000		과세대상소득	28,540
3	TRUE	☑ 배우자	2,000		공제총액	7,000
4	TRUE	☑ 부모님	3,000		과표액	21,540
5		의료보험료	500		산출세액	2,154
6		기타보험료	380		원천징수액	2,300
7		교육비	120		연말정산액	-146

이번에는 확인란 도구와 제8장에서 언급한 조건부 서식을 이용하여 간단하면서도 재미있는 방법을 하나 더 다뤄 보자. 엑셀을 이용해서 강의를 하거나 고객에게 자료를 보여주면서 설득하는 경우를 생각해 보라. 이런 경우 대개 준비한 내용을 차례로 보여주면서 설명을 하는 것이 일반적이지만, 때론 내용을 강조하기 위해서나 학습효과를 높이기 위해서 특별한 효과를 사용하기도 한다. 여기서는 뭔가 강조하려고 하는 중요한 내용을 처음엔 보여 주지 않고 있다가 발표자가 확인란을 클릭하면 감췄던 내용이 나타나게 하는 방법을 설명하려고 한다.

아래는 저자가 강의에서 활용하고 있는 프레젠테이션 기법이다. [그림 10-7]은 강의 중 학생들에게 질문 겸 미리 생각할 것을 요구하는 화면이다. 엑셀이 자랑하는 "수식 복사"에 대한 질문인데, 상대참조의 개념을 묻는 질문이다. 이때 워크시트에는 질문만

보일 뿐 답은 보이지 않지만, 질문이 적혀 있는 셀의 옆을 보면 확인란 도구가 하나 그려져 있다. 학생들이 이 질문에 대하여 생각할 시간을 준 다음에 강사가 답을 보여주면서 설명하고자 할 때에 이 확인란을 체크하면 [그림 10-8]처럼 워크시트에 그 답이 화려하게 표시되게 만든다(굳이 화려한 효과까지 사용할 필요가 없는 경우에는 조건부 서식은 빼고 확인란과 IF 함수만 활용하여 간단히 보이게 하거나 감출 수 있다). 자, 이런 방법을 엑셀에서 어떻게 구현할 수 있을까 생각해 보자.

그림 10-7 질문만 보이는 워크시트 화면

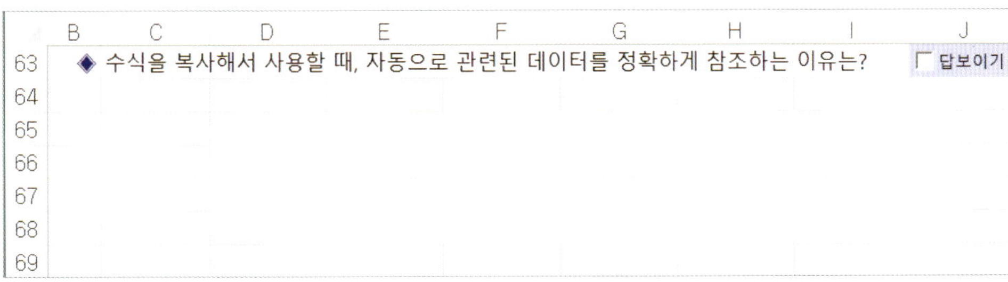

그림 10-8 확인란 체크로 답이 보이는 워크시트 화면

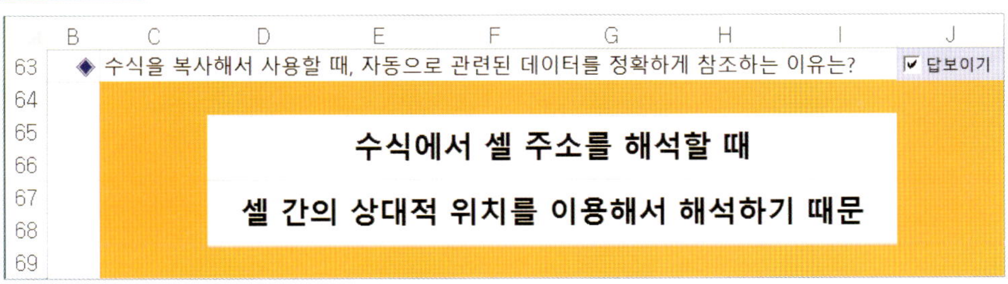

방법의 핵심은 조건부 서식에 있다. 확인란 도구를 체크하면 연결 셀의 논리값이 TRUE로 반환되니까 연결 셀의 논리값에 따라서 범위 C64:J69의 셀 배경색이 자동으로 설정되게 한 것이다. 여기서는 연결 셀 값이 TRUE이면 먼저 중앙부 범위 D65:I68의 셀 배경색을 "채우기 없음"으로 설정한다. 그리고 두 번째 규칙에서 범위 C64:J69(해당 영역 전체)의 셀 배경색을 노랑으로 설정하면 된다(이때 **두 규칙의 순서를 잘 고려해야** 한다. 한 번 규칙이 적용된 범위에는 같은 종류의 규칙은 추가로 적용되지 않기 때문에 먼저 중앙부 범위의 색을 없애고, 다음에 전체 영역의 배경색을 노랑으로 칠하게 설정한 것이다. 두 규칙의 순서를 바꾸면 중앙부의 색을 없애는 규칙이 적용되지 않는 것을 꼭 확인해 보기 바람).

두 개의 조건부 서식 설정 내용을 보면 [그림 10-9]와 같다. 두 구역의 배경색을 설정해야 하므로 규칙이 두 개다. 두 규칙의 적용 대상 범위가 다른 것을 확인하라. 각 규칙의 설정 내용은 [그림 10-10]과 같다. 두 규칙의 조건은 같고, 다만 서식 설정만 다르다.

그림 10-9 조건부 서식 설정 내용

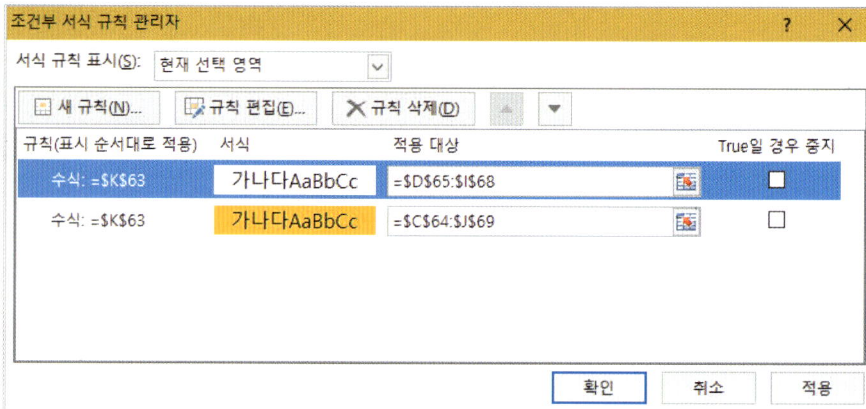

그림 10-10 규칙 유형 선택과 서식 설정 내용

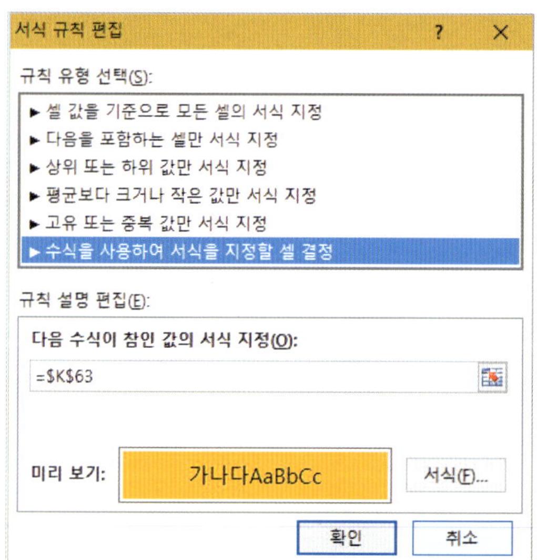

마지막으로 중앙부 범위에는 IF 함수를 이용해서 확인란 도구의 연결 셀 값이 TRUE이면 위 [그림 10-8]에서 보는 그런 문자열이 출력되게 하면 된다. 그런데 [그림 10-8]에서

볼 수 있는 바와 같이 중앙부 범위는 커다란 글자를 사용하기 위해서 셀을 병합하였다. 마우스로 범위 D65:I66을 선택한 후 리본 메뉴 홈 맞춤 병합하고 가운데 맞춤 을 클릭하면 범위 내의 셀들이 모두 하나의 셀처럼 병합된다. 여기서는 4개의 열, 2개의 행에 해당되는 셀들이 하나의 셀처럼 병합되었다. 이 **병합된 셀의 주소는 맨 왼쪽, 위에 놓인 셀 D65**가 된다. 그리고 셀 D65에 필요한 문자열을 출력하기 위해서 IF 함수를 입력한다. 이 수식은 ***=IF(K63, "수식에서 셀 주소를 해석할 때", "")***라고 하면 된다. 즉 확인란 도구 연결 셀의 논리값이 TRUE인 경우에는 설정한 문자열이 나타나게 된다. 마찬가지 방법으로 범위 D67:I68을 선택한 후 셀 병합을 하고, 병합된 셀 D67에 수식 ***=IF(K63, "셀 간의 상대적 위치를 이용해서 해석하기 때문", "")***을 입력하면 된다.

셀 병합은 제3장 2절 참고

그런데 위 그림들에는 확인란 도구와 연결된 셀(K63)이 보이지 않는다. 이것도 사소한 것 같아도 사실 잘 알아두어야 할 사항이다. 연결 셀 K63은 워크시트 작성자에게는 중요한 셀이지만 강의를 듣는 학생에게는 안 보이게 하는 것이 내용 전달에 더 효과적일 것이다. 따라서 연결 셀은 워크시트의 안 보이는 부분에 위치시키는 방법을 사용한다. 여기서도 원래는 강의용 화면에는 보이지 않는 셀로 설정했지만 설명을 위해서 셀 K63 옆에 위치하도록 옮겨 놓았다. 연결 셀을 포함한 화면을 보면 아래 [그림 10-11]과 같다. 연결 셀의 논리값을 보면 FALSE일 때는 조건부 서식이 보이지 않다가 논리값이 TRUE로 바뀌면 설정된 조건부 서식이 보이게 되는 것이다.

3절의 아포리즘 22 참고

그림 10-11 연결 셀이 보이는 화면

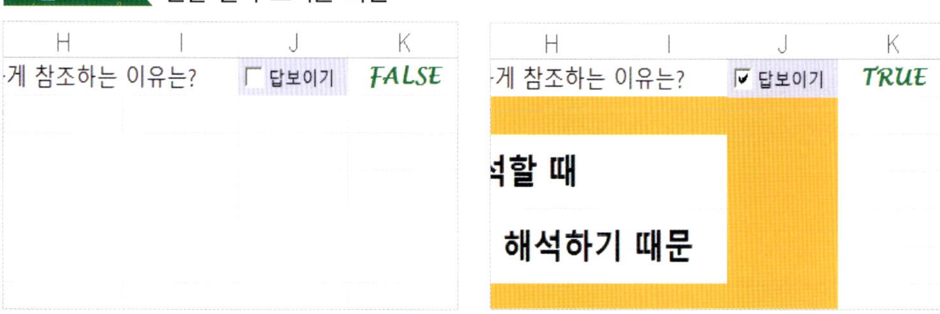

3 양식 컨트롤 도구 : 콤보 상자(Combo Box)

콤보 상자 도구는 단추를 눌렀을 때 출력되는 목록 중에서 어느 하나를 선택하는 경우에 사용한다. 그런데 확인란처럼 목록 개수만큼의 확인란 도구를 사용하는 방식과는 달리 [그림 10-12]처럼 콤보 상자 오른쪽 끝에 보이는 단추(▾)를 클릭하면 목록이 한꺼번에 아래로 나열되는 방식이다. 따라서 [그림 10-13]의 콤보 상자 컨트롤 서식 창을 보면 목록으로 제시될 내용을 지정하는 입력 범위 부분이 있다.

그림 10-12 콤보 상자 양식 컨트롤 도구 사용 예

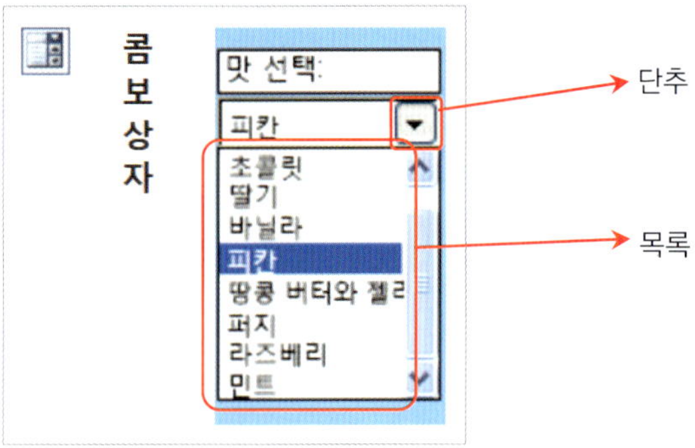

확인란 도구와 마찬가지로 콤보 상자 도구도 매우 단순한 장치로 되어 있다. 콤보 상자 단추(▾)를 눌러서 나타나는 목록 중에서 어느 하나를 선택하면 연결된 셀에 몇 번째 항목을 선택했다는 숫자가 반환된다. 가령 맨 위의 항목을 선택하면 1이 반환되고, 두 번째 항목을 선택하면 2가 반환되는 것이다. 따라서 콤보 상자의 목록 중에서 원하는 항목을 선택하여 어떤 작업을 하려고 하는 경우에는 이 연결된 셀에 반환되는 숫자를 활용하여 필요한 작업을 하면 되는 것이다.

[그림 10-13]은 콤보 상자 컨트롤 서식 창을 보여준다. 창에서 입력_범위가 바로 단추를 눌렀을 때 나타나는 목록([그림 10-12]에서 "초콜릿, 딸기, …, 민트"와 같은 내용)으로 사용되는 데이터 범위를 지정하는 부분이고, 목록_표시_줄_수란 콤보 상자 단추를 눌렀을 때 목록을 몇 줄로 나타낼 것인가를 지정하는 부분이다. [그림 10-12]에서 보이는 콤보 상자는 목록 표시 줄 수를 8로 지정한 예이다. 실제로 콤보 상자를 워크시트에서 활용하는 방식에 대해서 다음의 예제들을 통해서 알아보자.

그림 10-13 콤보 상자 [컨트롤 서식] 창

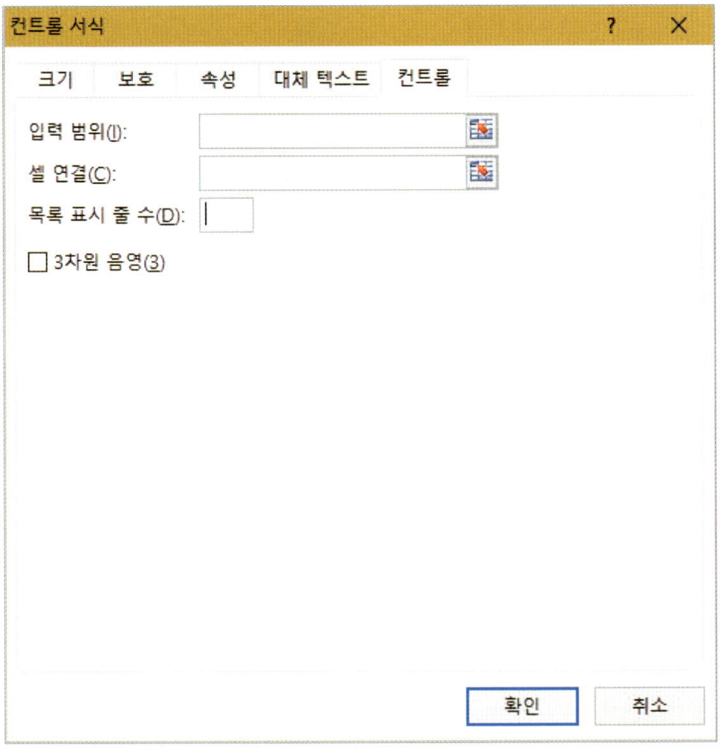

예제 50 콤보 상자 개요

이번 예제는 콤보 상자의 기본적인 원리를 살펴보기 위한 간단한 연습문제이다. 콤보 상자 단추를 눌렀을 때 출력되어야 하는 목록 항목은 범위 A2:A8에 있는 내용으로 하라. 두 개의 콤보 상자를 만들되 하나는 단추를 눌렀을 때 목록 표시 줄 수가 7줄로 되게 하고, 다른 하나는 4줄만 표시되게 하라. 콤보 상자는 B열에 넣고, 연결 셀은 각각 바로 우측의 C열에 있는 셀로 하라. 완성되면 콤보 상자의 단추를 눌러 출력되는 목록 중 적당한 항목을 선택해 보면서 연결된 셀에 어떠한 숫자가 나오는지 확인해 보라. **키워드 : 양식 컨트롤 도구, 콤보 상자**

	A	B	C
1	목록용 데이터		
2	일요일		
3	월요일		
4	화요일		
5	수요일		
6	목요일		
7	금요일		
8	토요일		

| 풀이 |

리본 메뉴 개발 도구 컨트롤 삽입 을 클릭하여 콤보 상자 도구를 선택한 다음, 워크시트의 셀 B2에 딱 맞게 그려 넣는다.

> 셀의 테두리 선에 딱 맞게 확인란을 그리기 위해서는 제8장 2절의 아포리즘 16 참고

그려진 콤보 상자를 마우스 오른쪽 버튼으로 클릭한 후 팝업메뉴에서 ❑ 컨트롤 서식 을 선택하면 [그림 10-13]과 같은 콤보 상자 컨트롤 서식 창이 열린다. 그리고 컨트롤 탭을 클릭하여 몇 가지 필요한 설정을 완성한다. 입력 범위는 범위 A2:A8을 지정한다. 입력 범위는 절대참조 방식으로 $A$2:$A$8과 같이 저장된다. 연결 셀은 셀 C2를 선택한다. 목록 표시 줄 수로 먼저 7을 입력한다. 이제 완성된 콤보 상자의 단추를 마우스로 클릭하여 출력되는 목록 중 적당한 것을 하나 선택해 보고 셀 C2에 표시되는 숫자를 확인해 보라. 가령 월요일을 선택했다면 셀 C2에는 숫자 2가 표시될 것이다.

다음 마찬가지 방식으로 셀 B5에 콤보 상자를 하나 더 그려 넣는다. 그리고 입력 범위는 똑같이 하고, 연결 셀은 셀 C5로 설정한다. 목록 표시 줄 수를 이번에는 4로 입력해 보라. 이제 입력된 콤보 상자의 단추를 클릭하여 표시되는 목록의 개수가 4줄인가를 확인해 보고 적당한 요일을 선택해 보라. 목록에 보이지 않는 요일을 선택하려면 우측에 생긴 스크롤 막대를 이용하면 된다. 가령 이번에는 목요일을 선택하였다면 셀 C5에 표시되는 숫자는 5가 될 것이다.

그림 10-14 예제 50 (콤보 상자 개요) 결과

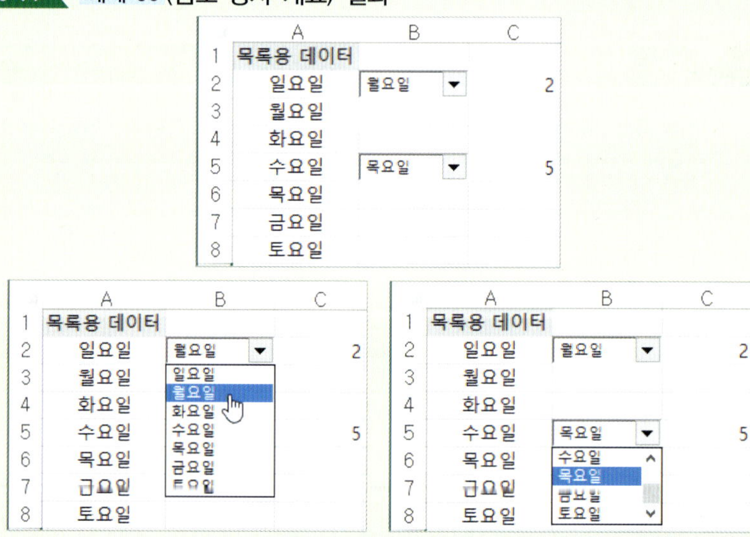

예제 51 콤보 상자 활용 1

이번에는 콤보 상자의 선택 결과가 목록의 순서를 나타내는 숫자가 아니라 직접 요일 이름이 출력되도록 해보자(물론 콤보 상자에 연결된 셀에는 콤보 상자를 눌렀을 때 나오는 목록의 순서를 나타내는 숫자가 출력된다). 예제 50 을 재활용하여 콤보 상자를 하나 붙이고, 요일을 선택하면 해당 요일 이름이 셀 C4에 출력되도록 만들어 보라. 이때 이와 같은 작업을 위해서 목록용 데이터 앞에 일련번호를 붙여둘 필요가 있어서 예제 50에서 사용했던 내용을 한 열씩 우측으로 이동시켰다. **키워드 : VLOOKUP 함수, 양식 컨트롤 도구, 콤보 상자**

	A	B	C	D
1		목록용 데이터		
2	1	일요일	월요일 ▼	2
3	2	월요일		
4	3	화요일		
5	4	수요일		
6	5	목요일		
7	6	금요일		
8	7	토요일		

| 풀이 |

예제 50 에서 했던 것과 같이 콤보 상자를 하나 입력하고 [컨트롤 서식] 창을 열어서, 목록용 데이터의 입력 범위로 범위 B2:B8을 지정한다. 연결 셀은 셀 D2로 한다. 목록 표시 줄 수는 7을 입력한다. 이제 완성된 콤보 상자의 단추를 클릭하여 목록 중 적당한 요일을 하나 선택해 보고 셀 D2에 표시되는 숫자를 확인해 보라. 가령 월요일을 선택했다면 셀 D2에는 숫자 2가 표시될 것이다.

그리고 셀 C4에 요일 이름이 표시되도록 만들어 보자. 콤보 상자의 목록에서 하나를 선택하면 그 순서에 해당하는 숫자가 셀 D2에 표시되는 것이다. 결국 이 숫자를 활용해야만 선택한 요일을 알아낼 수가 있다. 그래서 셀 D2의 숫자를 VLOOKUP 함수의 찾을_값으로 사용한다. 그렇다면 참조표는 어떻게 설정해야 할까?

워크시트를 보면 목록용 데이터 앞 A열에 일련번호를 붙여 놨다. 이 일련번호가 셀 D2의 숫자와 일치하기 때문에 같은 숫자를 찾아서 두 번째 열에 있는 요일 이름을 가져 오면 되는 것이다. 따라서 참조표의 범위는 $A$1:$B$8로 지정하면 되겠다(이때 이 예제에서는 VLOOKUP 함수를 셀 C4 한 군데에서만 사용하므로 절대참조가 아니고 상대참조로 해도 무방하다). 그래서 셀 C4에 입력할 수식은 *=VLOOKUP(D2, $A$1:$B$8, 2)*라고 하면 된다(여기서 VLOOKUP 함수의 네 번째 인수인 근사허용 여부는 TRUE로 하거나 FALSE로 하거나 상관없다. 왜냐하면 A열이 오름차순으로 정렬이 되어 있을 뿐만 아니라 셀 D2에 출력되는 값이 항상 1부터 7까지의 정수이기 때문이다. 엄밀히 하자면 근사허용을 하지 않고 똑같은 값을 찾는 것이 맞지만, 근사허용을 한다고 해도 정수 사이의 중간값은 없기 때문이다).

그림 10-15 예제 51 (콤보 상자 활용 1) 결과

	A	B	C	D
1		목록용 데이터		
2	1	일요일	금요일 ▼	6
3	2	월요일		
4	3	화요일	금요일	
5	4	수요일		
6	5	목요일		
7	6	금요일		
8	7	토요일		

아포리즘 21 CHOOSE 함수

위 예제 51의 셀 C4에 입력할 함수로 VLOOKUP 함수 대신 CHOOSE 함수를 사용하면, ***=CHOOSE(D2, "일요일", "월요일", "화요일", "수요일", "목요일", "금요일", "토요일")*** 이라고 하면 된다.

CHOOSE 함수의 구문은 **CHOOSE(인덱스_숫자, 값1, [값2], …)**이다. **인덱스_숫자**는 다음에 목록으로 나열되는 여러 값 중에서 인수가 선택되는 값을 지정한다. 따라서 인덱스_숫자는 1부터 목록 개수까지의 숫자다. 가령 인덱스_숫자가 2이면 두 번째 목록인 값2가 반환되는 식이다. 인덱스_숫자는 1과 254 사이의 숫자이거나 이에 해당하는 숫자가 들어 있는 수식 또는 셀참조이어야 한다. 인덱스_숫자가 1보다 작거나 목록의 마지막 값에 해당하는 번호보다 크면 #VALUE! 오류 메시지를 반환한다. [값2]처럼 대괄호([ ])를 친 인수는 생략할 수 있음을 나타낸다.

위 예제 51의 셀 C4에 입력할 CHOOSE 함수에서 셀참조로 사용하면, 인덱스_숫자는 7까지 표시 가능하므로 값1부터 값7까지 지정되어야 한다. 따라서 ***=CHOOSE(D2, B2, B3, B4, B5, B6, B7, B8)***이 된다.

예제 52 콤보 상자 활용 2

	E	F	G
1	선택	평가 결과	점수
2	1	아주 만족	100
3	2	만족	80
4	3	보통	50
5	4	불만족	30
6	5	아주 불만족	0

콤보 상자를 사용해서 강의에 대한 평가를 기록하고자 한다. 워크시트는 아래 [그림 10-16]을 참고하라. 셀 A2에 콤보 상자를 그려 넣고, 연결 셀은 셀 C2로 하라. 평가결과에 대한 점수는 셀 B4에 기록되게 하라. 워크시트의 적절한 곳에 목록용 데이터 입력 내용을 기록하고, 또 평가결과 점수도 기록하여 활용하라. **키워드 : VLOOKUP 함수, 양식 컨트롤 도구, 콤보 상자**

① 강의 평가결과의 목록용 데이터로는 아주 만족, 만족, 보통, 불만족, 아주 불만족의 다섯 가지 메뉴를 사용하고 이 중 하나를 선택할 수 있도록 하라.

② 평가결과에 대한 점수는 아주 만족 : 100점, 만족 : 80점, 보통 : 50점, 불만족 : 30점, 아주 불만족 : 0점으로 배정하라.

| 풀이 |

예제 51 과 유사하지만, 콤보 상자의 목록용 데이터와 VLOOKUP 함수를 사용할 때 필요한 참조표를 고려하여 적당한 데이터를 입력해 놓는 것이 필요하다. 범위 E1:G6에 위의 표와 같은 내용을 입력한다. F열의 내용은 목록용 데이터로 필요한 내용이고, 이를 포함해서 VLOOKUP 함수의 참조표로 사용하기 위해서는 왼쪽에 일련번호로 된 숫자열이 필요하다. 그리고 평가결과에 따른 점수를 산출하기 위해서 G열에 해당 점수를 기록하여 참조표를 완성한다.

이제 셀 A2에 콤보 상자를 하나 입력하고 [컨트롤 서식] 창을 열어서, 목록용 데이터의 입력 범위로 범위 F2:F6를 지정한다. 연결할 셀은 셀 C2를 선택한다. 목록 표시 줄 수는 5를 입력한다. 이제 완성된 콤보 상자의 단추를 클릭하여 적당한 평가결과를 하나 선택해 보고 셀 C2에 표시되는 숫자를 확인해 보라.

그리고 셀 B4에 선택한 평가결과에 따른 점수가 표시되도록 만들어 보자. 콤보 상자의 목록에서 하나를 선택하면 그 순서에 해당하는 숫자가 셀 C2에 표시되는 것이다. 그리고 이 숫자를 활용해야만 선택한 평가결과에 해당하는 점수를 알아낼 수가 있다. 그래서 셀 C2의 숫자를 VLOOKUP 함수의 찾을_값으로 사용한다. 참조표의 범위는 셀 C2의 숫자와 동일한 일련번호를 입력한 **E열이 첫 번째 열이 되도록** ***$E$1:$G$6*** 로 지정하면 되겠다. 따라서 셀 B4에 입력할 수식은 ***=VLOOKUP(C2, $E$1:$G$6, 3, FALSE)*** 라고 하면 된다(여기서 VLOOKUP 함수의 네 번째 인수는 생략해도 상관없다).

이제 완성된 워크시트에서 콤보 상자의 단추를 클릭해서 강의평가 항목으로 이것저것 선택해 보면서 해당되는 점수가 정확하게 산출되는지 확인해 보라.

그림 10-16 예제 52 (콤보 상자 활용 2) 결과

	A	B	C	D	E	F	G
1	강의평가 결과				선택	평가 결과	점수
2	만족 ▼		2		1	아주 만족	100
3					2	만족	80
4	평가점수	80	(점)		3	보통	50
5					4	불만족	30
6					5	아주 불만족	0

아포리즘 22 양식 컨트롤 도구 셀 연결에 대하여

확인란이나 콤보 상자와 같은 양식 컨트롤 도구에서 지정하는 연결 셀은 논리값이나 목록 순서에 해당하는 숫자 정보만을 제공하고 있을 뿐이다. 도구를 클릭해서 특정한 작업의 실행을 선택하는 경우에 이 셀의 논리값이나 숫자를 이용할 뿐 실제 작업과는 사실상 관련이 없다. 따라서 실제 업무에서는 이와 같은 연결 셀은 화면에 보이게 할 필요가 없다.

오히려 보이게 두는 경우 이러한 내용이 무슨 값인지 모르는 사용자가 워크시트를 업무에 사용할 때 공연히 복잡하게 만들 수 있기 때문이다. 가령 위 [그림 10-16]에서도 셀 C2의 값 (2)은 평가점수(80점)를 산출할 때는 필요하나 이 워크시트를 완성한 후에 실제로 업무에 사용할 경우에는 적당히 보이지 않는 곳으로 옮기거나 보이지 않게 셀을 감추는 것이 더 좋다.

이와 같이 연결 셀이나 체크 열과 같은 도구는 워크시트를 완성할 때까지만 해당 값들이 정확하게 산출되고 있는지를 확인하기 위해서 필요할 뿐이다(체크 열에 대해서는 제1부 종합연습문제 예제 15를 참고하라).

Chapter

11

재무 함수 활용

1. 돈의 시간적 가치(Time Value of Money)
2. 미래 가치(FV) 함수
3. 현재 가치(PV) 함수
4. PMT(Payment) 함수
5. RATE(이자율) 함수
6. 재무 함수와 양식 컨트롤 도구 활용

1 돈의 시간적 가치(Time Value of Money)

(1) 돈의 시간적 가치 개념

돈은 시간에 따라 가치가 변한다. 이것은 돈이 가지고 있는 현재 또는 미래의 수익력(또는 구매력)이 변할 수 있기 때문이고 또 돈에 대한 위험(Risk)도 변할 수 있기 때문이다. 보통 돈을 은행에 맡기면 이자를 붙여주는데, 이것은 미래의 불확실성에 대한 대가와 현재의 수익력을 유보시키는 것에 대한 대가 등을 포함하는 혜택이다. 또 은행은 고객이 맡긴 돈을 활용하여 투자 수익을 만들어서 고객에게 이자를 지불할 수 있는 것이다.

현재 금액을 P라고 하고, 연이자율은 i라고 할 때, n년 후의 미래 가치를 F라고 한다면, 이들 간의 관계식은 다음과 같이 표시할 수 있다.

> 현재 금액 P의 n년 후 미래 가치 : $F = P \times (1+i)^n$

보통 위의 관계식만 기억하면 상당히 많은 재무 문제에 활용이 가능하다. 가령 위의 관계식은 현재 P라는 금액을 은행에 저금했을 때, n년 후에 받게 되는 금액을 산출하는 경우에 사용한다. 이제 거꾸로 n년 후에 F라는 금액을 받기로 하고, 지금 돈을 빌려줘야 하는 경우 얼마를 빌려주면 되는지를 산출하는 경우라면 어떻게 하겠는가?

당황할 것이 없다. 위의 관계식에서 양변을 $(1+i)^n$으로 나누면 간단히 새로운 관계식을 찾을 수 있다. 즉, $\frac{F}{(1+i)^n} = \frac{P \times (1+i)^n}{(1+i)^n}$이므로 미래 가치 F의 현재 가치 P는 다음과 같이 표시할 수 있다.

> n년 후 미래 금액 F의 현재 가치 : $P = \frac{F}{(1+i)^n}$

예로 100만 원을 연이자율 10%(=0.1)로 저축한다면, 2년 후에는 얼마가 되겠는가? 위 현재 가치 P의 미래 가치를 구하는 식을 이용하면, $F = P \times (1+i)^n = 100 \times (1+0.1)^2 = 121$(만 원)이 된다.

또 2년 후에 121만 원을 받기로 한 거래의 현재 가치는 얼마가 될지 계산해 보자. 연이자율은 10%로 가정하라. 이 경우 미래 금액 F의 현재 가치를 구하는 식을 이용하면, $P = \frac{F}{(1+i)^n} = \frac{121}{(1+0.1)^2} = 100$(만 원)이 된다.

(2) 현금 흐름도(Cash Flow Diagram)

위 예와 같은 상황은 아주 단순한 경우라서 쉽게 생각할 수 있지만, 현실에서는 이러한 거래가 복합적으로 발생하는 경우가 대부분이다. 따라서 복잡한 거래를 기본적인 단순한 거래들로 나누어 체계적으로 표시할 수 있는 방법이 필요하다. 그래서 현금 흐름도와 같은 도식화 방식을 도입했는데, 이런 그림을 사용하여 거래를 표시해 보면 복잡한 거래를 한눈에 파악할 수 있어서 매우 편리하다. 특히 엑셀에서 체계화된 재무 함수를 이용하는 경우에 아주 유용하게 활용할 수 있다.

아포리즘 23 현금 흐름도(Cash Flow Diagram)

현금 흐름도란 시간에 따른 돈의 흐름을 알기 쉽게 보여주는 그림이다. 왼쪽이 현재 시점이며 오른쪽이 미래 시점을 나타내고, 위쪽 방향은 수입을 표시하고 아래쪽 방향은 지출을 표시한다. 아래의 현금 흐름도는 시점 1에 빨강 화살표만큼의 지출이 발생하고 그 대가로 시점 (n-1)에 파랑 화살표만큼의 수입이 발생하는 현금 흐름을 나타내고 있다(여기서 시점은 월 단위가 될 수도 있고, 연 단위가 될 수도 있다).

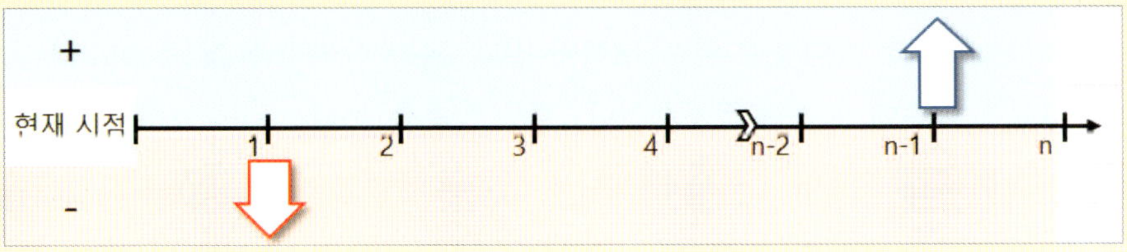

가령, 이자율을 10%라고 하고 100만 원을 지금 저축해서 5년 후에 받는 미래 가치는 161만 원이다. 이러한 현금 흐름을 다이어그램으로 표시하면 [그림 11-1]과 같다.

그림 11-1 현재 금액의 미래 가치에 대한 현금 흐름도

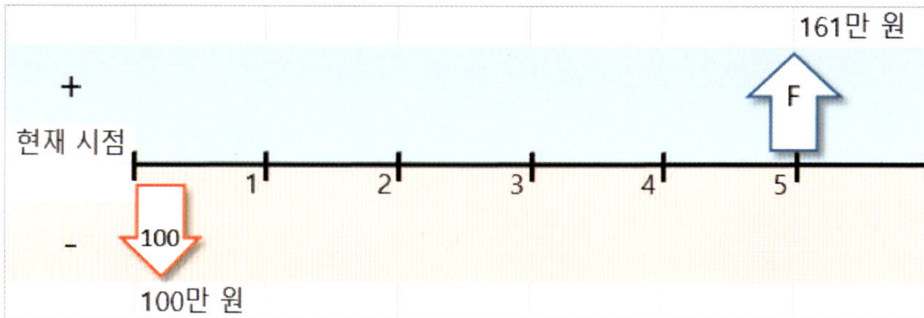

(3) 엑셀 재무 함수들의 상호 관련성

엑셀에서는 다양한 일련의 현금 흐름에 대하여 그것의 미래 가치(Future Value), 현재 가치(Present Value), 적용된 이자율(Rate) 등을 산출해 주는 재무 함수를 제공하고 있다. 따라서 엑셀을 이용하면 재무 관련 작업의 복잡한 계산을 쉽게 할 수 있다. 이 책에서 다룰 재무 함수는 미래 가치를 산출해 주는 FV 함수, 현재 가치를 산출해 주는 PV 함수, 그리고 정기적금이나 정기상환처럼 정기적으로 일정한 액수로 거래가 반복되는 금액(이것을 Payment라고 함)을 산출해 주는 PMT 함수, 일련의 재무 거래에 적용된 이자율을 계산해 주는 RATE 함수 등이다.

돈의 가치를 따질 때에는 첫째로 돈이 거래되는 시점과, 둘째로 거래되는 돈의 규모, 그리고 셋째로 이자율을 고려하게 되는데, 돈이 거래될 때 서로 타협할 수 있는 방법이란 내가 얻는 혜택과 상대방이 얻는 혜택이 같게 되는 타협점을 찾는 것이다.

이미 앞에서 함수에 대하여 공부했지만, 재무 함수를 통해서 원하는 내용을 산출하기 위해서는 적용되는 이자율, 돈이 거래되는 시점과 관련된 기간, 정기적인 거래 금액, 거래되는 돈의 현재 가치, 미래 가치 등에 대한 정보가 필요하다. 따라서 재무 함수는 보통 5~6가지의 인수가 필요하다. 물론 매번 이와 같은 인수가 꼭 있어야 하는 것은 아니고 아주 간단한 거래에서는 최소 3가지 인수만 입력하면 되는 경우도 있다.

다행인 것은 재무 함수들 간에 밀접한 관련성이 있어서 이러한 인수들의 순서나 내용이 정형화되어 있다는 것이다. [그림 11-2]는 함수별 인수들의 관련성을 잘 보여준다. 재무 함수의 인수는 이자율(rate), 기간(nper : Number of Periods), pmt(Payment), 현재_거래_가치(pv), 미래_거래_가치(fv), 그리고 납입 시점을 지정하는 type으로 구성되어 있고, RATE 함수의 경우에는 이자율 추정값을 입력할 수 있는 인수가 하나 더 있다.

그림 11-2 재무 함수들 간의 인수와 관련성

인수 / 함수이름	rate	nper	pmt	pv	fv	type=0	guess
FV	(rate,	nper,	pmt,	pv)			없음
PV	(rate,	nper,	pmt,		fv)	대부분	없음
PMT	(rate,	nper,		pv,	fv)	생략	없음
RATE		(nper,	pmt,	pv,	fv)		guess

먼저 지금 거래하는 돈(현재 금액)의 미래 가치를 산출하는 FV 함수에 대해서 살펴보자. 이때는 적용되는 이자율(Rate)을 얼마로 할 것인지, 어느 정도 지난 후에 받거나 갚는 것과 같은 미래 거래가 있을 것인지(기간 nper), 매년 혹은 매월 정기적으로 받거나 납부할 금액(pmt)은 있는지, 그리고 현재 거래하는 금액(pv)은 얼마인지를 알아야 그러한 거래의 미래 가치를 산출할 수 있을 것이다. 이때 미래 가치를 구하는 것이 목적이니 미래_거래_가치(fv)는 인수로 넣을 필요가 없다. 그래서 FV 함수의 경우에는 FV(rate, nper, pmt, pv)와 같이 4가지 인수를 사용하면 된다. 또는 pmt만 있고, 지금 현재 거래하는 금액(pv)이 없는 경우라면 아주 간단히 FV(rate, nper, pmt)와 같이 3가지 인수만 사용하면 된다. 마지막 인수인 pv가 0이면 생략할 수 있는데, 적금을 납입하는 경우처럼 가령 3년 동안 매월 일정한 금액을 적금으로 저축하고 3년 후에 한꺼번에 받는 경우에 해당한다. pmt가 없는 경우라면 pmt가 없다는 것을 정확하게 밝혀야 한다. 왜냐하면 그렇게 하지 않으면 마지막 인수가 pmt인지 pv인지 알 수가 없기 때문이다. 즉 지금 100만 원을 빌려주고 3년 후에 받아야 할 미래액을 산출하는 경우라면, *FV(rate, nper, 0, pv)*와 같이 사용하면 된다. [그림 11-2]에서 녹색으로 표시된 부분은 사용할 필요가 없는 인수를 의미한다.

이번에는 미래에 거래될 돈의 현재 가치를 산출하는 PV 함수에 대해서 살펴보자. 이때는 적용되는 이자율을 얼마로 할 것인지, 미래란 어느 정도의 기간인지, 매년 혹은 매월 일정하게 지급하거나 납부할 금액은 있는지, 그리고 미래에 거래될 금액은 얼마인지를 알아야 그러한 거래의 현재 가치를 산출할 수 있을 것이다. 이때 현재 가치를 구하는 것이 목적이니 현재 거래_가치(pv)는 인수로 넣을 필요가 없을 것이다. 그래서 PV 함수의 경우에는 PV(rate, nper, pmt, fv)와 같이 4가지 인수를 사용하면 된다. 또는 pmt만 있고, 미래에 거래하는 금액(fv)이 없는 경우라면 아주 간단히 PV(rate, nper, pmt)와 같이 3가지 인수만 사용하면 된다. 마지막 인수인 fv가 0이면 생략할 수 있는데, 가령 3년 동안 매월 일정한 금액을 상환해야 하는 조건의 대출금액을 산출하는 경우에 해당한다. 또 pmt가 없는 경우라면 pmt가 없다는 것을 정확하게 밝혀야 한다. 왜냐하면 그렇게 하지 않으면 마지막 인수가 pmt인지 fv인지 알 수가 없기 때문이다. 즉 3년 후에 100만 원을 받기로 하고 지금 빌려 줄 수 있는 금액을 산출하는 경우라면, 간단히 *PV(rate, nper, 0, fv)*와 같이 사용하면 된다.

2 미래 가치(FV) 함수

FV 함수는 현재의 거래나 일정한 금액을 정기적으로 납입하는 투자액의 미래 가치를 계산하는 함수다. 예를 들면, 지금 예금하는 100만 원을 5년 후에 찾는다면 얼마를 받아야 하나, 향후 10년간 매월 10만 원씩 납입하는 정기적금을 10년 후에 한꺼번에 찾는다면 얼마를 받아야 하나, 매년 5억 원씩 3년 동안 투자하는 투자액의 미래 가치는 얼마인가, 지금 300만 원의 학자금을 대출받고 또 매월 5만 원씩 3년 동안 생활비를 받는 혜택을 3년 후에 한꺼번에 갚는다면 3년 후에 갚아야 할 금액은 얼마가 될 것인가 등을 계산할 때 사용하는 함수이다.

FV 함수의 구문 : FV(이자율, 기간, 일정한_납입액, [현재_거래_가치], [시점])

FV 함수의 인수들을 살펴보자. **이자율(rate)**은 거래 기간 동안 적용되는 이율을 말한다. 주의할 점은, 12%의 **연이율로 매월 적금액을 납입한다면 월이율을 사용해야** 하며, 이때 월이율은 1%가 된다. **기간(nper)**이란 납입 총횟수를 의미하는 숫자로, 역시 주의할 점은 4년 만기 적금을 매월 납입하는 상황이라면 납입기간 수는 4×12를 하여 48개월로 입력해야 한다. **일정한_납입액(pmt)**이란 매 기간마다 똑같은 금액으로 납입하는 금액을 의미한다. 예로 연이율 12%의 4년 만기 적금에 대한 월 납입액이 20만 원이면, 이자율은 월이자율로 바꾸어 12%를 12로 나눈 1%를 입력해야 하고, 기간은 48개월로 입력해야 한다. 그리고 이때 Payment는 −20만 원 또는 20만 원을 입력해야 한다. Payment에 음수를 입력하면 미래 가치는 양수로 산출되어 반환되고, Payment에 양수로 입력하면 미래 가치가 음수로 산출되어 반환된다. 이는 반환되는 값을 어떻게 만들 것인가에 따라 적절히 결정하면 된다. 이에 대해서는 예제를 통하여 자세하게 설명될 것이다. 네 번째 인수인 [현재_거래_가치]와 다섯 번째 인수인 [시점]에 대괄호([ ])를 붙인 것은 경우에 따라서 생략할 수 있는 인수임을 나타낸다. 즉 현재_거래_가치(pv)는 이러한 일련의 거래 과정 중 현재 시점에 거래되는 금액을 말하는 것으로, 생략하면 0으로 간주된다. 마지막 인수인 [시점]은 거래 시점에 대한 유형(type)을 나타내는 것인데, 0이면 투자 시점이 기말인 것을 의미하여 보통 생략하고, 특별히 투자 시점이 기초인 경우에만 1로 지정하여 활용하는데, 요즘 대부분 기말 시점을 사용하므로 이 책에서는 0인 경우만 다루도록 하겠다. 따라서 이 인수에 대해서는 앞으로 무시해도 무방하다.

예로, 지금 시점에 예금한 100만 원을 5년 후에 찾을 때의 미래 가치를 구해 보자. 이자율은 연 10%로 한다. 이 경우 FV 함수에 필요한 인수에 대해서 먼저 정리해 보자. 이자율은 연 10%, 기간은 5년, pmt는 없다. 그리고 현재_거래_가치(pv)는 현재 예금하는 금액 100(만 원)이다. 차례로 정리한 인수를 사용해서 FV 함수를 작성하면, ***=FV(10%, 5, 0, 100)*** 이라고 하면 되고, 반환되는 값은 −161(만 원)이 된다. 이때 반환되는 값을 양수로 만들기 위해서는 FV 함수식을 ***=FV(10%, 5, 0, −100)*** 이라고 하면 되고, 이렇게 하면 반환되는 값은 161(만 원)이 된다.

이러한 부호의 문제는 [그림 11−1]의 현금 흐름도를 보면 분명하게 이해할 수 있다. 현금 흐름도에서 예금하는 현재 거래액은 아래쪽 마이너스(−)에 있고, 5년 후에 받게 되는 미래 금액은 위쪽 플러스(+)에 있기 때문이다(쉽게 표현하면 내 주머니로 들어오는 돈(+)과 내 주머니에서 나가는 돈(−)으로 구분하면 된다). 따라서 **재무 함수에서는 플러스 영역과 마이너스 영역의 거래액은 부호가 서로 반대로 되어야 한다**는 점을 주의해야 한다.

예제 53 FV 함수 : 적금액의 미래 가치

향후 10년간 매년 말 10만 원씩 납입하는 적금의 10년 후의 미래 가치를 구해 보라. 이자율은 연 6%이다. **키워드 : 재무 함수, FV 함수, 적금**

| 풀이 |

먼저 이 거래를 현금 흐름도로 나타내 보자. 현금 흐름도에서 볼 수 있는 것처럼 Payment란 동일한 금액으로 일정한 기간 동안 반복되는 거래를 의미한다. 여기서는 매년 말 10만 원씩 10년 동안 납입하는 적금액이다.

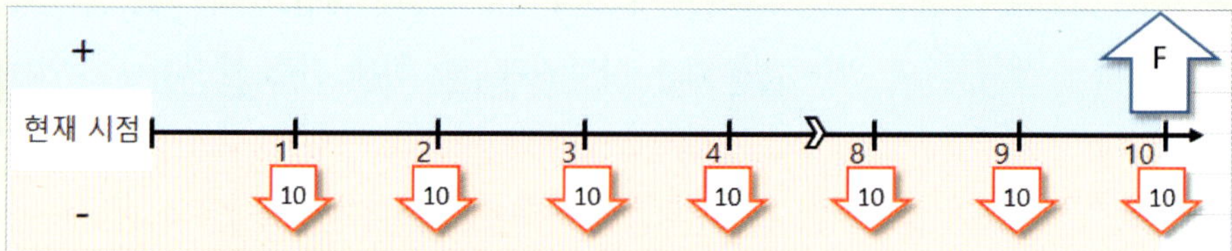

이자율은 6%이고, 기간은 10년이며, pmt는 10만 원인데, 납부하는 것이므로 음수로 입력한다. 그리고 현재 시점의 거래는 없으므로 현재_거래_가치(pv) 인수는 생략할 수 있다. 따라서 이 적금의 미래 가치는 FV 함수를 이용하여 *=FV(6%, 10, −100000)*와 같이 산출할 수 있다. 이 함수는 1,318,079(원)을 반환해 준다. 원래 위 함수는 *=FV(6%, 10, −100000, 0)*처럼 마지막 인수를 넣어야 하지만, 재무 함수에서 **마지막 인수값이 0인 경우는 생략**이 가능하다.

예제 54 FV 함수 : 학자금 혜택의 미래 가치

지금 300만 원의 학자금을 받고, 또 매월 말 5만 원씩 3년 동안 생활비를 받는 혜택이 있다. 이러한 혜택을 3년 후에 한꺼번에 갚는다면 미래에 갚아야 할 금액은 얼마가 될지 구해 보라. 이자율은 연 6%로 가정한다. **키워드 : 재무 함수, FV 함수, 학자금**

| 풀이 |

먼저 이 거래를 현금 흐름도로 나타내 보자. 여기서 Payment는 매월 말 5만 원씩 3년 동안 받는 생활비다. 이자율은 6%이지만, Payment가 매월 거래되는 것이기 때문에, 월이자율로 바꿔야 한다. 따라서 월이자율은 6%를 12로 나눈 0.5%가 된다. 기간은 3년이지만 역시 매월 거래되는 것이기 때문에 개월 수로 바꿔야 한다. 따라서 인수로 입력할 기간은 36개월로 해야 한다. pmt는 5만 원인데, 받는 것이므로 양수로 입력한다. 그리고 현재 시점에 300만 원의 학자금을 받는 현재_거래_가치(pv) 인수가 있다. 이것도 받는 것이므로 pmt와 같은 부호로 입력한다.

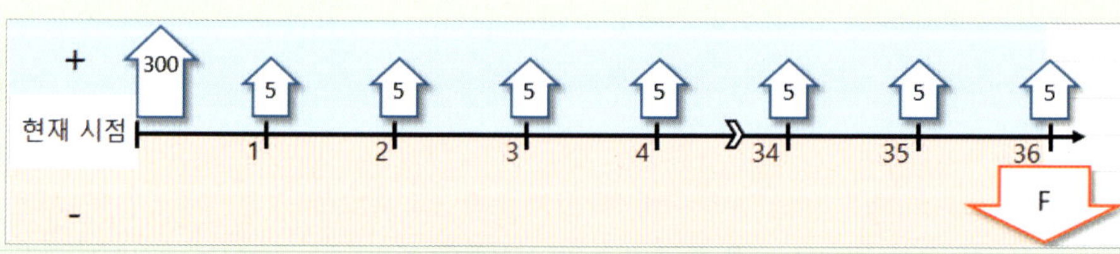

이제 이러한 혜택의 미래 가치를 FV 함수를 이용하여 산출해 보자. 함수식은 *=FV(6%/12, 3*12, −50000, −3000000)*과 같이 산출할 수 있다. 이 함수는 이러한 학자금 혜택의 미래 가치로 5,556,847(원)을 반환해 준다(미래가치를 양수로 산출하기 위해서 pmt와 pv 인수값을 음수로 입력함).

예제 55 FV 함수 응용

(※ 이 예제는 제4장 3절의 예제 11을 재활용하는 것이다. 다만 예제 11에서는 일반 수식으로 접근하였고, 여기서는 FV 함수를 사용하여 접근하는 점만 다르다). 연이자율이 10%라고 가정하고, 일정한 금액을 저축하고 몇 년이 지난 후 찾게 되는 미래액을 일괄적으로 보여주는 표를 만들어 보자. 저축하는 원금은 100원, 500원, 3,000원의 세 가지로 하고, 저축기간은 1년, 3년, 7년, 10년인 각 상황에 대하여 미래 가치를 산출하라. 주어진 워크시트를 이용하고 셀 B4에 적절한 수식을 하나 완성한 후 그 수식을 나머지 셀에 복사해서 활용할 수 있도록 작성하라. **키워드 : 상대참조/절대참조, 재무 함수, FV 함수, 저축**

	A	B	C	D	E
1	이자율	10%			
2			기간 (년 후)		
3	원금	1	3	7	10
4	100				
5	500				
6	3000				

| 풀이 |

일단 셀 B4에 입력할 FV 함수의 인수를 고려해 보자. 이자율은 10%로 셀 B1의 데이터를 참조하면 된다. 기간은 범위 B3:E3의 데이터를 참조하면 된다. Payment는 없다. 현재_거래_가치(pv)는 저축하는 원금이므로 범위 A4:A6의 데이터를 참조하면 된다. 이때 미래액을 양수로 산출하기 위해서는 이 데이터에 마이너스를 붙여서 음수로 만들면 된다. 따라서 셀 B4에 입력할 FV 함수식으로 일단 *=FV(B1, B3, 0, -A4)*를 고려해 보자.

다음은 이 FV 함수식을 나머지 셀에 복사해서 활용할 방법을 고민해 보자. 일단 이 수식을 오른쪽으로 복사할 때 이자율은 상대적 위치에 따라 변하면 안 된다. 따라서 셀 B1은 절대참조로 *$B$1*과 같이 사용해야 한다. 그리고 기간을 나타내는 셀 B3는 오른쪽으로 복사할 때 셀 C3, 셀 D3, 셀 E3로 복사되는 셀의 위치에 따라 참조 셀도 상대적으로 변해야 한다. 따라서 적어도 열 번호는 상대참조가 되어야 한다. 그리고 이번에는 이 수식을 아래로 복사하는 경우를 생각해 보자. 셀 B4에 있는 함수식을 셀 B5로 복사하는 경우에도 원금은 변하더라도 기간은 1년 그대로다. 따라서 저축 기간을 나타내는 3행 행 번호는 절대참조가 되어야 한다. 결국 기간을 나타내는 인수 B3는 **혼합참조** 방식인 *B$3*로 사용해야 된다.

이번에는 마지막 인수인 현재_거래_가치(pv 여기서는 원금)를 나타내는 A4의 참조방식을 고민해 보자. 셀 B4에 작성한 수식을 아래 방향으로 복사할 때 원금을 나타내는 셀 A4는 아래로 복사할 때 셀 A5, 셀 A6로 복사되는 셀의 위치에 따라 참조 셀도 상대적으로 변해야 한다. 따라서 적어도 행 번호는 상대참조가 되어야 한다. 그리고 이번에는 이 수식을 오른쪽으로 복사하는 경우를 생각해 보자. 셀 B4에 있는 함수식을 셀 C4로 복사하는 경우에는 기간은 변하더라도 원금은 100(원) 그대로다. 따라서 원금을 나타내는 A열 열 번호는 절대참조가 되어야 한다. 결국 원금을 나타내는 인수 A4는 혼합참조 방식인 *$A4* 로 사용해야 된다.

이것에 맞추어 셀 B4에 고려했던 FV 함수식을 다시 적으면 *=FV($B$1, B$3, 0, -$A4)* 가 된다. 그리고 이 수식을 나머지 셀에 복사해서 사용하면 표 전체를 완성할 수 있다. 임의의 셀, 가령 셀 D4, 셀 C5, 셀 E6 등을 클릭해 보면서 과연 해당되는 상황에서 인수를 제대로 사용하고 있는지 확인해 보기 바란다. [그림 11-3]은 예제 55 의 결과다. 그리고 [그림 11-4]를 보면 원금 500원을 10년간 저축했을 때의 미래액을 산출하는 수식(셀 E5)의 내용을 보여주고 있다. 이자율(셀 B1), 기간(셀 E3), 원금(셀 A5)을 정확하게 참조하고 있는 것을 확인할 수 있다.

그림 11-3 예제 55 (FV 함수 응용) 결과

	A	B	C	D	E
1	이자율	10%			
2			기간 (년 후)		
3	원금	1	3	7	10
4	100	110	133	195	259
5	500	550	666	974	1,297
6	3000	3,300	3,993	5,846	7,781

그림 11-4 예제 55 : 셀 E5에 복사된 수식의 내용

SUM =FV($B$1, E$3, 0, -$A5)

	A	B	C	D	E	F	G
1	이자율	10%					
2			기간 (년 후)				
3	원금	1	3	7	10		
4	100	110	133	195	259		
5	500	550	666	974	-$A5)		
6	3000	3,300	3,993	5,846	7,781		

3 현재 가치(PV) 함수

PV 함수는 미래에 거래되는 일련의 거래 금액의 현재 가치를 계산하는 함수다. 예를 들면, 향후 10년간 매월 100만 원씩 받는 연금액의 현재 가치, 매월 5만 원씩 3년 동안 갚아야 할 대출상환금의 현재 가치, 매년 5억 원씩 3년 동안 투자하는 투자액의 현재 가치 등은 얼마가 될 것인가를 계산할 때 사용하는 함수이다.

PV 함수의 구문 : PV(이자율, 기간, 일정한_납입액, [미래_거래_가치], [시점])

PV 함수의 인수들을 살펴보자. 이자율(rate)은 거래 기간 동안 적용되는 이율을 말한다. 주의할 점은, 12%의 연이율로 매월 적금액을 납입한다면 월이율을 사용해야 하며, 이때 월이율은 1%가 된다. 기간(nper)이란 납입 총횟수를 의미하는 숫자로, 역시 주의할 점은 4년 만기 적금을 매월 납입하는 상황이라면 납입기간 수는 *4×12*를 하여 48개월로 입력해야 한다. 일정한_납입액(pmt)이란 매 기간마다 똑같은 금액으로 납입하는 금액을 의미한다. 예로 연이율 12%의 4년 만기 적금에 대한 월 납입액이 20만 원이면, 이자율은 월이자율로 바꾸어 12%를 12로 나눈 1%를 입력해야 하고, 기간은 48개월로 입력해야 한다. 그리고 이때 Payment는 −20만 원 또는 20만 원을 입력해야 한다. Payment에 음수를 입력하면 현재 가치는 양수로 산출되어 반환되고, Payment에 양수로 입력하면 현재 가치가 음수로 산출되어 반환된다. 이는 반환되는 값을 어떻게 만들 것인가에 따라 적절히 결정하면 된다. 이에 대해서는 예제를 통하여 자세하게 설명될 것이다. 네 번째 인수인 [미래_거래_가치]와 다섯 번째 인수인 [시점]에 대괄호([ ])를 붙인 것은 때에 따라서 생략할 수 있는 인수임을 나타내는 방식이다. 즉 미래_거래_가치(fv)는 이러한 일련의 거래 과정 중에서 미래 시점에 거래되는 금액을 말하는 것으로, 마지막 만기 때 추가로 거래되는 금액이 있으면 입력하는 것이고, 없으면 생략할 수 있다. 마지막 인수인 [시점]에 대해서는 무시해도 큰 문제는 없다.

예제 56 PV 함수 : 연금 수혜액의 현재 가치

향후 20년간 매월 말에 5만 원을 받는 연금 보험의 구입을 고려 중이다. 연금 보험의 가격은 6백만 원이고 적용 이율은 연 8%이다. 이것이 유리한 투자인지 알아보라.

키워드 : 재무 함수, PV 함수, 연금

| 풀이 |

먼저 이 거래를 현금 흐름도로 나타내 보자. 여기서 Payment는 매월 말 5만 원씩 20년 동안 받는 연금이다. 이자율은 8%이지만, Payment가 매월 거래되는 것이기 때문에, 월이자율로 바꿔야 한다. 따라서 월이자율은 8%를 12로 나눈 값이 된다. 기간은 20년이지만 역시 매월 거래되는 것이기 때문에 개월 수로 바꿔야 한다. 따라서 240개월로 해야 한다. pmt는 5만 원인데, 받는 것이므로 양수로 입력한다. 네 번째 인수인 미래에 일어나는 거래는 없으므로 0인데, 이것은 생략할 수 있다. 이러한 연금 보험의 현재 가치를 계산해서 그

가치와 현재 판매하는 가격인 600만 원과 비교해 보면 되겠다.

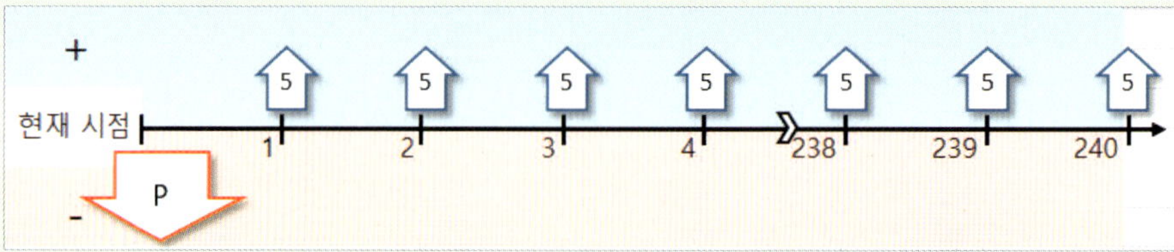

일단 이 연금 보험의 현재 가치를 산출해 보자. PV 함수를 사용하면 *=PV(8%/12, 20*12, 50000)*이 된다. 이 함수는 −5,977,715(원)을 반환해 준다. pmt 인수를 양수로 사용했기 때문에 이 값은 음수로 나온 것이다(이 음수가 불편하면 위 pmt 인수를 −50,000으로 입력하면 현재 가치는 양수로 반환된다). 이 금액이 위 연금 보험의 현재 가치로 내가 지불할 수 있는 금액이다. 그런데 연금 보험의 판매가는 6백만 원이므로 다소 비싸다고 판단(불리한 투자)할 수 있겠다.

예제 57 PV 함수 응용

매년 말 100만 원씩 적립하는 정기적금의 현재 가치를 다양한 상황에 대해서 일괄적으로 보여주는 표를 만들어 보자. 연이자율은 5%, 7%, 10%의 세 가지 상황을 고려하라. 또 정기적금 기간이 5년, 8년, 10년, 12년인 상품을 다루어라. 주어진 표를 이용하고 셀 B4에 적절한 수식을 하나 완성한 후 그 수식을 나머지 셀에 복사해서 활용할 수 있도록 작성하라. **키워드 : 상대참조/절대참조, 재무 함수, PV 함수, 적금**

	A	B	C	D	E
1	납입액	100 (단위: 만원)			
2			기간 (년 후)		
3	이자율	5	8	10	12
4	5%				
5	7%				
6	10%				

| 풀이 |

일단 셀 B4에 입력할 PV 함수의 인수를 고려해 보자. 이자율은 범위 A4:A6의 데이터를 참조하면 된다. 기간은 범위 B3:E3의 데이터를 참조하면 된다. 적금 납입액(Payment)은 매월 100만 원으로 셀 B1의 데이터를 참조하면 된다. 납입하는 금액이므로 인수로 사용할 때 음수로 작성하면 PV 함수에 의해서 산출되는 현재 가치는 양수로 된다. 미래 거래는 없으므로 0인데, 마지막 인수이므로 생략할 수 있다. 따라서 셀 B4에 입력할 PV 함수식으로 일단 *=PV(A4, B3, −B1)*을 고려해 보자.

다음은 이 PV 함수식을 나머지 셀에 복사해서 활용할 방법을 고민해 보자. 우선 셀 B4에 있는 함수식을 셀 C4, 셀 D4, 셀 E4로 복사하는 경우에는 기간은 변하더라도 이자율은 5% 그대로다. 따라서 이자율을 나타내는 A열 열 번호는 절대참조가 되어야 한다. 이번에는 셀 B4에 작성한 수식을 아래 방향으로 복사할 때 이자율을 나타내는 A4는 아래로 복사할 때 A5, A6로 복사되는 셀의 위치에 따라 참조 셀도 상대적으로 변해야 한다. 따라서 적어도 행 번호는 상대참조가 되어야 한다. 결국 이자율을 나타내는 인수 A4는 혼합참조 방식인 *$A4*로 사용해야 된다.

다음으로, 기간을 나타내는 B3는 오른쪽으로 복사할 때 C3, D3, E3로 수식이 복사되는 셀의 위치에 따라 참조 셀도 상대적으로 변해야 한다. 따라서 적어도 열 번호는 상대참조가 되어야 한다. 그리고 이번에는 이 수식을 아래로 복사하는 경우를 생각해 보자. 셀 B4에 있는 함수식을 셀 B5로 복사하는 경우에도 이자율은 변하더라도 기간은 5년 그대로다. 따라서 저축 기간을 나타내는 3행 행 번호는 절대참조가 되어야 한다. 결국 기간을 나타내는 인수 B3는 혼합참조 방식인 *B$3*로 사용해야 된다.

마지막으로, 적금 납입액은 상대적 위치에 따라 변하면 안 된다. 따라서 셀 B1은 절대참조로 *−$B$1*과 같이 사용해야 한다.

이것에 맞추어 셀 B4에 고려했던 PV 함수식을 다시 적으면 *=PV($A4, B$3, −$B$1)*이 된다. 그리고 이 수식을 나머지 셀에 복사해서 사용하면 표 전체를 완성할 수 있다. 임의의 셀, 가령 셀 D4, 셀 C5, 셀 E6 등을 클릭해 보면서 과연 해당되는 상황에서 인수를 제대로 사용하고 있는지 확인해 보기 바란다.

그림 11-5 예제 57 (PV 함수 응용) 결과

	A	B	C	D	E
1	납입액	100 (단위: 만원)			
2			기간 (년 후)		
3	이자율	5	8	10	12
4	5%	433	646	772	886
5	7%	410	597	702	794
6	10%	379	533	614	681

4 PMT(Payment) 함수

PMT 함수는 일정한 이자율이 적용되는 적금이나 대출에 대해 정기적으로 납입(상환 또는 지급)해야 할 일정한 금액(이러한 금액을 Payment라고 함)을 계산해 주는 함수다. 예를 들면, 연이율 8%의 대출금 1백만 원을 향후 10개월간 매월 말 상환해야 하는 경우에 월상환액이 얼마가 되는가를 계산할 때, 또 연이율 8%로 매월 일정한 금액의 적금을 부어 5년 동안에 5백만 원을 모으려고 하는 경우에 월 납입액은 얼마가 되는가를 계산할 때 사용한다.

PMT 함수의 구문 : PMT(이자율, 기간, 현재_거래_가치, [미래_거래_가치], [시점])

이자율(rate)은 거래 기간 동안 적용되는 이율(연이자율 또는 월이자율 등)을 말한다. 현재_거래_가치(pv)는 이러한 일련의 거래 과정 중 현재 시점에 거래되는 금액을 말한다. 가령 지금 100만 원을 대출받는 경우라면 현재_거래_가치(pv) 인수로 −1,000,000 또는 1,000,000을 입력해야 한다. pv에 음수로 입력하면 상환액(pmt)은 양수로 산출되고, pv에 양수로 입력하면 상환액(pmt)은 음수로 산출된다. 이는 반환되는 값의 부호를 어떻게 설정할 것인가에 따라 적절히 결정하면 된다. 이에 대해서는 예제를 통하여 자세하게 설명될 것이다. 네 번째 인수인 [미래_거래_가치]와 다섯 번째 인수인 [시점]에 대괄호([ ])를 붙인 것은 때에 따라서 생략할 수 있는 인수임을 나타내는 방식이다. 즉 미래_거래_가치(fv)는 이러한 일련의 거래 과정 중에서 미래 시점에 거래되는 금액을 말하는 것으로, 마지막 만기 때 추가로 거래되는 금액이 있을 때 입력하는 것이고, 없으면 생략할 수 있다. 마지막 인수인 [시점]에 대해서는 무시해도 큰 문제는 없다.

예제 58 PMT 함수 : 대출금 상환액

연이율 8%의 대출금 1백만 원을 10개월 동안 나누어 상환할 때 월상환액은 얼마가 되어야 하는가? **키워드 : 재무 함수, PMT 함수, 상환액**

| 풀이 |

현금 흐름도로 살펴보면, 대출금을 현재 시점에 받아서 10개월 동안 매월 일정한 금액(Payment)으로 갚아야 하는 거래 상황이다.

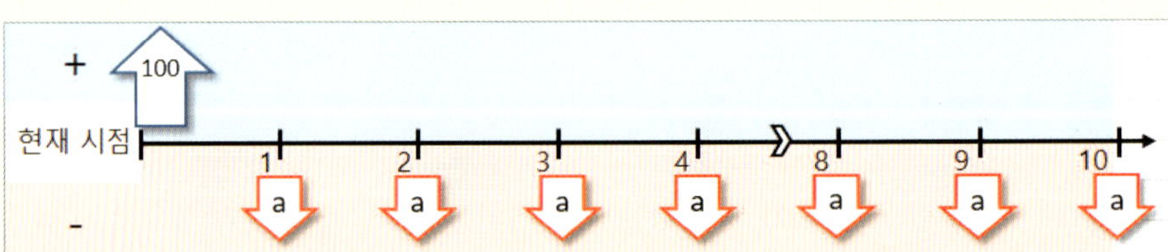

PMT 함수에 필요한 인수를 차례로 정해 보자(위 PMT 함수의 구문 참고). 이자율은 연이율 8%로 주어져 있다. 10개월 동안 나누어 갚는 것이므로 월이자율로 바꿔야 한다. 월이자율은 연이자율을 12로 나누면 된다. 기간은 10개월이다. 현재_거래_가치(pv)는 지금 받는 대출금 1백만 원이다. 미래_거래_가치(fv)는 이 문제에서는 존재하지 않으므로 생략 가능하다. 따라서 PMT 함수식은 *=PMT(8%/12, 10, −1000000)*이 된다. 이 결과 반환되는 월상환액은 103,703(원)이 된다. 위 식에서 현재_거래_가치(pv)를 양수로 1,000,000으로 입력하면 반환되는 월상환액은 −103,703(원)과 같이 음수가 된다.

엑셀에서 재무 함수를 공부하면서 재미있는 점은 다른 함수를 사용하여 원하는 결과를 정확하게 계산하고 있는지 쉽게 확인해 볼 수 있다는 것이다. 가령 위 예제 58 처럼 PMT 함수를 사용하여 월상환액을 구했다고 하자. 그렇다면 이번에는 그 월상환액만큼의 금액을 매월 저금하여 10개월 동안 적립하였을 때 그 거래의 현재 가치를 구해 보는 것이다. 그 값이 1백만 원이 나오는지 확인해 보는 것으로 예제 58 의 월상환액이 정확하게 계산된 것인지 확인할 수 있을 것이다. 즉 매월 103,703(원)을 10개월 동안 적립하는 적금의 현재 가치를 PV 함수를 사용하여 구해 보자. PV 함수식은 *=PV(8%/12, 10, −103,703)* 라고 하면 된다. 이 함수식이 반환하는 값은 999,998(원)이 나온다. 1백만 원과 2원의 차이가 나는 것은 소수점 이하 자릿수 때문이다(소수점 이하 자릿수를 정확하게 해 보자. 위 PMT 함수에서 월상환액이 반환된 셀(가령 이 셀 주소가 D5라고 하자)을 참조해서 PV 함수에 *=PV(8%/12, 10, −D5)* 라고 입력하면 결과는 정확하게 1백만 원이 나오는 것을 확인할 수 있다).

예제 59 PMT 함수 : 대여금 회수액

50만 원을 연이율 12%의 이자율로 지금 빌려주고, 이후 5개월 동안 분할하여 돌려받고자 할 때 매월 받아야 할 금액은 얼마인가? 키워드 : 재무 함수, PMT 함수, 상환액

| 풀이 |

이 예제는 앞의 예제 58 과 동일한 현금 흐름을 가지고 있다. 대출을 받고, 향후 몇 년 동안 상환하는 내용과 돈을 빌려주고 향후 몇 년 동안 나누어 받는 내용만 다르다. 따라서 위에서 했던 방법과 똑같이 PMT 함수를 사용하면 된다.

인수를 살펴보면, 이자율은 연이율 12%이므로 월이자율은 1%가 된다. 5개월 동안 나누어 회수하는 것이므로 기간은 5이다. 현재_거래_가치(pv)는 지금 빌려주는 돈 50만 원이다. 미래_거래_가치(fv)는 이 문제에서도 존재하지 않으므로 생략 가능하다. 따라서 PMT 함수식은 *=PMT(12%/12, 5, −500000)* 이 된다. 이 결과 반환되는 월상환액은 103,020(원)이 된다. 위 식에서 현재_거래_가치(pv)를 양수로 500,000으로 입력하면 반환되는 월상환액은 −103,020(원)과 같이 음수가 된다.

예제 60 PMT 함수 : 목돈 마련 적금액

매달 일정한 금액의 적금을 넣어 18년 후 5백만 원을 만들려고 한다. 적금 이자는 연 6%라고 가정하자. 매월 납입해야 할 금액은 얼마인가? **키워드 : 재무 함수, PMT 함수, 적금액**

| 풀이 |

현금 흐름도로 살펴보면, 18년(18×12=216개월) 동안 매월 일정한 금액(Payment)을 적립해서 216개월 후 5백만 원을 만들려고 하는 상황이다.

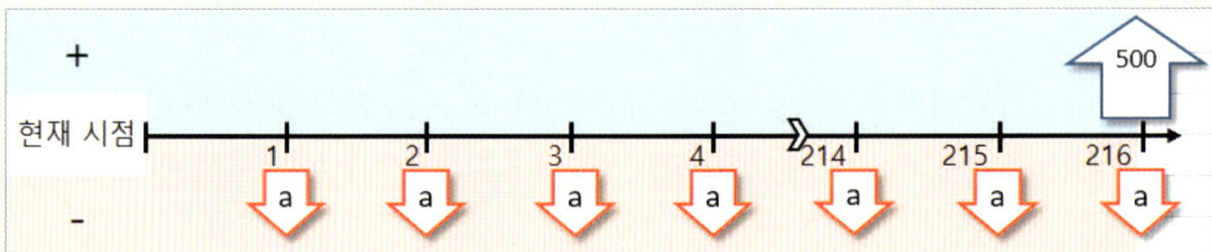

PMT 함수에 필요한 인수를 차례로 정해 보자. 이자율은 연이율 6%로 주어져 있다. 216개월 동안 적립하는 것이므로 월이자율로 바꿔야 한다. 월이자율은 연이자율을 12로 나누면 된다. 기간은 216개월, 현재_거래_가치(pv)는 없고, 미래_거래_가치(fv)는 5백만 원이다. 따라서 PMT 함수식은 *=PMT(6%/12, 18*12, 0, -5000000)*이 된다.

이때 주의해야 할 점은 **현재 시점에 거래되는 돈이 없다고 해도 현재_거래_가치(pv) 0을 생략할 수 없다**는 것을 정확하게 이해해야 한다. 이것을 생략하고 바로 5백만 원을 인수로 입력하면, 그 5백만 원이 지금 돈 5백만 원인지, 18년 후의 5백만 원인지 알 수가 없기 때문이다(다만 앞의 예제들처럼 마지막 인수인 미래_거래_가치(fv)가 없는 경우에만 그 인수를 생략할 수 있을 뿐이다).

이 함수식이 반환하는 월 적금액은 12,908(원)이 된다. 위 식에서 미래_거래_가치(pv)를 양수로 5,000,000으로 입력하면 반환되는 월 적금액은 −12,908(원)과 같이 음수가 된다.

예제 61 PMT 함수 : 감가상각비

가격이 1억 원인 기계를 구입하였다. 이 기계의 감가상각기간은 10년이다. 이자율은 연 12%라고 가정한다. 이 기계의 내구연한은 10년이고, 10년 후의 잔존가치는 1천만 원으로 추정된다. 이 기계의 월 감가상각비는 얼마가 되겠는가? **키워드 : 셀 참조, 재무 함수, PMT 함수, 감가상각비**

| 풀이 |

10년(10×12=120개월) 동안 매월 일정한 금액(Payment)을 감가상각비로 회계처리하려고 하는 상황이다. 이러한 상황을 현금 흐름도로 나타내 보자. 현금 흐름도에서 a란 월 감가상각비를 말한다. 이 감가상각비 총액의 현재 가치에 10년 후 잔존가치의 현재 가치를 합한 금액이 현재 기계구입비와 같아야 하는 것이다.

감가상각비에 대해서는 아포리즘 24 참고

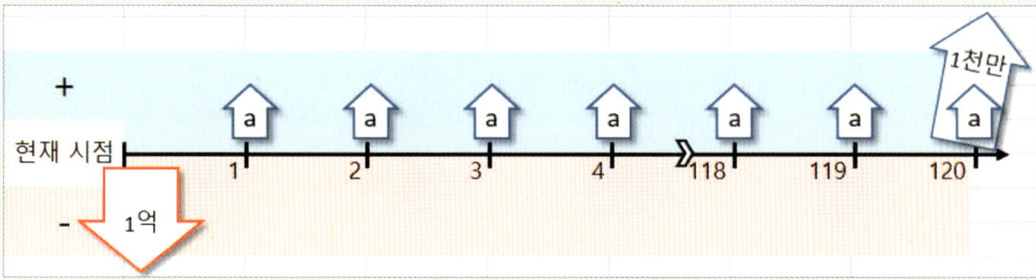

즉, 이 문제에서는 현재 지불한 1억 원이라는 현재_거래_가치(pv)도 있고, 10년 후에 받을 수 있는 기계 잔존가치로 1천만 원이라는 미래_거래_가치(fv)도 있음에 주의해야 한다. 또한 **이들은 지출과 수익이라는 서로 상반되는 개념**인 것도 알아야 한다.

이제, PMT 함수에 사용할 인수에 대해서 파악해 보자. 먼저 이자율은 연이율 12%로 주어져 있다. 120개월 동안 회계처리하는 것이므로 월이자율로 바꿔야 한다. 월이자율은 연이자율을 12로 나누면 된다. 기간은 120개월이다. 현재_거래_가치(pv)는 1억 원이고, 미래_거래_가치(fv)는 1천만 원인데, 부호가 서로 반대라는 것을 주의해야 한다.

따라서 PMT 함수식은 *=PMT(12%/12, 10*12, -100000000, 10000000)* 이 된다. 여기서는 기계구입 비용인 현재_거래_가치(pv) 1억 원을 음수로 사용하였고, 미래_거래_가치(fv)인 잔존가치 1천만 원을 양수로 사용하였다. 이 함수식이 반환하는 월 감가상각비는 1,391,239(원)이다. 위 현금 흐름도에서 잔존가치와 감가상각비(pmt)가 같은 플러스 영역에 있음을 확인하라. 만약에 위 식에서 기계 구입비용인 현재_거래_가치(pv)를 양수 1억 원으로 입력하고, 미래_거래_가치(pv)를 음수 -1천만 원으로 입력하면 반환되는 월 감가상각비는 -1,391,239(원)과 같이 음수로 나오는 것을 확인해 보기 바란다.

아포리즘 24 감가상각비(Depreciation Cost)

시간이 지남에 따라 노후하는 기계설비의 원가에 대해 사용 기간 등에 의한 물리적, 경제적 가치 하락의 감소분을 감가상각이라 하고, 감가상각된 금액이나 비율로 나온 금액을 감가상각비라 한다. 다시 말해 기계 구입에 투입된 자본을 사용 가능한 기간 동안 일정하게 나누어 비용으로 회수하는 것을 말한다. 정확하고 합리적인 기간 손익 계산을 위해 활용한다.
(자료원 : 시사경제용어사전, 기획재정부, 2017.11.)

지금까지 다뤘던 예제에서는 재무 함수들을 워크시트의 셀을 참조하는 방식이 아니라 상황에 따른 인수를 직접 상수로 입력하는 방법으로만 설명하였다. 그러나 엑셀은 각종 데이터를 셀에 기록하여 활용하는 것이 일반적이므로 여기서는 예제 61 의 내용을 워크시트에 있는 내용으로 설명하려고 한다.

옆의 워크시트는 위 데이터들이 들어 있는 셀들을 보여준다. 셀 B2에 입력되어 있는 기계 구입비는 아예 음수로 입력하였다. 이때 셀 B6에 입력한 PMT 함수식은 ***=PMT(B3/12, B4*12, B2, B5)***이다.

	A	B	C
1	감가상각비 산출 예제		
2	기계구입비	-100,000,000	(원)
3	이자율	12%	(연리)
4	감가상각기간	10	(년)
5	잔존가치	10,000,000	(원)
6	월 감가상각액	1,391,239	(원)

참고로 위 결과를 다른 재무 함수를 사용하여 확인해 보기로 하자. 먼저 매월 1,391,239(원)을 10년 동안 적립하는 적금상품의 현재 가치가 얼마인가를 구해 보자. PV 함수를 사용하여 ***=PV(12%/12, 10*12, −1391239)***라고 하면, 이 결과는 96,970,085(원)이 나온다. 또 10년 후에 받는 1천만 원의 현재 가치를 계산해 보자. PV 함수식 ***=PV(12%/12, 10*12, 0, −10000000)***라고 하면, 이 결과는 3,029,948(원)이 나온다. 이 둘을 합치면 1억 원이 된다(정확히 1억 32원이 나오는데, 이것은 소수점 이하 숫자 때문이다).

또 여기서는 예제 상황이 모두 일회성인 경우라 모두 상대참조를 사용하였지만 상황에 따라서는 절대참조를 사용하여 편리하게 활용해야 하는 경우도 있다. 다음 예제를 통해서 그러한 상황을 설명하겠다.

예제 62 PMT 함수 응용

대출금 450만 원을 연리 6%로 3년 동안 매월 분할 상환하고자 한다. 이 경우 매월상환액은 얼마인가? 또 이 대출금을 같은 조건으로 3년 동안은 이자만 상환하고 원금은 3년 후 마지막 달에 일시에 상환하기로 한다면, 이 경우 매월 상환할 이자액은 얼마인가? 워크시트처럼 해당 셀에 자료를 입력한 후에, 셀 B4에 월상환액을 산출하는 수식을 입력하라.

키워드 : 셀 참조, 재무 함수, PMT 함수, 상환액

	A	B	C
1	대출금		(원)
2	이자율		(연리)
3	기간		(년)
4	월상환액		(원)

| 풀이 |

두 가지 상황에 대하여 각각 월상환액을 구하는 문제이다. 첫 번째 거래를 현금 흐름도로 그려보면 다음과 같다. 이 거래는 예제 58 과 동일한 상황이다.

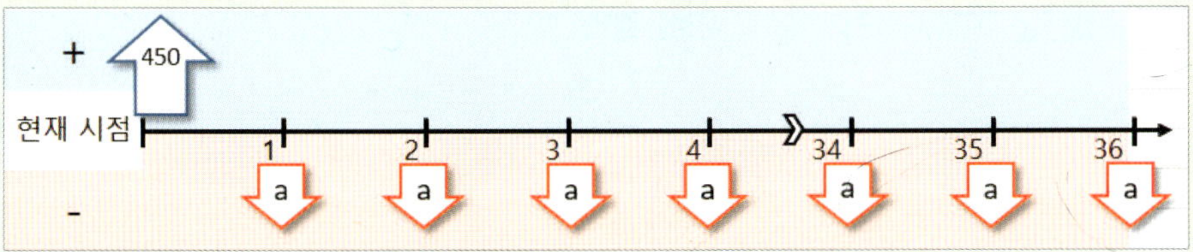

일단 PMT 함수의 인수를 먼저 고려해 보자. 이자율은 연이율 6%다. 셀 B2에 6%를 입력한다. 3년 동안 매월 분할 상환하는 것이므로 월이자율로 바꿔야 한다. 월이자율은 연이자율 셀 B2를 12로 나누면 된다. 기간은 3년이다. 셀 B3에 3을 입력한다. 물론 PMT 함수에 인수로 사용할 때에는 이 값에 12를 곱해야 한다. 현재_거래_가치(pv)는 지금 받는 대출금 450만 원이다. 셀 B1에 4,500,000을 입력한다. 미래_거래_가치(fv)는 이 문제에서는 존재하지 않으므로 생략하였다.

셀 B4에 입력할 PMT 함수식은 *=PMT(B2/12, B3*12, -B1)*이 된다. 이 결과 반환되는 월상환액은 136,899(원)이 된다([그림 11-6]의 위쪽 워크시트). 위 식에서 현재_거래_가치(pv) 인수를 양수로 *B1*으로 입력하면 반환되는 월상환액은 -136,899(원)과 같이 음수가 된다.

두 번째 거래를 현금 흐름도로 그려보면 미래_거래_가치(fv)로 3년 후에 대출 원금을 갚는 거래가 있다는 점이 첫 번째 거래와 다르다. 이 거래는 예제 61과 아주 동일하지는 않지만 거래 유형은 같은 상황이다(예제 61의 현금 흐름도를 비교해 볼 것).

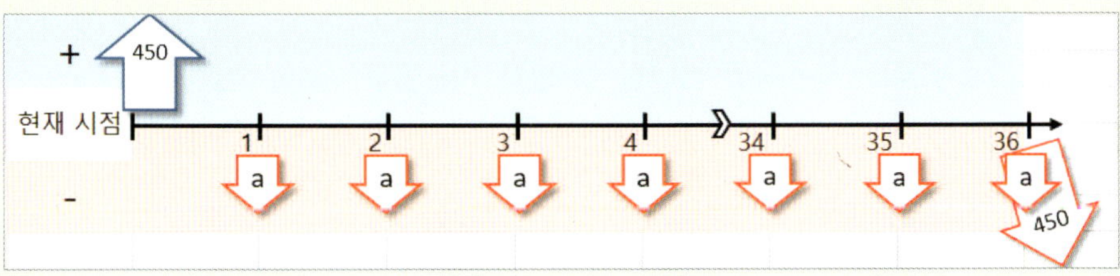

일단 PMT 함수의 인수를 먼저 고려해 보자. 이자율과 기간, 현재_거래_가치(pv)는 첫 번째 거래와 동일하다. 셀에 입력할 내용도 동일하다. 다만 매월 대출금의 이자만 상환하고, 마지막 36개월째 대출원금 450만 원을 상환하는 미래 거래가 있는 상황이다. 따라서 미래_거래_가치(fv)를 인수로 입력해야 한다. 금액은 셀 B1에 입력한 대출금과 동일하므로 셀 B1을 한 번 더 참조하여 활용하면 된다. 다만 **이 대출원금 상환액은 처음 대출금과 부호가 서로 반대인 점을 주의해야** 한다.

따라서 PMT 함수식은 *=PMT(B2/12, B3*12, -B1, B1)*이 된다. 이 결과 반환되는 월상환액은 22,500(원)이 된다([그림 11-6]의 아래쪽 워크시트). 위 식에서 현재_거래_가치(pv) 인수를 양수로 *B1*으로 입력하고, 미래_거래_가치(fv) 인수를 *-B1*으로 입력하면 반환되는 월상환액은 -22,500(원)과 같이 음수가 된다.

그림 11-6 예제 62 (PMT 함수 응용) 결과

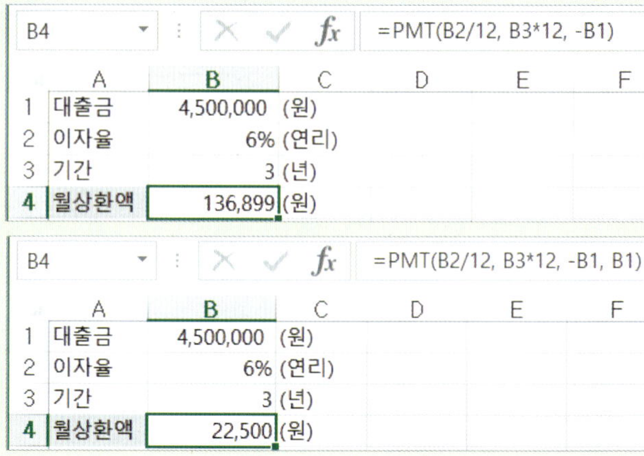

5 RATE(이자율) 함수

RATE 함수는 일련의 재무 거래에서 적용된 이자율(연이자율 또는 월이자율)을 계산해 주는 함수다. 예를 들면, 4년 만기 대출금 8백만 원을 매월 말 20만 원씩 상환해야 하는 대출상품이 있다고 하자. 이 대출상품에 적용된 이자율은 얼마일지가 궁금한 경우에 이 RATE 함수를 사용하면 계산할 수 있다. 이 경우 인수로 기간(nper) 48(개월), 월상환액(pmt) −200,000(원), 현재_거래_가치(pv) 8,000,000(원)을 사용하여 RATE 함수를 계산하면, 월이자율 0.77%를 반환해 준다. 이 월이자율에 12를 곱한 연이자율은 9.24%로 계산된다(자세한 내용은 예제 63에서 설명될 것이다).

RATE 함수의 구문 : RATE(기간, 일정한_납입액, 현재_거래_가치, [미래_거래_가치], [시점], [guess])

기간(nper)이란 납입 총횟수를 의미하는 숫자다. 매년 말 납입을 한다면 거래 연수, 매월 말 납입을 한다면 거래 월수가 된다. 일정한_납입액(pmt)이란 각 기간마다 똑같은 금액으로 납입하는 금액을 의미한다. 이 납입액의 부호는 현재_거래_가치(pv)나 미래_거래_가치(fv)와 함께 양수를 사용할 것인지, 음수를 사용할 것인지 잘 따져야 한다.

거래되는 금액이 들어오는 것인지 나가는 것인지에 따라 같거나 다른 부호를 사용하면 된다. 현재_거래_가치(pv)는 일련의 거래 과정 중 현재 시점에 거래되는 금액을 말한다. [미래_거래_가치]는 없으면 생략할 수 있지만 미래에 거래되는 금액이 있으면 입력해야 한다. 다섯 번째 인수인 [시점]에 대해서는 무시해도 큰 문제는 없다.

다른 재무 함수와는 달리 RATE 함수의 경우에는 인수가 하나 더 있다. 그것은 마지막 [guess]인데, 이율에 대한 추정치를 의미한다. 이 인수는 입력해도 좋고, 생략하면 엑셀에서는 10%로 가정하여 계산한다. 따라서 이 인수에 대해서도 무시해도 상관없다.

예제 63 대출 이자율 산출

4년 만기 대출금 8백만 원을 매월 말 20만 원씩 상환해야 하는 대출상품이 있다고 하자. 이 대출상품에 적용된 이자율은 얼마일까? **키워드 : 재무 함수, RATE 함수**

| 풀이 |

이자율을 구할 것이므로, RATE 함수를 사용한다. 입력할 인수를 차례로 고려해 보자. 기간은 4년인데, 매월 상환하는 구조이므로, 개월 수로 바꾸면 48(개월)이 된다. 월상환액은 −200,000(원)이다. 지금 대출금을 받는 것이기 때문에 현재_거래_가치(pv)로 8,000,000(원)을 입력한다. 이때 부호를 주의해야 하는데, 월상환액은 지출하는 것이므로 음수로, 대출금은 받는 것이므로 양수로 입력하면 된다. **두 가지가 서로 상반되는 관계**이므로 어느 쪽을 음수로 하더라도 다른 쪽을 양수로 하면 산출되는 이자율은 항상 양수로 반환된다. 미래_거래_가치(fv)는 없으므로 생략한다.

따라서 RATE 함수식은 *=RATE(4*12, −200000, 8000000)*이라고 작성한다. 이 함수식은 0.77%를 반환해 준다. 이 값은 기간(nper) 인수를 개월 수로 입력한 것이기 때문에 당연히 월이자율이다. 연이자율을 구하기 위해서는 계산된 월이자율에 12를 곱하면 된다. 계산하면 연이자율은 9.24%가 된다.

위 RATE 함수의 결과를 다른 재무 함수를 사용하여 확인해 보자. 가령, 800만 원의 대출금을 받아서 연이자율 9.24%로 4년 동안 매월 말 갚아나간다면 월상환액이 얼마가 되는가를 PMT 함수를 이용해서 확인해 보자. 물론 그 결과는 20만 원이 나와야 한다. PMT 함수식은 *=PMT(9.24%/12, 4*12, −8000000)*이라고 하면 되고, 이 함수식이 반환하는 값은 199,993(원)이다. 7원의 차이는 소수점 이하 자릿수에서 유발된 것이다.

예제 64 자동차 판매 조건 1

두 회사의 자동차 판매 조건을 분석하여 어느 쪽이 더 좋은 조건인지 판단해 보라. **키워드 : 상대참조/절대참조, 재무 함수, RATE 함수**

	A	B	C	D
1	자동차 판매 조건			
2	회사	자동차 판매가	할부개월수	월할부액
3	한신	12,000,000	24	540,000
4	화성	12,000,000	24	560,000

| 풀이 |

이 문제는 척 보면 어느 회사의 판매가 유리한 거래인지 금방 알 수 있다. 똑같은 가격의 자동차를 판매하면서 할부개월수는 똑같은데, 한 쪽은 월할부액이 더 적다면, 당연히 할부액이 적은 거래가 구입하는 고객에게는 유리한 거래다. 여기서는 "한신"사가 더 유리하다. 사실 이 문제는 이자율이 어떤 의미를 가지고 있는지 감을 잡기 위한 예제다. 조금 더 현실적인 상황은 다음에 나오는 예제 65 에서 다룬다.

이자율에 대한 좀 더 자세한 이야기는 아포리즘 25 참고

결과는 뻔하지만 적용 이자율이 어땠는지 알아보기 위하여 RATE 함수를 사용해 보자. 필요한 인수는 차례로, 기간(24개월), 월할부금, 현재_거래_가치(자동차 판매가)이다. 먼저 "한신"사의 판매조건을 알아보기 위하여 셀 E3에 RATE 함수를 입력해 보자. 함수식은 *=RATE(C3, -D3, B3)* 또는 *=RATE(C3, D3, -B3)* 라고 하면 된다. 이 결과 함수식은 0.63%를 반환해 준다. 보통 이자율은 연이율로 표시하는 것이 일반적이므로 옆의 셀 F3에는 수식 *=E3*12*를 입력하여 연이율로 변환한다. 이 값은 7.5%로 나온다.

이번에는 "화성"사의 판매조건을 알아보자. 구조가 같으므로 수식을 또 입력하지 않고 셀 E3와 셀 F3의 수식을 복사해서 활용한다. 월이자율과 연이자율 값은 각각 0.93%와 11.1%로 나온다. 따라서 당연히 낮은 이자율을 적용한 "한신"사가 유리한 조건을 제시한 것이다.

그림 11-7 예제 64 (자동차 판매 조건 1) 결과

	A	B	C	D	E	F
1	자동차 판매 조건					
2	회사	자동차 판매가	할부개월수	월할부액	월이자율	연이자율
3	한신	12,000,000	24	540,000	**0.63%**	**7.5%**
4	화성	12,000,000	24	560,000	**0.93%**	**11.1%**

참고로 위 [그림 11-7]의 워크시트에는 조건부 서식을 적용하여 더 유리한 쪽은 굵은 파랑 글씨로, 불리한 쪽은 굵은 빨강 글씨로 표시되게 하였다. 이에 대해서 다시 간단히 언급하면 다음과 같다.

먼저 조건부 서식을 지정할 범위(E3:F4)를 선택한 후, 리본 메뉴 홈 스타일 조건부 서식 ❑ 새 규칙을 클릭하여 맨 아래에 있는 "▶ 수식을 사용하여 서식을 지정할 셀 결정"을 선택한다. 그러면 [그림 11-8]과 같은 서식 규칙 편집 창으로 바뀐다. 입력란 오른쪽 끝에 있는 최소화 단추( )를 눌러서 워크시트 월이자율 E열의 가장 앞에 나오는 셀 E3를 클릭하면 입력란에는 수식 *=$E$3*가 입력된다. 이때 기능키(Function Key) F4를 이용해서 수식을 *=$E3*가 되도록 혼합참조로 지정하여, 아래의 셀에도 차례로 적용될 수 있도록 수정한다. 그리고 수식 뒤에 *=$E3=MIN($E$3:$E$4)*와 같이 산출된 월이자율 중에서 최소값과 같은가를 묻는 함수식을 입력한다(여기서 최소값을 구하는 MIN 함수의 범위는 항상 절대참조로 해야 한다). 그리고 그 아래에 있는 ❑ 서식을 클릭해서 굵은 파랑 글씨 서식을 지정한다. 이제 이 수식이 아래로 복사되면서 다음 4행에서는 *$E4=MIN($E$3:$E$4)*으로 바뀌면서 이 조건식의 결과를 판단할 것이다. 그런 식으로 판단한 후 조건식의 결과가 TRUE이면 가장 유리한 거래이므로 파랑 글씨로 표시되는 것이다.

그림 11-8 서식 규칙 편집 창 입력 예

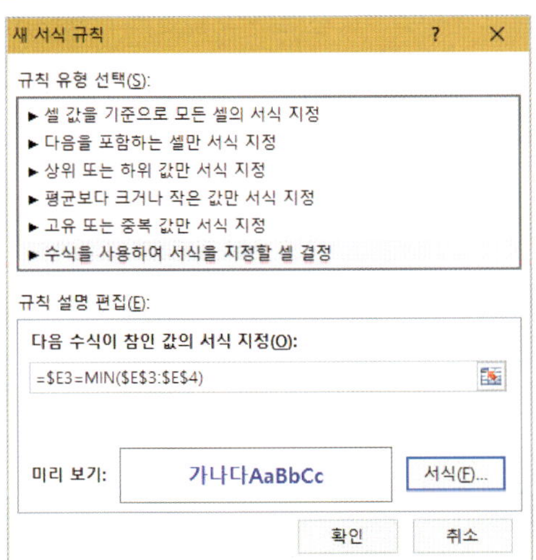

같은 방법으로 조건부 서식을 추가할 범위(E3:F4)를 선택한 상태에서, 리본 메뉴 홈 스타일 조건부 서식 ❑ 새 규칙을 클릭하고 앞에서와 같은 방법으로 "▶ 수식을 사용하여 서식을 지정할 셀 결정"을 선택한다. 이번에도 똑같이 셀 E3를 클릭하여 혼합참조로 바꾸고, 조건식으로는 *=$E3=MAX($E$3:$E$4)*와 같이 산출된 월이자율 중에서

최대값과 같은가를 묻는 함수식을 입력한다. 그리고 서식은 굵은 빨강 글씨를 지정한다.

두 가지 조건부 서식 지정이 완료되었으면, 워크시트에서 "한신"사의 할부개월수를 24에서 25로 바꿔보면서 가장 작은 이자율을 적용한 쪽이 파랑 글씨로, 또 가장 큰 이자율을 적용한 쪽이 빨강 글씨로 표시되는지 확인해 보라. 비교 대상이 되는 판매사를 몇 개 더 추가하여도 같은 결과가 나오는지도 확인해 보라. 조건부 서식이 적용될 범위가 바뀌는 경우에는 [그림 11-9]의 빨강 원으로 표시된 "적용 대상"을 적절히 수정하면 간단하다. [그림 11-10]은 예로 "오산"사 데이터를 추가하여 적용 대상이 5행까지 늘어난 상황에 맞게 수정한 결과다. 그 아래에 있는 그림은 자동차 판매사가 추가된 워크시트 예다. 최대값도 최소값도 아닌 경우에는 조건부 서식이 적용되지 않았음을 확인하기 바란다. 보다 자세한 내용에 대해서는 제8장 1절의 예제 31을 참고하라.

그림 11-9 조건부 서식 규칙 관리자 창

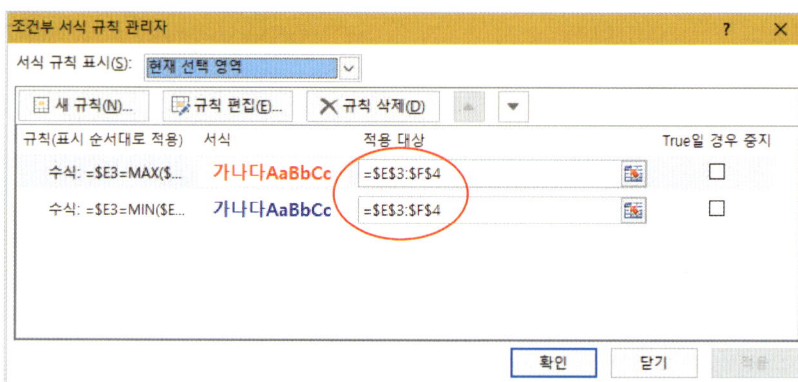

그림 11-10 데이터가 추가되어 적용 대상을 수정한 예

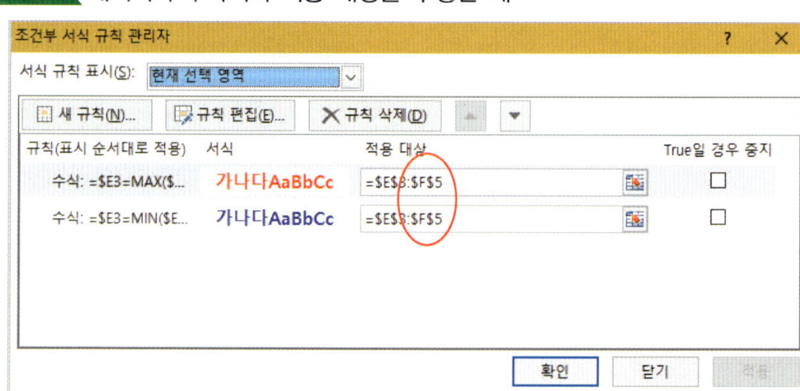

	A	B	C	D	E	F
1	자동차 판매 조건					
2	회사	자동차 판매가	할부개월수	월할부액	월이자율	연이자율
3	한신	12,000,000	24	540,000	0.63%	7.5%
4	오산	12,000,000	24	550,000	0.78%	9.3%
5	화성	12,000,000	24	560,000	0.93%	11.1%

예제 65 자동차 판매 조건 2

위 예제 64의 발전된 문제다. 상황은 동일하지만 조건이 직관적이지 않은 경우이다. 두 회사의 자동차 판매 조건을 분석하여 어느 쪽이 더 좋은 조건인지 판단해 보라. **키워드 : 상대참조/절대참조, 재무 함수, RATE 함수**

	A	B	C	D
1	자동차 판매 조건			
2	회사	자동차 판매가	할부개월수	월할부액
3	현대	20,000,000	36	615,000
4	기아	21,000,000	48	520,000

| 풀이 |

자동차 판매가격, 할부개월수, 월할부액은 두 회사가 서로 다른 조건을 제시하고 있는 상황이어서 어느 쪽이 유리한지 직관적으로 알 수는 없지만, 자료만 다르지 전체적으로는 예제 64와 동일한 상황이므로 각각 RATE 함수로 계산해 보면 적용된 이자율을 구할 수 있다.

먼저 "현대"사의 판매조건을 알아보기 위하여 셀 E3에 입력할 RATE 함수식은 *=RATE(C3, −D3, B3)* 또는 *=RATE(C3, D3, −B3)*라고 하면 된다. 이 결과 함수식은 0.56%를 반환해 준다. 보통 이자율은 연이율로 표시하는 것이 일반적이므로 옆의 셀 F3에는 수식 *=E3*12*를 입력하여 연이율로 변환한다. 이 값은 6.7%로 나온다.

이번에는 "기아"사의 판매조건을 알아보자. 수식을 또 입력하지 않고 셀 E3와 셀 F3의 수식을 복사해서 활용한다. 월이자율과 연이자율 값은 각각 0.73%와 8.7%로 나온다. 따라서 당연히 낮은 이자율을 적용한 "현대"사가 유리한 조건을 제시한 것임을 알 수 있다.

그림 11-11 예제 65 (자동차 판매 조건 2) 결과

	A	B	C	D	E	F
1	자동차 판매 조건					
2	회사	자동차 판매가	할부개월수	월할부액	월이자율	연이자율
3	현대	20,000,000	36	615,000	0.56%	6.7%
4	기아	21,000,000	48	520,000	0.73%	8.7%

아포리즘 25 적용 이자율의 의미

보통 돈을 은행에 맡기면 이자를 붙여주는데, 이것은 미래의 불확실성에 대한 대가와 현재의 수익력을 유보시키는 것에 대한 대가 등을 포함하는 혜택이다. 거꾸로 남에게 돈을 빌릴 때에는 빌려주는 사람에게 원금과 이자를 갚아야 하는데, 이때 적용되는 이자율은 적어도 은행 이자율보다는 높아야 거래가 이루어질 것이다. 그럼 얼마나 더 높아야 하는가? 그것은 돈을 빌려주는 사람이 느끼는 불확실성에 대한 위험도에 달려 있다. 즉, 나에 대한 신용도에 달려 있다는 것이다. 나의 신용도가 떨어지면 돈을 빌려주는 사람의 입장에서는 되돌려 받을 수 있을지 걱정이 커지는 것이고 그 걱정을 상쇄시키려면 높은 이자율을 적용해야 하는 것이다. 따라서 재무 거래에서 적용 이자율이 높다는 것은 그만큼 돈을 빌려주는 쪽에서 위험을 많이 느낀다는 것이다. 돈을 빌리는 사람 입장에서는 높은 이자율에 당연히 부담이 커진다.

예제 66 프로젝트 제안 평가

신제품 아이디어를 발표하고 인터넷을 통하여 투자자금을 모집(Crowd Funding)하는 KickStarter.com에 다음과 같은 아이디어가 올라왔다. 지금부터 12개월 후에 70만 원에 판매할 드론 제품에 대한 아이디어인데, 지금 투자를 하면 62만 원을 납부하면 된다. 제품은 12개월 후에 받게 된다. 이 투자제안은 연이자율을 얼마로 적용한 것인가? **키워드 : 상대참조/절대참조, 재무 함수, RATE 함수**

	A	B	C	D	E	F
1	프로젝트 제안 조건					
2	미래 가격	700,000	(원)		월이자율	연이자율
3	현재 납입액	620,000	(원)			
4	기간	12	(개월)			

| 풀이 |

제안된 투자 프로젝트의 적용 이자율이 어떤지 알아보기 위하여, RATE 함수를 사용해 보자. 필요한 인수는 차례로, 기간은 12개월로 셀 B4에 입력되어 있고, 월할부금(pmt)은 납부할 것이 없으니 0이다. 현재_거래_가치(pv)는 현재 납입액으로 셀 B3에 있다. 미래_거래_가치(fv)는 미래 인도될 제품 가격으로 셀 B2에 있다. 이제 셀 E3에 RATE 함수를 입력해 보자. 함수식은 *=RATE(B4, 0, −B3, B2)* 또는 *=RATE(B4, 0, B3, −B2)*라고 하면 된다. 중요한 것은 현재_거래_가치와 미래_거래_가치는 서로 부호를 반대로 입력해야 한다는 점이다. 이 결과 함수식은 1.02%를 반환해 준다. 보통 이자율은 연이율로 사용하므로 옆의 셀 F3에는 수식 *=E3*12*를 입력하여 연이율로 변환한다. 이 값은 12.20%로 나온다.

그림 11-12 예제 66 (프로젝트 제안 평가) 결과

	A	B	C	D	E	F
1	프로젝트 제안 조건					
2	미래 가격	700,000	(원)		월이자율	연이자율
3	현재 납입액	620,000	(원)		1.02%	12.20%
4	기간	12	(개월)			

6 재무 함수와 양식 컨트롤 도구 활용

예제 67 재무 함수와 양식 컨트롤 도구 결합 1

앞 제4절에서 다뤘던 예제 62를 재활용하여 확인란 양식 컨트롤 도구를 사용하여 편리하게 원금 상환 방식을 선택하도록 만들어 보자. 먼저 셀 A1에 확인란 도구를 넣어라. 셀 연결은 셀 D1으로 하라. 이 확인란을 체크하면 셀 C1에 "예", 그리고 셀 B2에는 0이 나오게 만들고, 체크를 해제하면 셀 C1에 "아니요", 그리고 셀 B2에 대출원금 4,500,000이 나오게 만들어라. 셀 D5에는 스핀 단추 양식 컨트롤 도구를 붙여서 상환기간을 3년에서 10년까지 조정할 수 있도록 하라(최소값 3년, 최대값 10년, 증분 변경 1년). 마지막으로 셀 B6에는 확인란을 통한 선택에 따라서 적절한 월상환액이 나오도록 만들어라. **키워드 : 셀 참조, 재무 함수, PMT 함수, 상환액, 양식 컨트롤 도구, 스핀 단추, 확인란, IF 함수**

	A	B	C	D
1	☐ 상환할 때 원금을 함께 갚을 것인가?			
2	미래 상환할 원금액		(원)	
3	대출금		(원)	
4	이자율		(연리)	
5	상환기간		년	▲▼
6	월상환액		(원)	

| 풀이 |

일단 자료로 주어진 내용을 워크시트에 입력한다. 대출금으로 셀 B3에는 *4,500,000*을 입력한다. 이자율은 *6%*로 셀 B4에 입력한다. 상환기간은 3년이므로 셀 B5에 *3*을 입력한다. 이제 확인란 양식 컨트롤 도구를 삽입하는 것에 대해서 살펴보자. 셀 A1에 확인란 도구를 하나 그려 넣는다. 마우스 오른쪽 버튼을 클릭하고 "텍스트 편집"을 선택해서 확인란 도구의 제목으로 *"상환할 때 원금을 함께 갚을 것인가?"*라고 입력한다. 다음 셀 연결은 셀 D1으로 설정한다. 이제 이 확인란을 체크하면 셀 D1에 TRUE, 해제하면 FALSE라고 논리값이 설정되는 것을 확인하라.

다음은 이와 동시에 셀 C1에 텍스트 "예"와 "아니요"가 나오게 만들자. 이를 위해서는 셀 C1에 IF 함수식을 입력하면 된다. 조건식으로는 셀 D1의 논리값을 선택하고, 논

리값이 TRUE이면 "예", FALSE이면 "아니요"가 출력되게 하면 된다. 따라서 셀 C1에 입력할 IF 함수식은 *=IF(D1, "예", "아니요")* 라고 하면 된다.

이번에는 셀 B2에 입력할 값이다. 확인란을 체크(셀 D1의 논리값이 TRUE인 경우)하여 원금을 함께 상환한다면 미래 상환할 원금은 없으므로 0이 되어야 하고, 체크를 해제하여 원금을 따로 상환한다면 미래 상환할 원금이 450만 원(셀 B3의 값)이 되면 된다. 따라서 셀 B2에 입력할 IF 함수식은 *=IF(D1, 0, B3)* 라고 입력하면 된다.

그리고 셀 D5에 스핀 단추를 하나 그려 넣는다. **컨트롤 서식** 창을 열어서 현재값은 *3*, 최소값은 *3*, 최대값은 *10*을 입력한다. 증분 변경을 *1*로 한다. 그리고 셀 연결은 셀 *B5*로 한다.

셀 B6에 입력할 PMT 함수식은 이러한 셀들을 참조해서 완성한다. 인수로 사용할 이자율은 B4, 기간은 B5, 현재_거래_가치(pv)는 B3, 미래_거래_가치(fv)는 B2에 저장되어 있으므로, PMT 함수식은 *=PMT(B4/12, B5*12, -B3, B2)* 라고 하면 된다. 여기서 월상환금이 양수로 나오는 것을 원했기 때문에 미래_거래_가치(fv)는 양수로, 현재 시점의 대출금은 음수로 사용하였다. 이것도 현재_거래_가치(pv)를 양수로 하고 미래_거래_가치(fv)를 음수로 입력하면, 월대출금은 음수로 산출된다.

이 함수가 반환하는 값은, 상환기간을 3년으로 했을 때 대출원금도 함께 갚는 경우에는 136,899(원)을, 이자만 먼저 갚다가 마지막에 대출원금을 갚는 경우에는 22,500(원)을 반환해 준다. 확인란 체크를 해 보면서 이와 같은 결과가 정확하게 나오는지 확인해 보라.

그 다음, 스핀 단추를 눌러서 상환기간이 늘면 월상환액이 어떻게 변하는지 확인해 보라. 상환할 때 원금과 함께 갚을 경우에는 상환기간이 늘면 월상환액이 조금씩 작아진다. 그러나 이자만 상환하는 경우에는 상환기간이 변하는 것과 상관없이 월상환액은 변함이 없는 것을 확인해 보라.

그림 11-13 예제 67 (재무 함수와 양식 컨트롤 도구 결합 1) 결과

	A	B	C	D
1	☑ 상환할 때 원금을 함께 갚을 것인가?		예	TRUE
2	미래 상환할 원금액	0	(원)	
3	대출금	4,500,000	(원)	
4	이자율	6%	(연리)	
5	상환기간	3	년	
6	월상환액	136,899	(원)	

	A	B	C	D
1	☑ 상환할 때 원금을 함께 갚을 것인가?		예	TRUE
2	미래 상환할 원금액	0	(원)	
3	대출금	4,500,000	(원)	
4	이자율	6%	(연리)	
5	상환기간	4	년	
6	월상환액	105,683	(원)	

	A	B	C	D
1	☐ 상환할 때 원금을 함께 갚을 것인가?		아니요	FALSE
2	미래 상환할 원금액	4,500,000	(원)	
3	대출금	4,500,000	(원)	
4	이자율	6%	(연리)	
5	상환기간	3	년	
6	월상환액	22,500	(원)	

	A	B	C	D
1	☐ 상환할 때 원금을 함께 갚을 것인가?		아니요	FALSE
2	미래 상환할 원금액	4,500,000	(원)	
3	대출금	4,500,000	(원)	
4	이자율	6%	(연리)	
5	상환기간	4	년	
6	월상환액	22,500	(원)	

예제 68 재무 함수와 양식 컨트롤 도구 결합 2

예제 55 를 재활용하여 이번에는 양식 컨트롤 도구를 사용해서 재미있게 만들어 보자. 예제 55 에서는 표를 만들어서 이자율이 주어지고, 몇 가지 원금에 대해서, 기간이 변하면 미래액이 얼마가 되는가를 FV 함수를 사용하여 구할 수 있도록 수식을 만들어 봤다. 또 예제 11 에서는 미래액을 산출하는 수학식을 작성하여 같은 상황의 표를 완성했었다. 여기서는 예제 11 처럼 미래액을 산출하는 수식 모형을 사용하지만, 수식의 상수값은 양식 컨트롤 도구를 사용해서 입력할 수 있게 만들어 보자. 그리고 수식의 결과가 보이는 셀에는 FV 함수를 사용해서 미래액을 산출할 수 있도록 하라. **키워드 : 셀 참조, 재무 함수, FV 함수, 미래액, 양식 컨트롤 도구, 스핀 단추, 콤보 상자, IF 함수, CHOOSE 함수**

① 셀 C3의 원금은 콤보 상자를 붙여서 100, 500, 3000 중에서 선택할 수 있도록 하라. 목록용 데이터는 예제 55 의 표를 이용하라. 셀 연결은 셀 D5로 하라.

② 셀 G3의 이자율은 최소 2%, 최대 15%, 증분 변경은 1%P로 설정하라. 셀 연결은 셀 H5로 하라.

③ 셀 H2의 기간은 최소 1년, 최대 10년, 증분 변경은 1년으로 설정하라.

④ 셀 A3에는 셀 C3, G3, H2를 참조하여 FV 함수를 입력하라.

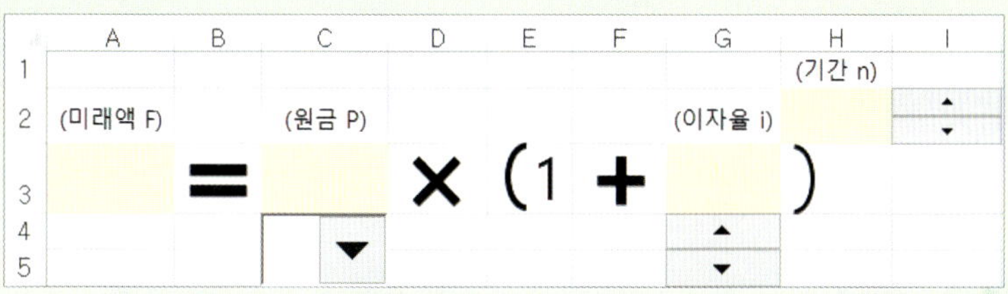

| 풀이 |

① 범위 C4:C5에 큼직하게 콤보 상자를 하나 입력하고 [컨트롤 서식] 창을 열어서, 목록용 데이터의 입력 범위로 예제 55 의 워크시트를 열어서 범위 A4:A6를 지정한다(이와 같이 다른 워크시트의 셀도 참조할 수 있다). 연결할 셀은 셀 D5를 선택한다. 목록 표시 줄 수는 3을 입력한다. 그러나 이 상태에서 콤보 상자를 클릭해서 나타나는 목록 중 하나를 클릭하면 셀 D5에 1~3의 숫자만 나오지, 셀 C3에 원금은 자동으로 입력되지 않는다. 원금이 입력되게 만들기 위해서는 셀 C3에 IF 함수식을 작성해 넣어야 한다. 셀 C3에 자동으로 입력될 원금은 100, 500, 3,000 중 하나이므로, 입력할 수식은 *=IF(D5=1, 100, IF(D5=2, 500, 3000))* 이라고 하면 된다(이 경우, 조금 더 편리한 방법은 CHOOSE 함수를 사용하는 것이다. CHOOSE 함수를 사용하면 셀 C3에 입력하는 수식은 *=CHOOSE(D5, 100, 500, 3000)* 이라고 하면 된다).

CHOOSE 함수에 대해서는 제10장 3절의 [아포리즘 21] 참고

② 범위 G4:G5에 큼직하게 스핀 단추를 하나 그려 넣고 [컨트롤 서식] 창을 열어서 최소값은 2, 최대값은 15, 증분 변경은 1로 설정한다. 그리고 셀 연결은 셀 H5로 설정한

다. 왜 바로 셀 G3로 하지 않을까? 스핀 단추에서 최소값, 최대값 설정은 정수로 0부터 30,000까지만 설정이 가능하다. 이자율은 백분율로 정수가 아니기 때문에 직접 사용할 수는 없다. 이자율 2%에서 15%를 설정하려면 0.02~0.15로 해야 하기 때문이다. 또 증분 변경도 한 번 클릭에 1%P씩 올라가게 하려면 0.01이라고 해야 하기 때문이다. 따라서 별도의 셀을 활용하여 정수로 입력한 후에, 필요한 셀 G3에서 그 값을 100으로 나눠주면 된다. 따라서 스핀 단추 입력을 이와 같이 하고 정작 셀 G3에는 수식 *=H5/100* 이라고 입력하면 된다.

③ 이번은 간단하다. 셀 I2에 큼직하게 스핀 단추를 하나 그려 넣고 [컨트롤 서식] 창을 열어서 최소값은 1, 최대값은 10, 증분 변경은 1로 설정한다. 그리고 셀 연결은 바로 셀 H2로 설정하면 된다.

④ 마지막으로 셀 A3에 입력할 FV 함수에 대해서 고려해 보자. FV 함수의 인수는 이자율(셀 G3에 있음), 기간(셀 H2에 있음), 일정한_납입액(pmt 이 문제에서는 없음), 현재_거래_가치(pv)는 원금 P로 셀 C3에 입력되어 있다. 따라서 FV 함수식은 *=FV(G3, H2, 0, −C3)* 라고 하면 된다. 여기서도 현재_거래_가치(pv) 인수로 −C3라고 입력하지 않고 그대로 C3로 입력하면 미래액은 음수 형태로 반환된다.

이제 각 양식 컨트롤 도구를 클릭하여 다른 값을 선택해 보면서 그에 따라 예제 55에서 만들었던 워크시트에 산출된 미래액이 셀 A3에 나오는지 확인해 보라. 아래의 [그림 11-14]는 이자율 10%에서, 원금 3,000을 3년 동안 저축했을 때 3년 후에 받을 수 있는 미래액 3,993을 산출하고 있는 장면이다.

그림 11-14 예제 68 (재무 함수와 양식 컨트롤 도구 결합 2) 결과

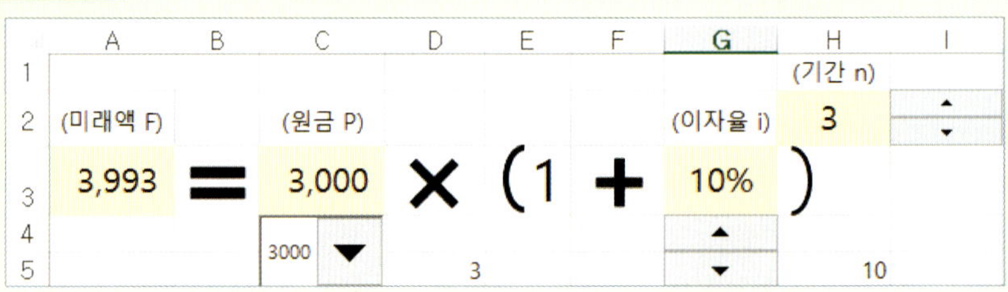

Chapter

12

차트 활용

1. 차트 그리기 : 막대형 차트, 원형 차트
2. 차트 요소
3. 차트 편집
4. 다양한 차트 유형 다루기

1 차트 그리기 : 막대형 차트, 원형 차트

(1) 엑셀 차트의 특성과 유형

엑셀에서는 소위 그래프(Graph)라고 하는 차트(Chart)를 활용할 수 있다. 즉 워크시트의 자료를 참조하여 자동, 반자동, 수동의 다양한 방법으로 차트를 그릴 수 있다. 엑셀이 지원하는 차트 종류는 가로 막대형(Bar) 차트, 세로 막대형(Column) 차트, 누적 막대형(Stacked Bar) 차트, 원형(Pie) 차트, 도넛형(Doughnut) 차트, 꺾은선형(Line) 차트, 영역형(Area) 차트, 누적 영역형 차트, 분산형(Scatter) 차트, 거품형(Bubble) 차트, 주식형(Stock) 차트, 표면형(Surface) 차트, 방사형(Radar) 차트 등 다양하며 2차원 형태, 3차원 형태로도 지원되고, 두 가지 형태를 혼합한 혼합형 차트도 사용할 수 있다.

그림 12-1 엑셀 차트 종류 예

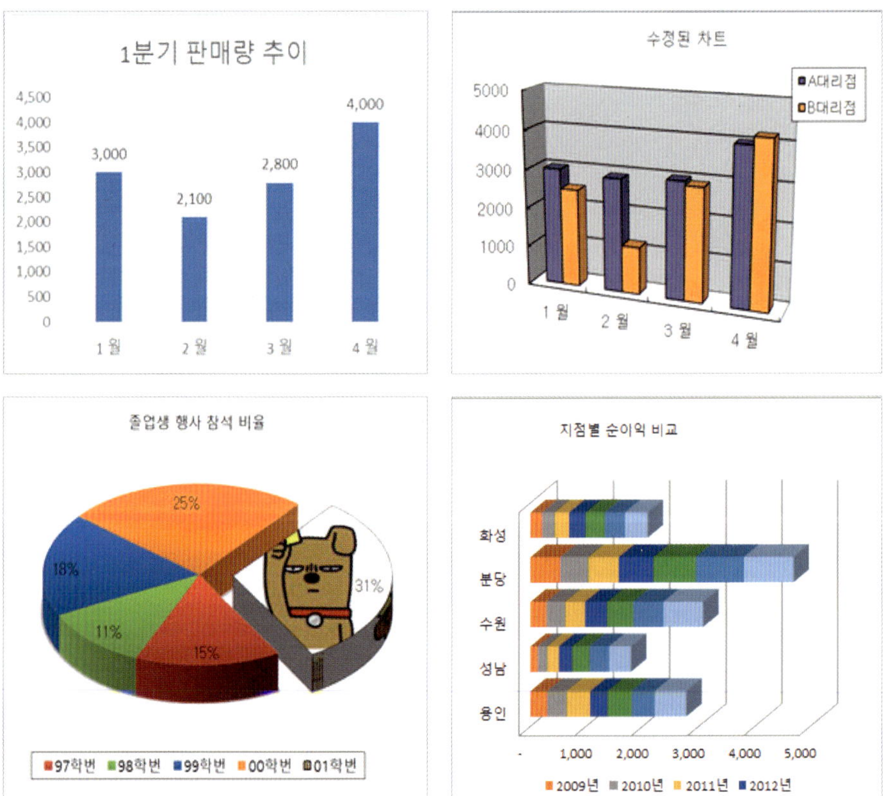

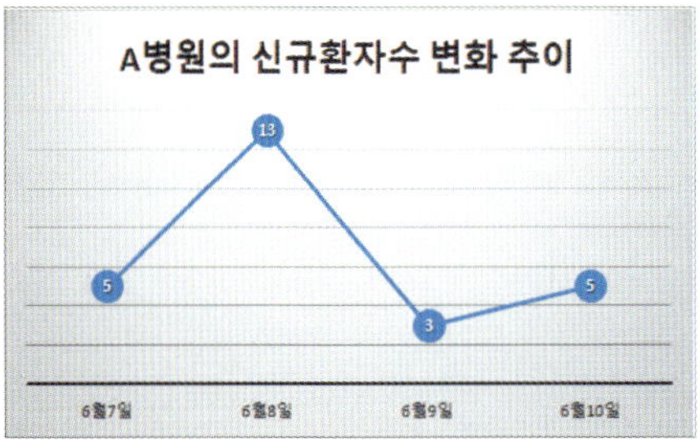

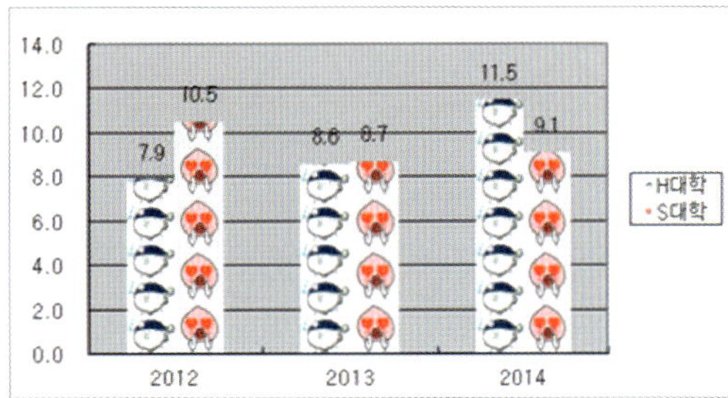

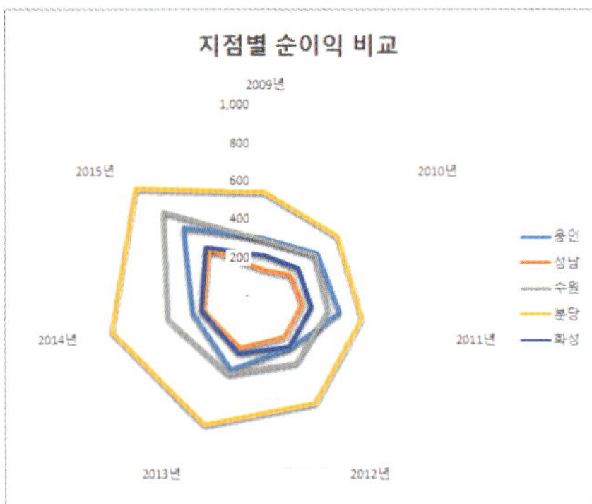

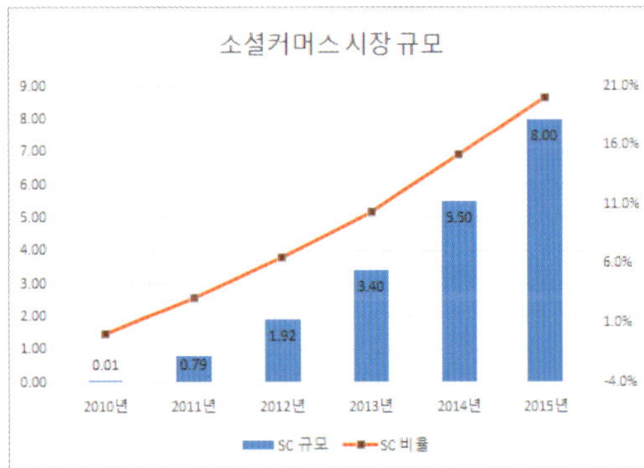

다양한 차트 유형을 지원하는 것은 물론 엑셀 차트는 대단한 특성을 가지고 있다. 그것은 워크시트상의 참조된 자료와 연동되어 참조된 자료의 값이 바뀌면 차트도 그에 따라 자동으로 모양이 바뀐다. 또한 차트상의 각종 요소(막대의 굵기, 색상, 간격, 범례, 가로/세로 축 설정 등)를 마음대로 변경시킬 수 있고, 또 그 수정 결과를 작성하는 과정에서 실시간으로 확인할 수 있는 점도 대단하다. 이러한 기능 때문에 실무에서 엑셀을 많이 활용하기도 한다.

(2) 차트 그리기

우선 간단한 막대형 차트를 나타내 보면서 엑셀의 다양한 차트 기능을 하나씩 알아보기로 하자. 아래의 표는 H기업의 1사분기 판매량 자료이다. 이 자료를 세로 막대형(Column) 차트로 나타내 보자.

	A	B	C	D	E
1		1 월	2 월	3 월	4 월
2	판매량	3,000	2,100	2,800	4,000

먼저 차트로 나타낼 데이터가 있는 범위(여기서는 A1:E2)를 마우스로 선택한다. 리본 메뉴 삽입 차트 에서 추천 차트 를 클릭하여 나오는 차트 삽입 창에서 막대형 차트를 선택하고 확인을 누른다. 또는 원하는 차트 유형의 아이콘을 클릭하여 차트 하나를 선택한다. 그러면 워크시트 위에 막대형 차트가 그려진다. 엑셀에서 제공하는 차트 유형은 간단히 살펴보면 [그림 12-2]와 같다.

그림 12-2 차트 유형

워크시트 위에 자동으로 그려진 차트는 [그림 12-3]에서 볼 수 있는 바와 같이 둘레에 8개의 흰 점이 찍힌 상태로 활성화되어 있다. 이 그림을 차트 개체라고 한다. 8개 점 중 하나를 마우스로 드래그하면 크기를 조절할 수 있고, 차트 개체 내부를 클릭한 상태로 드래그하면 적당한 셀 위로 이동할 수 있다. 차트 개체는 워크시트상의 어느 셀 속에 들어 있는 것은 아니고 워크시트 위에 떠 있지만 위치한 셀과 연동되어 움직인다. 이런 상태를 **특정 셀에 고정되어 있다**(Anchored)고 말한다. 즉, 차트 개체가 위치한 셀의 위로 행이 삽입되거나 삭제되면 셀과 함께 아래나 위로 이동한다. 또한 차트 개체가 활성화된 상태에서는 이 차트의 원본 데이터가 몇 가지 색으로 구분되어 표시된다. [그림 12-3]에서 빨강 선으로 표시된 셀 A2는 차트 제목으로 참조된 데이터이고, 보라색 선으로 표시된 범위 B1:E1은 가로축 레이블(소위 x축)로 참조된 데이터이고, 파랑 선으로 표시된 범위 B2:E2는 차트에서 일련의 막대로 그려진 데이터 계열을 그리는 데 참조된 데이터이다.

차트를 클릭하면 또 차트의 오른쪽에 [그림 12-3]에서 볼 수 있는 바와 같은 "차트 단추(Chart Buttons)"가 팝업된다. 이 차트 단추는 위에서부터 차례로, 차트 요소(Chart Elements Button), 차트 스타일(Chart Styles), 차트 필터(Chart Filters)라는 세 개의 아이콘으로 구성된다. 각각의 용도에 대해서는 다음 절에서 다룬다.

그림 12-3 워크시트에 삽입된 세로 막대형 차트

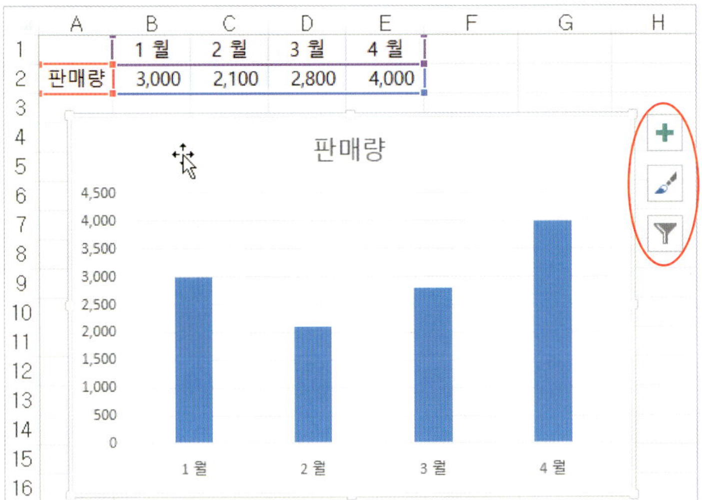

엑셀 차트의 놀라운 기능을 간략하게 살펴보자. 먼저 차트의 제목으로 참조된 셀 A2의 텍스트 데이터를 "1사분기 판매량 추이"로 바꿔 보라. 셀 A2의 데이터가 변하면 차트의 제목도 자동으로 바뀐다. 또한 월별 판매량도 임의로 바꿔 보면 그에 따라 차트의 막대로 자동으로 변한다.

아래의 [그림 12-4]의 오른쪽 차트를 보라. 참조된 셀 중에서 셀 B2의 값을 3,000에서 8,000으로 바꿔본 것이다. 셀 값이 바뀌면 그 셀을 참조하고 있는 차트의 그림도 자동으로 바뀌는 것을 볼 수 있다. 빨강으로 표시한 세로 막대가 셀 B2의 값을 표시하고 있는 막대다. 오른쪽 차트는 B2를 나타내는 막대의 크기만 바뀐 것이 아니고, 세로 축의 서식(최대값, 최소값 등)도 자동으로 바뀌었기 때문에 그에 따라 나머지 막대의 크기도 다 조절되었다. 그러나 자세히 들여다보면 값이 바뀐 것은 B2를 나타내는 막대뿐인 것을 알 수 있다. [그림 12-5]처럼 세로 축 서식을 양쪽이 똑같게 설정하면 B2를 나타내는 막대만 바뀐 것을 더욱 확실히 알 수 있다(축 서식 편집에 대해서는 예제 74를 참고하라).

그림 12-4 참조한 셀 값이 변함에 따라 자동으로 변하는 차트 예

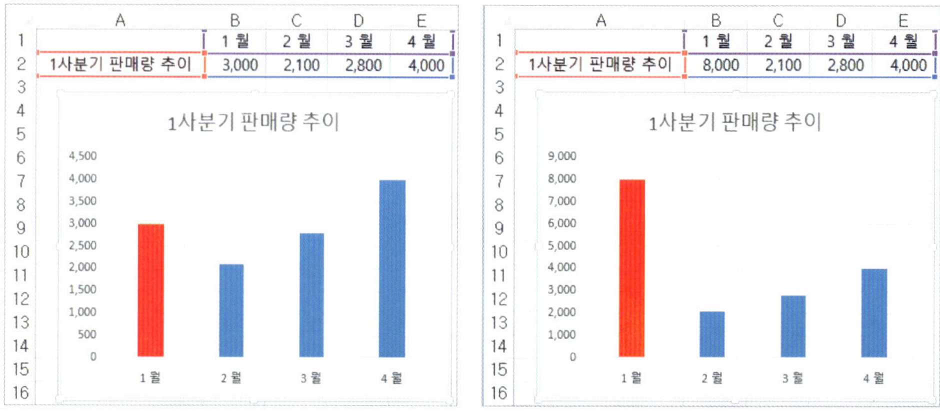

그림 12-5 세로 축 서식을 고정시킨 경우

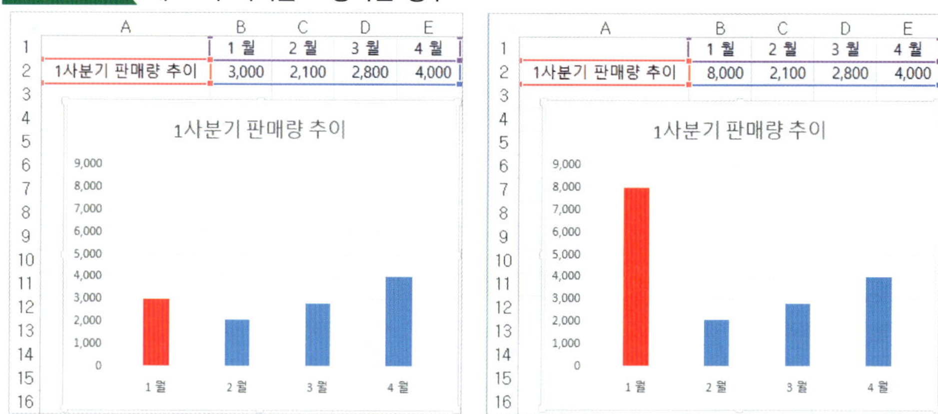

	A	B
1	인기 앱	응답자
2	카카오톡	540
3	페이스북	270
4	라인	90
5	네이버	50
6	밴드	25
7	지하철	15
8	V3	10
9	계	1,000

이번에는 원형(Pie) 차트를 그려 보자. 왼쪽의 워크시트는 최근 스마트폰에서 많이 사용되고 있는 앱(App)의 설치 빈도를 조사한 자료이다. 이 내용을 원형(Pie) 차트로 나타내 보자. 먼저 차트로 나타낼 데이터가 있는 범위(여기서는 A1:B8)를 마우스로 선택한다. 이때 왜 워크시트의 마지막 행인 9행(계 : 1,000)을 범위에 포함시키지 않을까?

아포리즘 26 참고

리본 메뉴 삽입 차트 ❑ 추천 차트 를 눌러서 나오는 차트 삽입 창에서 원형 차트를 선택하고 확인을 누른다. 또는 리본 메뉴 삽입 차트 원형 차트 를 클릭하여 ❑ 3차원 원형 아이콘을 선택해 보자. 그러면 워크시트 위에 3차원 원형 차트가 그려진다.

그림 12-6 워크시트에 삽입된 원형 차트

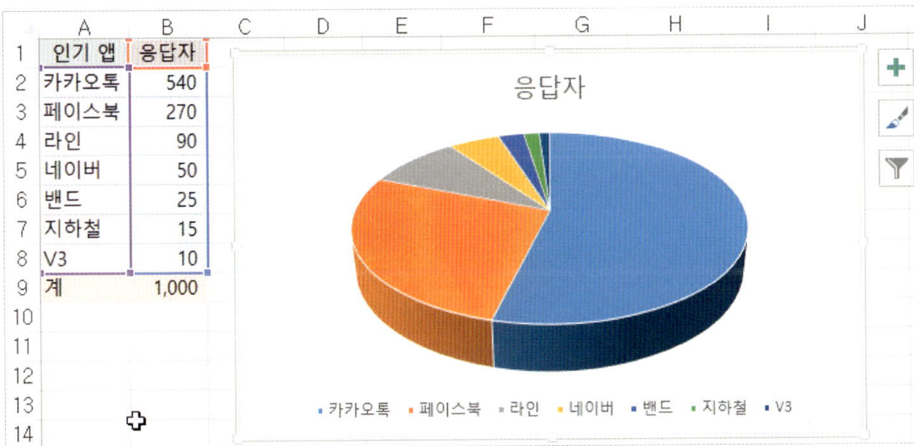

여기서는 일단 원형 차트의 재미있는 기능 하나만을 언급하겠다. 위 원형 차트에서 '카카오톡' 응답자 비율을 강조하기 위해서 그 조각을 떼어내어 표시해 보자. 방법은 아주 간단하다. [그림 12-6]에서처럼 원형 차트가 선택되어 있을 때 '카카오톡' 조각을 마우스로 **천천히 두 번 클릭**하면 그 조각만 선택 표시(둘레 및 중앙의 세 군데에 작은 점이 나타남)가 된다. 이때 마우스로 그 조각을 바깥으로 드래그하면 원하는 대로 된다. [그림 12-7]은 그 결과를 보여준다. 또 빠져나온 조각을 다시 원형에 결합시키기 위해서는 조각을 다시 클릭하여 중심 쪽으로 드래그하면 된다(원형 차트의 원형 부분을 마우스로 한 번 클릭하면 전체 앱 조각들이 모두 선택되고, 이때 **한 번 더 카카오톡 조각을 클릭**하면 그 부분만 선택 표시된다. [그림 12-7]의 첫 번째 그림은 전체 조각이 다 선택 표시된 상태를 보여주고 있다).

그림 12-7 부분 강조된 원형 차트의 단계적 모습

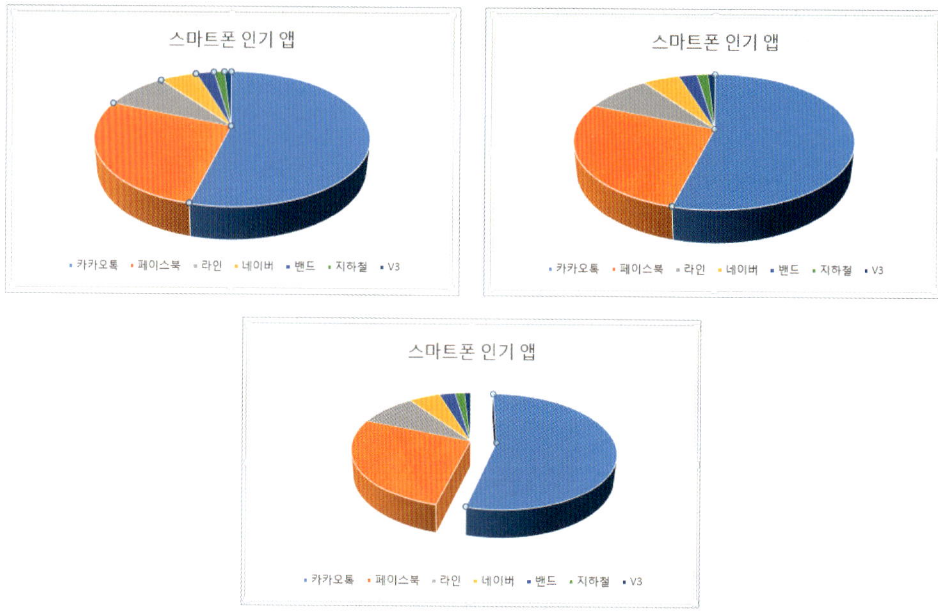

아포리즘 26 차트의 데이터 범위 지정에 대하여 1

워크시트에서 데이터 범위를 선택해서 차트를 그리면, 사용자 의도와 큰 차이 없이 거의 완성된 차트를 그려주는 것이 보통이다. 그런데 주의해야 할 때가 있다.

본문에서 스마트폰 인기 앱의 빈도를 조사한 원형 차트 예에서 데이터 범위를 지정할 때 마지막 합계 행은 포함시키지 않아야 한다. 왜냐하면, 각각의 앱에 대한 응답자수 정보와 합계 정보는 성격이 아주 다르기 때문이다. 보통 차트는 성격이 비슷하거나 같은 정보들을 비교하기 위한 것이다. 따라서 성격이 다른 정보를 하나의 차트 안에서 함께 비교한다는 것은 별 의미가 없다.

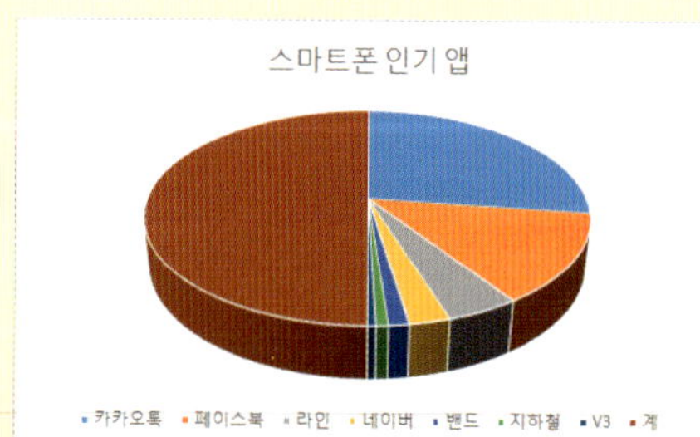

확실한 이해를 위해서 합계 열까지 데이터 범위로 선택해서 원형 차트를 그려 보자. 그 때 나타나는 원형 차트는 반쪽이 "계"라는 항목으로 표시되고 각각의 앱은 나머지 반쪽에 모여서 나타날 것이다. 각 앱의 응답자수가 1천 명이고 합계가 1천 명이기 때문이다. 엑셀에서 "계"를 앱의 한 종류로 생각하고 그린 것이다.

복잡하게 구성된 자료의 경우에는 차트를 자동으로 그리기에는 한계가 있다. 이럴 때에는 사용자가 하나하나 정확하게 지정하면서 그릴 수밖에 없다.

예제 69 차트 그리기

예제 4 에서 사용했던 자료다. 다음 워크시트에서 전체 대리점 중에서 A, B, C 3곳의 대리점에 대해서 1사분기(1, 2, 3월)의 판매실적을 세로 막대형 차트로 표시해 보라. 차트 제목은 "1사분기 매출실적 비교"라고 입력하라. **키워드 : 셀 참조, 차트, 막대형 차트**

	A	B	C	D	E	F
1	대리점	1 월	2 월	3 월	4 월	합계
2	A대리점	3,000	2,900	3,000	4,000	12,900
3	B대리점	2,500	1,200	2,900	4,200	10,800
4	C대리점	3,400	2,200	2,200	2,200	10,000
5	D대리점	1,200	1,200	1,200	2,300	5,900
6	E대리점	2,300	2,200	3,300	3,100	10,900
7	합계	12,400	9,700	12,600	15,800	50,500

| 풀이 |

먼저 차트로 그릴 데이터 범위를 선택해야 한다. 여기서는 3곳의 대리점에 대해서 1사분기의 판매실적만 그릴 것이므로 범위 A1:D4를 선택한다. 리본 메뉴 삽입 차트 ❑ 추천 차트 차트 삽입 창에서 막대형 차트를 선택하고 확인을 누른다. 삽입된 차트 영역 중, "차트 제목"을 클릭한 후, 새로운 차트 제목으로 "1사분기 매출실적 비교"라고 입력한다.

그림 12-8 예제 69 (차트 그리기) 결과

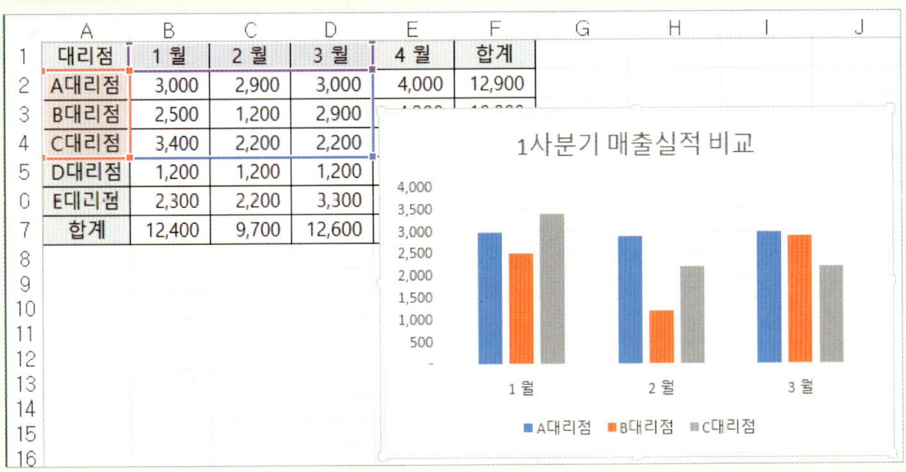

예제 70 선택한 데이터로 차트 그리기

아래는 여러 병원에서 날짜별로 정리된 신규환자 발생숫자 자료이다. 콤보 상자를 이용해서 하나의 병원을 선택하면 그 병원에서의 신규환자수 변화 추이를 꺾은선형 차트로 나타내어라. **키워드 : 상대참조/절대참조, 차트, 꺾은선형 차트, 양식 컨트롤 도구, 콤보 상자**

① 콤보 상자의 셀 연결은 셀 C6로 하라.

② 차트 제목은 역시 콤보 상자의 선택에 맞추어 "K병원의 신규환자수 변화 추이"라고 입력되도록 셀 E6에 차트 제목용 텍스트를 만들어라.

③ 범위 A9:E9에는 선택된 병원의 날짜별 신규환자수 자료가 나타나게 각 셀에 적당한 수식을 넣어라.

④ 꺾은선형 차트에 데이터 레이블을 표시해 보라.

	A	B	C	D	E	F	G
1	신규환자수	6월7일	6월8일	6월9일	6월10일		
2	A병원	5	13	3	5		
3	B병원	14	10	3	0		
4	C병원	6	3	1	0		
5							
6	병원 선택	C병원 ▼	3	차트 제목	C병원의 신규환자수 변화 추이		
7							
8	신규환자수	6월7일	6월8일	6월9일	6월10일		
9	C병원	6	3	1	0		

| 풀이 |

셀 B6에 콤보 상자를 하나 입력하고 [컨트롤 서식] 창을 열어서, 목록용 데이터의 입력 범위로 범위 A2:A4를 지정한다. 연결할 셀은 셀 C6를 선택한다. 목록 표시 줄 수는 3을 입력한다.

먼저 셀 A9에 콤보 상자로 선택한 병원이름이 나오게 해 보자. 그런데 콤보 상자를 클릭해서 병원을 하나 골라도 연결 셀 C6에는 1~3의 숫자만 나오지, 병원이름이 나오는 것은 아니다. 병원이름이 나오게 하려면 VLOOKUP 함수나 CHOOSE 함수를 사용하는 것이 쉽다. 여기서는 CHOOSE 함수를 이용해서 병원이름이 나오게 해 보자. 셀 A9에 입력할 CHOOSE 함수식은 *=CHOOSE(C6, A2, A3, A4)*라고 하면 된다(이 수식은 아직 완성된 것이 아니다. 다음 설명에 계속된다).

CHOOSE 함수에 대해서는 제10장 3절의 [아포리즘 21] 참고

또한 범위 B9:E9에는 선택한 병원에서 해당 날짜에 발생한 신규환자수가 나오게 해야 한다. 이것도 콤보 상자로 선택한 병원에 대한 인덱스(셀 C6의 값)가 필요하므로 앞에서와 마찬가지로 CHOOSE 함수를 이용하는 것이 좋겠다. 그래서 셀 A9에 입력한 CHOOSE 함수식을 복사하여 사용하려고 한다. 그렇다면 셀 A9에 입력한 CHOOSE 함수식의 셀 참조 방식을 조금 수정해야 한다. 수식을 오른쪽으로 복사할 것이고, CHOOSE

함수에서 첫 번째 인수인 인덱스_숫자 셀 C6는 다른 곳으로 바뀌면 안 되므로 절대참조를 사용해야 한다(그런데 오른쪽 방향으로만 복사할 것이므로 행 번호는 상대참조를 사용해도 무방하다). 그리고 이어지는 숫자들은 정해진 날짜의 신규환자수를 참조해야 하므로 상대참조를 사용한다. 그래서 셀 A9에 입력하는 CHOOSE 함수식은 *=CHOOSE($C6, A2, A3, A4)* 라고 하면 된다. 이 수식을 우측으로 복사해서 사용하면, 셀 B9에는 *=CHOOSE($C6, B2, B3, B4)* 로 입력되고, 셀 C9에는 *=CHOOSE($C6, C2, C3, C4)* 로, 셀 D9에는 *=CHOOSE($C6, D2, D3, D4)* 로, 셀 E9에는 *=CHOOSE($C6, E2, E3, E4)* 로 입력된다.

셀 E6에는 꺾은선형 차트의 제목으로 사용할 텍스트를 만들어 보자. 콤보 상자에서 선택한 병원이름은 위에서 셀 A9에 나타난다. 따라서 셀 A9의 문자열과 나머지 문자열 "의 신규환자수 변화 추이"를 합하여 제목용 문자열을 만들면 된다. 문자열을 합하는 경우에는 앰퍼샌드(&) 연산자를 사용한다. 따라서 셀 E6에 입력할 수식은 *=A9 & "의 신규환자수 변화 추이"* 라고 하면 된다.

앰퍼샌드(&) 연산자에 대한 내용은 제7장 1절의 **아포리즘 10** 참고

이제 데이터 범위 A8:E9를 선택하고 꺾은선형 차트를 하나 삽입한다. 그리고 콤보 상자에서 임의의 병원을 선택하면 그에 따라 꺾은선형 차트가 변하는 것을 확인하라. 자동으로 생성되는 차트에는 데이터 레이블이 없을 것이다. 데이터 레이블을 붙이려면 차트를 클릭한 다음, 오른쪽에 팝업되는 차트 단추를 이용한다. 맨 위의 **차트 요소** 단추를 클릭하면 차트에 표시한 요소들의 목록이 보이는데, 여기서 **❑ 데이터 레이블** 에 체크하여 선택하면 된다.

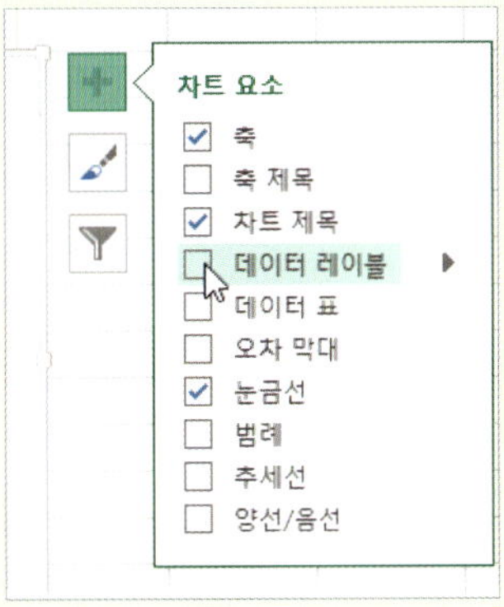

아직 차트 제목은 요구대로 나타나지 않고 선택한 병원이름만 나타날 것이다. 이제 차트 제목이 참조하려는 셀 값으로 나타나도록 수정해 보자. 차트 제목으로 사용할 텍스트 데이터는 셀 E6에 생성되어 있으므로 차트 제목에서 이 셀을 참조하도록 설정하면 된다. 먼저 차트 속 "차트 제목"을 클릭한다. [그림 12-9]와 같이 차트 전체 외곽선이 활성화 상태로 되어 있는 것을 확인하고, "차트 제목" 요소 부분도 네 귀퉁이에 동그란 점이 그려진 상태로 있는 것을 확인한 상태에서 **수식 입력줄**을 클릭한다. 수식 입력줄에서 등호(=)를 입력하고 제목용 텍스트가 들어 있는 셀 E6를 클릭한다. 그러면 수식 입력줄에 [그림 12-10]과 같이 워크시트 이름과 참조 셀 주소가 함께 나타난다. 이 상태에서 엔터키를 누르면 참조한 셀의 텍스트가 차트 제목으로 나타난다.

그림 12-9 차트 활성화 상태의 외곽선 모습

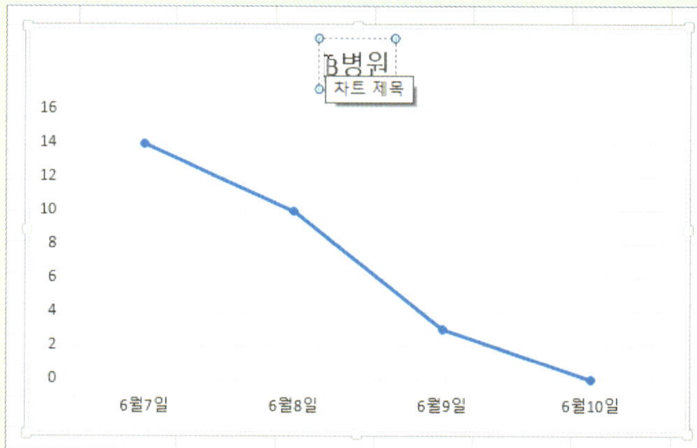

그림 12-10 셀 참조로 차트 제목을 입력한 예

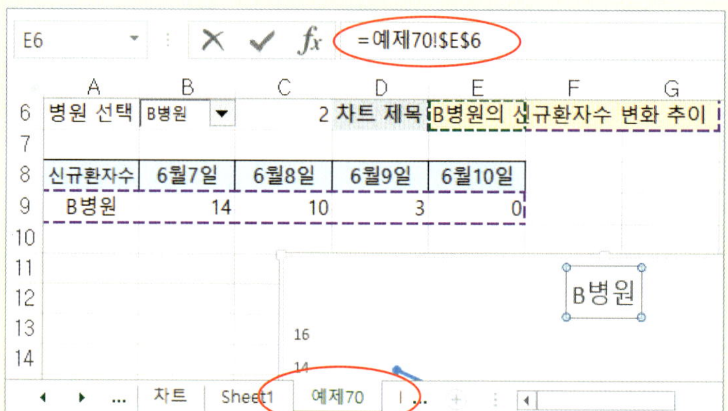

[그림 12-11]은 콤보 상자로 병원을 선택하였을 때 해당 병원의 신규환자수 변화 추이를 보여주는 꺾은선형 차트를 자동으로 생성하고 있는 결과이다.

그림 12-11 예제 70 (선택한 데이터로 차트 그리기) 결과

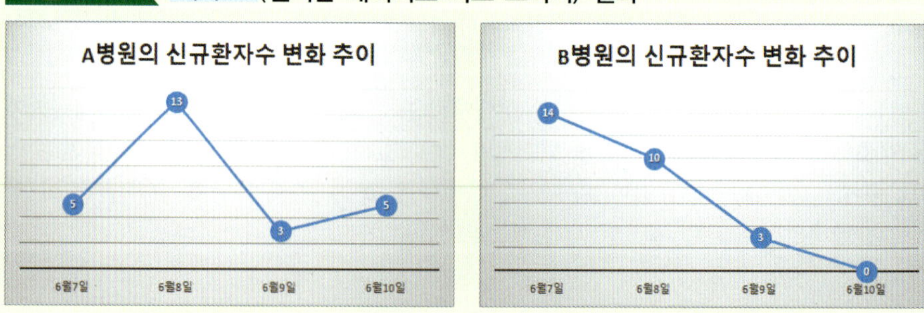

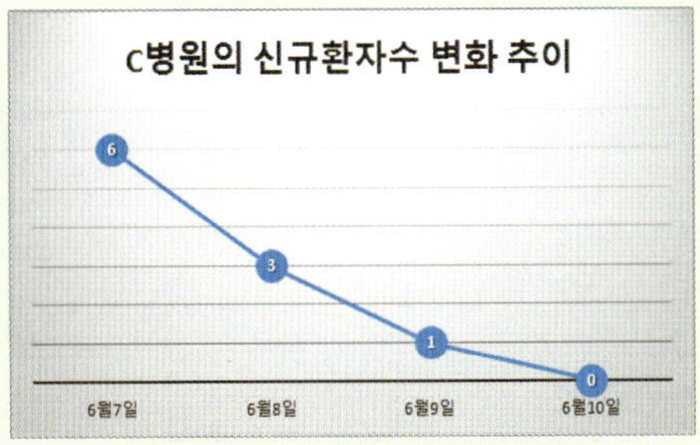

2 차트 요소

차트는 다양한 요소(Object)로 구성되어 있다. 각각의 요소들은 클릭 후 사용자의 의도대로 수정할 수 있다. 차트를 마우스로 클릭하여 활성화시키면 리본 메뉴에 [그림 12-12]와 같은 차트 도구 탭이 자동으로 나타난다. 또 차트 도구 탭에는 디자인 탭과 서식 탭이 들어 있다. 디자인 차트 레이아웃 차트 요소 추가를 클릭하면 차트에 있는 모든 차트 요소를 확인할 수 있다.

그림 12-12 활성화된 차트 도구 탭

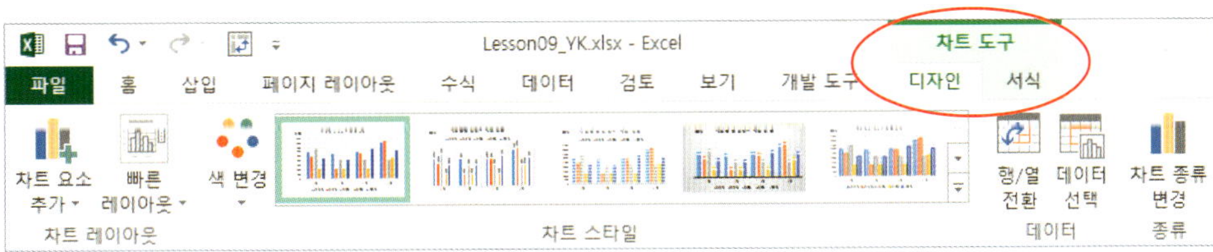

[그림 12-13]은 주요한 차트 요소들을 보여주고 있다. 차트 제목, 그림 영역, 세로(값) 축, 가로(항목) 축, 범례, 주눈금선, 계열 등이다. 디자인 탭을 누르면 차트 요소 추가, 차트 스타일 선택/변경, 행/열 전환, 데이터 선택, 차트 종류 변경 등의 작업을 할 수 있으며, 서식 탭을 누르면 각 요소들의 서식 변경, 정렬 등의 작업이 가능하다. 물론 대부분의 편집 작업은 차트를 클릭하여 활성화시킬 때 나타나는 차트 단추를 통해서도 가능하다.

그림 12-13 주요한 차트 요소

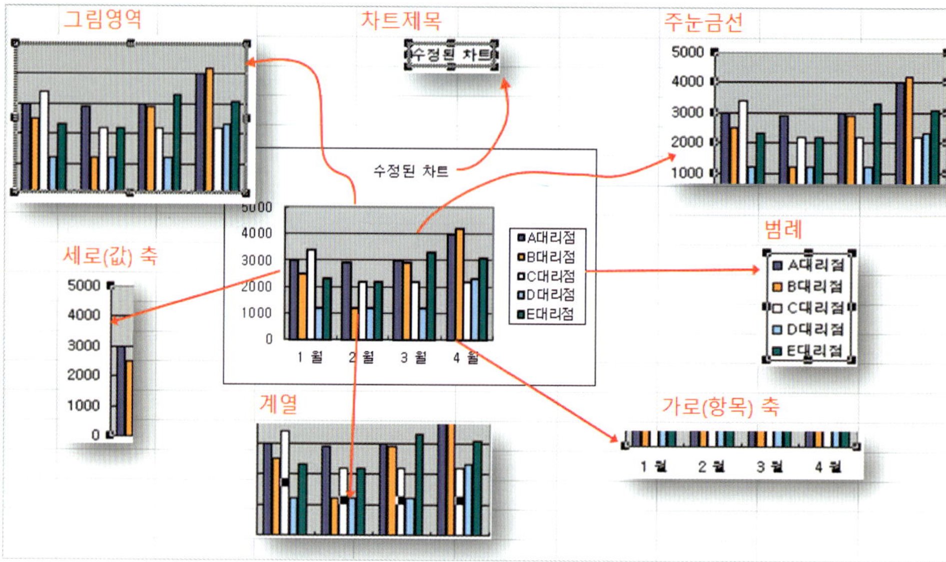

몇 가지 차트 요소를 수정하는 방법에 대해서 아래 예제를 통하여 공부해 보자.

예제 71 원형 차트 요소

학과의 연례행사에 참석한 졸업생들을 학번에 따라 구분한 표이다. 이 자료를 원형 차트를 사용해서 나타내 보라. 그리고 아래의 내용처럼 차트 요소를 수정해 보라. **키워드 : 셀 참조, 차트, 원형 차트, 양식 컨트롤 도구, 콤보 상자, 차트 요소**

① 범위 D2:D4의 내용처럼 차트 제목을 세 가지로 준비하여 콤보 상자를 통해서 골라서 사용할 수 있도록 하라(콤보 상자의 셀 연결은 셀 E6로 하고, 콤보 상자 선택에 따라 차트 제목으로 사용할 텍스트는 셀 D7에 나타나게 하라).

② 참석자 비율을 보여주는 데이터 레이블을 추가하고 범례의 위치도 차트의 아래쪽으로 변경하라.

③ 10학번 참석자 데이터 요소 서식을 변경하여 조각에 간단한 아이콘 그림을 삽입해 보라. 또 그 조각을 원형에서 따로 떼어서 강조해 보라.

	A	B	C	D	E
1	학번	참석자		차트 제목 선택	
2	06학번	12		학번별 졸업생 행사 참석 비율	
3	07학번	9		참석자 학번별 구성 비율	
4	08학번	15		학번별 참석자수 비교	
5	09학번	20			
6	10학번	25		[콤보 상자]	
7	계	81			

| 풀이 |

먼저 차트로 나타낼 데이터가 있는 범위(여기서는 A1:B6)를 마우스로 선택한다. 리본 메뉴 삽입 차트 에서 원형 또는 도넛형 차트 삽입 을 선택하고 ❑ 확인 을 누른다. 그 다음 질문에 따라 차례로 필요한 내용을 만들어 보자.

① 셀 D6에 콤보 상자를 하나 입력하고 컨트롤 서식 창을 열어서, 목록용 데이터의 입력 범위로 범위 D2:D4를 지정한다. 연결할 셀은 셀 E6를 선택한다. 목록 표시 줄 수는 3을 입력한다. 그러나 이 상태에서 콤보 상자를 클릭해서 나타나는 목록 중 하나를 클릭하면 셀 E6에 1~3의 숫자만 나오지, 셀 D7에 차트 제목용 텍스트가 자동으로 입력되지 않는다. 텍스트가 입력되게 하려면 셀 D7에 CHOOSE 함수를 사용해야 한다. 셀 D7에 입력하는 수식은 *=CHOOSE(E6, D2, D3, D4)* 라고 하면 된다.
다음 원형 차트를 클릭하여 활성화시킨다. 그리고 차트 제목란을 클릭한 다음에 수식 입력줄을 클릭하여 등호(=)를 넣는다. 그리고 셀 D7을 클릭하여 입력한다(이와 같이 하면, 수식 입력줄에 *=예제71!$D$7* 이라고 입력되면서 활성화 상태인 원형 차트의 제목에 선택한 텍스트가 나타나는 것을 확인할 것. 여기서 예제 71 은 현 워크시트의 이름이다).

② 원형 차트를 클릭하고, 오른쪽에 팝업되는 차트 단추 중 맨 위의 차트 요소 단추를 클릭하여, 아래 그림처럼 ❑ 데이터 레이블 을 체크하고 하위 메뉴에서 ❑ 기타 옵션... 을 선택한다. 이때 워크시트 화면의 오른쪽에 나타나는 [그림 12-14]와 같은 데이터 레이블 서식 작업창에서 ❑ 백분율 을 선택하면 된다. 또 차트 요소 단추를 클릭하여 ❑ 범례 를 체크한 다음, 오른쪽 하위 메뉴에서 ❑ 아래쪽 을 선택한다.

그림 12-14 데이터 레이블 서식 **작업창**

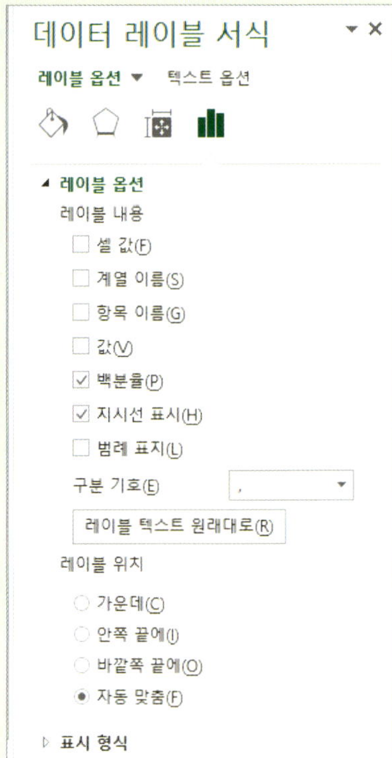

③ 원형 차트 부분을 클릭하고 '10학번' 조각을 마우스로 한 번 더 클릭하면 그 조각만 선택된다. 이때 마우스로 그 조각을 바깥으로 드래그하면 그 조각만 떼어내어 강조할 수 있다. 그리고 그 조각만 선택된 상태에서 마우스 오른쪽 버튼을 누르면 팝업메뉴가 뜬다. 맨 아래 [❏ 데이터 요소 서식]을 클릭하면 화면의 오른쪽에 [데이터 요소 서식] 작업창이 열린다. 맨 왼쪽 아이콘을 클릭하여 [채우기] [그림 또는 질감 채우기] [다음에서 그림 삽입] [❏ 파일(F)...]을 클릭하여 적당한 그림을 하나 선택한다.

그림 12-15 데이터 요소 서식 작업창

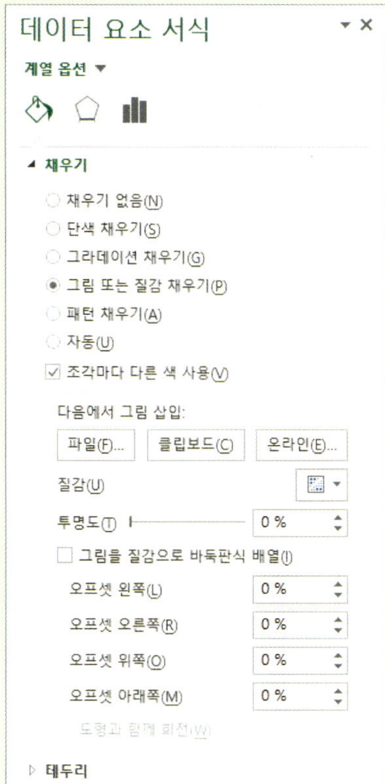

그림 12-16 예제 71(원형 차트 요소) 결과

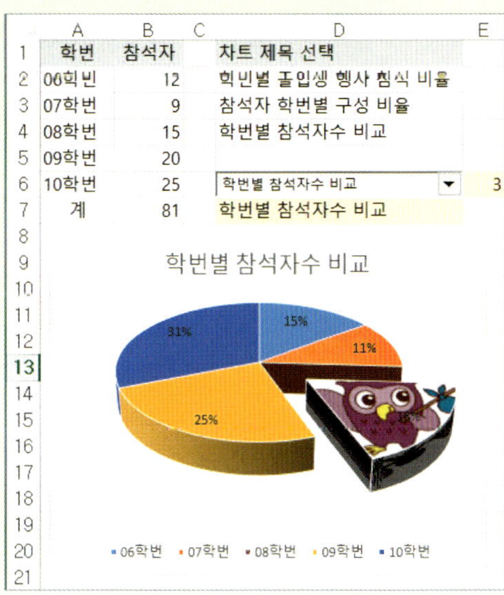

예제 72 막대형 차트 수정

이번에는 예제 71에서 사용했던 학과의 연례행사에 참석한 졸업생들을 학번에 따라 구분한 표를 3차원 세로 막대형 차트를 사용해서 나타내 보라. 그리고 아래의 내용처럼 차트 요소를 수정해 보라. **키워드 : 셀 참조, 차트, 막대형 차트, 차트 요소**

① 참석자수를 보여주는 데이터 레이블을 추가하라.
② 참석자가 가장 적은 07학번의 막대 색을 변경해 보라.
③ 08학번 참석자 막대를 아이콘이 쌓이는 형태로 나타내 보라.

	A	B
1	학번	참석자
2	06학번	12
3	07학번	9
4	08학번	15
5	09학번	20
6	10학번	25
7	계	81

| 풀이 |

먼저 차트로 나타낼 데이터가 있는 범위(여기서는 A1:B6)를 마우스로 선택한다. 리본 메뉴 삽입 차트 세로 막대형 차트 삽입을 클릭하여 "3차원 세로 막대형" 차트를 선택하고 확인을 누른다. 그 다음 질문에 따라 차례로 필요한 내용을 만들어 보자.

① 막대형 차트를 클릭하고, 오른쪽에 팝업되는 차트 단추 중 맨 위의 차트 요소 단추를 클릭하여, ❑ 데이터 레이블을 체크한다.

② 데이터 계열(막대로 표시된 부분)을 클릭하면, 모든 학번에 대한 막대가 선택된다. 이때 07학번 막대를 한 번 더 클릭하면 07학번 데이터만 선택된다. 이때 마우스 오른쪽 버튼을 클릭하면 팝업메뉴가 뜬다. 위쪽 "채우기" 아이콘을 눌러 적당한 색을 설정한다.

③ 위와 마찬가지 방법으로 08학번 막대를 선택한 후, 팝업메뉴에서 ❑ 데이터 요소 서식을 클릭하면 화면의 오른쪽에 데이터 요소 서식 작업창이 열린다. 맨 왼쪽 페인트통 아이콘을 클릭하여 채우기 그림 또는 질감 채우기 다음에서 그림 삽입 ❑ 파일(F)... 클릭하여 적당한 그림 파일을 하나 선택한다. 그 다음 그 아래쪽 옵션 단추로 된 메뉴에서 ❑ 쌓기를 선택한다.

3차원 막대형 차트이므로 차트를 마우스 오른쪽 버튼으로 눌러 나오는 팝업메뉴에서 ❑ 3차원 회전을 클릭하여 X회전, Y회전을 시켜보면 막대형 차트를 한눈에 비교하기 쉬운 각도로 만들 수 있다.

그림 12-17 [데이터 요소 서식] 작업창 및 [차트 영역 서식] 작업창

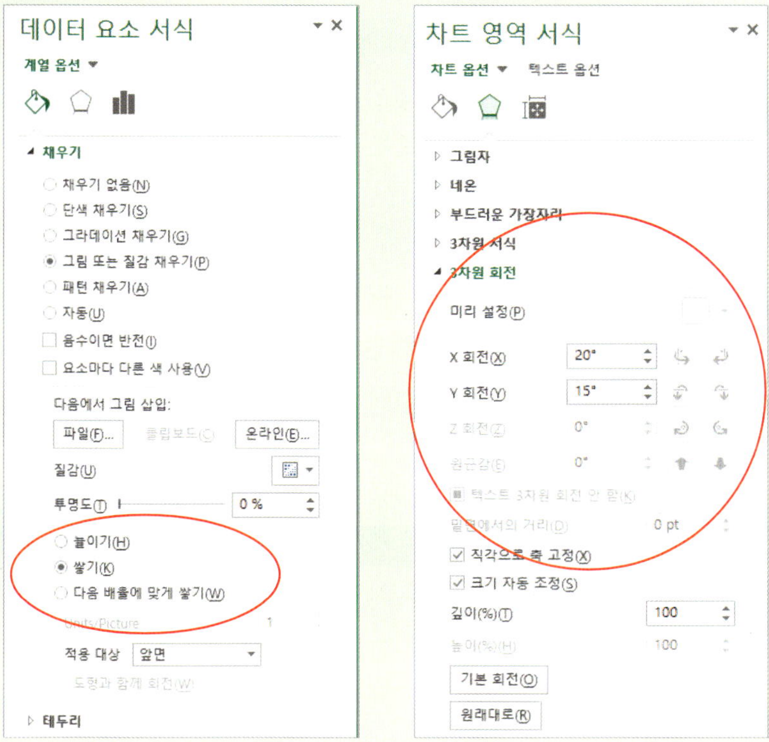

그림 12-18 예제 72 (막대형 차트 수정) 결과

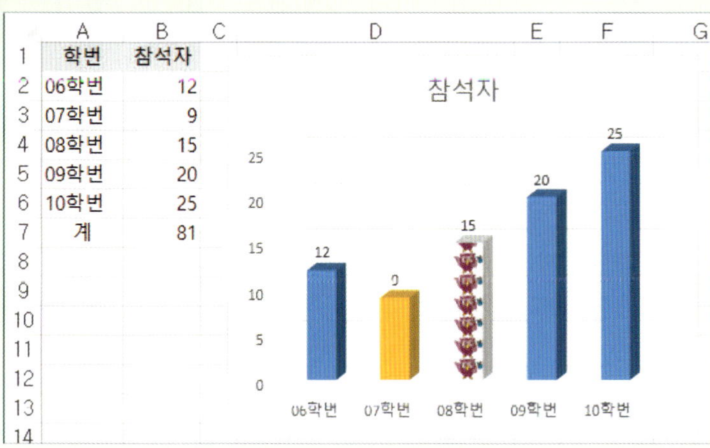

	A	B
1	학번	참석자
2	06학번	12
3	07학번	9
4	08학번	15
5	09학번	20
6	10학번	25
7	계	81

3 차트 편집

복잡한 데이터를 사용하여 차트를 그려야 할 때는 엑셀이 자동으로 그려주는 기능에 한계가 있다. 따라서 이러한 경우에는 사용자가 직접 차트 요소를 설정해 가면서 차트를 그릴 수밖에 없다. 또 이미 그려진 차트에 새로운 데이터를 추가하거나 기존의 데이터를 삭제하여 변경해야 하는 경우에 대해서 알아보자.

그려진 차트에 데이터 계열을 추가하거나 삭제하는 경우, 자동으로 그려진 각종 데이터 요소 서식을 변경하는 경우, 복잡한 데이터 속에서 필요한 데이터를 골라서 차트를 그려야 하는 경우, 데이터의 행과 열을 변경해서 나타내야 하는 경우, 상황과 필요에 따라서 데이터 항목을 필터링하는 방법에 대해서 차례로 예제를 통해서 공부해 보기로 한다.

예제 73 데이터 계열 추가

예제 69에서 사용했던 데이터를 사용해서 A, B, C대리점의 1사분기(1~3월) 판매량을 나타낸 기존의 차트에 4월 데이터 계열을 추가해 보자. 그리고 그 다음에는 D대리점의 1사분기 판매량을 기존의 차트에 추가해 보라. **키워드 : 차트, 막대형 차트, 차트 편집**

	A	B	C	D	E	F
1	대리점	1 월	2 월	3 월	4 월	합계
2	A대리점	3,000	2,900	3,000	4,000	12,900
3	B대리점	2,500	1,200	2,900	4,200	10,800
4	C대리점	3,400	2,200	2,200	2,200	10,000
5	D대리점	1,200	1,200	1,200	2,300	5,900
6	E대리점	2,300	2,200	3,300	3,100	10,900
7	합계	12,400	9,700	12,600	15,800	50,500

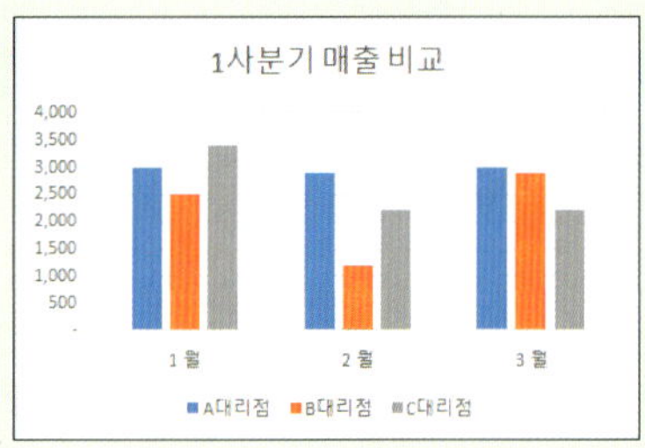

| 풀이 |

첫 번째 방법 : 기존의 차트를 활성화시키면 [그림 12-19]와 같이 차트를 그리는 데 참조된 데이터 범위가 워크시트에 표시된다. 이때 데이터 범위의 경계선을 표시하고 있는 참조 표시선의 꼭지점에 있는 점(■)을 마우스로 드래그하여 추가할 4월 데이터 계열(가로축 레이블로 사용될 4월 머리글도 포함)을 포함시킨다. [그림 12-19]의 오른쪽 그림처럼 되면 차트에 새 데이터 계열이 자동으로 포함된다(이러한 기능에 대해서 제3장 5절에서 설명한 바 있다).

그림 12-19 차트 데이터 범위 편집

	A	B	C	D	E	F
1	대리점	1 월	2 월	3 월	4 월	합계
2	A대리점	3,000	2,900	3,000	4,000	12,900
3	B대리점	2,500	1,200	2,900	4,200	10,800
4	C대리점	3,400	2,200	2,200	2,200	10,000
5	D대리점	1,200	1,200	1,200	2,300	5,900
6	E대리점	2,300	2,200	3,300	3,100	10,900
7	합계	12,400	9,700	12,600	15,800	50,500

	A	B	C	D	E	F
1	대리점	1 월	2 월	3 월	4 월	합계
2	A대리점	3,000	2,900	3,000	4,000	12,900
3	B대리점	2,500	1,200	2,900	4,200	10,800
4	C대리점	3,400	2,200	2,200	2,200	10,000
5	D대리점	1,200	1,200	1,200	2,300	5,900
6	E대리점	2,300	2,200	3,300	3,100	10,900
7	합계	12,400	9,700	12,600	15,800	50,500

두 번째 방법 : 먼저 워크시트에서 추가할 데이터의 범위(가로 축 레이블로 사용될 머리글도 포함하여 범위 E1:E4)를 복사한 후에, 차트를 활성화시켜서 "붙여넣기"를 한다. 그러면 새 데이터 계열이 차트에 자동으로 포함된다.

이번에는 D대리점의 1사분기 판매량 자료(대리점 이름도 포함하여 범위 A5:D5)를 기존의 차트에 추가해 보자. 첫 번째 방법으로 차트 데이터 범위를 마우스로 드래그하여 D대리점이 포함되도록 하는 방법도 가능하고, 또 두 번째 방법처럼 D대리점 자료(데이터 계열 제목으로 사용될 대리점명도 포함하여 범위 A5:D5)를 복사한 후에 차트를 클릭하여 "붙여넣기"해도 된다.

그림 12-20 예제 73(데이터 계열 추가) 결과

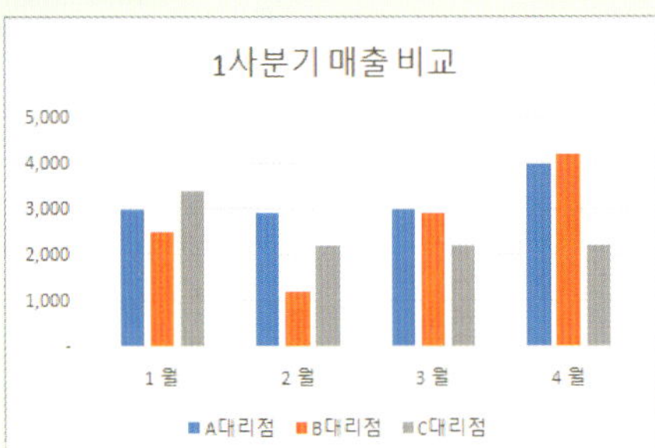

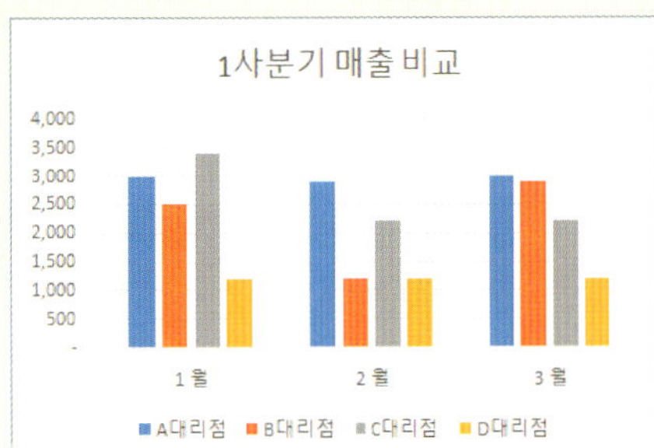

예제 74 축 서식 및 눈금선 편집

위 예제 73의 자료를 재활용하여 축 서식을 사용자 의도대로 편집해 보자. **키워드 : 차트, 막대형 차트, 차트 편집, 차트 요소, 축 서식, 눈금, 눈금선**

① 자동으로 설정되는 세로(값) 축의 최소값은 0으로, 최대값을 5,000으로 바꾸고, 주 눈금은 1,000단위로, 보조 눈금은 200단위로 설정하고 주 눈금은 축의 바깥쪽에, 보조 눈금은 축의 안쪽에 표시되도록 변경해 보자.

② 또한 차트에 보조 가로 눈금선이 표시되도록 해 보자.

| 풀이 |

먼저 위 예제 73 의 [그림 12-20]을 보면 차트에 새로운 데이터가 추가되면서 세로(값) 축의 서식이 자동으로 변경되었음을 볼 수 있다. 기존 3월까지의 자료를 나타낸 차트는 4,000을 넘는 자료가 없었기에 최대값이 4,000으로 설정되었는데([그림 12-20]의 오른쪽 차트), 4월 데이터 중에 4,000을 넘는 판매량이 있으므로 데이터가 추가된 새 차트([그림 12-20]의 왼쪽 차트)는 최대값이 5,000으로 자동 변경되었다.

① 이제 이러한 축 서식을 사용자가 임의로 편집해 보자. 차트가 활성화된 상태에서 마우스로 "축 서식" 요소를 클릭하고, 마우스 오른쪽 버튼을 눌러 나오는 팝업메뉴에서 [❏ 축 서식]을 클릭하면 워크시트 화면의 우측에 [그림 12-21]과 같은 [축 서식] 작업창이 열린다. 오른쪽 끝 차트 모양의 아이콘을 눌러서 [축 옵션]을 설정한다. 최소값, 최대값을 입력하고, 단위를 조정한다. 아래 [눈금]을 눌러서 주 눈금은 "바깥쪽"을 선택하고, 보조 눈금은 "안쪽"을 선택한다.

② 차트를 클릭하여 활성화시키면, 오른쪽에 팝업되는 차트 단추 중 맨 위의 [차트 요소] 단추를 클릭하여, [❏ 눈금선]을 체크한다. 하위 메뉴를 눌러서 [❏ 기본 주 가로]와 [❏ 기본 부 가로] 옵션을 둘 다 체크한다. 이와 같이 설정하면 [그림 12-22]처럼 차트에 주 눈금선과 부 눈금선이 모두 표시된다.

그림 12-21 [축 서식] 작업창

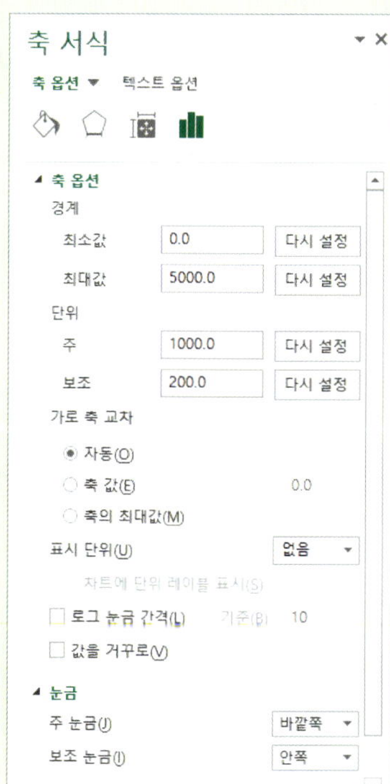

그림 12-22 예제 74 (축 서식 및 눈금선 편집) 결과

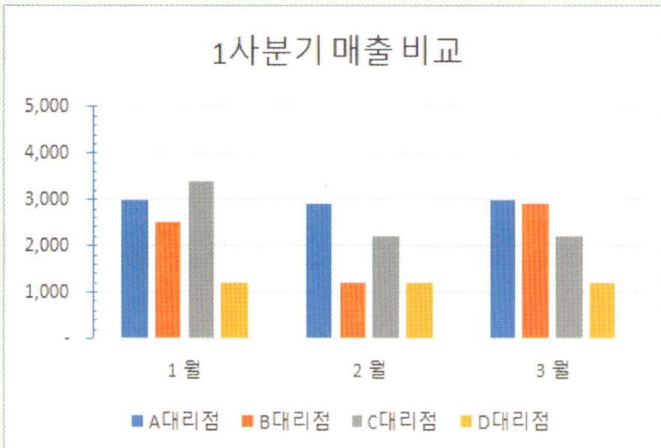

예제 75 수동으로 차트 그리기

예제 2 의 재활용이다. 팀별 1사분기 매출 실적 자료를 활용하여 수동으로 막대형 차트를 그려 보자. 유럽, 아시아, 아메리카 세 팀의 월별 매출액 합계 자료를 비교할 수 있는 막대형 차트를 그려라. 차트 제목은 "팀별 1사분기 매출 실적 비교"로 하라. **키워드 : 셀 참조, 차트, 막대형 차트, 차트 편집**

	A	B	C	D	E	F	G	H	I
1	팀 그룹	1월	2월	3월					
2	유럽								
3	러시아	17,000	8,000	12,000		요약 표	1월	2월	3월
4	영국	5,000	6,000	6,000		유럽			
5	독일	7,000	14,000	17,000		아시아			
6	계	29,000	28,000	35,000		아메리카			
7	아시아					총계			
8	한국	7,000	8,000	9,000					
9	중국	2,000	2,000	2,000					
10	계	9,000	10,000	11,000					
11	아메리카								
12	캐나다	7,000	13,000	14,000					
13	미국	13,000	21,000	22,000					
14	브라질	3,000	3,000	3,000					
15	계	23,000	37,000	39,000					
16	총계	61,000	75,000	85,000					

| 풀이 |

예제 2 에서처럼 별도의 공간(범위 F3:I7)에 팀별 매출 실적 합계표를 만들어서 그 데이터를 사용하여 차트를 그릴 수도 있지만, 여기서는 직접 매출 실적 자료를 사용하여 수동으로 차트를 그려보기로 한다.

먼저 차트로 나타낼 데이터 계열 범위(여기서는 유럽팀 매출 실적 합계인 B6:D6)를 하나 선택하여 리본 메뉴 삽입 차트 에서 2차원 세로 막대형 차트를 선택한다. [그림 12-23]과 같이 아주 간단한 차트가 그려진다. 아직 가로(항목) 축 레이블도 없고 팀 이름도 없고 그냥 데이터 계열 막대만 보인다. 이제 차트를 클릭해서 필요한 항목을 하나씩 추가해 보자.

그림 12-23 수동으로 차트 그리기 : 단계 1

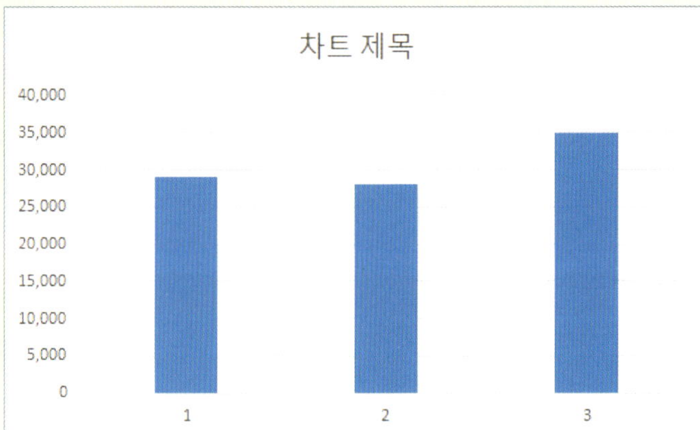

차트를 클릭하여 활성화시키고 리본 메뉴 차트 도구 디자인 데이터 데이터 선택 을 클릭하면 데이터 원본 선택 창이 열린다(참고 : 차트 단추의 세 번째 아이콘인 "차트 필터"를 눌러서 오른쪽 아래에 있는 데이터 선택... 을 클릭해도 똑같은 데이터 원본 선택 창이 열린다).

그림 12-24 데이터 원본 선택 창

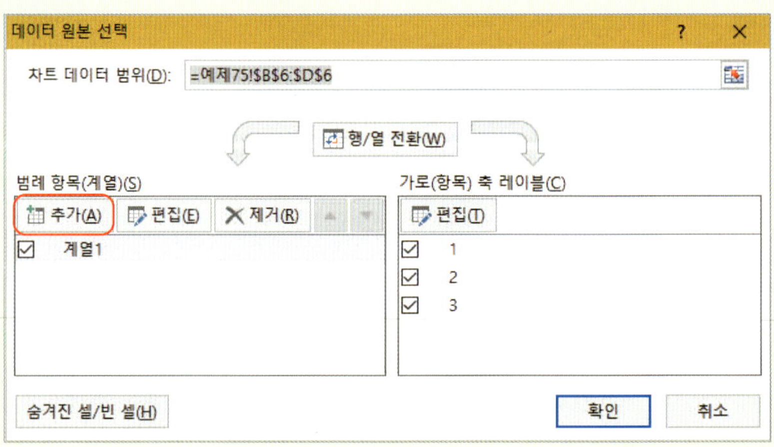

왼쪽의 범례 항목(계열) 란에서 추가 를 눌러 새로운 데이터 계열을 하나 지정한다. 추가 를 누르면 [그림 12-25]의 왼쪽 그림과 같은 계열 편집 창이 열리고 여기서 계열 이름(데이터 계열을 의미하는 것으로 막대형 차트에서 막대 항목을 의미함)과 계열 값을 지정한다. 즉 앞에서 유럽팀의 1사분기 매출 실적 합계 항목으로 차트를 그리기 시작했으므로, 이번에는 아시아팀의 1사분기 매출 실적 합계를 항목으로 추가하면 된다. 따라서 **계열 이름**으로는 팀 이름인 "아시아"가 들어 있는 셀 A7을 참조하도록 지정하면 되고, **계열 값**으로는 1사분기 매출 실적 합계인 범위 B10:D10을 지정하면 된다. 확인을 누르면 새로운 항목이 추가된 차트가 그려진다.

그림 12-25 계열 편집 창과 수동으로 차트 그리기 : 단계 2

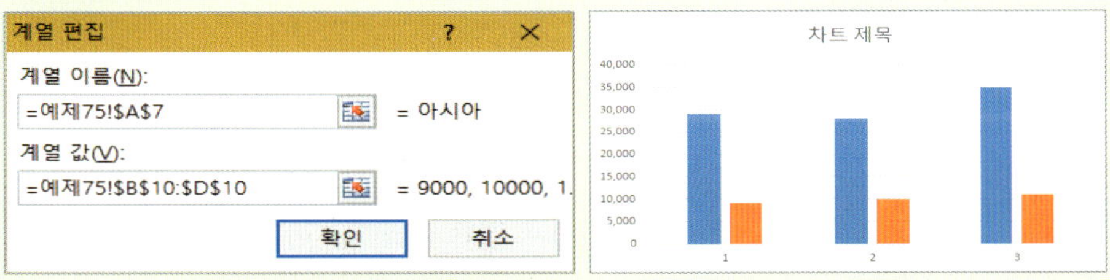

이제 같은 방법으로 항목을 하나 더 추가해 보자. 이번에는 아메리카팀의 자료를 추가한다. 역시 계열 편집 창에서 **계열 이름**으로는 "아메리카"가 들어 있는 셀 A11을 참조하도록 지정하면 되고, **계열 값**으로는 1사분기 매출 실적 합계인 범위 B15:D15를 지정하면 된다.

그림 12-26 수동으로 차트 그리기 : 단계 3

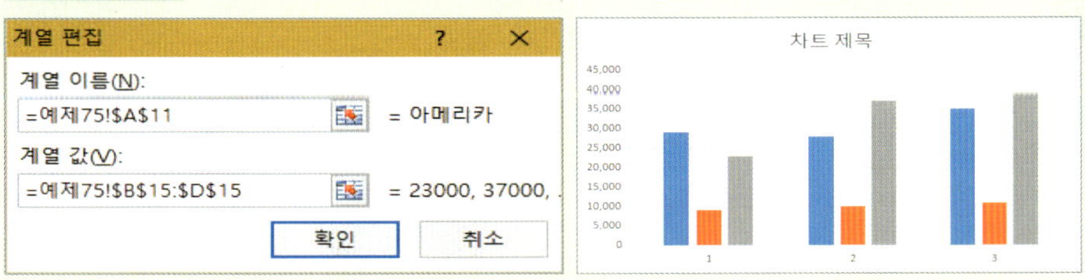

이제 완성되지 않은 부분을 수정하여 마무리해 보자. 먼저 데이터 원본 선택 창을 열어서 범례 항목(계열) 쪽을 보면 [그림 12-27]처럼 아시아, 아메리카 팀 이름은 지정이 되었지만 처음에 입력한 데이터 항목은 그냥 "계열1"로만 되어 있다.

그림 12-27 수동으로 차트 그리기 : 단계 4

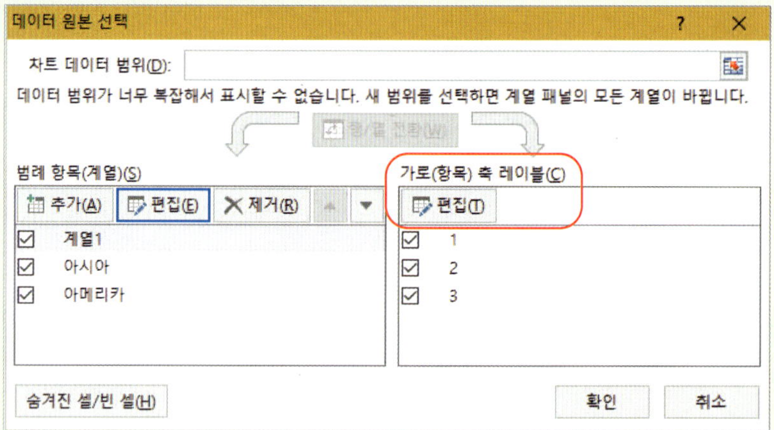

이것을 클릭하고 ❑ 편집을 눌러서 계열 이름을 지정하자. 계열 이름은 유럽팀 이름이 들어 있는 셀 A2를 참조하면 된다. 그리고 창의 오른쪽 가로(항목) 축 레이블 쪽의 ❑ 편집을 눌러서 가로 축 레이블로 사용할 "축 레이블 범위"로 "1월, 2월, 3월"이란 데이터가 들어 있는 범위 B1:D1을 지정하자.

마지막으로 "차트 제목"을 클릭해서 제목으로 "팀별 1사분기 매출 실적 비교"라고 넣어라. 거의 마무리 된 것 같지만, 아직 어느 막대 항목이 어떤 팀의 매출 실적인지 알 수 없는 상태이다. 이를 구분하기 위해서 차트 단추 중 ❑ 차트 요소를 클릭해서 ❑ 범례 항목을 선택한다.

그림 12-28 예제 75 (수동으로 차트 그리기) 결과

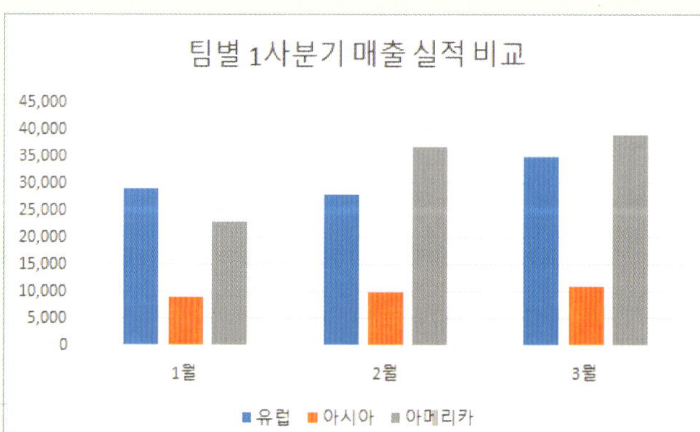

예제 76 데이터 계열 행/열 변환

아래와 같은 성적 데이터를 가지고 행별 데이터 계열과 열별 데이터 계열을 각각 막대형 차트로 나타내 보고 비교하여 데이터 계열의 행/열 변환 개념을 이해해 보자. **키워드 : 차트, 막대형 차트, 차트 편집, 행/열 전환**

	A	B	C	D	E
1		성적			
2	이름	1학년	2학년	3학년	4학년
3	오주혜	100	85	90	96
4	배수지	50	80	92	82

| 풀이 |

위 워크시트에서 행별 데이터 계열이란 한 행에 표시되어 있는 어느 학생의 1~4학년까지의 성적 집합을 하나의 계열로 나타내는 것이다. 따라서 차트로 나타내면 오주혜 계열, 배수지 계열의 두 가지 행별 데이터 계열이 나타난다.

먼저 차트로 나타낼 데이터가 있는 범위(여기서는 A2:E4)를 마우스로 선택한다("성적"이라고 제목이 들어 있는 1행은 차트 범위에 넣지 않는 것이 좋다).

자세한 설명은 아포리즘 27 참고

차트로 나타낼 데이터 범위를 선택한 상태에서 리본 메뉴 삽입 차트 에서 3차원 세로 막대형 차트를 선택하고 확인을 누른다. 이해를 위하여 차트를 클릭하고 차트 단추 중 ❑ 차트 필터 를 눌러서 ❑ 데이터 선택... 을 누르면 아래 [그림 12-29]의 데이터 원본 선택 창이 열린다. 창의 왼쪽 부분 범례 항목(계열)을 보면 오주혜 계열과 배수지 계열의 두 가지 데이터 계열이 있음을 볼 수 있다. [그림 12-29]의 오른쪽 차트는 행별 데이터 계열을 사용하여 그린 막대형 차트다.

그림 12-29 데이터 원본 선택 창 : 행별 데이터 계열의 경우

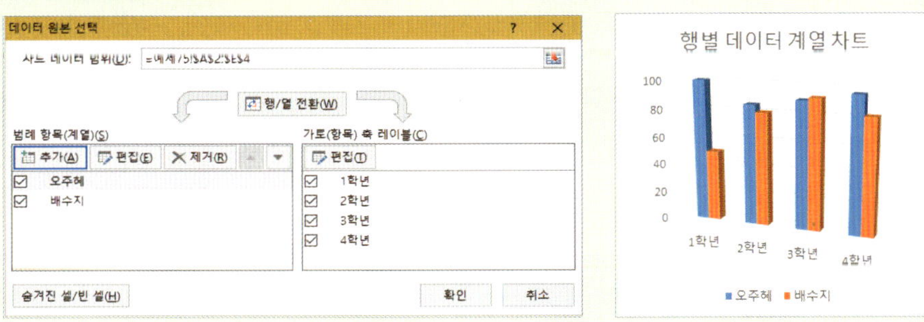

열별 데이터 계열이란 한 열에 표시되어 있는 어느 학년의 오주혜, 배수지 두 학생의 성적 집합을 하나의 계열로 나타내는 것이다. 따라서 차트로 나타내면 1학년 계열, 2학년 계열, 3학년 계열, 4학년 계열의 네 가지 열별 데이터 계열이 나타난다.

이번에도 차트로 나타낼 데이터가 있는 범위(여기서는 A2:E4)를 마우스로 선택한다. 그리고 리본 메뉴 삽입 차트 에서 3차원 세로 막대형 차트를 선택하고 확인을 누른

다. 이렇게 하면 일단 앞에서처럼 행별 데이터 계열로 차트가 그려지는데, 이때 차트를 클릭하고 차트 단추 중 **❑ 차트 필터** 를 눌러서 **❑ 데이터 선택...** 을 누른다. 위의 [그림 12-29]와 같은 **데이터 원본 선택** 창이 열리면 가운데 위치한 **❑ 행/열 전환** 을 눌러 행과 열을 전환시킨다. 그러면 아래 [그림 12-30]과 같이 열별 데이터 계열을 사용하는 형태로 전환된다. 창의 왼쪽 부분 범례 항목(계열)을 보면 1학년, 2학년, 3학년, 4학년의 네 가지 데이터 계열이 있음을 볼 수 있다. [그림 12-30]의 오른쪽 차트는 열별 데이터 계열을 사용하여 그린 막대형 차트이다.

그림 12-30 **데이터 원본 선택** **창 : 열별 데이터 계열의 경우**

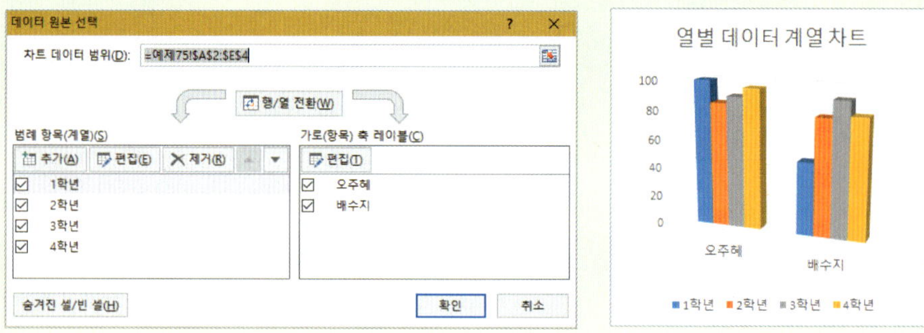

아포리즘 27 차트의 데이터 범위 지정에 대하여 2

차트를 그릴 데이터 범위를 선택하면 엑셀은 자동으로 차트를 그린다. 엑셀은 첫 번째 행과 열을 데이터 항목(계열)의 제목으로 간주하고 차트를 그린다. 따라서 첫 번째 행과 열에는 텍스트(문자열) 데이터가 있어야 한다. 특별한 지정이 없으면 첫 번째 열의 텍스트를 항목 이름으로 간주하고, 행별로 항목 계열로 여겨 차트를 그리게 된다. 따라서 첫 번째 행의 텍스트는 가로(항목) 축 레이블로 간주한다.

자동으로 그려진 차트가 사용자의 의도와 다르게 행/열이 바뀌었다면 예제 76 에서처럼 **❑ 데이터 선택...** 에서 행/열 전환을 시키면 된다.

또한 차트를 그릴 데이터 범위에 텍스트 데이터가 입력되어 있는 행이나 열이 두 줄 이상인 경우에 엑셀이 자동으로 그 내용을 파악하는 것은 불가능하다. 따라서 자동으로 차트를 그리기 위해서는 제목용 행과 열은 한 줄로 지정하는 것이 좋다.

지금까지 워크시트 데이터를 참조하여 차트로 나타내는 방법과 자동으로 그려진 차트를 수동으로 편집하는 방법 등을 공부하였다. 그런데 때에 따라서는 어떠한 데이터는 차트에 보이지 않도록 해야 할 경우가 있다. 그렇다고 데이터를 완전히 삭제해 버리면 간단하지만, 또 다른 상황에서는 그 데이터가 차트에 다시 보이게 해야 할 필요도 있는 경우도 있다. 가령 내부 보안이 필요한 자료가 섞인 데이터라고 하면 내부 보고용으로 차트를 사용할 때에는 자료가 보여야 하고, 외부에 발표하는 용도로 차트를 사용할 때에는 보이지 않도록 하는 장치가 필요하겠다. 또 영업 활동을 통해서 오랫동안 누적된 자료를 차트로 만드는 경우에도 이러한 방법이 필요할 수 있다. 보통 빅 데이터(Big Data)는 너무 많은 자료가 섞여 있어서 해석이 어려운 것인데, 적절히 자료를 걸러 가면서 차트를 살펴보다 보면 때론 좋은 정보를 발견할 수도 있다.

이런 저런 목적으로 엑셀 차트에서는 데이터 항목을 필터링할 수 있는 기능이 있다. 차트가 활성화된 상태에서 차트 오른쪽의 차트 단추 중 [차트 필터]를 누르면 데이터 계열과 범주에 따라 필터링할 수 있는 팝업창에 확인란 도구가 보인다. 여기서 원하는 요소의 확인란 체크를 해제하면 그 요소는 차트에서 보이지 않게 된다. 물론 도로 데이터 요소의 확인란을 체크하면 다시 보이게 된다.

그림 12-31 [차트 필터] 팝업창

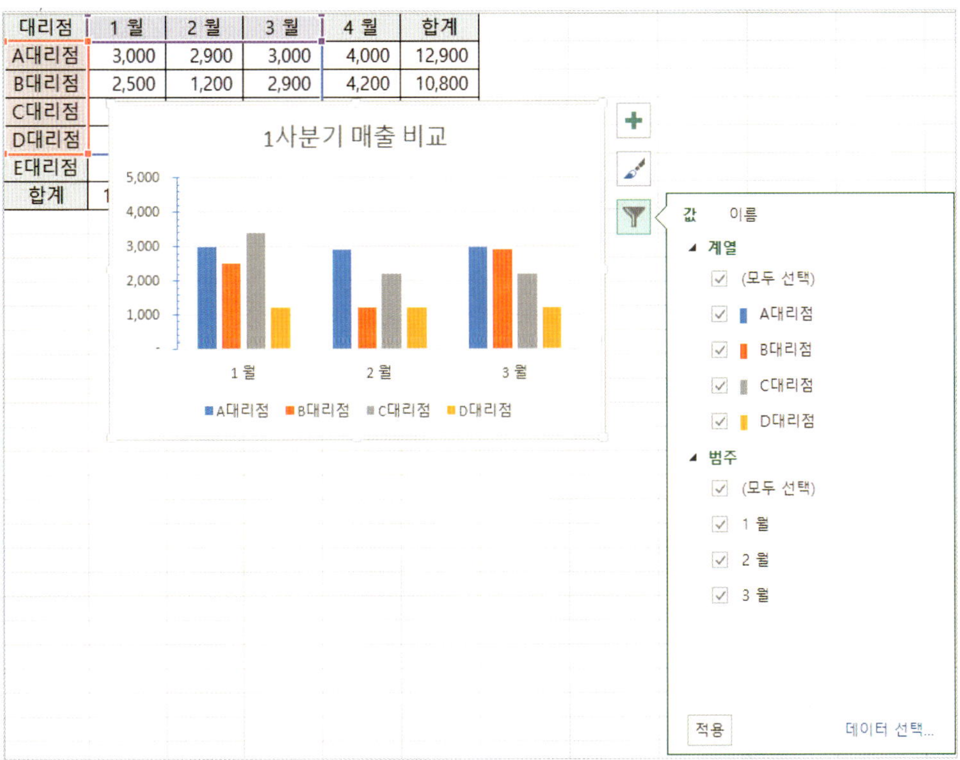

4 다양한 차트 유형 다루기

제2장 2절의 [그림 2-10]에서 보여줬던 은행 연도별/지점별 순이익 자료를 가지고 몇 가지 차트로 나타내 보자. 먼저 7년간 각 지점의 순이익 변화를 비교할 수 있는 차트를 몇 가지 유형의 차트로 나타내 보겠다.

그림 12-32 은행 연도별/지점별 순이익 자료

	A	B	C	D	E	F	G
1	은행 연도별/지점별 순이익 (단위: 백만원)						연도별
2	연도	용인	성남	수원	분당	화성	합계
3	2009년	303	135	288	541	211	1,478
4	2010년	354	173	342	499	230	1,598
5	2011년	412	205	348	531	256	1,752
6	2012년	307	241	394	623	296	1,861
7	2013년	430	306	460	755	337	2,288
8	2014년	406	341	538	850	352	2,487
9	2015년	565	390	705	895	407	2,962
10	지점별계	2,777	1,791	3,075	4,694	2,089	14,426

(1) 꺾은선형(Line) 차트

이 자료는 꺾은선형 차트로 나타내기에 가장 적합한 내용이다. 각 지점을 데이터 항목이라고 하면, 항목별로 7년 동안의 데이터(열별 데이터) 계열이 있는 형태다. 지점의 수가 총 5개이므로 5개의 항목(데이터 계열)이 있는 구조다.

차트로 그릴 데이터 범위 A2:F9를 선택하여 리본 메뉴 삽입 차트 에서 꺾은선형 차트를 선택하고 확인을 누른다. 그 다음 차트 제목을 적절히 입력하면 된다. 차트의 결과를 조금 더 분명하게 꾸미기 위해서 데이터 계열을 클릭하여 선택한 후, 차트 단추 중 차트 요소 를 눌러서 데이터 레이블을 붙이거나, 마우스 오른쪽 버튼을 클릭해서 [그림 12-40]과 같은 데이터 계열 서식 작업창을 열고 선모양이나 색, 표식의 형태 등을 수정할 수 있다.

그림 12-33 꺾은선형 차트 예

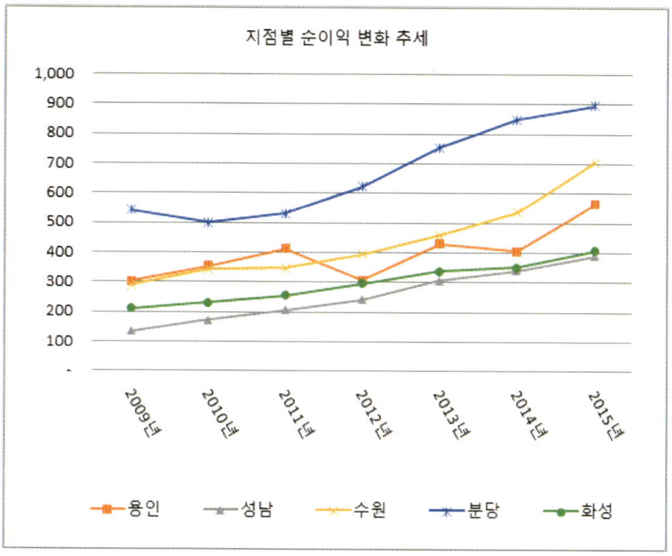

(2) 3차원 가로 누적 막대형(Stacked Bar) 차트

지점들의 7년간 총 순이익 합계도 확인하고 또 순이익 변화도 한꺼번에 확인할 수 있는 차트가 누적 막대형 차트이다. 차트로 그릴 데이터 범위 A2:F9를 선택하여 리본 메뉴 삽입 차트 에서 3차원 누적 가로 막대형 차트를 선택하고 확인을 누른다. 그 다음 차트 제목을 적절히 입력하면 된다. 열별 데이터 계열을 행별 데이터 계열로 바꾸면 연도별로 어느 지점의 실적이 좋은지 비교하기 쉬운 차트가 된다. [그림 12-34]에서 오른쪽 차트는 행별 데이터 계열로 바꿔서 그린 누적 막대형 차트다.

그림 12-34 3차원 가로 누적 막대형(Stacked Bar) 차트 예

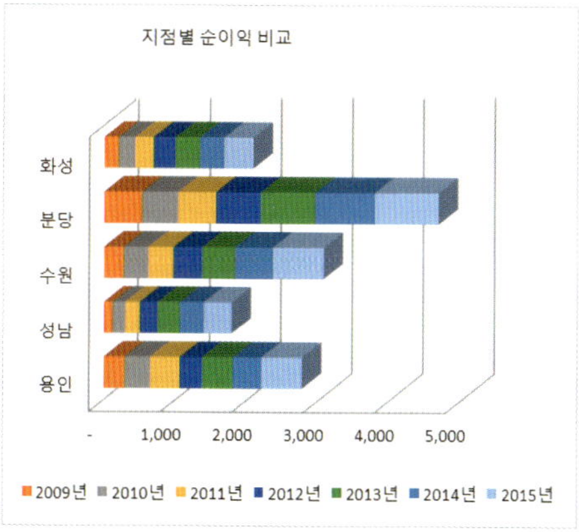

(3) 방사형(Radar) 차트

비교적 다양한 요소들을 한눈에 비교하기 위해서는 방사형 차트가 효과적이다. 그러나 여기서 다루는 [그림 12-32]의 자료는 방사형 차트에는 그다지 적절해 보이지 않는다. 오히려 바깥쪽으로 위치하는 데이터 항목(계열)일수록 크게 보이기 때문에 다소 정보가 왜곡되는 단점도 있다. 여기서는 이러한 유형의 차트도 있다는 정도로 이해해 두면 좋겠다.

차트로 그릴 데이터 범위 A2:F9를 선택하여 리본 메뉴 삽입 차트 에서 "주식형, 표면형 또는 방사형 차트 삽입" 아이콘을 누르고 방사형 차트를 선택한다. 그 다음 차트 제목을 적절히 입력하면 된다.

그래도 방사형 차트로 자료를 나타내면 형태만 보고도 쉽게 항목 간 비교가 가능하다. 가령 [그림 12-35]를 보면 분당 지점의 순이익이 다른 지점보다 훨씬 많다는 점과 그리고 다른 해에 비해서 2015년도에 각 지점의 순이익이 크게 늘어난 현상을 쉽게 파악할 수 있다.

그림 12-35 방사형(Radar) 차트 예

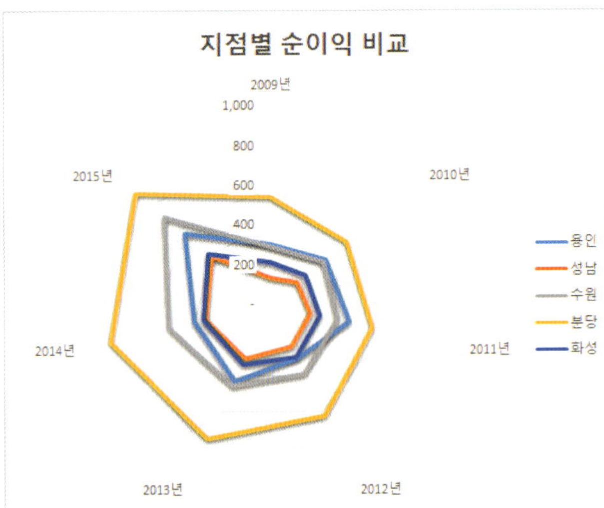

(4) 도넛형(Doughnut) 차트

원형 차트는 데이터 항목(계열)이 단 하나일 경우에만 사용되지만 비교할 데이터 항목이 둘 이상인 경우에는 바로 도넛형 차트를 사용할 수 있다. 또한 원형 차트와는 달리 도넛형 차트는 가운데 공간이 비기 때문에 그곳을 활용하여 적절한 내용을 삽입할 수 있는 장점도 있다.

차트로 그릴 데이터 범위 A2:F9를 선택하여 리본 메뉴 삽입 차트 에서 "원형 또는 도넛형 차트 삽입" 아이콘을 누르고 도넛형 차트를 선택한다. 그 다음 차트 제목을 적절히 입력하면 된다.

데이터 계열을 하나 클릭하여 데이터 계열 서식 작업창을 열면 [그림 12-36]과 같은 데이터 계열 서식 작업창이 나온다. 이 중, 계열 옵션 의 내용을 살펴보자. "첫째 조각의 각"은 12시 방향으로 정렬된 데이터 조각을 원하는 각도로 움직여준다. "쪼개진 도넛"은 데이터 항목(계열)을 강조하기 위해서 마치 원형 차트에서 조각을 떼어 내는 식으로 항목을 옆의 항목에서 떨어져 보이게 한다. "도넛 구멍 크기"는 도넛형 차트의 가운데 공간의 크기를 조절한다. 자세한 내용은 직접 조절해 보면 쉽게 알 수 있을 것이다.

그림 12-36 데이터 계열 서식 도넛형 차트의 작업창

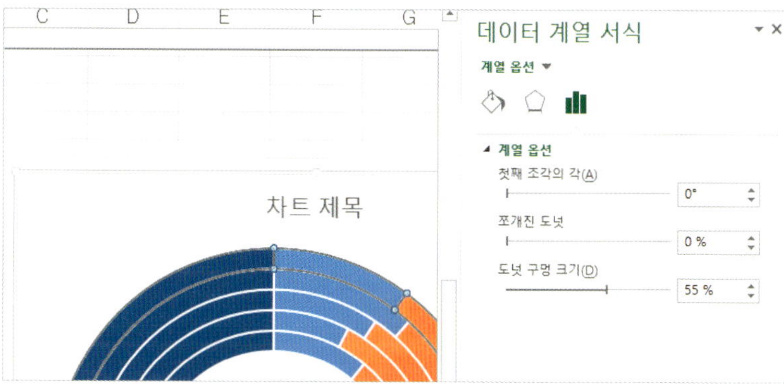

그림 12-37 도넛형(Doughnut) 차트 예

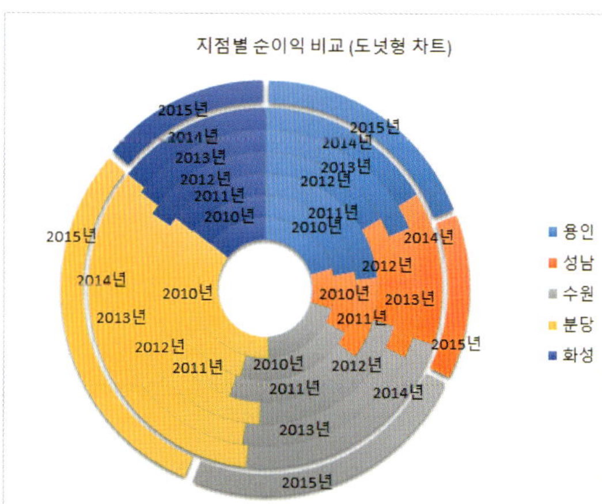

예제 77 혼합형 차트

아래의 데이터는 최근 6년 동안 소셜커머스(SC) 시장 규모의 변화 추이를 보여주는 자료다. 또한 두 번째 행의 자료는 같은 기간 전자상거래(EC) 전체 시장 규모를 보여주는 자료다. 세 번째 수치는 전체 시장 규모 대비 소셜커머스 시장 규모의 비율이다. 소셜커머스 시장 규모와 전체 대비 비율을 하나의 차트에 **혼합형 차트** 형식으로 나타내 보자.

키워드 : 셀 참조, 차트, 막대형 차트, 꺾은선형 차트, 차트 편집, 혼합형 차트, 축 서식

① 차트 제목은 셀 A1을 참조하여 작성하라.

② 소셜커머스(SC) 시장 규모를 나타내는 세로 막대형 차트에는 데이터 레이블이 표시되게 하라.

③ SC 비율을 나타내는 꺾은선형 차트는 오른쪽에 보조축을 사용하여 나타내고, 또 꺾은선 차트가 시장 규모를 나타내고 있는 세로 막대와 겹쳐지지 않도록 보조축 최대값을 조정하여 보기 좋게 만들어 보라.

	A	B	C	D	E	F	G
1	소셜커머스 시장 규모			(단위: 조 원)			
2	연도	2010년	2011년	2012년	2013년	2014년	2015년
3	SC 규모	0.01	0.79	1.92	3.40	5.50	8.00
4	EC 총규모	21.8	25.2	29.5	32.7	36.2	39.9
5	SC 비율	0.0%	3.1%	6.5%	10.4%	15.2%	20.1%

| 풀이 |

이 예제에서 차트로 나타낼 데이터가 있는 범위가 간단하지 않음을 고려하라. 일단 데이터 범위로 A2:G5까지를 선택하여 차트를 그린 후, 불필요한 4행(범위 A4:G4)을 차트에서 삭제하는 방식으로 접근한다.

차트로 그릴 데이터 범위 A2:G5를 선택하여 리본 메뉴 삽입 차트 추천 차트 에서 "묶음 세로 막대형, 꺾은선형, 보조축이 있는 형태"를 선택하고 확인을 누른다(서로 많이 다른 두 종류의 자료를 하나의 차트에 나타내려다 보니 하나의 축으로는 표현이 부족한 경우가 있다. 그래서 차트의 오른쪽에 또 다른 보조축을 만들어 두 번째 자료의 축으로 사용한다). 이와 같이 하면 [그림 12-38]의 왼쪽 그림과 같은 차트가 생성된다. 여기서 EC 총규모 항목은 불필요하므로 삭제한다. 차트 단추 중 ❑ 차트 필터 를 누르고, ❑ 데이터 선택... 을 클릭한다. [그림 12-39]와 같은 데이터 원본 선택 창에서 EC 총규모 항목(계열)을 클릭하고 ❑ 제거 를 눌러 삭제한다. 그러면 [그림 12-38]의 오른쪽 그림과 같이 혼합형 차트가 수정된다. 이때 왼쪽의 축 서식이 자동으로 변경되어 최대값이 조정되므로 오른쪽 그림처럼 데이터 계열의 막대가 보기 좋게 적절한 크기로 수정된다.

그림 12-38 자동으로 생성된 혼합형 차트와 수정된 차트

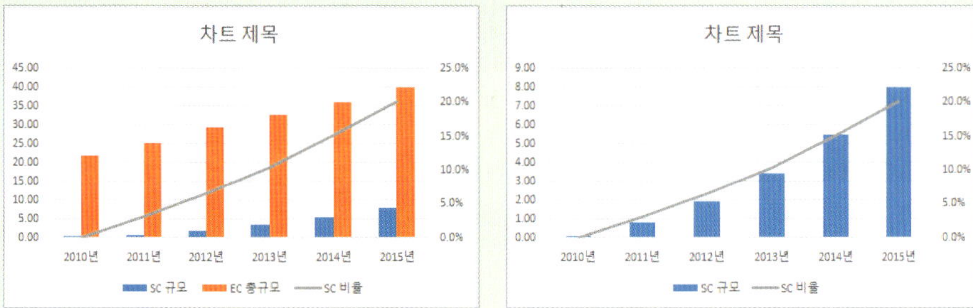

그림 12-39 데이터 원본 선택 창

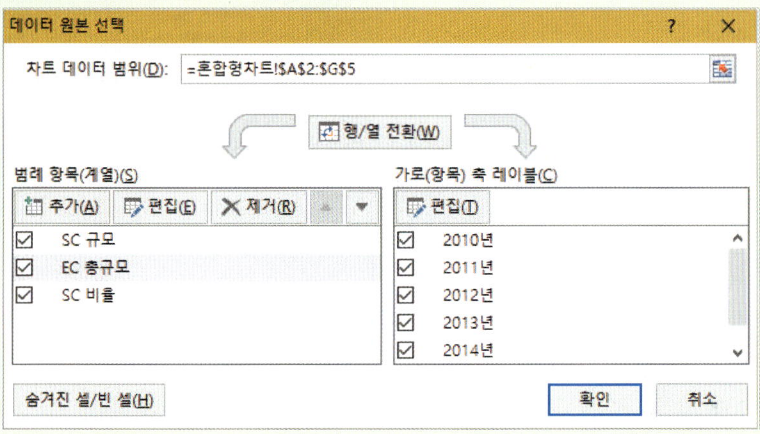

① "차트 제목"란을 클릭한 상태에서, 수식 입력줄을 클릭하여 등호(=)를 넣고, 셀 A1을 클릭한 다음 엔터키를 누른다. 그러면 차트 제목으로 셀 A1의 텍스트가 출력된다.

② SC 규모를 나타내는 데이터 계열을 클릭하고, 차트 요소를 클릭하여 데이터 레이블을 추가한다. 레이블의 위치는 세로 막대의 "안쪽 끝"으로 하자.

③ 차트 오른쪽의 보조축을 클릭하고, 마우스 오른쪽 버튼을 눌러서 축 서식을 선택한다. [그림 12 40]의 왼쪽 그림과 같은 축 서식 작업창에서 현재 자동으로 최대값은 0.25(25%)로 되어 있다. 꺾은선형 차트를 조금 위로 올리기 위해서는 이 최대값을 조금 작게 설정한다. 자료에서 최대값은 20.19%이므로, 보조축의 최대값으로 0.21(21%)이라고 입력하자. 또 2010년도 전체 시장 규모 대비 SC시장 비율이 0.01%로 다른 연도의 자료에 비해서 너무 작아서 차트에 보이질 않으므로 최소값은 −0.04(−4%)로 입력해 보자. 그리고 추가로 꺾은선형 데이터 계열을 클릭하여 데이터 계열 서식을 누르면 [그림 12-40]의 오른쪽 그림과 같은 작업창이 나온다. 꺾은선 표식의 서식 등을 보기 좋게 변경하면 더 좋다.

그림 12-40 축 서식 작업창과 데이터 계열 서식 작업창

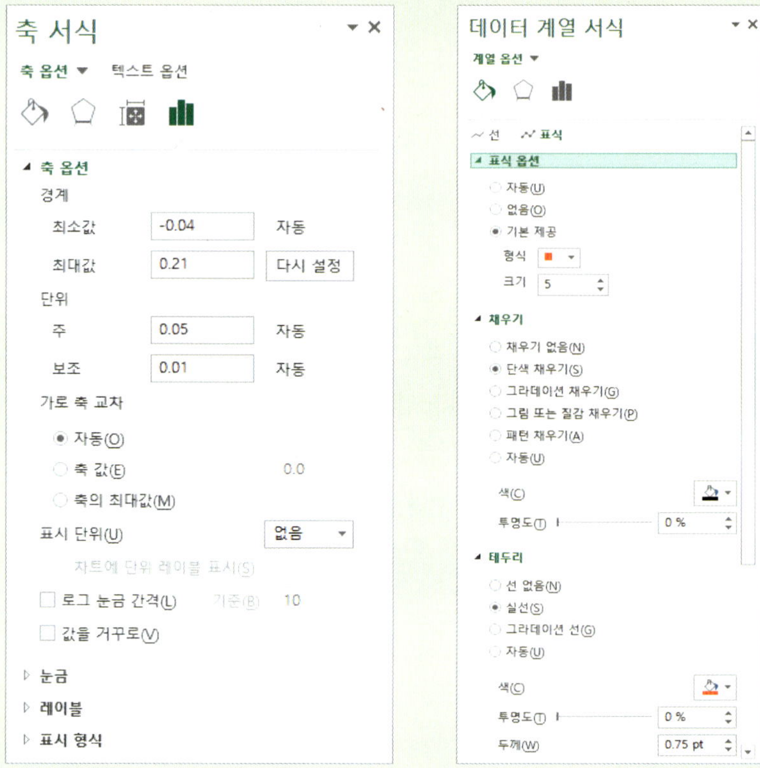

그림 12-41 예제 77 (혼합형 차트) 결과

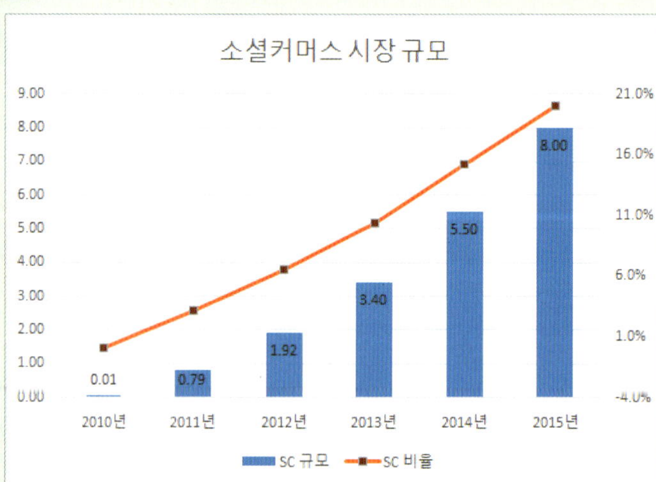

Chapter

13

엑셀을 이용한 데이터 관리

1 데이터 정렬과 필터링

(1) 데이터 정렬

엑셀의 대표적인 기능 중의 하나가 데이터 관리 기능이다. 엑셀을 워드프로세서처럼 사용할 수 있으므로 수많은 자료를 입력해서 저장하다보면 필요한 자료를 찾는 기능 또한 자연스럽게 요구될 것이다. 그리고 워크시트는 행과 열로 나누어져 있으므로 데이터를 입력할 때 적당히 열을 구분해서 저장하다보면 마치 데이터베이스에서의 항목(Attribute)처럼 활용할 수 있다. 따라서 기본적으로 데이터가 입력되어 있는 열(항목)마다 데이터를 찾아낼 수 있는 필터를 붙일 수 있다.

또한 특정한 항목에 대해서 부분 합계, 전체 합계를 자동으로 산출할 수 있고, 이와 유사하게 필요에 따라서 데이터를 그룹화할 수 있고, 나아가서 여러 항목들이 있는 복잡한 데이터에 대해서 원하는 항목별로 필터링과 그룹화를 통해서 데이터를 이렇게 저렇게 묶어볼 수 있기 때문에 소위 빅 데이터를 관리할 수 있는 기능을 제공한다. 이와 같은 기능을 엑셀에서는 **피벗 테이블(PivotTable)**이라고 한다.

가장 기본적인 데이터 관리 기능은 **데이터 정렬**이다. 이것은 데이터를 특정한 열(또는 행)을 기준으로 오름차순, 내림차순으로 정돈하는 기능이다. 예로 [그림 13-1]과 같이 번호순으로 된 워크시트의 데이터를 B열 **이름**의 가나다순인 오름차순으로 정렬해 보자.

제9장 1절의 아포리즘 18 참고

그림 13-1 데이터 관리용 자료

	A	B	C	D	E	F
1	번호	이름	경력	담당지역	분야	실적
2	1	채유경	15	유럽	컨설턴트	34,000
3	2	한지선	3	국내	영업관리	123,000
4	3	최정규	14	국내	영업관리	450,000
5	4	박수영	9	유럽	컨설턴트	53,000
6	5	이경선	21	미주	영업관리	504,000

먼저 정렬을 시도할 데이터 범위(여기서는 A1:F6)를 마우스로 선택한 후, 리본 메뉴 데이터 정렬 및 필터에서 정렬을 누른다. [그림 13-2]의 정렬 창이 열리면, 정렬을 위한 내용을 설정한다. 여기서는 정렬 기준이 되는 열은 "이름"열을 선택하고, 정렬

기준은 "값"으로 그대로 하면 되고, 정렬 순서는 **오름차순** 으로 선택하면 된다(때론 정렬 기준이 되는 열 제목이 나오지 않고 A, B, C, … 와 같이 나오는 경우가 있는데, 이것은 [그림 13-2]의 오른쪽 위에 있는 "내 데이터에 머리글 표시"를 선택하지 않았기 때문이다. 그곳을 체크하면 된다). 왼쪽 위에 있는 **기준 추가** 단추는 기준 열의 데이터가 똑같은 경우에 두 번째 정렬 기준이 될 열을 지정하는 기능이다. **옵션** 단추는 "위쪽에서 아래쪽" 또는 "왼쪽에서 오른쪽"과 같이 정렬하는 방향을 설정한다. 정렬 순서로는 "내림차순"도 있고, 필요하면 사용자가 순서를 지정한 목록을 저장해 놓고 그 기준을 따라 정렬하게 할 수 있다.

시용자 지정 목록을 만드는 방법은 제3장 7절 참고

그림 13-2 정렬 창

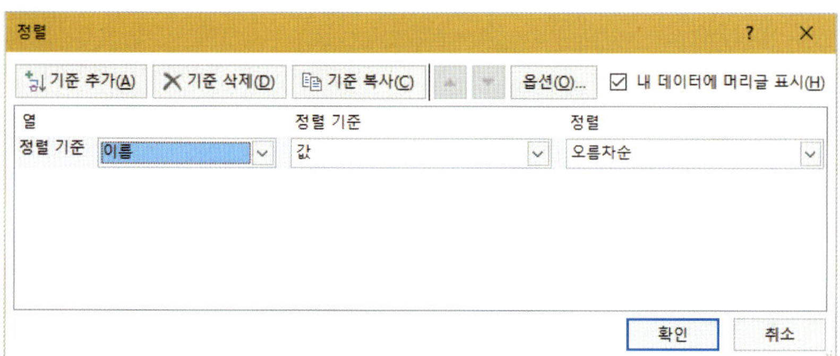

그림 13-3 "이름" 열 기준으로 오름차순으로 정렬된 결과

	A	B	C	D	E	F
1	번호	이름	경력	담당지역	분야	실적
2	4	박수영	9	유럽	컨설턴트	53,000
3	5	이경석	21	미주	영업관리	504,000
4	1	채유경	15	유럽	컨설턴트	34,000
5	3	최정규	14	국내	영업관리	450,000
6	2	힌지선	3	국내	영입관리	123,000
7						

(2) 데이터 필터링

두 번째 데이터 관리 기능은 **데이터 필터링**이다. 이것은 실제로는 데이터를 삭제하지 않고, 필요에 의해서 화면상 보이지 않게 걸러 주는 기능이다. 따라서 필요가 없어지면 도로 원래대로 데이터가 보이게 할 수 있다. 예로 [그림 13-1] 자료에서 분야(E열)가 "컨설턴트"인 사람들만 살펴보고자 한다고 해 보자. 이 경우 데이터 범위 내 임의의 셀

을 클릭한 후, 리본 메뉴 데이터 정렬 및 필터에서 ❑ 필터를 누른다. 그러면 [그림 13-4]처럼 각 열의 머리글에 필터링 단추가 붙는다. 이때 E열(분야)에 있는 필터링 단추를 누르면 [그림 13-5]와 같이 데이터를 선택하거나 제외할 수 있는 필터링 옵션 메뉴가 나온다. [그림 13-5]의 오른쪽 그림처럼 원하는 데이터만을 선택하면 필터링이 이루어진다. [그림 13-6]은 "컨설턴트"인 사람만 필터링한 결과이다.

이 필터링된 화면에서 몇 가지 주의 깊게 확인해야 할 것들이 있다. 첫째, 필터링된 결과는 **행 번호 부분이 파랑색 글씨**로 되어 있고, 행 번호가 1, 2, 5인 것을 보면 중간에 데이터가 있었던 행이 감춰져 있음을 알 수 있다. 둘째, 머리글 부분을 보면 필터링이 적용된 E열에 필터링 단추가 필터 아이콘(빨강 원 부분)으로 바뀐 것을 볼 수 있다. 다시 리본 메뉴 데이터 정렬 및 필터에서 ❑ 필터를 누르면 필터링이 끝나고 원래 데이터 목록으로 돌아온다.

그림 13-4 필터링 단추가 붙은 데이터 목록

	A	B	C	D	E	F
1	번호	이름	경력	담당지	분야	실적
2	1	채유경	15	유럽	컨설턴트	34,000
3	2	한지선	3	국내	영업관리	123,000
4	3	최정규	14	국내	영업관리	450,000
5	4	박수영	9	유럽	컨설턴트	53,000
6	5	이경석	21	미주	영업관리	504,000

그림 13-5 필터링 옵션 메뉴와 데이터 선택 설정 예

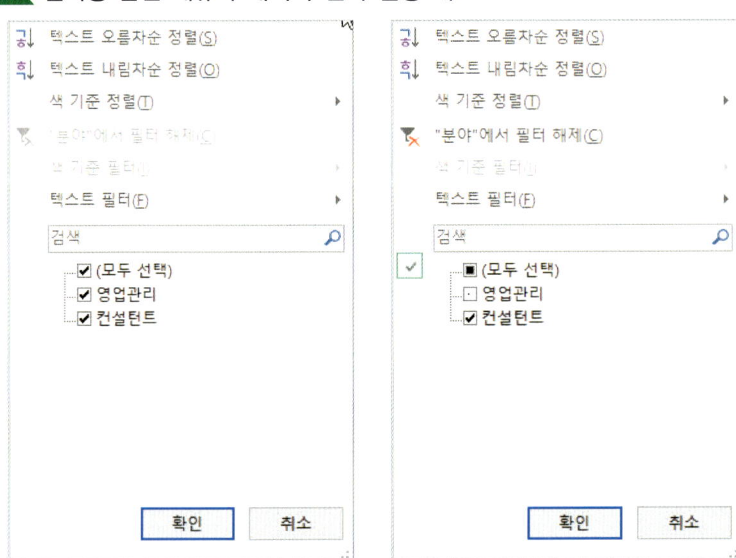

그림 13-6 분야가 "컨설턴트"인 사람만 필터링한 결과

	A	B	C	D	E	F
1	번호	이름	경력	담당지	분야	실적
2	1	채유경	15	유럽	컨설턴트	34,000
5	4	박수영	9	유럽	컨설턴트	53,000
7						

세 번째 데이터 관리 기능은 **고급 필터링**이다. 이것은 다양한 데이터 검색조건을 적용하여 충족하는 데이터만을 추출해서 보여주는 기능이다. 또한 검색조건은 미리 워크시트의 적당한 범위에 입력해 놓고 활용한다. 고급 필터링을 적용하려고 하면 옆의 [고급 필터] 창에서 볼 수 있는 것처럼 적용 대상이 되는 데이터 **목록 범위**와 **조건 범위**를 알려줘야 한다. 데이터 검색을 위한 조건 범위는 **머리글 행**(데이터 목록 범위의 머리글 항목과 동일한 항목)과 **조건 행**(그 항목의 조건에 해당하는 값이 입력된 행)으로 구성된다(주의해야 할 점 : 데이터 목록의 항목 이름과 조건 범위의 항목 이름이 조금이라도 다르면 고급 필터링이 적용되지 않는다).

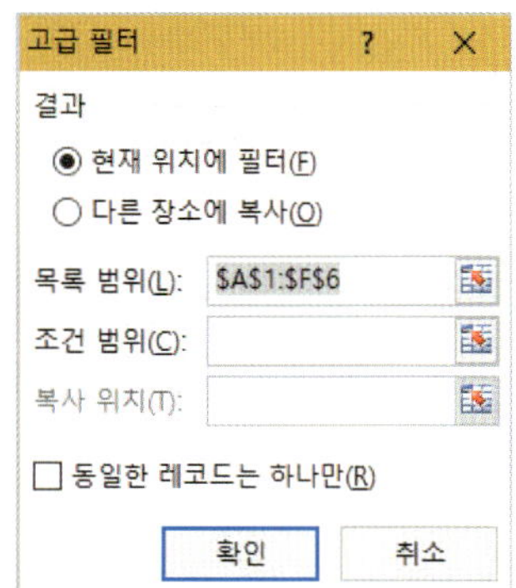

가령, [그림 13-1]의 데이터 목록에서 "경력이 10년 이상"이고, "분야가 영업관리"인 사람을 검색한다고 하면 [그림 13-7]처럼 최소한 두 행을 조건 범위로 설정해야 한다. 이때 왼쪽의 조건 범위처럼 두 가지 조건을 같은 행(2행)에 나열하면 두 조건은 AND 조건이 되어 두 가지를 모두 충족하는 데이터만 추출해 주고, 오른쪽의 조건 범위처럼 두 가지 조건을 다른 행(2행과 3행)에 제시하면 OR 조건이 되어 둘 중 어느 하나라도 충족하는 데이터가 있으면 추출해 준다.

그림 13-7 고급 필터링 조건 범위 설정 예

	H	I	J	K	L	M
1	경력	분야		경력	분야	
2	>=10	영업관리		>=10		
3					영업관리	

조건 범위를 [그림 13-7]의 왼쪽 범위($H$1:$I$2)로 지정하고 [리본 메뉴] [데이터] [정렬 및 필터]에서 [고급]을 눌러 고급 필터링을 하면 [그림 13-8]의 첫 번째 화면처럼 두 명(최정규, 이경석)을 추출해 주고, 조건 범위를 [그림 13-7]의 오른쪽 범위

($K$1:$L$3)로 지정하고 고급 필터링을 하면 [그림 13-8]의 두 번째 화면처럼 네 명(채유경, 한지선, 최정규, 이경석)을 추출해 준다. 고급 필터링의 해제는 리본 메뉴 데이터 정렬 및 필터 에서 ❑ 지우기 를 누르면 원래 데이터 목록으로 돌아온다.

그림 13-8 고급 필터링 결과 데이터 추출 화면 예

(AND 조건 : 두 조건을 동시에 충족하는 경우)

	A	B	C	D	E	F
1	번호	이름	경력	담당지역	분야	실적
4	3	최정규	14	국내	영업관리	450,000
6	5	이경석	21	미주	영업관리	504,000
7						

(OR 조건 : 최소한 한 조건 이상 충족하는 경우)

	A	B	C	D	E	F
1	번호	이름	경력	담당지역	분야	실적
2	1	채유경	15	유럽	컨설턴트	34,000
3	2	한지선	3	국내	영업관리	123,000
4	3	최정규	14	국내	영업관리	450,000
6	5	이경석	21	미주	영업관리	504,000
7						

예제 78 데이터 관리와 조건부 서식

이 예제는 예제 31과 아주 유사한 내용이다. 아래의 데이터 목록에서 이름을 검색하면 해당 데이터가 있는 행 전체가 두드러지게 보이도록(가령 셀 배경색이 바뀌도록) 조건부 서식을 적용해 보라. 셀 H2에 검색할 이름을 입력하도록 만들어라. **키워드 : 셀 참조, 데이터 관리, 조건부 서식**

	A	B	C	D	E	F
1	번호	이름	경력	담당지역	분야	실적
2	1	채유경	15	유럽	컨설턴트	34,000
3	2	한지선	3	국내	영업관리	123,000
4	3	최정규	14	국내	영업관리	450,000
5	4	박수영	9	유럽	컨설턴트	53,000
6	5	이경석	21	미주	영업관리	504,000

| 풀이 |

먼저 조건부 서식을 지정할 행 전체를 포함한 셀 범위(A2:F6)를 선택한 후, 리본 메뉴 홈 스타일 조건부 서식 을 클릭한다. 목록에서 이번에는 ❑ 새 규칙 을 클릭하여 나오는 새 서식 규칙 창에서 맨 아래 "▶ 수식을 사용하여 서식을 지정할 셀 결정"을 선택한다. 그러면 [그림 13-9]와 같은 서식 규칙 편집 창으로 바뀐다. 그리고 입력란에 "이

름" 열에서 가장 앞에 나오는 셀 B2를 클릭하면 수식 *=$B$2*가 나타난다. 이때 기능키(Function Key) F4를 이용해서 수식을 *=$B2*가 되도록 혼합참조로 지정하여, 다른 고객에게도 적용되도록 수정한다. 그리고 수식 뒤에 *=$B2=$H$2*와 같이 검색할 이름이 입력되는 셀을 절대참조로 입력한다. 그리고 그 아래에 있는 [서식]을 클릭해서 셀 배경색을 지정한다. 이제 이 수식이 아래로 복사되면서 다음 3행에서는 *=$B3=$H$2*가 될 것이고, 또 그 다음 4행 에서는 *=$B4=$H$2*로 바뀌면서 이 수식의 결과를 판단할 것이다. 그런 식으로 판단한 후 수식의 결과가 참(검색할 이름과 같은 이름)이면 조건부 서식 설정이 적용되어 바로 그 행 전체가 지정한 서식으로 변한다.

그림 13-9 [서식 규칙 편집] 창

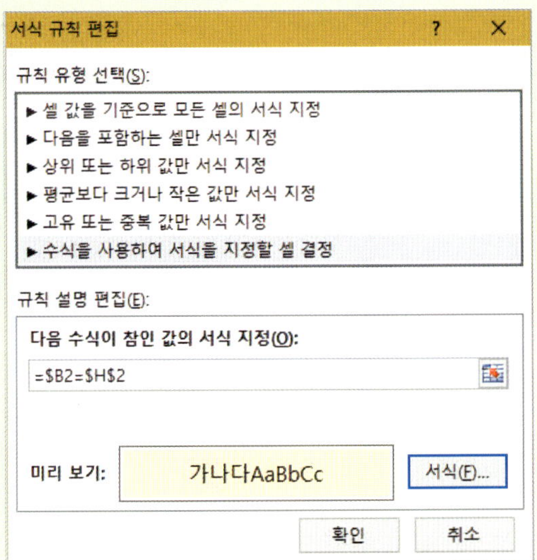

셀 H2에다 데이터 목록에 있는 이름을 입력해 보면서 해당되는 데이터가 있는 행의 배경색이 바뀌는지 확인해 보라.

그림 13-10 예제 78 (데이터 관리와 조건부 서식) 결과

	A	B	C	D	E	F	G	H	I	J
1	번호	이름	경력	담당지역	분야	실적		* 검색할 이름을 입력하세요.		
2	1	채유경	15	유럽	컨설턴트	34,000		최정규		
3	2	한지선	3	국내	영업관리	123,000				
4	3	최정규	14	국내	영업관리	450,000				
5	4	박수영	9	유럽	컨설턴트	53,000				
6	5	이경석	21	미주	영업관리	504,000				
7										

검색할 이름을 입력하지 않고도, 데이터 관리 기능을 이용하면 검색할 사람의 데이

터를 쉽게 찾을 수 있다. 이번에는 데이터 필터링 기능을 이용해서 "최정규"란 사람을 찾아보자. 리본 메뉴 데이터 정렬 및 필터 에서 ▢ 필터 를 누른다. 그리고 B열(이름 열)에 있는 필터링 단추를 누르면 [그림 13-11]과 같이 필터링 옵션 메뉴가 나오는데, 그림처럼 "최정규" 데이터만을 선택하면 검색(필터링)이 이루어진다.

그림 13-11 필터링 옵션 메뉴

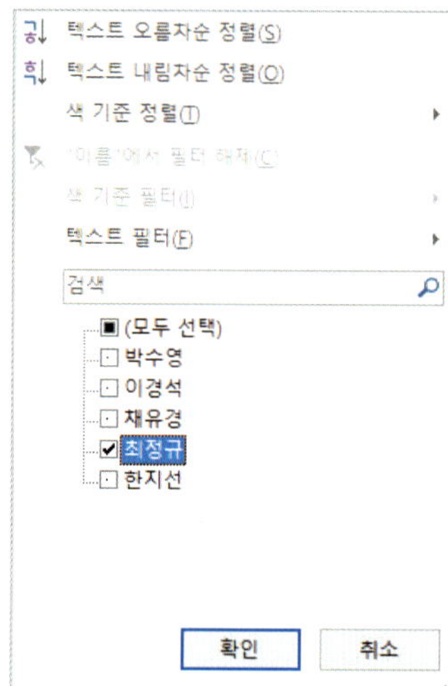

그림 13-12 데이터 필터링을 이용해서 검색한 결과

	A	B	C	D	E	F	G
1	번호	이름	경력	담당지	분야	실적	
4	3	최정규	14	국내	영업관리	450,000	
7							

(3) 이미지 데이터 필터링

이번에는 워크시트 위에 그림이나 사진과 같은 이미지 데이터가 놓여 있는 데이터 범위를 필터링하는 상황에 대해서 다루어 보자. 먼저 [그림 13-13]과 같은 워크시트의 표를 보자. A열에는 이미지 데이터들이 각 셀 위에 놓여 있다. 그리고 범위 B5:D8에는 데이터가 입력되어 있다. 문제는 A열에 있는 이미지 데이터에서 발생한다. 우선 이미지와 같은 개체는 셀에 입력되어 있는 것이 아니라 셀 위에 떠 있는 상태라는 것을 이해하자.

떠 있다는 개념에 대해서는 제3장 2절 참고

그림 13-13 이미지 데이터가 있는 워크시트 표

위 워크시트 데이터 목록에서 "용량이 64GB인" 메모리만을 표시하도록 필터링을 해 보자. 보통 이미지 데이터(개체)를 셀 위에 단순히 붙여 넣은 상태에서 필터링을 시도하면 [그림 13-14]와 같이 이미지 데이터는 서로 겹쳐져서 놓이게 된다. 그것은 필터링된 행은 보이지 않게 감춰지지만 이미지 데이터는 필터링에 영향을 받지 않아 감춰지지 않기 때문이다. 그렇다면 이미지 데이터는 어떻게 해야 데이터와 함께 필터링할 수 있을까?

그림 13-14 이미지 데이터 필터링이 제대로 되지 않은 예

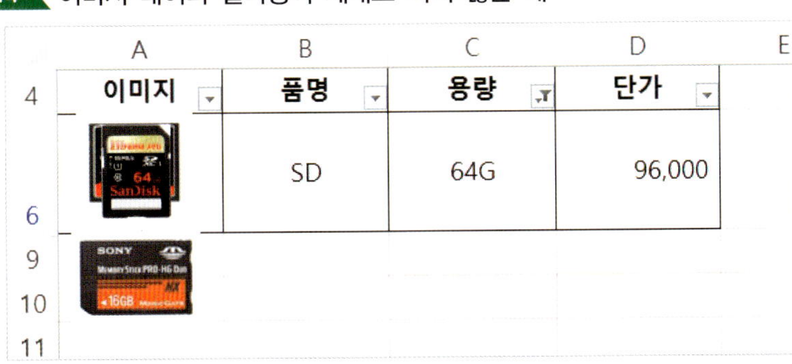

보통 이미지 데이터를 워크시트에 붙여 넣을 때 이미지 속성을 보면 "위치만 변함"이라는 옵션이 선택되어 있다. 필터링 작업을 할 때 이미지 데이터도 데이터와 함께 필

터링하려면 이미지 데이터를 붙여 넣을 때 **속성을 "위치와 크기 변함"으로 설정**해야 한다. 이미지 데이터의 속성을 설정하려면 이미지를 마우스 오른쪽 버튼으로 클릭하여 나오는 팝업메뉴에서 [❏ 크기 및 속성]을 누르면 [그림 13-15]와 같은 [그림 서식] 작업창이 나오는데, 이때 [크기 및 속성] 탭 [속성] 항목에서 [❏ 위치와 크기 변함]을 선택해 주면 된다(또는 이미지 개체를 마우스로 클릭하면 [리본 메뉴]에 [그림 도구] 탭이 자동으로 나타난다. 따라서 [리본 메뉴] [그림 도구] [서식] [크기]에서 오른쪽 아래 끝에 있는 단추(⤡)를 클릭하면 워크시트의 오른쪽에 [그림 13-15]와 같은 [그림 서식] 작업창이 나온다. 여기서 [크기 및 속성] 탭 [속성] 항목에서 [❏ 위치와 크기 변함]을 선택해 주면 된다).

그림 13-15 [그림 서식] 작업창

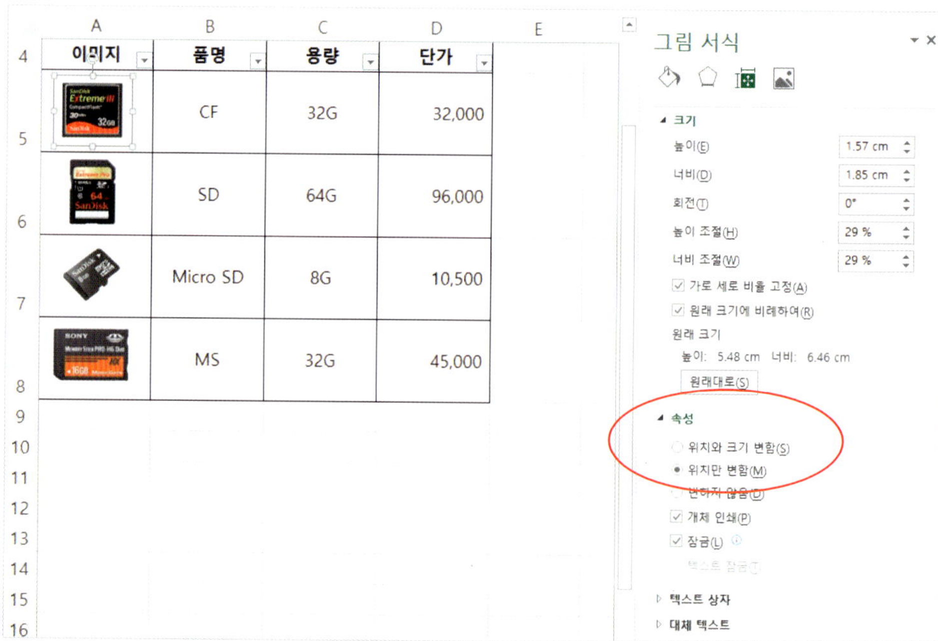

표의 범위에 속하는 모든 이미지 자료에 대해서 속성을 "위치와 크기 변함"으로 설정해 놓았다면 비로소 필터링 작업을 할 때 이미지 자료도 함께 필터링된다. [그림 13-16]은 위와 같이 이미지 자료의 속성을 설정한 후에 "용량이 32GB인" 메모리만을 표시하도록 필터링한 결과이다.

그림 13-16 이미지 자료 필터링이 제대로 된 결과

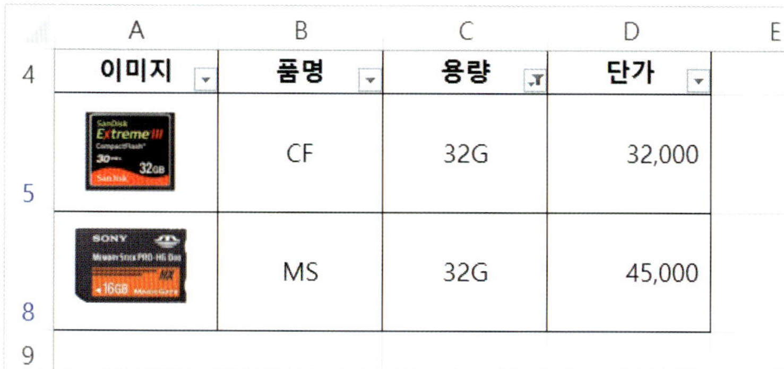

	A	B	C	D	E
4	이미지	품명	용량	단가	
5		CF	32G	32,000	
8		MS	32G	45,000	
9					

2 "데이터 범위"와 엑셀 "표(Table)"

엑셀 워크시트의 한 영역을 말하는 "데이터 범위"는 열과 행으로 항목과 데이터가 구분되어 있기 때문에 우리가 보통 일상에서 사용하는 표와 비슷하게 보인다. 그런데 엑셀에서 표(Table)라고 하면 조금 다른 기능을 가진 특화된 데이터 범위를 지칭하는 용어로 사용된다.

특정 데이터 범위를 엑셀 표로 지정하면 데이터를 관리하고 분석하기 쉽게, 자동으로 서식을 지정할 수 있고, 모든 항목 열에 대해서 필터링, 정렬, 행 음영이 기본으로 제공된다. 따라서 데이터 검색 등 관리가 자주 필요한 데이터라면 엑셀 표로 만들어 놓고 작업하면 편리하다. 그러나 다음 3절에서 언급할 부분합 기능을 사용하려면 다시 데이터 범위로 환원시켜야 한다.

앞에서 예로 들었던 [그림 13-1] 자료는 그냥 데이터 범위라고 하는 워크시트의 일부다. 이 범위의 데이터를 엑셀 표로 만드는 방법은, 먼저 표로 만들 데이터 범위에 있는 임의의 셀을 클릭한 다음 리본 메뉴 삽입 표에서 표 아이콘을 클릭하면 된다. 표 만들기 팝업창이 나오면서 표로 변환할 범위를 확인한다. 데이터 범위가 표로 변환되어 표 안에 셀 포인터가 놓이면 리본 메뉴에 표 도구라는 새로운 탭이 활성화된다(표 도구 탭은 평소에는 화면에 보이지 않다가 표 속의 셀을 클릭하면 리본 메뉴에 자동으로 나타

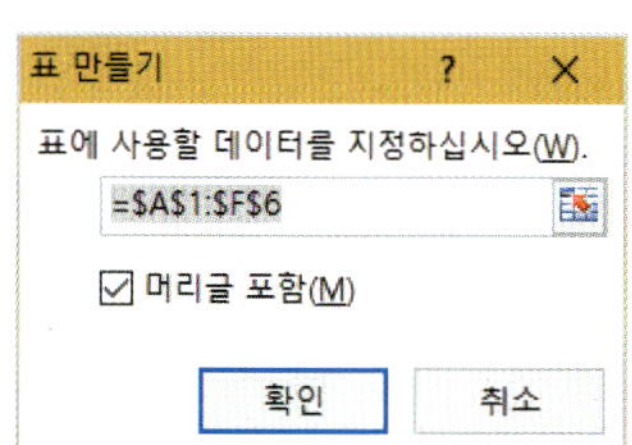

난다). [그림 13-17]은 활성화된 표 도구 탭을 보여주고 있다.

그림 13-17 리본 메뉴에 활성화된 표 도구 디자인 탭

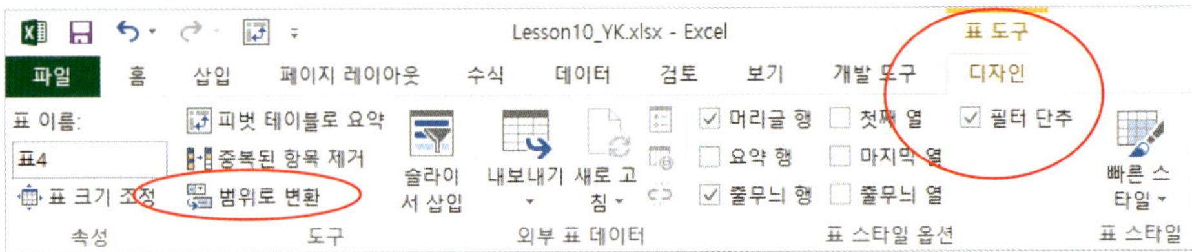

[그림 13-18]은 일반 데이터 범위와 표로 변환된 데이터 범위를 비교해서 보여주고 있다. 표로 변환되면 표의 머리글 항목마다 데이터 관리 기능인 **필터 단추**(▾)가 자동으로 추가된다. 또한 표에 자동으로 표 서식이 적용된다. 표로 변환되어 있음을 확인할 수 있는 방법은 머리글에 생긴 필터 단추 외에도, 자동으로 표 서식이 적용된 형태와 표의 오른쪽 아래 끝에 작은 꺾쇠(◢) 표시가 붙어 있는 것을 보고 알 수 있다.

그림 13-18 데이터 범위와 변환된 표

(데이터 범위)

	A	B	C	D	E	F
1	번호	이름	경력	담당지역	분야	실적
2	1	채유경	15	유럽	컨설턴트	34,000
3	2	한지선	3	국내	영업관리	123,000
4	3	최정규	14	국내	영업관리	450,000
5	4	박수영	9	유럽	컨설턴트	53,000
6	5	이경석	21	미주	영업관리	504,000

(표)

	A	B	C	D	E	F	G
1	번호 ▾	이름 ▾	경력 ▾	담당지역 ▾	분야 ▾	실적 ▾	
2	1	채유경	15	유럽	컨설턴트	34,000	
3	2	한지선	3	국내	영업관리	123,000	
4	3	최정규	14	국내	영업관리	450,000	
5	4	박수영	9	유럽	컨설턴트	53,000	
6	5	이경석	21	미주	영업관리	504,000	
7							

표로 변환된 부분을 다시 일반 데이터 범위로 환원시키려면 셀 포인터가 표 안에 있는 상태에서 리본 메뉴 표 도구 디자인 도구 ▢ 범위로 변환을 클릭하면 된다. 위 [그림 13-17]의 빨강 원 안의 메뉴를 말한다. 또는 [그림 13-19]처럼 간단히 포인터가 표

안에 있는 상태에서 마우스 오른쪽 버튼을 클릭하여 나오는 팝업메뉴에서 표 ❑ 범위로 변환을 클릭해도 된다.

그림 13-19 데이터 범위로 변환하는 예

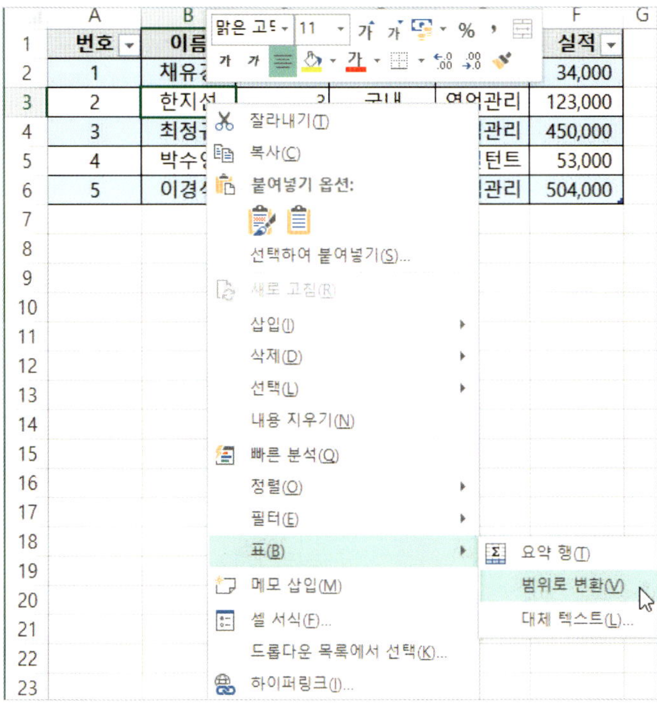

3 데이터 그룹화(Groups and Subtotals) : 부분합과 그룹화

이 절에서는 엑셀의 데이터 관리 기능 중 **그룹화** 기능에 대해서 살펴보기로 하자. 데이터를 특정 항목의 내용별로 그룹을 지어, 그룹별로 합계, 평균을 구하거나 그룹에 속하는 데이터 개수를 세거나, 그룹별의 최대값, 최소값, 곱을 자동으로 구할 수 있는 기능이다. 이 중에서 가장 많이 사용되는 대표적인 기능은 **부분합**이다.

먼저 부분합 기능에 대해서 알아보자. 부분합을 구하기 위해서는 먼저 해당 범위의 데이터가 부분합을 구할 항목을 기준으로 정렬되어 있어야 한다. 그 다음 데이터 범위 내 임의의 셀을 하나 선택한 후, 리본 메뉴 데이터 윤곽선 ❑ 부분합을 클릭하면 된다. ❑ 부분합을 누르면 [그림 13-20]의 오른쪽과 같은 부분합 팝업창이 열리고 그룹화할 항목, 사용할 함수, 부분합 계산 항목 등의 옵션을 설정할 수 있다. 부분합이 산출된 데이터 목록을 도로 원래의 데이터 목록으로 되돌리려면 리본 메뉴 데이터 윤곽선 부분합 을 다시 클릭한 후에, [그림 13-20]의 부분합 팝업창에서 맨 아래쪽에 있는 모두 제거 를 누르면 된다.

엑셀의 그룹화 기능은 최대 8단계까지 세분화하여 산출할 수 있다. 이 그룹화 기능의 '수준'에 대해서는 예제 79 를 통해서 설명할 것이다. 간단한 예제를 통해서 부분합 기능에 대하여 살펴보자.

그림 13-20 리본 메뉴 데이터 윤곽선 메뉴와 부분합 창

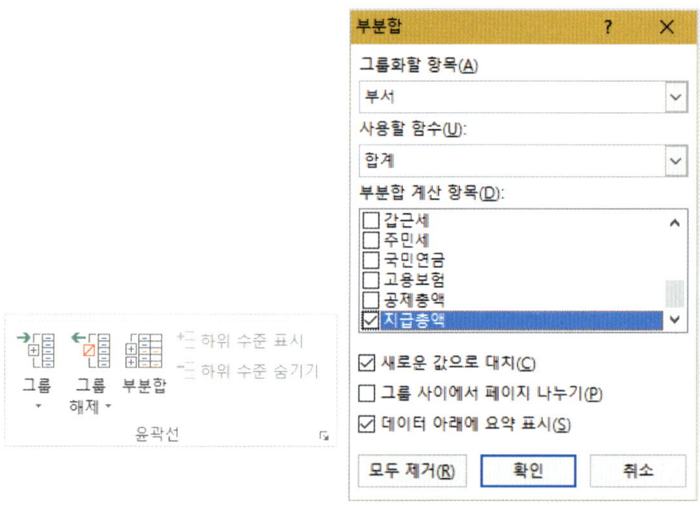

예제 79 부분합

다음은 여러 후원자들이 여러 차례에 걸쳐서 후원금을 기부한 데이터이다. 후원자별로 총 후원금을 요약한 표를 만들어 보라. **키워드 : 데이터 관리, 부분합**

	C	D	E
42	날짜	이름	금액
43	2015-01-03	최이현	50,000
44	2015-01-21	박승규	20,000
45	2015-02-05	최이현	10,000
46	2015-02-06	오혜민	30,000
47	2015-02-07	박승규	60,000
48	2015-03-08	오혜민	20,000
49	2015-05-09	최이현	40,000

| 풀이 |

후원자별로 데이터를 그룹화하기 위해서는 먼저 해당 범위의 데이터가 후원자 "이름" 항목을 기준으로 정렬되어야 한다. 데이터 범위(C42:E49)를 선택하여 [리본 메뉴] [데이터] [정렬 및 필터]에서 [❑ 필터]를 누르면 데이터 범위의 각 항목에 필터링 단추가 붙는다. 필터링 단추를 클릭하여 [그림 13-11]과 같은 필터링 옵션 메뉴가 나오면 맨 위의 [❑ 텍스트 오름차순 정렬]을 선택한다. 그러면 [그림 13-21]과 같이 이름이 가나다순으로 정렬된다(1절에서 언급한 바와 같이 [리본 메뉴] [데이터] [정렬 및 필터] [❑ 정렬]을 눌러 오름차순으로 정렬시킬 수도 있다).

그림 13-21 "이름" 항목을 기준으로 오름차순으로 정렬된 데이터

	C	D	E
42	날짜	이름	금액
43	2015-01-21	박승규	20,000
44	2015-02-07	박승규	60,000
45	2015-02-06	오혜민	30,000
46	2015-03-08	오혜민	20,000
47	2015-01-03	최이현	50,000
48	2015-02-05	최이현	10,000
49	2015-05-09	최이현	40,000

이제 데이터 범위 내 임의의 셀을 클릭한 다음, [리본 메뉴] [데이터] [윤곽선] [❑ 부분합]을 클릭하면 [그림 13-22]와 같은 [부분합] 팝업창이 열린다. 이제 차례로 필요한 옵션을 설정해 보자. 먼저 그룹화할 항목으로는 "이름" 열을 선택한다. 사용할 함수로는 "합계"를 선택한다. 부분합 계산 항목으로는 "금액"을 선택한다(그 아래 추가 옵션 부분은 기존의 데이터 범위의 내용을 부분합 내용이 들어간 새 값으로 대치한다는 것, 그리고 개별 데이터 아래에 부분합 결과를 추가한다는 것을 나타내는 내용인데, 보통 이 두 가지 항목을 체크해서 사용하면 된다).

그림 13-22 [부분합] 팝업창과 옵션 설정 예

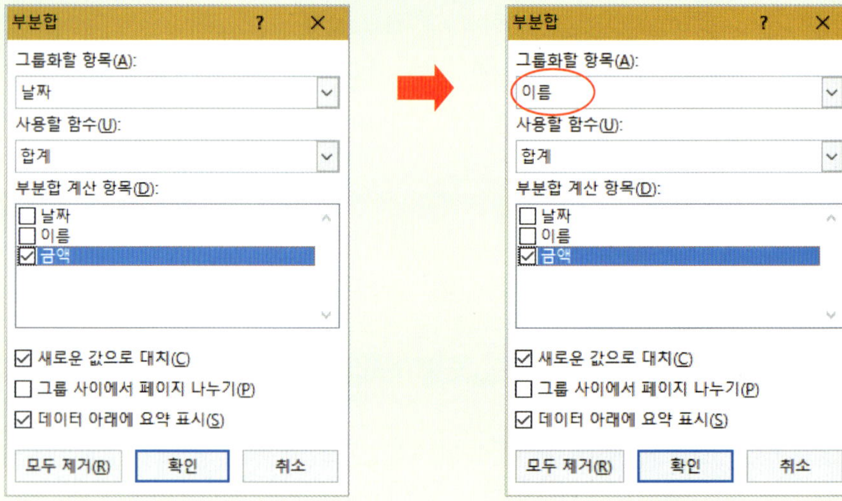

부분합이 산출된 새로운 데이터 목록은 [그림 13-23]과 같다. 후원자별로 한 명씩 이름이 끝나는 곳 아래에 요약된 행(부분합)이 추가된 것을 볼 수 있다. 이 예제에서는 45행에 박승규 요약, 48행에 오혜민 요약, 52행에 최이현 요약의 부분합이 추가된 것을 볼 수 있다. 물론 후원자별 후원금의 합계는 추가된 부분합 행의 E열에 합계가 산출되어 있다.

이때 기존 워크시트의 왼쪽에 뭔가 새로운 기호가 포함된 것을 볼 수 있다. 이것은 **윤곽 기호**라는 것인데, 복잡한 데이터인 경우에는 최대 8단계까지 그룹, 하위 그룹, … 으로 나누어 그룹을 단계적으로 접었다 펼쳤다 할 수 있는 장치다. [그림 13-23]을 보면 이 예제에서는 데이터 그룹이 3단계로 나눠져 있는데, 숫자가 큰 번호일수록 하위 수준의 구체적 데이터를 보여준다. 가령, 기호 [1]을 누르면 전체 데이터를 하나의 그룹으로 보고 요약한 상태를 보여주고, 기호 [2]를 누르면 전체 데이터를 후원자 이름별로 한 단계 더 펼쳐서 요약한 상태(바로 이 예제에서 요구한 결과)를 보여주고, 기호 [3]을 누르면 한 단계 더 펼친 상태(여기서는 개별 데이터 수준)를 보여주는 것이다. 이와 같이 그룹화된 데이터를 접었다 펼쳤다 하려면 아래쪽에 있는 [+], [-] 윤곽 기호를 클릭해도 된다. [-] 기호는 요약 데이터를, [+] 기호는 구체적 데이터를 보고자 할 때 사용한다.

그림 13-23 예제 79 (부분합) 결과 : 부분합이 추가된 새로운 데이터 목록

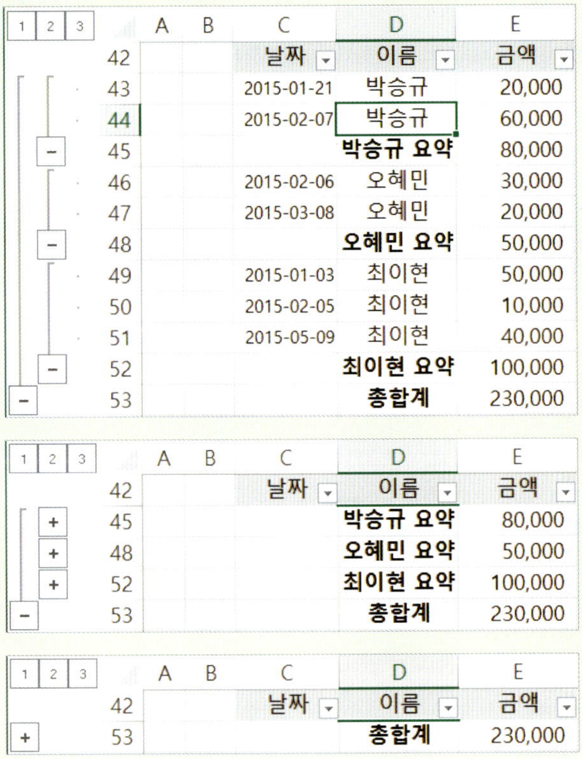

	A	B	C	D	E
42			날짜	이름	금액
43			2015-01-21	박승규	20,000
44			2015-02-07	박승규	60,000
45				**박승규 요약**	80,000
46			2015-02-06	오혜민	30,000
47			2015-03-08	오혜민	20,000
48				**오혜민 요약**	50,000
49			2015-01-03	최이현	50,000
50			2015-02-05	최이현	10,000
51			2015-05-09	최이현	40,000
52				**최이현 요약**	100,000
53				**총합계**	230,000

	A	B	C	D	E
42			날짜	이름	금액
45				**박승규 요약**	80,000
48				**오혜민 요약**	50,000
52				**최이현 요약**	100,000
53				**총합계**	230,000

	A	B	C	D	E
42			날짜	이름	금액
53				**총합계**	230,000

부분합은 그룹화할 항목에 대해서 정렬이 되어 있는 데이터 목록을 대상으로 같은 것끼리 모아서 말 그대로 부분합계(Subtotal)를 산출하는 기능이다. 부분합을 구하면 그룹별로 부분합계(요약 데이터)가 기록될 **요약 행**을 자동으로 삽입한다. 그런데 부분합을 제거하면 자동으로 삽입된 요약 행도 도로 없어지기 때문에, 만약 워크시트의 다른 셀에서 이러한 요약 행을 참조한 경우에는 요약 행이 없어지면 **참조 오류 메시지(#REF!)**가 나타나게 된다. 따라서 요약 행의 자료가 지속적으로 필요하다면 부분합을 구한 후에 그 요약 행을 복사하여 영구적으로 다른 범위에 옮겨 놓는 작업이 필요하다.

요약 행 데이터를 복사하여 적당한 셀로 이동하여 표시하는 방법을 알아보자. 위 예제 79의 결과인 [그림 13-23]의 두 번째 그림의 요약된 데이터 목록을 보자. **복사-이동**해야 할 데이터 영역 범위 D42:E53을 마우스로 선택한 후, 리본 메뉴 홈 편집 찾기 및 선택 에서 ❏ 이동 옵션 을 클릭한다. [그림 13-24]와 같은 이동 옵션 창에서

❑ 화면에 보이는 셀만 옵션 단추를 선택한 후 확인을 누른다. 이 상태에서 리본 메뉴 홈 클립보드 ❑ 복사 를 클릭한 후, 셀 포인터를 옮겨 놓을 셀로 옮긴 후, "값 및 원본 서식" 옵션으로 붙여 넣는다(이동 옵션에서 "화면에 보이는 셀만"이란 옵션 단추를 선택하지 않고 그냥 복사를 하면 요약된 행만 복사되는 것이 아니고 마우스로 선택한 범위 속에 숨겨진 데이터 전체가 복사되기 때문이다. 또 주의해야 할 점은 나중에 부분합 행을 모두 제거할 때 함께 삭제되는 행(부분합이 기록된 행)에 복사하지 않도록 해야 한다. 그리고 붙여넣기 옵션으로는 "값 및 원본 서식"을 선택해야 한다. 요약 행은 SUBTOTAL 함수를 사용하여 셀 참조를 해서 산출된다. 그래서 그냥 붙여넣기를 하면 나중에 원본 자료의 부분합 행이 제거되는 경우, 복사된 이곳에 참조 오류 메시지(#REF!)가 발생한다. 따라서 요약 행 결과를 복사하여 다른 곳에 붙여넣기 할 때에는 반드시 "값"으로 변환시켜서 붙여넣기를 해야 한다).

붙여넣기 옵션에 대해서는 제3장 8절 참고

아포리즘 28 참고

그림 13-24 이동 옵션 창

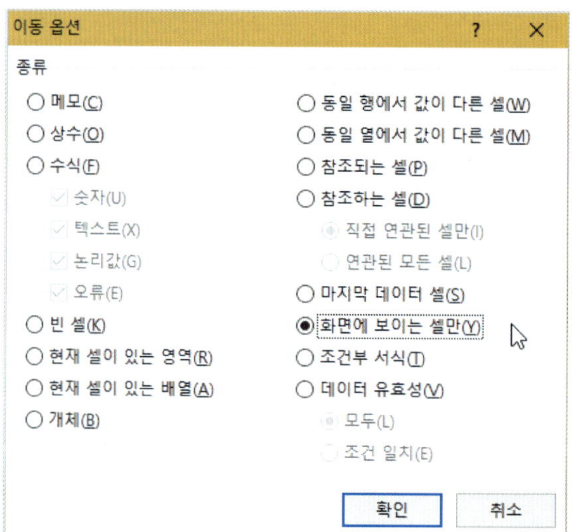

아포리즘 28 SUBTOTAL 함수

SUBTOTAL 함수는 데이터 목록에 부분합을 적용했을 때 부분합의 계산 결과를 반환해 주는 함수이다. 이 함수는 몇 가지 측면에서 기존 엑셀 함수와 다른 특성을 가지고 있다. 첫째 합계, 평균, 개수, 최대값, 최소값 등 11가지의 기능을 수행할 수 있다. 둘째 자동필터를 이용해서 필터링된 데이터는 항상 숨겨진 값을 제외하고 계산한다. 물론 옵션에 의해서 숨겨진 값을 포함시킬 수도 있다. 그리고 또 총합계를 구할 때도 SUBTOTAL 함수가 사용되는데, 이때 함수의 참조 범위에 부분합 셀이 포함되어 있어도 부분합 값은 포함시키지 않는다. [그림 13-25]의 오른쪽 그림을 보라.

그림 13-25 부분합에서 SUBTOTAL 함수 사용 예

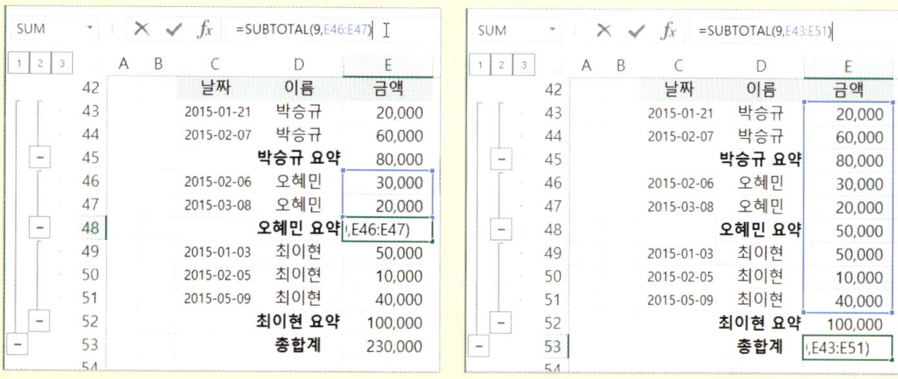

SUBTOTAL 함수의 구조는 *SUBTOTAL(함수_번호, 참조1, [참조2], ...)*이다. 가령 [그림 13-23]의 부분합 결과에서 셀 E48(오혜민 후원액 요약 행)에 자동으로 입력된 수식은 *=SUBTOTAL(9, E46:47)*이다. 여기서 첫 번째 함수_번호 9는 SUM 함수로 사용한다는 옵션이고, 참조된 범위 E46:E47의 값을 더하라는 의도로 사용된 것이다. 또 셀 E53(총합계 행)에 입력된 수식은 *=SUBTOTAL(9, E43:51)*이다.

SUBTOTAL 함수의 함수_번호와 함수 기능은 [그림 13-26]에 요약하였다.

그림 13-26 SUBTOTAL 함수의 함수_번호와 해당 기능

함수_번호		함수	설명
(숨겨진 값 포함)	(숨거진 값 제외)		
1	101	Average	평균을 구함
2	102	Count	수치 데이터 개수를 구함
3	103	CountA	비어 있지 않은 셀의 개수를 구함
4	104	Max	최대값을 구함
5	105	Min	최소값을 구함
6	106	Product	인수로 지정된 숫자를 모두 곱함
7	107	StDev.S	표본(Sample)의 표준편차를 예측함
8	108	StDev.P	모집단(Population) 전체의 표준편차를 계산함
9	109	Sum	합계를 구함
10	110	Var.S	표본(Sample)의 분산을 예측함
11	111	Var.P	모집단(Population) 전체의 분산을 계산함

데이터 목록을 사용자의 필요에 따라서 다양하게 그룹화하기 위해서는 데이터가 그룹화될 영역(**윤곽선 Outline**)을 설정하는 것이 필요하다. 가령, 모든 부서에 대해서 부분합을 구하는 대신에 특정 부서에 대해서만 요약 자료가 필요하다거나, 부서별(행)로 부분합을 구한 상태에서 다른 항목(열)에 따라 그룹화를 시도할 필요도 있을 것이다. 이러한 경우에 필요한 구간의 데이터에 대해서 사용자가 임의대로 그룹을 설정할 수 있다. 이와 같이 그룹화는 행별 그룹화도 가능하고 또 열별 그룹화도 가능하다. 이러한 기능을 **그룹(Group)**이라고 한다.

복잡한 데이터 목록에 그룹을 시도하기 위해서는 부분합과는 달리 요약 행이나 요약 열이 필요한 자리에 미리 해당 행과 열을 삽입해서 요약 결과가 들어갈 자리를 만들어 주어야 한다. 그러나 비교적 단순한 데이터 목록에 대해서는 부분합 기능처럼 엑셀이 자동으로 윤곽을 잡아 주기도 하는데, 이것을 **자동 윤곽(Auto Outline)**이라고 한다.

아포리즘 29 참고

아포리즘 29 엑셀은 어떻게 자동으로 윤곽선을 파악할까?

[그림 13-27]과 같은 데이터 목록이 있다고 하자. A열의 **부서** 데이터를 살펴보면 '영업부'와 '기획부'로 나뉘어 있으므로 부서별로 그룹화할 수 있다는 것은 분명하다. 그러나 엑셀은 이 둘이 모두 텍스트로 되어 있기 때문에 서로 다른 것이라고 생각하지 않는다. **자동 윤곽 기능**을 사용하려면 영업부 및 기획부 데이터가 끝나는 부분에 요약 행을 하나씩 삽입해야 한다.

이번에는 열을 살펴보자. 급여 지급 항목 열을 살펴보면, '기본급', '직위수당', … , '근속수당'과 '급여총액'으로 되어 있는데, 역시 텍스트로 되어 있지만, 셀 속에 들어 있는 데이터의 형태가 앞의 여러 지급 항목은 상수로 되어 있고, '급여총액' 항목은 SUM 함수로 되어 있다. 이와 같은 차이로 인해서 엑셀이 자동으로 윤곽선을 찾을 수 있다.

이 데이터 목록을 그대로 놓고 [리본 메뉴] [데이터] [윤곽선] [그룹]을 클릭한 다음, [❏ 자동 윤곽]을 시행하면 [그림 13-28]과 같이 데이터 그룹화가 된다(그룹화가 된 것은 열 번호 위쪽에 윤곽 기호(1, 2, 3, +, -)가 붙은 것으로 확인할 수 있다).

그림 13-27 H사의 급여 데이터 목록 예([그림 13-29] 워크시트의 일부만 발췌함)

	A	B	C	D	E	F	G	H	I	J	K
3	부서	이름	직위	호봉	기본급	직위수당	식비	교통비	근속수당	급여총액	갑근세
4	영업부	김용규	부장	4호봉	3,700,000	400,000	300,000	200,000	444,000	5,044,000	111,000
5	영업부	안정호	팀장	3호봉	2,400,000	100,000	150,000	100,000	288,000	3,038,000	72,000
6	영업부	김소미	사원	3호봉	1,800,000	-	50,000	50,000	216,000	2,116,000	54,000
7	영업부	이승민	사원	1호봉	1,000,000	-	50,000	30,000	-	1,080,000	30,000
8	영업부	홍길동	사원	1호봉	1,000,000	-	50,000	30,000	-	1,080,000	36,000
9	영업부	윤대현	사원	2호봉	1,200,000	-	50,000	30,000	88,000	1,368,000	33,000
10	영업부	최소라	사원	2호봉	1,200,000	-	50,000	30,000	88,000	1,368,000	33,000
11	기획부	최이현	부장	4호봉	4,200,000	400,000	300,000	200,000	350,000	5,450,000	100,000
12	기획부	강태준	팀장	3호봉	2,200,000	100,000	150,000	100,000	200,000	2,750,000	66,000
13	기획부	민경숙	사원	2호봉	1,500,000	-	50,000	50,000	-	1,600,000	37,000
14	기획부	박광수	사원	1호봉	1,100,000	-	50,000	50,000	-	1,200,000	34,000

그림 13-28 자동 윤곽 실행 결과

1 2 3 −

	A	B	C	D	E	F	G	H	I	J	K
3	부서	이름	직위	호봉	기본급	직위수당	식비	교통비	근속수당	급여총액	갑근세
4	영업부	김용규	부장	4호봉	3,700,000	400,000	300,000	200,000	444,000	5,044,000	111,000
5	영업부	안정호	팀장	3호봉	2,400,000	100,000	150,000	100,000	288,000	3,038,000	72,000
6	영업부	김소미	사원	3호봉	1,800,000	-	50,000	50,000	216,000	2,116,000	54,000
7	영업부	이승민	사원	1호봉	1,000,000	-	50,000	30,000	-	1,080,000	30,000
8	영업부	홍길동	사원	1호봉	1,000,000	-	50,000	30,000	-	1,080,000	36,000
9	영업부	윤대현	사원	2호봉	1,200,000	-	50,000	30,000	88,000	1,368,000	33,000
10	영업부	최소라	사원	2호봉	1,200,000	-	50,000	30,000	88,000	1,368,000	33,000
11	기획부	최이현	부장	4호봉	4,200,000	400,000	300,000	200,000	350,000	5,450,000	100,000
12	기획부	강태준	팀장	3호봉	2,200,000	100,000	150,000	100,000	200,000	2,750,000	66,000
13	기획부	민경숙	사원	2호봉	1,500,000	-	50,000	50,000	-	1,600,000	37,000
14	기획부	박광수	사원	1호봉	1,100,000	-	50,000	50,000	-	1,200,000	34,000

그림 13-29 H사의 급여 데이터 목록 예

	A	B	C	D	E	F	G	H	I	J	K	L	M	N	O	P
3	부서	이름	직위	호봉	기본급	직위수당	식비	교통비	근속수당	급여총액	갑근세	주민세	국민연금	고용보험	공제총액	지급총액
4	영업부	김용규	부장	4호봉	3,700,000	400,000	300,000	200,000	444,000	5,044,000	111,000	37,000	333,000	16,650	497,650	4,546,350
5	영업부	안정호	팀장	3호봉	2,400,000	100,000	150,000	100,000	288,000	3,038,000	72,000	24,000	216,000	10,800	322,800	2,715,200
6	영업부	김소미	사원	3호봉	1,800,000	-	50,000	50,000	216,000	2,116,000	54,000	18,000	162,000	8,100	242,100	1,873,900
7	영업부	이승민	사원	1호봉	1,000,000	-	50,000	30,000	-	1,080,000	30,000	10,000	90,000	4,500	134,500	945,500
8	영업부	홍길동	사원	1호봉	1,000,000	-	50,000	30,000	-	1,080,000	36,000	12,000	108,000	5,400	161,400	918,600
9	영업부	윤대현	사원	2호봉	1,200,000	-	50,000	30,000	88,000	1,368,000	33,000	11,000	99,000	4,950	147,950	1,220,050
10	영업부	최소라	사원	2호봉	1,200,000	-	50,000	30,000	88,000	1,368,000	33,000	11,000	99,000	4,950	147,950	1,220,050
11	기획부	최이현	부장	4호봉	4,200,000	400,000	300,000	200,000	350,000	5,450,000	100,000	22,000	320,000	16,900	458,900	4,991,100
12	기획부	강태준	팀장	3호봉	2,200,000	100,000	150,000	100,000	200,000	2,750,000	66,000	22,000	198,000	10,900	296,900	2,453,100
13	기획부	민경숙	사원	2호봉	1,500,000	-	50,000	50,000	-	1,600,000	37,000	18,000	100,000	6,100	161,100	1,438,900
14	기획부	박광수	사원	1호봉	1,100,000	-	50,000	50,000	-	1,200,000	34,000	18,000	92,000	4,100	148,100	1,051,900

예제 80 부분합과 자동 윤곽

[그림 13-29]와 같은 H사의 급여 데이터 목록에 부서별 급여 총액을 요약하는 부분합을 시도해 보고, 또 자동 윤곽 기능을 이용하여 부서별 급여 총액과 급여 지급 항목 및 세금 등 공제 항목을 그룹화할 수 있는 데이터 목록으로 만들어 보라. **키워드 : 데이터 관리, 부분합, 그룹, 자동 윤곽, 윤곽 지우기**

| 풀이 |

먼저 예제 79 에서 시도했던 것과 같은 방법으로 부서별 부분합을 산출해 보자. 다행히도 이 데이터 목록은 부서 이름에 대해서 이미 정렬이 되어 있다. 급여 데이터 범위 내 임의의 셀을 클릭한 다음, 리본 메뉴 데이터 윤곽선 ❑ 부분합 을 클릭하면 [그림 13-30]과 같은 부분합 팝업창이 열린다. 그룹화할 항목으로는 "부서"를 선택한다. 사용할 함수로는 "합계"를 선택한다. 부분합 계산 항목으로는 "급여총액", "공제총액", 그리고 그림의 팝업창에는 보이지 않지만 콤보 상자 목록의 끝에 있는 "지급총액"을 선택한다. ❑ 확인 을 눌러 옵션 설정을 마치면 [그림 13-31]과 같은 부분합 결과가 나타난다.

그림 13-30 부분합 옵션 설정 예

그림 13-31 부서별로 부분합을 산출한 결과

	A	B	C	D	E	F	G	H	I	J	K	L	M	N	O	P
3	부서	이름	직위	호봉	기본급	직위수당	식비	교통비	근속수당	급여총액	갑근세	주민세	국민연금	고용보험	공제총액	지급총액
4	영업부	김용규	부장	4호봉	3,700,000	400,000	300,000	200,000	444,000	5,044,000	111,000	37,000	333,000	16,650	497,650	4,546,350
5	영업부	안정호	팀장	3호봉	2,400,000	100,000	150,000	100,000	288,000	3,038,000	72,000	24,000	216,000	10,800	322,800	2,715,200
6	영업부	김소미	사원	3호봉	1,800,000	-	50,000	50,000	216,000	2,116,000	54,000	18,000	162,000	8,100	242,100	1,873,900
7	영업부	이승민	사원	1호봉	1,000,000	-	50,000	30,000	-	1,080,000	30,000	10,000	90,000	4,500	134,500	945,500
8	영업부	홍길동	사원	1호봉	1,000,000	-	50,000	30,000	-	1,080,000	36,000	12,000	108,000	5,400	161,400	918,600
9	영업부	윤대현	사원	2호봉	1,200,000	-	50,000	30,000	88,000	1,368,000	33,000	11,000	99,000	4,950	147,950	1,220,050
10	영업부	최소라	사원	2호봉	1,200,000	-	50,000	30,000	88,000	1,368,000	33,000	11,000	99,000	4,950	147,950	1,220,050
11	**영업부 요약**									15,094,000					1,654,350	13,439,650
12	기획부	최이현	부장	4호봉	4,200,000	400,000	300,000	200,000	350,000	5,450,000	100,000	22,000	320,000	16,900	458,900	4,991,100
13	기획부	강태준	팀장	3호봉	2,200,000	100,000	150,000	100,000	200,000	2,750,000	66,000	22,000	198,000	10,900	296,900	2,453,100
14	기획부	민경숙	사원	2호봉	1,500,000	-	50,000	50,000	-	1,600,000	37,000	18,000	100,000	6,100	161,100	1,438,900
15	기획부	박광수	사원	1호봉	1,100,000	-	50,000	50,000	-	1,200,000	34,000	18,000	92,000	4,100	148,100	1,051,900
16	**기획부 요약**									11,000,000					1,065,000	9,935,000
17	**총합계**									26,094,000					2,719,350	23,374,650

이제 이 결과에다 자동 윤곽을 지정해 보자. 먼저 급여 데이터 범위 내 임의의 셀을 클릭한 다음, 리본 메뉴 데이터 윤곽선 그룹을 선택하여 ❑ 자동 윤곽을 클릭하면 열별로 급여 '지급' 항목과 '공제' 항목으로 구분하여 자동으로 그룹을 만들어 준다. 이 과정에서 "기존의 윤곽을 수정하시겠습니까?"란 팝업 메시지가 나오는데, ❑ 확인을 누르면 된다. 그러면 [그림 13-32]와 같이 부분합과 열별 자동 윤곽이 이루어진 결과가 나온다.

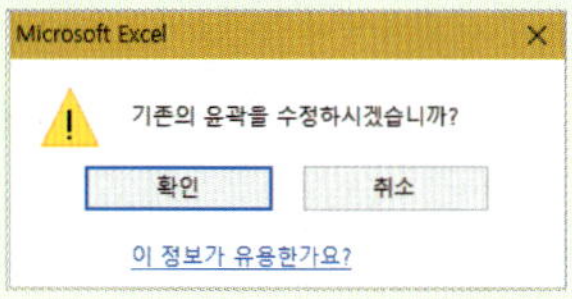

(※ 참고로 자동 윤곽을 지우는 방법은 리본 메뉴 데이터 윤곽선 그룹 해제를 선택하여 ❑ 윤곽 지우기를 클릭하면 부분합을 위한 윤곽을 포함해서 모든 데이터 관리용 윤곽이 삭제되고 원래의 데이터 목록으로 된다.)

데이터 목록에 그룹이 설정되면 열 번호 위에 있는 ⊞, ⊟와 같은 윤곽 기호를 클릭하여 데이터를 숨기거나 펼칠 수 있다. [그림 13-33]은 급여 데이터 목록에서 지급과 공제 그룹별로 요약한 결과를 보여준다.

그림 13-32 예제 80 (부분합과 자동 윤곽) 결과

	A	B	C	D	E	F	G	H	I	J	K	L	M	N	O	P
3	부서	이름	직위	호봉	기본급	직위수당	식비	교통비	근속수당	급여총액	갑근세	주민세	국민연금	고용보험	공제총액	지급총액
4	영업부	김용규	부장	4호봉	3,700,000	400,000	300,000	200,000	444,000	5,044,000	111,000	37,000	333,000	16,650	497,650	4,546,350
5	영업부	안정호	팀장	3호봉	2,400,000	100,000	150,000	100,000	288,000	3,038,000	72,000	24,000	216,000	10,800	322,800	2,715,200
6	영업부	김소미	사원	3호봉	1,800,000	-	50,000	50,000	216,000	2,116,000	54,000	18,000	162,000	8,100	242,100	1,873,900
7	영업부	이승민	사원	1호봉	1,000,000	-	50,000	30,000	-	1,080,000	30,000	10,000	90,000	4,500	134,500	945,500
8	영업부	홍길동	사원	1호봉	1,000,000	-	50,000	30,000	-	1,080,000	36,000	12,000	108,000	5,400	161,400	918,600
9	영업부	윤대현	사원	2호봉	1,200,000	-	50,000	30,000	88,000	1,368,000	33,000	11,000	99,000	4,950	147,950	1,220,050
10	영업부	최소라	사원	2호봉	1,200,000	-	50,000	30,000	88,000	1,368,000	33,000	11,000	99,000	4,950	147,950	1,220,050
11	**영업부 요약**									15,094,000					1,654,350	13,439,650
12	기획부	최이현	부장	4호봉	4,200,000	400,000	300,000	200,000	350,000	5,450,000	100,000	22,000	320,000	16,900	458,900	4,991,100
13	기획부	강태준	팀장	3호봉	2,200,000	100,000	150,000	100,000	200,000	2,750,000	66,000	22,000	198,000	10,900	296,900	2,453,100
14	기획부	민경숙	사원	2호봉	1,500,000	-	50,000	50,000	-	1,600,000	37,000	18,000	100,000	6,100	161,100	1,438,900
15	기획부	박광수	사원	1호봉	1,100,000	-	50,000	50,000	-	1,200,000	34,000	18,000	92,000	4,100	148,100	1,051,900
16	**기획부 요약**									11,000,000					1,065,000	9,935,000
17	**총합계**									26,094,000					2,719,350	23,374,650

그림 13-33 윤곽 기호를 이용해서 지급과 공제 그룹별로 요약한 결과 예

	A	B	C	D	J	O	P
3	부서	이름	직위	호봉	급여총액	공제총액	지급총액
4	영업부	김용규	부장	4호봉	5,044,000	497,650	4,546,350
5	영업부	안정호	팀장	3호봉	3,038,000	322,800	2,715,200
6	영업부	김소미	사원	3호봉	2,116,000	242,100	1,873,900
7	영업부	이승민	사원	1호봉	1,080,000	134,500	945,500
8	영업부	홍길동	사원	1호봉	1,080,000	161,400	918,600
9	영업부	윤대현	사원	2호봉	1,368,000	147,950	1,220,050
10	영업부	최소라	사원	2호봉	1,368,000	147,950	1,220,050
11	**영업부 요약**				15,094,000	1,654,350	13,439,650
12	기획부	최이현	부장	4호봉	5,450,000	458,900	4,991,100
13	기획부	강태준	팀장	3호봉	2,750,000	296,900	2,453,100
14	기획부	민경숙	사원	2호봉	1,600,000	161,100	1,438,900
15	기획부	박광수	사원	1호봉	1,200,000	148,100	1,051,900
16	**기획부 요약**				11,000,000	1,065,000	9,935,000
17	**총합계**				26,094,000	2,719,350	23,374,650

예제 81 자동 윤곽

예제 80에서 다뤘던 데이터 목록을 가지고 이번에는 행별로는 부서별로 그룹을 짓고, 열별로는 지급과 공제 항목으로 나누어 그룹이 지어지도록 만들어 보라. 또한 수동으로 급여총액, 공제총액, 지급총액에 대한 부서별 합계 외에 이름 열 아래(셀 B11과 B16)에 부서의 인원수 합계를 기록할 수 있도록 SUBTOTAL 함수를 작성해 넣어라. **키워드 : 데이터 관리, 부분합, 그룹, 자동 윤곽, 윤곽 지우기, SUBTOTAL 함수, 셀 복사**

| 풀이 |

앞에서 살펴본 것처럼, 자동 윤곽을 시도하면 지급과 공제로 구분된 열별 그룹은 윤곽선이 정확하게 만들어지지만(그 이유는 셀에 입력된 데이터 속성(값 또는 수식)에 따라 구분할 수 있기 때문이다). 부서별로는 자동으로 윤곽선을 만들지 못한다. 따라서 인위적으로 하나의 부서가 끝나는 다음 행에 요약 행을 추가하는 작업이 필요하다. 즉, [그림 13-34]와 같이 11행을 추가하여 셀 A11에는 "영업부계"라고 넣고, 마지막에 16행을 추가하여 셀 A16에 "기획부계"라고 입력해 넣자. 목록의 마지막에 행을 하나 추가하고 셀 A17에는 "전체"라고 입력하자.

그림 13-34 행별 자동 윤곽을 위해서 행을 삽입한 결과

	A	B	C	D	E	F	G	H	I	J	K	L	M	N	O	P
3	부서	이름	직위	호봉	기본급	직위수당	식비	교통비	근속수당	급여총액	갑근세	주민세	국민연금	고용보험	공제총액	지급총액
4	영업부	김용규	부장	4호봉	3,700,000	400,000	300,000	200,000	444,000	5,044,000	111,000	37,000	333,000	16,650	497,650	4,546,350
5	영업부	안정호	팀장	3호봉	2,400,000	100,000	150,000	100,000	288,000	3,038,000	72,000	24,000	216,000	10,800	322,800	2,715,200
6	영업부	김소미	사원	3호봉	1,800,000	-	50,000	50,000	216,000	2,116,000	54,000	18,000	162,000	8,100	242,100	1,873,900
7	영업부	이승민	사원	1호봉	1,000,000	-	50,000	30,000	-	1,080,000	30,000	10,000	90,000	4,500	134,500	945,500
8	영업부	홍길동	사원	1호봉	1,000,000	-	50,000	30,000	-	1,080,000	36,000	12,000	108,000	5,400	161,400	918,600
9	영업부	윤대현	사원	2호봉	1,200,000	-	50,000	30,000	88,000	1,368,000	33,000	11,000	99,000	4,950	147,950	1,220,050
10	영업부	최소라	사원	2호봉	1,200,000	-	50,000	30,000	88,000	1,368,000	33,000	11,000	99,000	4,950	147,950	1,220,050
11	영업부계															
12	기획부	최이현	부장	4호봉	4,200,000	400,000	300,000	200,000	350,000	5,450,000	100,000	22,000	320,000	16,900	458,900	4,991,100
13	기획부	강태준	팀장	3호봉	2,200,000	100,000	150,000	100,000	200,000	2,750,000	66,000	22,000	198,000	10,900	296,900	2,453,100
14	기획부	민경숙	사원	2호봉	1,500,000	-	50,000	50,000	-	1,600,000	37,000	18,000	100,000	6,100	161,100	1,438,900
15	기획부	박광수	사원	1호봉	1,100,000	-	50,000	50,000	-	1,200,000	34,000	18,000	92,000	4,100	148,100	1,051,900
16	기획부계															
17	전체															

급여 데이터 범위 내 임의의 셀을 클릭한 다음, 리본 메뉴 데이터 윤곽선 그룹을 선택하여 ❏ 자동 윤곽을 클릭하면 열별로 급여 '지급' 항목과 '공제' 항목으로 구분하여 자동으로 그룹을 만들어 준다.

이제 수동으로 행별 그룹을 설정해 보자. 먼저 그룹을 지정할 영업부 데이터가 있는 범위 A4:A10을 마우스로 선택하고 리본 메뉴 데이터 윤곽선 그룹을 눌러서 나오는 메뉴 중 ❏ 그룹을 클릭한다. 그럼 그룹화의 방향을 묻는 팝업창이 나와 행 또는 열 중에서 방향을 선택하게 한다. 여기서는 부서별 그룹이므로 행 옵션 단추를 선택한다. 이렇게 하면 [그림 13-35]에서 보는 것처럼 선택한 그룹에 대한 윤곽 기호가 나타난다. ⊟ 윤곽 기호의 위치가 부서별 요약 행 앞에 놓이도록 만들어져야 ⊟ 기호를 눌러 데이터를 요약했을

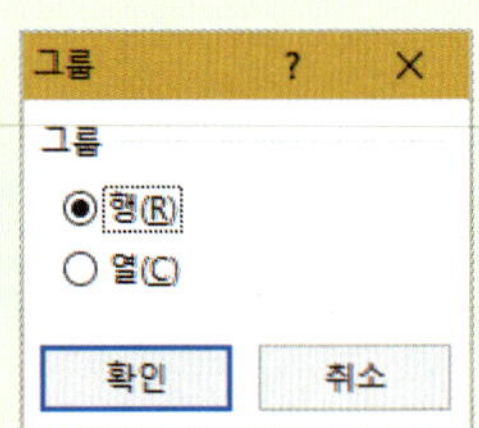

때 "영업부계" 행이 보이게 된다.

그림 13-35 영업부 그룹이 만들어지고 윤곽 기호가 붙은 모습

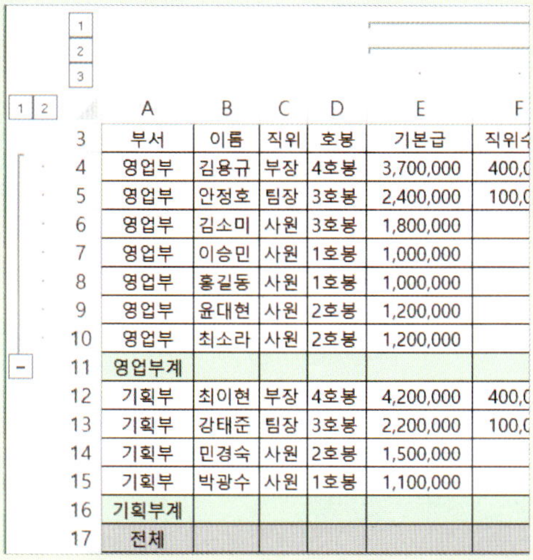

같은 방법으로 기획부에 대해서도 그룹을 만든다. 먼저 범위 A12:A15를 마우스로 선택하고 똑같은 방법으로 그룹을 정한다. 리본 메뉴 데이터 윤곽선 그룹 을 눌러서 나오는 메뉴 중 ❐ 그룹 을 클릭한다. 그리고 행별 옵션을 선택한다. 그러면 [그림 13-36]의 왼쪽 그림처럼 기획부에 대한 윤곽 기호가 나타난다. 이제 두 조직을 합한 전체에 대하여 윤곽 기호를 넣으면 된다. 범위 A4:A16을 마우스로 선택하여 같은 방법으로 그룹을 지정하면 [그림 13-36]의 오른쪽 그림처럼 윤곽 기호가 3단계로 나타나게 된다. ⊟ 기호를 눌러 데이터를 요약해 보면 [그림 13-37]과 같이 변한다.

그림 13-36 부서별로 그룹화하는 과정 예

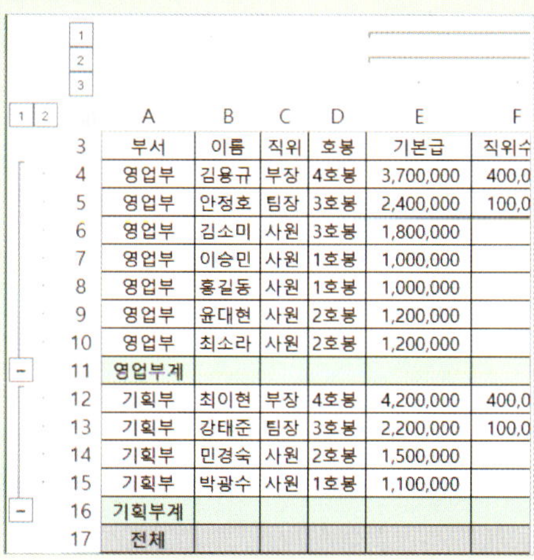

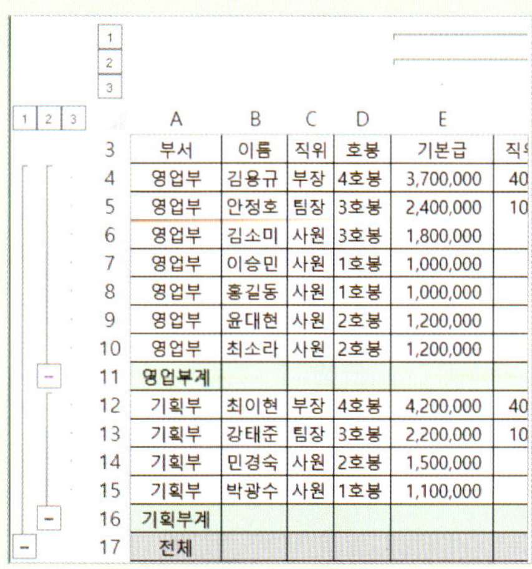

그림 13-37 단계별 윤곽 기호에 따른 데이터 요약 예

	A	B	C	D	E	F
3	부서	이름	직위	호봉	기본급	직위수
11	영업부계					
12	기획부	최이현	부장	4호봉	4,200,000	400,0
13	기획부	강태준	팀장	3호봉	2,200,000	100,0
14	기획부	민경숙	사원	2호봉	1,500,000	
15	기획부	박광수	사원	1호봉	1,100,000	
16	기획부계					
17	전체					

G20 f_x

	A	B	C	D	E	F
3	부서	이름	직위	호봉	기본급	직위수
11	영업부계					
16	기획부계					
17	전체					

G20 f_x

	A	B	C	D	E	F
3	부서	이름	직위	호봉	기본급	직위수
17	전체					
18						
19						

이번에는 요약 행에 부서별 인원수와 급여 합계를 산출하는 수식을 입력해 보자. 셀 B11에는 사람수를 계산해야 하므로 CountA 함수에 해당하는 함수_번호 3을 사용한다. 따라서 수식은 *=SUBTOTAL(3, B4:B10)* 이라고 하면 된다. 마찬가지로 셀 B16에는 수식 *=SUBTOTAL(3, B12:B15)* 라고 하면 되고, 셀 B17에는 *=SUBTOTAL(3, B4:B16)* 이라고 하면 된다. 마지막 수식을 보면 참조 범위 중, 요약 행이 있어도 무시하는 것을 알 수 있을 것이다. 급여총액을 산출해야 하는 셀 J11에 입력할 수식은 합계(SUM)를 구해야 하므로 함수_번호는 9를 사용하여 *=SUBTOTAL(9, J4:J10)* 이라고 하면 된다. 셀 J16, J17에 입력할 수식은 차례로 *=SUBTOTAL(9, J12:J15)*, *=SUBTOTAL(9, J4:J16)* 이라고 하면 된다. 이 식을 그대로 복사해서 O열과, P열에도 입력하면 된다.

아포리즘 28 참고

그림 13-38 예제 81 (자동 윤곽) 결과

	A	B	C	D	E	F	G	H	I	J	K	L	M	N	O	P
3	부서	이름	직위	호봉	기본급	직위수당	식비	교통비	근속수당	급여총액	갑근세	주민세	국민연금	고용보험	공제총액	지급총액
4	영업부	김용규	부장	4호봉	3,700,000	400,000	300,000	200,000	444,000	5,044,000	111,000	37,000	333,000	16,650	497,650	4,546,350
5	영업부	안정호	팀장	3호봉	2,400,000	100,000	150,000	100,000	288,000	3,038,000	72,000	24,000	216,000	10,800	322,800	2,715,200
6	영업부	김소미	사원	3호봉	1,800,000	-	50,000	50,000	216,000	2,116,000	54,000	18,000	162,000	8,100	242,100	1,873,900
7	영업부	이승민	사원	1호봉	1,000,000	-	50,000	30,000	-	1,080,000	30,000	10,000	90,000	4,500	134,500	945,500
8	영업부	홍길동	사원	1호봉	1,000,000	-	50,000	30,000	-	1,080,000	36,000	12,000	108,000	5,400	161,400	918,600
9	영업부	윤대현	사원	2호봉	1,200,000	-	50,000	30,000	88,000	1,368,000	33,000	11,000	99,000	4,950	147,950	1,220,050
10	영업부	최소라	사원	2호봉	1,200,000	-	50,000	30,000	88,000	1,368,000	33,000	11,000	99,000	4,950	147,950	1,220,050
11	영업부계	7								15,094,000					1,654,350	13,439,650
12	기획부	최이현	부장	4호봉	4,200,000	400,000	300,000	200,000	350,000	5,450,000	100,000	22,000	320,000	16,900	458,900	4,991,100
13	기획부	강태준	팀장	3호봉	2,200,000	100,000	150,000	100,000	200,000	2,750,000	66,000	22,000	198,000	10,900	296,900	2,453,100
14	기획부	민경숙	사원	2호봉	1,500,000	-	50,000	50,000	-	1,600,000	37,000	18,000	100,000	6,100	161,100	1,438,900
15	기획부	박광수	사원	1호봉	1,100,000	-	50,000	50,000	-	1,200,000	34,000	18,000	92,000	4,100	148,100	1,051,900
16	기획부계	4								11,000,000					1,065,000	9,935,000
17	전체	11								26,094,000					2,719,350	23,374,650

참고로 이 그룹화된 데이터를 윤곽 기호를 따라 축소하면 [그림 13-39]와 같이 된다.

그림 13-39 윤곽 기호로 데이터를 행별, 열별 그룹으로 요약한 결과

	A	B	C	D	J	O	P
3	부서	이름	직위	호봉	급여총액	공제총액	지급총액
11	영업부계	7			15,094,000	1,654,350	13,439,650
16	기획부계	4			11,000,000	1,065,000	9,935,000
17	전체	11			26,094,000	2,719,350	23,374,650

예제 82 수동 그룹 설정

예제 80, 예제 81에서 다뤘던 데이터 목록을 가지고 이번에는 수동으로 그룹을 설정하는 연습을 해 볼 것이다. 아래의 순서로 차례로 시도해 보라. **키워드 : 데이터 관리, 그룹, 수동 그룹, 그룹 해제, SUBTOTAL 함수, 셀 복사, 사용자 지정 목록**

① 직위별로 정렬하라. 순서는 부장, 팀장, 사원의 순서로 할 것.
② 각 직위 아래에 요약 행을 삽입하고 '급여총액', '공제총액', '지급총액'란에 SUBTOTAL 함수를 사용하라. 마지막 행에는 전체 요약 행을 삽입하고 역시 위 세 가지 항목에 SUBTOTAL 함수를 사용하라.
③ 직위별로 그룹화를 시도하라. 또한 전체 직원 모두를 그룹화하라.
④ 열 '급여총액', '공제총액', '지급총액'에 대해서 그룹화를 시도하라.
⑤ 완성된 직위별 그룹화 자료에 급여 평균, 공제 평균, 지급 평균을 추가해 보라. 또 마지막 전체 합계 행 바로 위에 행을 하나 추가하여 전체 평균을 산출해 넣어라.

| 풀이 |

먼저, 일단 이미 만들어진 그룹을 해제하는 방법을 알아보자. 가령 예제 81에서 설정한 부서별 그룹을 해제하려면, 범위 A4:A10을 선택한 다음, 리본 메뉴 데이터 윤곽선 그룹 해제를 눌러서 나오는 메뉴 중 ❑ 그룹 해제를 클릭한다. 그 다음 ▦ 그룹 해제 팝업창에서 해제할 그룹이 행별 그룹이므로 '행'을 선택하고 클릭하면 된다.

① 직위별로 데이터를 정렬해 보자. 데이터 목록 속 임의의 셀을 선택한 후, 리본 메뉴 데이터 정렬 및 필터 ❑ 정렬을 선택한 다음, ▦ 정렬 창에서 정렬 기준 열은 "직위" 열을 선택, 정렬 방식으로는 "사용자 지정 목록"을 선택한 다음, [그림 13-40]과 같은 창에서 오른쪽 "목록 항목"란에 "부장, 팀장, 사원"을 입력하고 ❑ 추가를 눌러 사용자 지정 목록을 저장하고 활용한다. 데이터를 직위별로 정렬한 결과는 [그림 13-41]과 같다.

사용자 지정 목록에 대해서는 제3장 7절 참고

그림 13-40 사용자 지정 목록 창

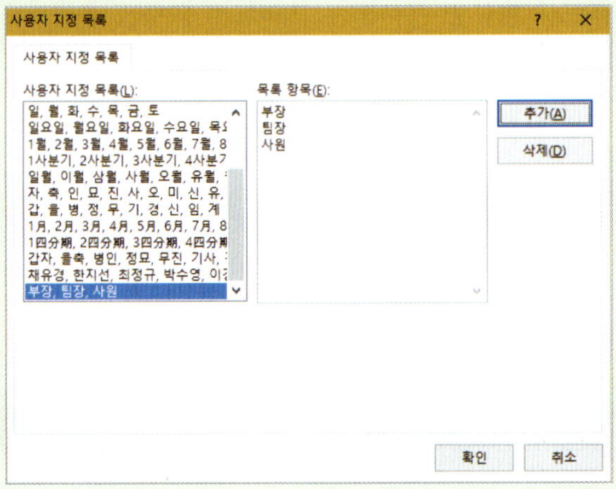

그림 13-41 예제 82의 첫 번째 과제, 데이터 정렬 결과

	A	B	C	D	E	F	G	H	I	J	K
3	부서	이름	직위	호봉	기본급	직위수당	식비	교통비	근속수당	급여총액	갑근세
4	영업부	김용규	부장	4호봉	3,700,000	400,000	300,000	200,000	444,000	5,044,000	111,000
5	기획부	최이현	부장	4호봉	4,200,000	400,000	300,000	200,000	350,000	5,450,000	100,000
6	영업부	안정호	팀장	3호봉	2,400,000	100,000	150,000	100,000	288,000	3,038,000	72,000
7	기획부	강태준	팀장	3호봉	2,200,000	100,000	150,000	100,000	200,000	2,750,000	66,000
8	영업부	김소미	사원	3호봉	1,800,000	-	50,000	50,000	216,000	2,116,000	54,000
9	영업부	이승민	사원	1호봉	1,000,000	-	50,000	30,000	-	1,080,000	30,000
10	영업부	홍길동	사원	1호봉	1,000,000	-	50,000	30,000	-	1,080,000	36,000
11	영업부	윤대현	사원	2호봉	1,200,000	-	50,000	30,000	88,000	1,368,000	33,000
12	영업부	최소라	사원	2호봉	1,200,000	-	50,000	30,000	88,000	1,368,000	33,000
13	기획부	민경숙	사원	2호봉	1,500,000	-	50,000	50,000	-	1,600,000	37,000
14	기획부	박광수	사원	1호봉	1,100,000	-	50,000	50,000	-	1,200,000	34,000

② 직위 아래에 요약 행(6행은 부장 계, 9행은 팀장 계, 17행은 사원 계)과 맨 마지막에 행(18행은 전체)을 삽입하고 급여총액, 공제총액, 지급총액란에 SUBTOTAL 함수를 사용하여 직위별 합계를 산출해 보자. 입력할 SUBTOTAL 함수의 함수_번호는 합계(SUM)를 지정하는 9를 사용하고, 합계를 구할 범위는 각각 동일 직위가 있는 행이다.

따라서 직위별 급여총액을 산출할 셀 J6, 셀 J9, 셀 J17에 입력할 함수식은 각각 *=SUBTOTAL(9, J4:J5)*, *=SUBTOTAL(9, J7:J8)*, *=SUBTOTAL(9, J10:J16)*이라고 하면 된다. 그리고 공제총액을 산출할 셀 O6, 셀 O9, 셀 O17에 입력할 함수식은 각각 *=SUBTOTAL(9, O4:O5)*, *=SUBTOTAL(9, O7:O8)*, *=SUBTOTAL(9, O10:O16)*이라고 하면 된다. 그리고 지급총액을 산출할 셀 P6, 셀 P9, 셀 P17에 입력할 함수식은 각각 *=SUBTOTAL(9, P4:P5)*, *=SUBTOTAL(9, P7:P8)*, *=SUBTOTAL(9, P10:P16)*이라고 하면 된다.

그리고 셀 J18, O18, P18에 입력할 함수식은 각각 *=SUBTOTAL(9, J4:J16), =SUBTOTAL(9, O4:O16), =SUBTOTAL(9, P4:P16)*이라고 하면 된다. 여기까지의 결과는 [그림 13-42]와 같다.

그림 13-42 직위별 합계를 넣은 후 결과

	A	B	C	D	E	F	G	H	I	J	K	L	M	N	O	P
3	부서	이름	직위	호봉	기본급	직위수당	식비	교통비	근속수당	급여총액	갑근세	주민세	국민연금	고용보험	공제총액	지급총액
4	영업부	김용규	부장	4호봉	3,700,000	400,000	300,000	200,000	444,000	5,044,000	111,000	37,000	333,000	16,650	497,650	4,546,350
5	기획부	최이현	부장	4호봉	4,200,000	400,000	300,000	200,000	350,000	5,450,000	100,000	22,000	320,000	16,900	458,900	4,991,100
6	부장 계									10,494,000					956,550	9,537,450
7	영업부	안정호	팀장	3호봉	2,400,000	100,000	150,000	100,000	288,000	3,038,000	72,000	24,000	216,000	10,800	322,800	2,715,200
8	기획부	강태준	팀장	3호봉	2,200,000	100,000	150,000	100,000	200,000	2,750,000	66,000	22,000	198,000	10,900	296,900	2,453,100
9	팀장 계									5,788,000					619,700	5,168,300
10	영업부	김소미	사원	3호봉	1,800,000	-	50,000	50,000	216,000	2,116,000	54,000	18,000	162,000	8,100	242,100	1,873,900
11	영업부	이승민	사원	1호봉	1,000,000	-	50,000	30,000	-	1,080,000	30,000	10,000	90,000	4,500	134,500	945,500
12	영업부	홍길동	사원	1호봉	1,000,000	-	50,000	30,000	-	1,080,000	36,000	12,000	108,000	5,400	161,400	918,600
13	영업부	윤대현	사원	2호봉	1,200,000	-	50,000	30,000	88,000	1,368,000	33,000	11,000	99,000	4,950	147,950	1,220,050
14	영업부	최소라	사원	2호봉	1,200,000	-	50,000	30,000	88,000	1,368,000	33,000	11,000	99,000	4,950	147,950	1,220,050
15	기획부	민경숙	사원	2호봉	1,500,000	-	50,000	50,000	-	1,600,000	37,000	18,000	100,000	6,100	161,100	1,438,900
16	기획부	박광수	사원	1호봉	1,100,000	-	50,000	50,000	-	1,200,000	34,000	18,000	92,000	4,100	148,100	1,051,900
17	사원 계									9,812,000					1,143,100	8,668,900
18	전체									26,094,000					2,719,350	23,374,650

③ 먼저 직위별로 그룹을 만들자. 부장의 그룹을 만들기 위해서 범위 C4:C5를 선택한 후, 리본 메뉴 데이터 윤곽선 그룹을 눌러서 나오는 메뉴 중 ❑ 그룹을 클릭한다. 옵션으로 '행'을 선택한다. 팀장 그룹도 마찬가지로 범위 C7:C8을 선택해서 위와 같이 한다. 사원 그룹은 범위 C10:C16을 선택해서 위와 같이 한다. 이제 전체 직원에 대해서 그룹을 만들어 보자. 범위 C4:C17(이때 17행까지 포함시켜야 함을 주의할 것)을 선택해서 같은 방법으로 하면 된다. [그림 13-43]은 지금까지의 결과이다.

그림 13-43 직위별 그룹, 전체 그룹을 시도한 결과

	A	B	C	D	E	F	G	H	I	J	K	L	M	N	O	P
3	부서	이름	직위	호봉	기본급	직위수당	식비	교통비	근속수당	급여총액	갑근세	주민세	국민연금	고용보험	공제총액	지급총액
4	영업부	김용규	부장	4호봉	3,700,000	400,000	300,000	200,000	444,000	5,044,000	111,000	37,000	333,000	16,650	497,650	4,546,350
5	기획부	최이현	부장	4호봉	4,200,000	400,000	300,000	200,000	350,000	5,450,000	100,000	22,000	320,000	16,900	458,900	4,991,100
6	부장 계									10,494,000					956,550	9,537,450
7	영업부	안정호	팀장	3호봉	2,400,000	100,000	150,000	100,000	288,000	3,038,000	72,000	24,000	216,000	10,800	322,800	2,715,200
8	기획부	강태준	팀장	3호봉	2,200,000	100,000	150,000	100,000	200,000	2,750,000	66,000	22,000	198,000	10,900	296,900	2,453,100
9	팀장 계									5,788,000					619,700	5,168,300
10	영업부	김소미	사원	3호봉	1,800,000	-	50,000	50,000	216,000	2,116,000	54,000	18,000	162,000	8,100	242,100	1,873,900
11	영업부	이승민	사원	1호봉	1,000,000	-	50,000	30,000	-	1,080,000	30,000	10,000	90,000	4,500	134,500	945,500
12	영업부	홍길동	사원	1호봉	1,000,000	-	50,000	30,000	-	1,080,000	36,000	12,000	108,000	5,400	161,400	918,600
13	영업부	윤대현	사원	2호봉	1,200,000	-	50,000	30,000	88,000	1,368,000	33,000	11,000	99,000	4,950	147,950	1,220,050
14	영업부	최소라	사원	2호봉	1,200,000	-	50,000	30,000	88,000	1,368,000	33,000	11,000	99,000	4,950	147,950	1,220,050
15	기획부	민경숙	사원	2호봉	1,500,000	-	50,000	50,000	-	1,600,000	37,000	18,000	100,000	6,100	161,100	1,438,900
16	기획부	박광수	사원	1호봉	1,100,000	-	50,000	50,000	-	1,200,000	34,000	18,000	92,000	4,100	148,100	1,051,900
17	사원 계									9,812,000					1,143,100	8,668,900
18	전체									26,094,000					2,719,350	23,374,650

④ 방금 행 기준으로 시도했던 그룹을 열 기준으로 하는 것만 다르다. 먼저 '급여'부분(범위 E3:I3)을 선택한 다음, 리본 메뉴 데이터 윤곽선 그룹을 눌러서 나오는 메뉴 중 ❑ 그룹을 클릭한다. 옵션으로 이번에는 '열'을 선택한다. 다음 같은 방법으로 '공제'부분(범위 K3:N3)을 선택하여 그룹을 시행한다. 마지막으로 전체 열(범위 E3:O3)을 선택해서 그룹을 시행한다(여기에서도 O열까지 포함시켜야 함을 주의할 것). [그림 13-44]는 네 번째 과제까지 해결한 결과이다.

그림 13-44 열별 그룹화까지 시도한 결과

	A	B	C	D	E	F	G	H	I	J	K	L	M	N	O	P
3	부서	이름	직위	호봉	기본급	직위수당	식비	교통비	근속수당	급여총액	갑근세	주민세	국민연금	고용보험	공제총액	지급총액
4	영업부	김용규	부장	4호봉	3,700,000	400,000	300,000	200,000	444,000	5,044,000	111,000	37,000	333,000	16,650	497,650	4,546,350
5	기획부	최이현	부장	4호봉	4,200,000	400,000	300,000	200,000	350,000	5,450,000	100,000	22,000	320,000	16,900	458,900	4,991,100
6	부장 계									10,494,000					956,550	9,537,450
7	영업부	안정호	팀장	3호봉	2,400,000	100,000	150,000	100,000	288,000	3,038,000	72,000	24,000	216,000	10,800	322,800	2,715,200
8	기획부	강태준	팀장	3호봉	2,200,000	100,000	150,000	100,000	200,000	2,750,000	66,000	22,000	198,000	10,900	296,900	2,453,100
9	팀장 계									5,788,000					619,700	5,168,300
10	영업부	김소미	사원	3호봉	1,800,000	-	50,000	50,000	216,000	2,116,000	54,000	18,000	162,000	8,100	242,100	1,873,900
11	영업부	이승민	사원	1호봉	1,000,000	-	50,000	30,000	-	1,080,000	30,000	10,000	90,000	4,500	134,500	945,500
12	영업부	홍길동	사원	1호봉	1,000,000	-	50,000	30,000	-	1,080,000	36,000	12,000	108,000	5,400	161,400	918,600
13	영업부	윤대현	사원	2호봉	1,200,000	-	50,000	30,000	88,000	1,368,000	33,000	11,000	99,000	4,950	147,950	1,220,050
14	영업부	최소라	사원	2호봉	1,200,000	-	50,000	30,000	88,000	1,368,000	33,000	11,000	99,000	4,950	147,950	1,220,050
15	기획부	민경숙	사원	2호봉	1,500,000	-	50,000	50,000	-	1,600,000	37,000	18,000	100,000	6,100	161,100	1,438,900
16	기획부	박광수	사원	1호봉	1,100,000	-	50,000	50,000	-	1,200,000	34,000	18,000	92,000	4,100	148,100	1,051,900
17	사원 계									9,812,000					1,143,100	8,668,900
18	전체									26,094,000					2,719,350	23,374,650

⑤ 직위별 그룹마다 급여총액, 공제총액, 지급총액의 평균을 산출하는 행을 하나 삽입하면 된다. 먼저 직위별 요약 행 바로 위(6행, 10행, 19행)에 행을 하나씩 삽입한다. 행 제목으로 셀 A6, A10, A19에 각각 '부장 평균', '팀장 평균', '사원 평균'이라 입력하라. 다음 새로 삽입된 셀 J6, J10, J19에 SUBTOTAL 함수를 평균을 산출하기 위한 함수_번호 1을 사용하여 앞에서와 같이 입력한다. 급여총액의 직급별 평균을 산출하기 위하여 입력할 수식은 *=SUBTOTAL(1, J4:J5), =SUBTOTAL(1, J8:J9), =SUBTOTAL(1, J12:J18)*이라고 하면 된다. 그리고 공제총액의 직급별 평균을 산출할 셀 O6, 셀 O10, 셀 O19에 입력할 함수식은 각각 *=SUBTOTAL(1, O4:O5), =SUBTOTAL(1, O8:O9), =SUBTOTAL(1, O12:O18)* 이라고 하면 된다. 그리고 지급총액의 직급별 평균을 산출할 셀 P6, 셀 P10, 셀 P19에 입력할 함수식은 각각 *=SUBTOTAL(1, P4:P5), =SUBTOTAL(1, P8:P9), =SUBTOTAL(1, P12:P18)* 이라고 하면 된다.

(※ 이와 같이 비슷한 수식을 입력하는 경우에는 매번 입력하는 것이 아니고 앞에서 입력한 수식을 복사해서 활용하면 된다. 단 여기서는 복사해도 정확하게 셀 참조를 못한다. 그렇지만 복사한 수식을 클릭해서 일부만 적절히 수정하는 방법이 그래도 훨씬 편리하다. 특히 셀 참조 범위만을 수정해야 하는 경우라면 마우스로 드래그만 하면 간단히 수정할 수 있기 때문이다.)

그리고 전체 합계 행 바로 위에 행 21을 삽입하고, 셀 A21에 '전체 평균'이라고 삽입한다. 그리고 셀 J21, O21, P21에 전체 평균을 구할 수 있는 SUBTOTAL 함수식을 각각 삽입한다. 입력할 수식은 *=SUBTOTAL(1, J4:J20), =SUBTOTAL(1, O4:O20), =SUBTOTAL(1, P4:P20)* 이라고 하면 된다. 최종 결과는 [그림 13-45]와 같다.

그림 13-45 예제 82(수동 그룹 설정) 결과

	A	B	C	D	E	F	G	H	I	J	K	L	M	N	O	P
3	부서	이름	직위	호봉	기본급	직위수당	식비	교통비	근속수당	급여총액	갑근세	주민세	국민연금	고용보험	공제총액	지급총액
4	영업부	김용규	부장	4호봉	3,700,000	400,000	300,000	200,000	444,000	5,044,000	111,000	37,000	333,000	16,650	497,650	4,546,350
5	기획부	최이현	부장	4호봉	4,200,000	400,000	300,000	200,000	350,000	5,450,000	100,000	22,000	320,000	16,900	458,900	4,991,100
6	부장 평균									5,247,000					478,275	4,768,725
7	부장 계									10,494,000					956,550	9,537,450
8	영업부	안정호	팀장	3호봉	2,400,000	100,000	150,000	100,000	288,000	3,038,000	72,000	24,000	216,000	10,800	322,800	2,715,200
9	기획부	강태준	팀장	3호봉	2,200,000	100,000	150,000	100,000	200,000	2,750,000	66,000	22,000	198,000	10,900	296,900	2,453,100
10	팀장 평균									2,894,000					309,850	2,584,150
11	팀장 계									5,788,000					619,700	5,168,300
12	영업부	김소미	사원	3호봉	1,800,000	-	50,000	50,000	216,000	2,116,000	54,000	18,000	162,000	8,100	242,100	1,873,900
13	영업부	이승민	사원	1호봉	1,000,000	-	50,000	30,000	-	1,080,000	30,000	10,000	90,000	4,500	134,500	945,500
14	영업부	홍길동	사원	1호봉	1,000,000	-	50,000	30,000	-	1,080,000	36,000	12,000	108,000	5,400	161,400	918,600
15	영업부	윤대현	사원	2호봉	1,200,000	-	50,000	30,000	88,000	1,368,000	33,000	11,000	99,000	4,950	147,950	1,220,050
16	영업부	최소라	사원	2호봉	1,200,000	-	50,000	30,000	88,000	1,368,000	33,000	11,000	99,000	4,950	147,950	1,220,050
17	기획부	민경숙	사원	2호봉	1,500,000	-	50,000	50,000	-	1,600,000	37,000	18,000	100,000	6,100	161,100	1,438,900
18	기획부	박광수	사원	1호봉	1,100,000	-	50,000	50,000	-	1,200,000	34,000	18,000	92,000	4,100	148,100	1,051,900
19	사원 평균									1,401,714					163,300	1,238,414
20	사원 계									9,812,000					1,143,100	8,668,900
21	전체 평균									2,372,182					247,214	2,124,968
22	전체									26,094,000					2,719,350	23,374,650

4 피벗 테이블(PivotTable)

(1) 피벗 테이블 개념

요즘 많이 이야기되고 있는 빅 데이터(Big Data)처럼 복잡한 자료를 내가 원하는 대로 마음대로 요약해 볼 수 있는 기능이 피벗 테이블의 대표적인 기능이다. 이 책에서는 [그림 13-46]의 워크시트에 정리된 데이터 목록을 가지고 피벗 테이블의 기능을 설명하려고 한다. 자료의 내용을 간단히 설명하면 이 회사가 최근 6군데의 고객사들과 거래한 4가지 종류의 제품 판매 자료이다. 거래 번호(ID), 고객사, 거래를 담당하고 있는 직원(담당자), 거래한 제품의 종류, 제품명, 단가, 거래 수량, 판매액 등의 내용이 수록되어 있다.

가령, 최근 며칠 동안 거래한 내역 중에서 "YK 무역"과 거래한 총 판매액은 얼마나 될까? 거래 제품 중 "가공 식품"의 총 판매량은 모두 얼마나 될까? "마왕 계피 캔디"는 총 얼마나 판매되고 있는가? 등 다양한 관심 내용에 대하여 간단히 데이터를 요약해 볼 수 있는 기능을 피벗 테이블이 제공한다.

피벗(Pivot)이란 말이 "축을 중심으로 회전시킨다"라는 의미인 것처럼 피벗 테이블이란 데이터 목록을 각 항목을 중심으로 요약하는 기능을 가지고 있다. 게다가 앞에서 다룬 그룹이나 부분합과 다른 점은 행과 열까지도 자유롭게 바꿀 수 있고, 한 번 만들어

진 피벗 테이블에서도 각 항목을 자유롭게 집어넣거나 빼 볼 수 있는 기능에 있다.

[그림 13-46]의 데이터 목록을 가지고 피벗 테이블의 기능을 간단히 설명해 보겠다. 먼저 고객사별로 어떤 종류의 제품들을 얼마나 구매하였는지 정리해 보자. [그림 13-47]의 첫 번째 표는 고객사별로 종류별 거래 수량을 보여주고 있는 피벗 테이블 보고서이다. 또 [그림 13-47]의 두 번째 표는 고객사별로 종류별 거래 횟수를 보여주고 있는 피벗 테이블 보고서다. 또한 그림에서 볼 수 있는 바와 같이 사용자의 의도에 맞추어 만들어진 피벗 테이블에도 필터 단추가 있어서 고객사 중에서 원하는 고객사만을 필터링해서 볼 수 있을 뿐만 아니라, 제품 종류에서도 필요한 종류만을 선택해서 볼 수 있는 기능도 있다. 다시 말하면, 행 레이블에 달린 필터 단추를 눌러서 행별로 표시된 고객사를 필터링할 수 있고, 열 레이블에 달린 필터 단추를 눌러서 열별로 표시된 제품 종류를 필터링할 수 있다.

그림 13-46 피벗 테이블 연습을 위한 예제 데이터 목록

	A	B	C	D	E	F	G	H	I
4	일련번호	거래ID	고객	담당	종류	제품	단가	수량	판매
5	1	16248	한신 백화점 ㈜	심상우	유제품	현진 커피 밀크	14,000	12	168,000
6	2	16248	한신 백화점 ㈜	심상우	가공 식품	오산 구이 김	8,000	10	80,000
7	3	16248	한신 백화점 ㈜	심상우	유제품	대관령 특제 버터	35,000	5	175,000
8	4	16249	천진백화점 ㈜	정유경	가공 식품	수미 건조 다시마	19,000	9	171,000
9	5	16249	천진백화점 ㈜	정유경	가공 식품	유림 사과 통조림	22,000	30	660,000
10	6	16250	YK 무역 ㈜	박진주	음료	한신 사이다	10,000	10	100,000
11	7	16250	YK 무역 ㈜	박진주	가공 식품	유림 사과 통조림	22,000	35	770,000
12	8	16250	YK 무역 ㈜	박진주	과자류	루이지애나 감자칩	17,000	15	255,000
13	9	16251	삼성 통상 ㈜	홍지선	가공 식품	수미 건조 다시마	19,000	6	114,000
14	10	16251	삼성 통상 ㈜	홍지선	가공 식품	수미 건조 다시마	19,000	15	285,000
15	11	16251	삼성 통상 ㈜	홍지선	과자류	루이지애나 감자칩	17,000	20	340,000
16	12	16252	천진백화점 ㈜	홍지선	과자류	화성 허니 버터칩	20,000	30	600,000
17	13	16252	천진백화점 ㈜	홍지선	유제품	대관령 특제 버터	35,000	25	875,000
18	14	16252	천진백화점 ㈜	정유경	유제품	현진 커피 밀크	14,000	25	350,000
19	15	16253	YK 무역 ㈜	박진주	유제품	모짜렐라 치즈	44,000	20	880,000
20	16	16253	YK 무역 ㈜	박진주	음료	OK 바닐라 셰이크	14,000	24	336,000
21	17	16253	YK 무역 ㈜	박진주	과자류	마왕 계피 캔디	14,000	26	364,000
22	18	16254	오성 상사 ㈜	심상우	음료	한신 콜라	9,000	15	135,000
23	19	16254	오성 상사 ㈜	심상우	과자류	마왕 계피 캔디	14,000	21	294,000
24	20	16254	오성 상사 ㈜	심상우	가공 식품	오산 구이 김	8,000	21	168,000
25	21	16255	YK 무역 ㈜	박진현	음료	태양 레몬 주스	15,000	20	300,000
26	22	16255	YK 무역 ㈜	박진현	과자류	마왕 계피 캔디	14,000	35	490,000
27	23	16255	YK 무역 ㈜	박진현	음료	한신 사이다	10,000	25	250,000
28	24	16255	YK 무역 ㈜	박진현	유제품	모짜렐라 치즈	44,000	20	880,000
29	25	16256	천진백화점 ㈜	홍지선	과자류	화성 허니 버터칩	20,000	15	300,000
30	26	16256	천진백화점 ㈜	홍지선	과자류	알파 바나나쿠키	15,000	12	180,000
31	27	16257	오성 상사 ㈜	박진주	과자류	화성 허니 버터칩	20,000	25	500,000
32	28	16257	오성 상사 ㈜	박진주	음료	OK 바닐라 셰이크	14,000	6	84,000
33	29	16257	오성 상사 ㈜	박진주	과자류	알파 바나나쿠키	15,000	15	225,000
34	30	16258	신세계 테크 ㈜	정유경	음료	태양 레몬 주스	15,000	22	330,000
35	31	16258	신세계 테크 ㈜	정유경	과자류	알파 바나나쿠키	15,000	25	375,000
36	32	16258	신세계 테크 ㈜	정유경	유제품	모짜렐라 치즈	44,000	6	264,000
37	33	16259	한신 백화점 ㈜	심상우	과자류	화성 허니 버터칩	20,000	10	200,000
38	34	16259	한신 백화점 ㈜	심상우	음료	한신 콜라	9,000	10	90,000
39	35	16260	오성 상사 ㈜	박진주	음료	한신 사이다	10,000	16	160,000

그림 13-47 고객사별 종류별 거래 수량 및 거래 횟수 피벗 테이블 보고서

(거래 수량 비교 피벗 테이블 보고서)

	A	B	C	D	E	F
3	**합계 : 수량**	**열 레이블**				
4	**행 레이블**	**가공 식품**	**과자류**	**유제품**	**음료**	**총합계**
5	YK 무역 ㈜	35	76	40	79	230
6	삼성 통상 ㈜	21	20			41
7	신세계 테크 ㈜		25	6	22	53
8	오성 상사 ㈜	21	61		37	119
9	천진백화점 ㈜	39	57	50		146
10	한신 백화점 ㈜	10	10	17	10	47
11	**총합계**	**126**	**249**	**113**	**148**	**636**

(거래 횟수 비교 피벗 테이블 보고서)

	A	B	C	D	E	F
3	**개수 : 제품**	**열 레이블**				
4	**행 레이블**	**가공 식품**	**과자류**	**유제품**	**음료**	**총합계**
5	YK 무역 ㈜	1	3	2	4	10
6	삼성 통상 ㈜	2	1			3
7	신세계 테크 ㈜		1	1	1	3
8	오성 상사 ㈜	1	3		3	7
9	천진백화점 ㈜	2	3	2		7
10	한신 백화점 ㈜	1	1	2	1	5
11	**총합계**	**7**	**12**	**7**	**9**	**35**

(2) 피벗 테이블 만들기

데이터 목록을 피벗 테이블로 만들어서 분석을 해 보기 위해서는 데이터 범위(엑셀 표로 되어 있어도 상관없음) 내의 셀을 하나 클릭한 후, 리본 메뉴 삽입 표 피벗 테이블을 선택하면 된다. 또는 순서를 조금 바꿔서 리본 메뉴 삽입 피벗 테이블을 선택한 후, 엑셀 표나 데이터 범위를 선택해도 된다.

피벗 테이블을 선택하면 [그림 13-48]과 같은 피벗 테이블 만들기 창이 열려서 피벗 테이블을 만들 데이터 범위를 지정하거나 이미 설정된 범위를 확인하고, 피벗 테이블을 넣을 위치를 설정할 수 있다. 부분합과는 달리 피벗 테이블은 행과 열의 항목이 사용자 선택에 따라 크게 변할 수 있기 때문에 기존 워크시트에 만드는 것보다는 새 워크시트에 만드는 것이 편리하다. 확인을 누르면, [그림 13-49]와 같은 피벗 테이블 만들기 작업창이 열린다. 그림의 왼쪽은 피벗 테이블 보고서가 만들어질 공간이고 그림의 오른쪽은 피벗 테이블 보고서에 삽입될 항목과 위치(행 또는 열)를 지정하기 위한 작업 공간이다.

그림 13-48 피벗 테이블 만들기 창

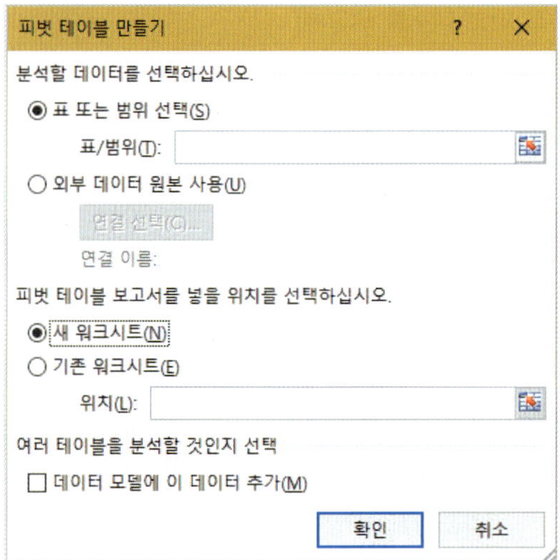

그림 13-49 피벗 테이블 필드 작업창

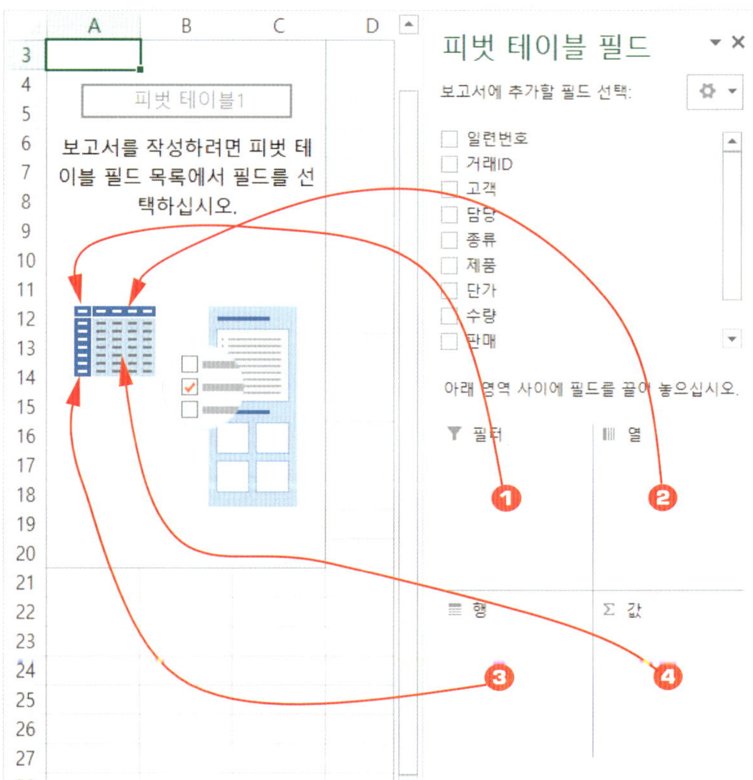

피벗 테이블 필드 작업창을 살펴보자. 상단의 확인란 도구를 이용해서 피벗 테이블 보고서에 나타낼 필드(데이터 항목)를 선택하면 된다. 앞에서 예로 든 [그림 13-47]의 첫 번째 피벗 테이블에서는 피벗 테이블 보고서에 넣을 필드로 "고객", "종류", "수량"을 선택하였고, 두 번째 피벗 테이블에서는 "고객", "종류", "제품"을 선택한 결과다.

네 구역으로 나누어진 작업창 하단의 기능은 직관적으로 표 양식처럼 이해하는 것이 쉽다. 열(❷) 구역에는 피벗 테이블 보고서의 열 머리글에 속하는 값을 가진 필드(항목)를 마우스로 끌어서 이동시키면 된다. 가령 [그림 13-47]의 피벗 테이블 두 가지 모두 열(❷) 구역에는 "종류" 필드를 끌어다 놨기 때문에 만들어진 피벗 테이블을 보면 열 머리글 항목으로 가공식품, 과자류, 유제품, 음료가 배치된 것이다. 행(❸) 구역에는 피벗 테이블 보고서의 행 머리글에 속하는 값을 가진 필드(항목)를 마우스로 끌어서 이동시키면 된다. [그림 13-47]의 피벗 테이블 두 가지 모두 행(❸) 구역에는 "고객" 필드를 끌어다 놨기 때문에 고객 목록이 배치된 것이다.

필터(❶) 구역에는 전체 피벗 테이블 보고서에서 검색할 수 있는 조건을 지정할 필드(항목)를 끌어다 놓으면 되는데, [그림 13-47]의 피벗 테이블 두 가지 모두 여기에 아무 필드도 넣지 않았다. 만약 [그림 13-47]의 위쪽 피벗 테이블에서 "담당" 필드를 하나 더 선택하여 필터(❶) 구역에 끌어다 놓으면 이때 생성되는 피벗 테이블은 아래 [그림 13-50]과 같이 담당자별로 피벗 테이블 보고서를 필터링할 수 있는 형태가 된다. 가령 "박진주"가 담당한 거래만을 따로 피벗 테이블 보고서에 정리하고자 한다면 여기서 해당 자료(담당자가 "박진주"인 거래 자료)만을 선택하면 되고, 그 결과는 [그림 13-51]과 같이 된다.

그림 13-50 "담당" 필드에 필터가 붙은 피벗 테이블 보고서 예

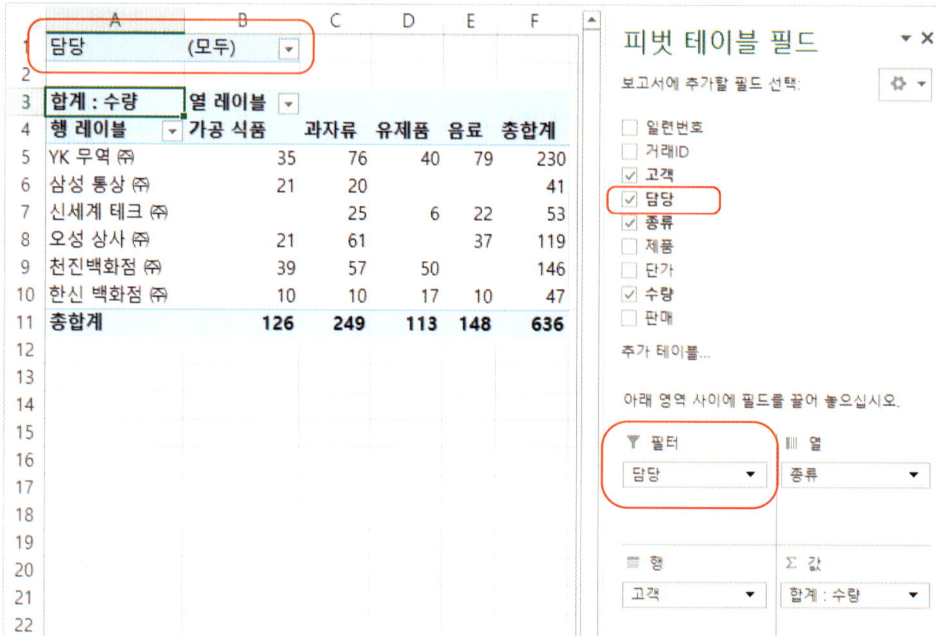

담당	(모두)				
합계 : 수량	**열 레이블**				
행 레이블	**가공 식품**	**과자류**	**유제품**	**음료**	**총합계**
YK 무역 ㈜	35	76	40	79	230
삼성 통상 ㈜	21	20			41
신세계 테크 ㈜		25	6	22	53
오성 상사 ㈜	21	61		37	119
천진백화점 ㈜	39	57	50		146
한신 백화점 ㈜	10	10	17	10	47
총합계	**126**	**249**	**113**	**148**	**636**

그림 13-51 담당자가 "박진주"인 거래만 정리한 피벗 테이블 보고서 예

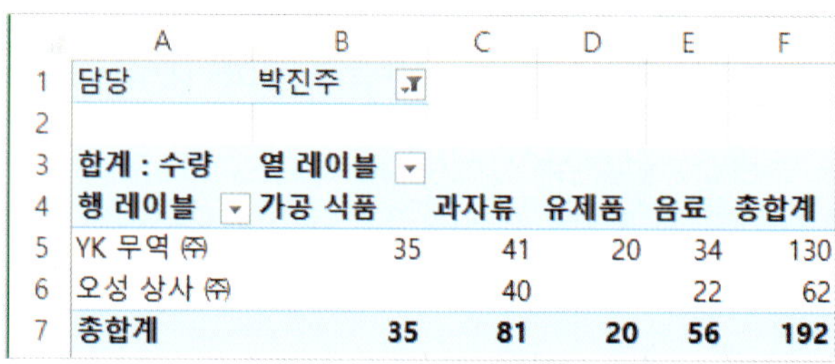

담당	박진주				
합계 : 수량	**열 레이블**				
행 레이블	**가공 식품**	**과자류**	**유제품**	**음료**	**총합계**
YK 무역 ㈜	35	41	20	34	130
오성 상사 ㈜		40		22	62
총합계	**35**	**81**	**20**	**56**	**192**

Σ 값(❹) 구역은 집계할 값을 가진 필드를 끌어다 놓으면 해당 필드의 집계가 이루어진다. 기본적으로 **필드가 숫자값을 가지고 있으면 합계가, 그 외에는 개수가 집계**된다. 앞에서 예로 다룬 [그림 13-47]에서 위쪽 피벗 테이블 보고서에는 이 구역에 수치 데이터가 입력되어 있는 "수량" 필드를 넣었기 때문에 판매된 수량 합계가 집계되었고, 아래쪽 피벗 테이블 보고서에는 이 구역에 텍스트 데이터가 입력되어 있는 "제품" 필드를 넣었기 때문에 같은 이름의 제품이 등장하는 횟수만 세어서 거래 횟수가 집계된 것이다.

예제 83 피벗 테이블

[그림 13-46]의 데이터 목록을 사용하여 피벗 테이블 보고서를 만드는 연습을 해 보자. 이 데이터 목록에는 6군데의 고객사가 5명의 담당자를 통해서 4가지 종류의 제품을 구매하고 있는 상황이 기록되어 있다. 첫째, 고객사별로 각 종류별 제품들의 구매액이 얼마나 되는지 정리해 보라. 둘째, 고객별로 어떤 담당자와 몇 번씩이나 거래를 하고 있는지 정리해 보라. **키워드 : 데이터 관리, 피벗 테이블 보고서**

| 풀이 |

첫 번째 피벗 테이블 보고서를 만들어 보자. 데이터 목록을 클릭한 다음, 리본 메뉴 삽입 표 피벗 테이블을 선택한다. [그림 13-48]의 피벗 테이블 만들기 창의 예처럼 데이터 범위를 확인하고, 피벗 테이블 보고서는 새 워크시트에 만들기로 설정한다. 피벗 테이블 필드 작업창이 열리면 [그림 13-52]의 왼쪽 그림처럼 필드를 배열한다. 우선 피벗 테이블 보고서에 넣을 필드 목록으로 "고객", "종류"를 선택하고 구매액을 산출해야 하므로, "판매" 필드를 추가한다. "고객" 필드는 행(❸) 구역에, "종류" 필드는 열(❷) 구역에, 그리고 "판매" 필드는 Σ 값(❹) 구역에 배열이 되도록 마우스로 필드를 해당 구역으로 드래그한다. 이와 같이 하면 워크시트에 [그림 13-53]의 첫 번째 피벗 테이블 보고서가 완성된다.

이번에는 두 번째 피벗 테이블 보고서를 만들어 보자. 새 워크시트에 만들기로 설정하고, 피벗 테이블 필드 작업창이 열리면 [그림 13-52]의 오른쪽 그림처럼 필드를 배열한다. 우선 피벗 테이블 보고서에 넣을 필드 목록으로 "고객", "담당"을 선택하고 이번에는 거래횟수를 산출해야 하므로, **수량 필드가 아닌** 필드로 "제품" 필드를 추가한다. "고객" 필드는 행(❸) 구역에, "담당" 필드는 열(❷) 구역에, 그리고 "제품" 필드는 Σ 값(❹) 구역에 배열이 되도록 마우스로 필드를 해당 구역으로 드래그한다. 이와 같이 하면 워크시트에 [그림 13-53]의 두 번째 피벗 테이블 보고서가 완성된다.

과연 요구대로 피벗 테이블 보고서가 제대로 작성되었는지 확인해 보기로 하자. 이 두 번째 피벗 테이블 보고서를 보면 "YK 무역 ㈜"는 담당자 박진주와 6회, 박진현과 4회 거래했다고 정리되어 있다. 원래 데이터 목록에서 필터 기능을 이용해서 "YK 무역 ㈜"의 거래 자료만을 출력해 보자. 그 결과 [그림 13-54]에서 확인할 수 있는 바와 같이 담당 "박진주"와 6회, "박진현"과 4회를 거래했음을 알 수 있다. 다른 담당자와의 거래도 이런 식으로 확인할 수 있다. "삼성 통상 ㈜"는 담당자 홍지선하고만 3회, "신세계테크 ㈜"는 담당자 정유경하고만 3회 이런 식이다.

그림 13-52 피벗 테이블 필드 작업창에서의 필드 선택 및 배열 결과

그림 13-53 예제 83 (피벗 테이블) 결과

(첫 번째 과제)

	A	B	C	D	E	F
3	**합계 : 판매**	**열 레이블**				
4	**행 레이블**	**가공 식품**	**과자류**	**유제품**	**음료**	**총합계**
5	YK 무역 ㈜	770,000	1,109,000	1,760,000	986,000	4,625,000
6	삼성 통상 ㈜	399,000	340,000			739,000
7	신세계 테크 ㈜		375,000	264,000	330,000	969,000
8	오성 상사 ㈜	168,000	1,019,000		379,000	1,566,000
9	천진백화점 ㈜	831,000	1,080,000	1,225,000		3,136,000
10	한신 백화점 ㈜	80,000	200,000	343,000	90,000	713,000
11	**총합계**	**2,248,000**	**4,123,000**	**3,592,000**	**1,785,000**	**11,748,000**

(두 번째 과제)

	A	B	C	D	E	F	G
3	**개수 : 제품**	**열 레이**					
4	**행 레이블**	**박진주**	**박진현**	**심상우**	**정유경**	**홍지선**	**총합계**
5	YK 무역 ㈜	6	4				10
6	삼성 통상 ㈜					3	3
7	신세계 테크 ㈜				3		3
8	오성 상사 ㈜	4		3			7
9	천진백화점 ㈜				3	4	7
10	한신 백화점 ㈜			5			5
11	**총합계**	**10**	**4**	**8**	**6**	**7**	**35**

그림 13-54 필터링된 "YK 무역 (주)", "삼성 통상 (주)"의 거래 자료

	A	B	C	D	E	F	G	H	I
4	일련번호	거래ID	고객	담당	종류	제품	단가	수량	판매
10	6	16250	YK 무역 ㈜	박진주	음료	한신 사이다	10,000	10	100,000
11	7	16250	YK 무역 ㈜	박진주	가공 식품	유림 사과 통조림	22,000	35	770,000
12	8	16250	YK 무역 ㈜	박진주	과자류	루이지애나 감자칩	17,000	15	255,000
19	15	16253	YK 무역 ㈜	박진주	유제품	모짜렐라 치즈	44,000	20	880,000
20	16	16253	YK 무역 ㈜	박진주	음료	OK 바닐라 셰이크	14,000	24	336,000
21	17	16253	YK 무역 ㈜	박진주	과자류	마왕 계피 캔디	14,000	26	364,000
25	21	16255	YK 무역 ㈜	박진현	음료	태양 레몬 주스	15,000	20	300,000
26	22	16255	YK 무역 ㈜	박진현	과자류	마왕 계피 캔디	14,000	35	490,000
27	23	16255	YK 무역 ㈜	박진현	음료	한신 사이다	10,000	25	250,000
28	24	16255	YK 무역 ㈜	박진현	유제품	모짜렐라 치즈	44,000	20	880,000

	A	B	C	D	E	F	G	H	I
4	일련번호	거래ID	고객	담당	종류	제품	단가	수량	판매
13	9	16251	삼성 통상 ㈜	홍지선	가공 식품	수미 건조 다시마	19,000	6	114,000
14	10	16251	삼성 통상 ㈜	홍지선	가공 식품	수미 건조 다시마	19,000	15	285,000
15	11	16251	삼성 통상 ㈜	홍지선	과자류	루이지애나 감자칩	17,000	20	340,000

(3) 피벗 테이블 수정

이미 만들어진 피벗 테이블을 수정하려면, 피벗 테이블 내의 아무 셀이나 클릭하여, [피벗 테이블 필드] 작업창에서 보고서에 들어갈 필드를 추가/삭제하거나, 특정 필드를 네 구역에 적절히 이동/배치시키면 된다. 필드를 마우스로 이쪽저쪽으로 옮겨 보면서 그때 생성되는 피벗 테이블 보고서가 어떤 형태로 만들어지는지 살펴보기 바란다.

이때 피벗 테이블 보고서를 클릭했는데 [피벗 테이블 필드] 작업창이 보이지 않을 경우에는 아래 그림에서 보는 바와 같이 [리본 메뉴] [피벗 테이블 도구] [분석] [표시] [필드 목록]을 누르면 [피벗 테이블 필드] 작업창이 열린다.

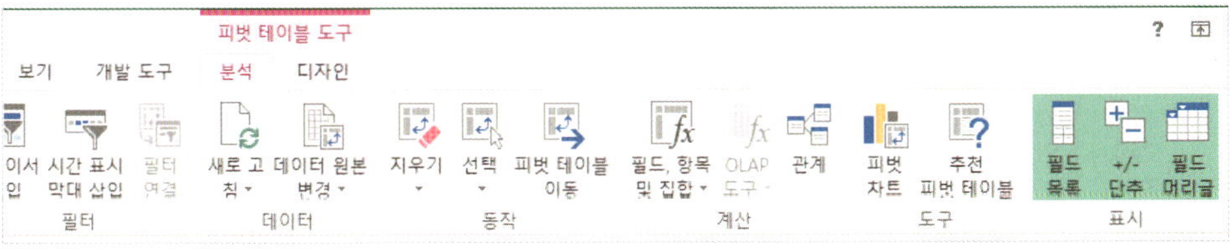

그리고 피벗 테이블 보고서를 만드는 데 참조된 데이터가 변했을 경우에는 피벗 테이블 보고서를 **업데이트**시키면 된다. 데이터 변경에 따른 피벗 테이블 업데이트는 [리본 메뉴] [피벗 테이블 도구] [분석] [데이터] [새로 고침]에서 [새로 고침]을 하고, 데이터 범위가 변경된 경우에는 [데이터 원본 변경]에서 [데이터 원본 변경]을 선택하여 새로운 범위를 지정하면 된다.

또한 피벗 테이블을 제거할 때에는 제거할 피벗 테이블을 클릭하고 리본 메뉴 피벗 테이블 도구 분석 동작 지우기 에서 ❑ 모두 지우기 를 클릭하면 된다.

예제 84 피벗 테이블 수정 1

예제 83 에서 만든 첫 번째 피벗 테이블 보고서를 다음과 같이 수정해 보자. 이번에는 고객별로 제품들의 거래 수량이 얼마나 되는지 알고 싶은데, 종류별로 필터링할 수 있도록 만들어라. **키워드 : 데이터 관리, 피벗 테이블 보고서, 피벗 테이블 수정**

| 풀이 |

앞에서 다뤘던 피벗 테이블 보고서를 클릭하여 피벗 테이블 필드 작업창을 열고 다음과 같이 수정한다. 먼저 보고서에 추가할 필드는 "고객", "종류", "수량"으로 선택한다. "고객" 필드는 그대로 행(❸) 구역에 놓는다. "종류" 필드는 필터링을 할 수 있도록 필터(❶) 구역으로 옮긴다. 거래 수량을 집계해야 하므로 "수량" 필드는 Σ 값(❹) 구역에 놓는다. 이번에는 열(❷) 구역에는 아무 필드도 배치하지 않는다. 따라서 피벗 테이블 필드 작업창의 설정은 [그림 13-55]처럼 하면 된다.

그림 13-55 피벗 테이블 필드 작업창 설정과 피벗 테이블 보고서

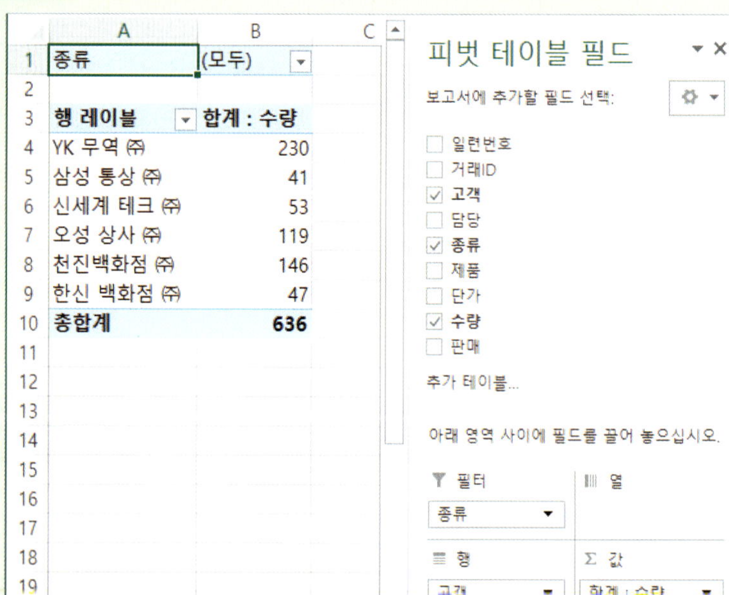

완성된 피벗 테이블 보고서를 놓고, "종류"에 대해서 필터링을 해 보면 전체 판매 수량뿐만 아니라 종류별 판매 수량도 쉽게 확인해 볼 수 있다. [그림 13-56]은 완성된 피벗 테이블 보고서와 "가공 식품"만을 필터링해 본 판매 수량 보고서를 보여 주고 있다.

그림 13-56 예제 84 (피벗 테이블 수정 1) 결과

	A	B
1	종류	(모두)
2		
3	행 레이블	합계 : 수량
4	YK 무역 ㈜	230
5	삼성 통상 ㈜	41
6	신세계 테크 ㈜	53
7	오성 상사 ㈜	119
8	천진백화점 ㈜	146
9	한신 백화점 ㈜	47
10	총합계	636

	A	B
1	종류	가공 식품
2		
3	행 레이블	합계 : 수량
4	YK 무역 ㈜	35
5	삼성 통상 ㈜	21
6	오성 상사 ㈜	21
7	천진백화점 ㈜	39
8	한신 백화점 ㈜	10
9	총합계	126

예제 85 피벗 테이블 수정 2

예제 83의 피벗 테이블 보고서를 다음과 같이 수정해 보자. 첫째, 담당별로 판매 수량과 판매액 보고서를 만들어 보라. 둘째, 고객들이 어떤 종류의 제품을 구입했는지 종류별로 판매된 수량을 분석할 수 있는 보고서를 만들어 보라. **키워드 : 데이터 관리, 피벗 테이블 보고서, 피벗 테이블 수정**

| 풀이 |

첫째, 피벗 테이블 보고서를 클릭하여 [피벗 테이블 필드] 작업창을 열고 다음과 같이 수정한다. 보고서에 추가할 필드로 "담당", "수량", "판매"를 선택한다. "담당" 필드는 행(❸) 구역에 놓는다. 거래 수량과 판매액을 집계해야 하므로 "수량" 필드와 "판매" 필드를 모두 Σ 값(❹) 구역에 놓는다. 열(❷) 구역에는 배치한 필드가 없으므로 자동으로 "합계 : 수량"과 "합계 : 판매"가 제목으로 붙는다. 따라서 [피벗 테이블 필드] 작업창의 설정은 [그림 13-57]처럼 하면 된다.

그림 13-57 [피벗 테이블 필드] 작업창 설정 수정과 피벗 테이블 보고서

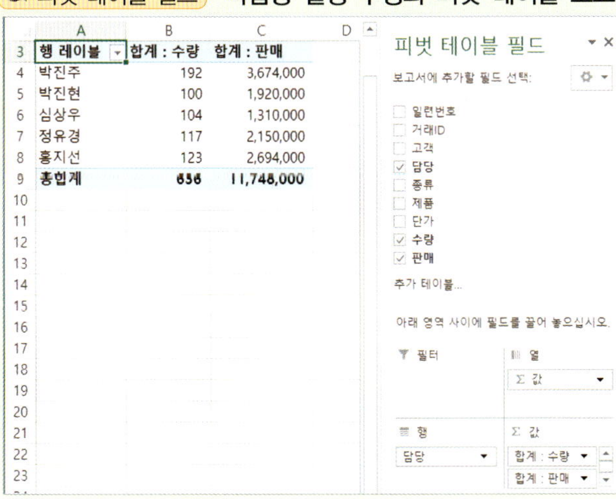

	A	B	C
3	행 레이블	합계 : 수량	합계 : 판매
4	박진주	192	3,674,000
5	박진현	100	1,920,000
6	심상우	104	1,310,000
7	정유경	117	2,150,000
8	홍지선	123	2,694,000
9	총합계	636	11,748,000

둘째, 피벗 테이블 보고서를 클릭하여 **피벗 테이블 필드** 작업창을 열고 다음과 같이 수정한다. 보고서에 추가할 필드로 "고객", "종류", "수량"을 선택한다. "고객" 필드는 행(❸) 구역에 놓는다. "종류" 필드는 열(❷) 구역에 놓는다. 거래 수량을 집계해야 하므로 "수량" 필드를 Σ 값(❹) 구역에 놓는다. 따라서 **피벗 테이블 필드** 작업창의 설정은 [그림 13-58]처럼 하면 된다.

그림 13-58 **피벗 테이블 필드** 작업창 설정 수정과 피벗 테이블 보고서

합계 : 수량	열 레이블				
행 레이블	가공 식품	과자류	유제품	음료	총합계
YK 무역 ㈜	35	76	40	79	230
삼성 통상 ㈜	21	20			41
신세계 테크 ㈜		25	6	22	53
오성 상사 ㈜	21	61		37	119
천진백화점 ㈜	39	57	50		146
한신 백화점 ㈜	10	10	17	10	47
총합계	126	249	113	148	636

Chapter

14

양식 컨트롤 도구와 매크로 활용

1. 양식 컨트롤 도구의 활용 : 옵션 단추와 그룹 상자
2. 매크로(Macro) 활용

1 양식 컨트롤 도구의 활용 : 옵션 단추와 그룹 상자

양식 컨트롤 도구에 대해서는 이미 개념과 간단한 활용 방법에 대해서 공부하였다. 제8장에서는 스핀 단추와 스크롤 막대의 활용에 대해서 다뤘고, 제10장에서는 확인란과 콤보 상자의 활용에 대해서 다뤘다.

양식 컨트롤 도구의 개념을 확인하기 위해서는 제8장 2절 참고

여기서는 미뤄 두었던 **옵션 단추**와 **그룹 상자**의 활용법에 대해서 살펴보기로 한다. 옵션 단추는 제시된 몇 가지 메뉴 중에서 딱 하나를 선택하는 용도로 활용된다. 메뉴를 클릭하여 선택하는 점은 확인란과 유사하지만 옵션 단추는 제시된 메뉴에서 반드시 하나만 선택이 허용된다는 점이 다르다(옵션 단추를 라디오 버튼(Radio Button)이라고 부르기도 한다. 그것은 옵션 단추 메뉴를 하나 선택하면 이미 선택했던 다른 옵션 단추가 자동으로 해제되기 때문인데, 마치 옛날 라디오의 채널 버튼을 누르는 것 같다고 해서 그렇게 불렸다). 따라서 확인란 양식 컨트롤 도구는 개별 메뉴마다 선택이 되었는지 아닌지를 따지기만 하면 되지만, 옵션 단추는 메뉴들끼리 그룹이 필요하다. 왜냐하면 그 그룹 속에서 단지 하나만 선택이 허용되기 때문이다. 따라서 여러 개의 옵션 단추를 그려 넣으면 모두 단 하나의 셀과 연결된다. 또 같은 그룹 속의 어느 하나의 옵션 단추가 연결된 셀을 변경하면 다른 옵션 단추도 모두 그 변경된 셀로 자동으로 연결된다. 그룹이 다르면 비로소 다른 셀과 연결된 옵션 단추를 넣을 수 있다. **옵션 단추들을 그룹화하기 위해서는 그룹 상자를 사용한다.** 그룹 상자를 사용하여 옵션 단추들을 그룹화할 수 있으므로, 다른 용도로 사용할 옵션 단추 그룹은 얼마든지 만들 수 있다.

확인란에 대해서는 제10장 2절 참고

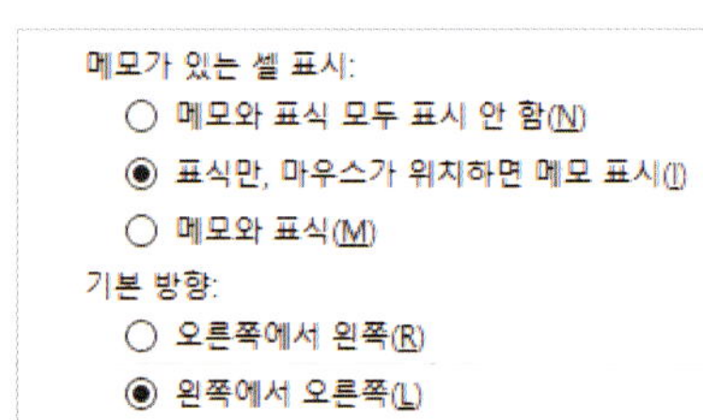

옆의 그림은 실제로 엑셀 프로그램에서 옵션 단추를 활용하고 있는 예이다. 여기에는 두 종류의 선택 요청이 있는데, 하나는 "메모가 있는 셀 표시"에 대한 선택이고 다른 하나는 "기본 방향"에 대한 선택을 위한 것이다. 사용자는 전자의 요청에 세 가지 방법 중 하나를 선택해야 하고, 또 후자의 요청에 대해서 두 가지 방법 중 하나를 선택해야 한다. 여기서는 두 그룹의 옵션 단추들이 사용된 것이다.

위의 예와 같은 내용을 워크시트에 직접 만들어 보자. 두 개의 옵션 단추 그룹이 필

요하므로 먼저 그룹 상자를 두 개를 그려 넣는다. 그리고 그룹 상자의 레이블을 클릭해서 예와 같이 텍스트를 편집한다. 그리고 각 그룹 상자 속에 옵션 단추를 그려 넣는다. 첫 번째 그룹 상자 속에는 옵션 단추 3개를, 두 번째 그룹 상자 속에는 옵션 단추 2개를 그려 넣는다. 옵션 단추도 텍스트 편집을 통해서 예와 같이 편집한다. 이 과정을 [그림 14-1]에 정리하였다. 이때 주의할 점은 그룹 상자의 크기는 그 속에 그룹 옵션 단추들이 모두 완전히 포함될 수 있도록 그려야 한다는 것이다. 서로 다른 그룹의 그룹 상자가 겹치거나 그룹 상자의 선이 옵션 단추와 겹치거나 하는 경우에는 의도와는 달리 다른 그룹에 속하게 되어 오작동을 일으킬 수가 있기 때문이다.

그림 14-1 두 개의 옵션 단추 그룹 사용 예

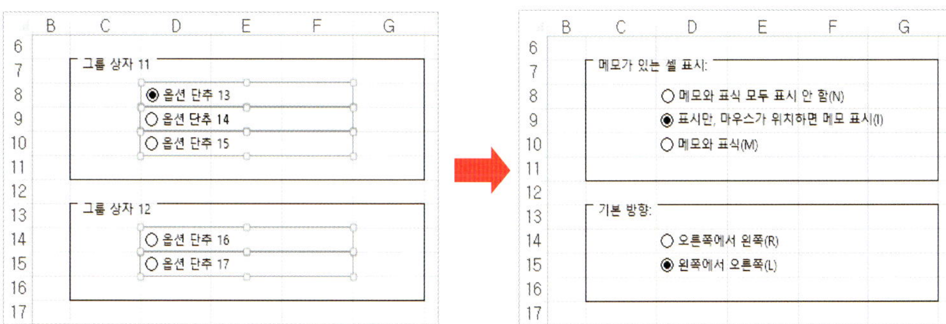

아포리즘 30 옵션 단추와 그룹 상자의 관계

옵션 단추들을 그룹화하기 위해서는 그룹 상자라는 양식 컨트롤 도구를 사용한다. 그룹 상자는 다른 양식 컨트롤 도구와 달리 옵션 단추들을 그룹화하는 용도로만 사용된다. 따라서 그룹 상자의 컨트롤 서식을 열면 아무 설정도 없고 그저 "3차원 음영" 설정 여부만 묻고 있다. 물론 그룹 상자에 레이블을 붙일 수 있다. 이 레이블은 옵션 단추 그룹의 제목으로 사용되는 것이 보통이다. 또한 그룹 상자는 그룹 속의 옵션 단추들을 모두 테두리 선 안에 포함할 수 있도록 그려야 한다.

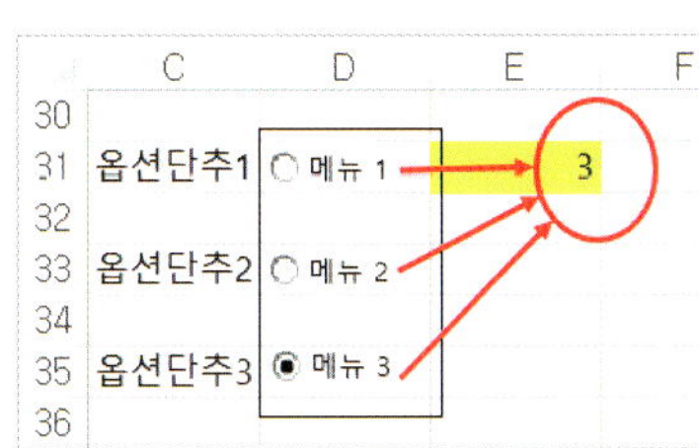

옆의 워크시트 예는 옵션 단추 3개를 워크시트에 삽입하고 그룹 상자로 묶은 예이다. 옵션 단추를 하나 클릭할 때 연결된 셀에 반환되는 값은 옵션 단추 그룹 속에서 몇 번째 옵션 단추가 선택되었는지를 나타내는 숫자다. 가령 옆의 워크시트를 보면 세 번째 옵션 단추인 "메뉴 3"이 선택되었다는 것을 알려준다. 또 이미 언급한 바와 같

이 3개의 옵션 단추가 연결된 셀은 셀 E31로 모두 같다는 것도 알 수 있다.

옵션 단추 양식 컨트롤 도구의 컨트롤 서식도 무척 간단하다. [그림 14-2]는 옵션 단추 컨트롤 서식 창의 모습이다. 확인란 도구처럼 "색 및 선"을 설정할 수 있고, 셀 연결을 지정하는 것 정도다. 옵션 단추를 사용하는 방법에 대한 설명은 예제를 통해서 살펴보도록 한다.

그림 14-2 옵션 단추 컨트롤 서식 창

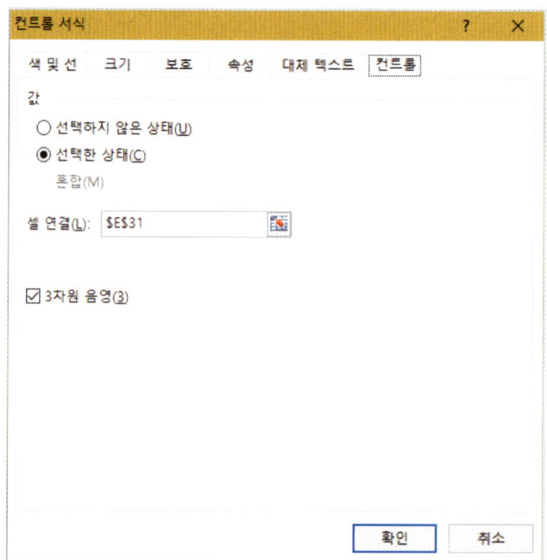

옵션 단추를 여러 개 워크시트에 그려 넣는 경우에 가장 편리한 방법은 워크시트 셀의 크기에 딱 맞추는 방법이다.

제8장 2절의 아포리즘 16 참고

혹시 여러 개의 옵션 단추가 다양한 크기로 들쑥날쑥 놓였다면 어떻게 정렬할 수 있을까? 일단 여러 개의 옵션 단추 개체를 선택한다. [그림 14-3]의 왼쪽처럼 옵션 단추 개체들을 선택한 상태에서는 리본 메뉴에 그리기 도구 탭이 생기는데, 여기서 서식 정렬 맞춤을 눌러서 옆의 그림과 같은 맞춤 방식을 선택하면 된다. 가령, 여기서 왼쪽 맞춤을 선택하였다고 하면, 옵션 단추 개체들은 [그림 14-3]의 오른쪽 그림처럼 왼쪽을 맞춰 정렬된다.

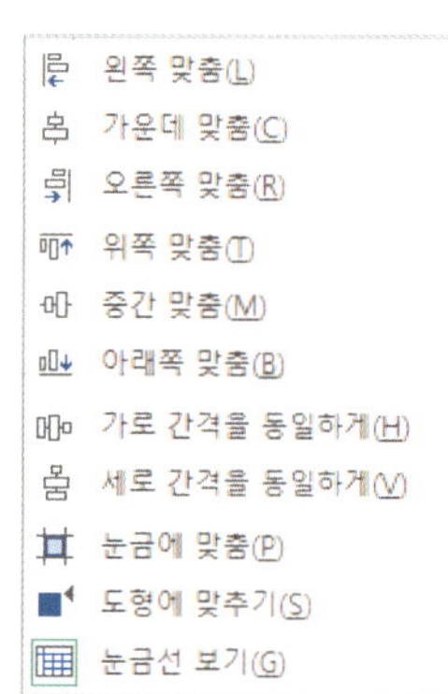

그림 14-3 옵션 단추 개체 정렬 예

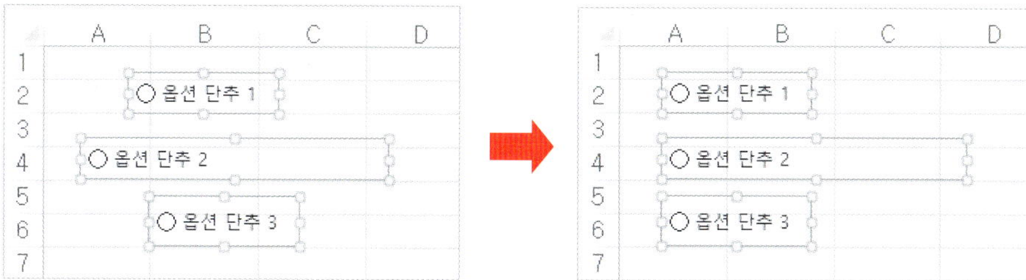

옵션 단추를 마우스로 클릭하면 개체 선택이 되는 것이 아니라 옵션을 선택한 상태로 변한다. 옵션 단추와 같은 **개체를 선택하기 위해서는 마우스 오른쪽 버튼으로 클릭**해야 한다. 이것이 번거롭거나 옵션 단추가 다른 개체와 붙어 있어서 제대로 클릭하기 어려운 경우도 있는데, 이럴 때는 [리본 메뉴] [홈] [편집] [찾기 및 선택]에서, [❑ 개체 선택]을 클릭하면 마우스 포인터가 화살표 모양(⇖)으로 바뀌면서 개체를 선택할 수 있는 상태가 된다. 이때는 마우스로 클릭하면서 개체를 선택할 수 있다. 다시 엑셀의 워크시트로 되돌아가려면 [❑ 개체 선택]을 또 클릭해야 한다. 그래도 개체 선택이 쉽지 않은 경우가 있는데, 너무 밀집되어 있어서 하나를 골라내기 어려운 경우나 찾는 개체가 어디 있는지 잘 모를 경우에는 [리본 메뉴] [홈] [편집] [찾기 및 선택]에서, [❑ 선택 창]을 클릭하면 화면 우측에 [그림 14-4]와 같은 [선택] 작업창이 열려서 원하는 개체를 목록에서 직접 고를 수 있다.

그림 14-4 [선택] 자업창

예제 86 옵션 단추

다음처럼 4개의 선택과목 목록 중에서 단 한 과목만을 선택하는 옵션 단추를 붙여보자. 옵션 단추는 범위 A2:A5에 각 셀마다 하나씩 셀에 딱 맞게 붙이도록 하라. 그리고 옵션 단추의 연결 셀은 셀 C2로 하라. **키워드 : 양식 컨트롤 도구, 옵션 단추, 그룹 상자**

	A	B	C
1	선택여부	목록	연결 셀
2		경영학원론	
3		사회학원론	
4		경제학원론	
5		전산학개론	

| 풀이 |

리본 메뉴 개발 도구 컨트롤 삽입에서 옵션 단추를 클릭하여 셀 A2에 딱 맞게 그려 넣는다. 하나를 딱 맞게 그려 넣는 것이 중요한데, 하나만 잘 그려 넣으면 이것을 복사해서 나머지 셀에다 넣을 수 있기 때문이다(옵션 단추와 같은 개체를 복사하는 것은 셀의 수식을 복사하는 것과는 전혀 다르다는 것을 이해할 것). 옵션 단추를 마우스 오른쪽 버튼으로 클릭하고 ❑ 텍스트 편집을 눌러서 옵션 단추 속의 메뉴 텍스트를 "선택"으로 수정한다. 다시 마우스 오른쪽 버튼을 클릭하고 ❑ 컨트롤 서식을 눌러서 나오는 컨트롤 서식 창에서 셀 연결은 셀 C2를 지정한다. 이렇게 해서 하나의 옵션 단추를 완성시킨다.

이 옵션 단추를 복사해서 나머지 셀(A3, A4, A5)에 붙여 넣는다(옵션 단추를 마우스 오른쪽 버튼으로 클릭한 상태에서 "복사"를 선택하고, 필요한 셀로 포인터를 옮긴 후에 "붙여넣기"를 해야 한다). 복사된 옵션 단추의 ❑ 컨트롤 서식을 눌러서 자동으로 각 옵션 단추의 셀 연결이 모두 셀 C2로 되어 있음을 확인해 보라. 여기서는 옵션 단추 그룹이 하나 뿐인 상황이라 그룹 상자가 없어도 문제가 없지만, 일반적으로 옵션 단추 그룹은 그룹 상자로 묶어 둬야 정상적이라고 할 수 있다.

그룹 상자를 그려 넣자. 리본 메뉴 개발 도구 컨트롤 삽입에서 그룹 상자를 클릭하여 범위 A2:A5에 딱 맞게 그려 넣는다. 이미 그려진 옵션 단추들의 테두리 선과 그룹 상자의 테두리 선이 모두 셀 테두리 선에 딱 맞춰졌기 때문에 문제가 발생하지 않는다. 그룹 상자를 그려 넣었으면 옵션 단추를 클릭하면서 셀 C2에 나타나는 숫자가 목록의 순서와 일치하는지 확인한다. 가령, 경영학원론 과목 앞에 넣은 옵션 단추를 클릭하면 셀 C2에는 1이 반환되어야 하고, 사회학원론 과목 앞에 붙은 옵션 단추를 클릭하면 2가 반환되어야 한다.

그림 14-5 예제 86 (옵션 단추) 결과

	A	B	C
1	선택여부	목록	연결 셀
2	○ 선택	경영학원론	2
3	◉ 선택	사회학원론	
4	○ 선택	경제학원론	
5	○ 선택	전산학개론	

예제 87 옵션 단추 활용 1

예제 86 을 활용해서 이번에는 옵션 단추로 선택한 과목명과 개설학과가 수강신청서에 자동으로 기록이 되게 만들어 보자. 수강신청서 양식과 과목별 개설학과 데이터베이스는 아래 그림과 같다. 셀 A10에는 선택한 과목명이, 셀 C10에는 개설학과명이 나오도록 적당한 수식을 입력하라. **키워드 : 양식 컨트롤 도구, 옵션 단추, 그룹 상자, VLOOKUP 함수**

	A	B	C	D	E	F	G
1	선택여부	목록	연결 셀		학수번호	선택과목	개설학과
2	○ 선택	경영학원론	4		1	경영학원론	경영학과
3	○ 선택	사회학원론			2	사회학원론	사회학과
4	○ 선택	경제학원론			3	경제원론	경제학과
5	◉ 선택	전산학개론			4	전산학개론	컴퓨터학과
6							
7	수강신청서						
8	경영학과	학번 : 201547007		이름: 염건			
9	선택과목명		개설학과				
10							

| 풀이 |

이 예제는 옵션 단추를 선택했을 때 반환되는 숫자를 통해서 원하는 작업을 어떻게 할 수 있는가를 이해하기 위한 것이다. 예제 86 에서 옵션 단추를 선택한 결과는 연결된 셀 C2에 1, 2, 3, 4의 값으로 반환되고 이 숫자는 옵션 단추 메뉴의 순서에 해당되는 값이다. 따라서 이 숫자를 **찾을_값**으로 하여 VLOOKUP 함수를 사용하면 선택과목과 개설학과를 가져올 수 있다. 이때 VLOOKUP 함수의 **참조표**는 범위 E1:G5를 지정하면 된다.

따라서 셀 A10에 입력할 수식은 *=VLOOKUP(C2, $E$1:$G$5, 2, FALSE)* 라고 하면 된다. 선택과목 이름은 참조표의 두 번째 열에 있고, 근사 허용은 의미가 없으므로 FALSE로 입력해야 한다. 또 셀 C10에 입력할 수식은 *=VLOOKUP(C2, $E$1:$G$5, 3, FALSE)* 라고 하면 된다. 개설학과 이름은 참조표의 세 번째 열에 있기 때문이다. 나머지는 동일하다(이때 VLOOKUP 함수 대신 CHOOSE 함수를 사용해도 된다).

제10장 3절의 아포리즘 21 참고

그림 14-6 예제 87 (옵션 단추 활용 1) 결과

	A	B	C	D	E	F	G
1	선택여부	목록	연결 셀		학수번호	선택과목	개설학과
2	○ 선택	경영학원론	4		1	경영학원론	경영학과
3	○ 선택	사회학원론			2	사회학원론	사회학과
4	○ 선택	경제학원론			3	경제원론	경제학과
5	◉ 선택	전산학개론			4	전산학개론	컴퓨터학과
6							
7	수강신청서						
8	경영학과	학번 : 201547007		이름: 염건			
9	선택과목명		개설학과				
10	전산학개론		컴퓨터학과				

예제 88 옵션 단추 활용 2

두 개의 옵션 단추 그룹을 사용하는 예를 다뤄 보자. 옵션 단추는 아래의 [그림 14-7]을 참고하여 그려 넣어라. 첫 번째 그룹은 과제 "제출 기한"에 따른 평가를 위한 옵션 단추 메뉴이고, 두 번째 그룹은 "내용 평가"를 위한 옵션 단추 메뉴이다. 구체적인 요구 내용은 아래에 정리하였다. **키워드 : 양식 컨트롤 도구, 옵션 단추, 그룹 상자, VLOOKUP 함수**

① 과제 "제출 기한"에 따른 평가를 위한 옵션 단추의 4가지 메뉴는 각각 "정시 제출", "하루 늦음", "며칠 늦음", "1주일 이상 늦음"으로 하라. 옵션 단추의 셀 연결은 셀 C3로 하라. 각각의 선택에 따른 점수는 주어진 데이터베이스 자료에 따라 부여하라. 평가점수는 셀 C6에 산출하라.

② "내용 평가"를 위한 옵션 단추의 4가지 메뉴는 각각 "정확", "경미한 실수", "부분적 오류", "심각한 오류"로 하라. 옵션 단추의 셀 연결은 셀 C9로 하라. 각각의 선택에 따른 점수는 주어진 데이터베이스 자료에 따라 부여하라. 평가점수는 셀 C12에 산출하라.

	A	B	C	D	E	F	G
1							
2					제출기한에 따른 평가 점수		
3					1	정시 제출	100
4					2	하루 늦음	90
5			평가결과		3	며칠 늦음	80
6					4	1주일이상 늦음	70
7							
8					내용 평가에 따른 평가 점수		
9					1	정확	100
10					2	경미한 실수	80
11			평가결과		3	부분적 오류	60
12					4	심각한 오류	40

| 풀이 |

리본 메뉴 개발 도구 컨트롤 삽입 에서 옵션 단추를 클릭하여 범위 A3:B3에 딱 맞게 그려 넣는다. 옵션 단추를 마우스 오른쪽 버튼으로 클릭하고 ❏ 텍스트 편집 을 눌러서 옵션 단추 속의 메뉴 텍스트를 "정시 제출"로 수정한다. 다시 마우스 오른쪽 버튼을 클릭하고 ❏ 컨트롤 서식 을 눌러서 나오는 ▦ 컨트롤 서식 창에서 셀 연결은 셀 C3를 지정한다. 이렇게 해서 하나의 옵션 단추를 완성시킨다.

이 옵션 단추를 복사해서 나머지 셀(A4, A5, A6)에 붙여 넣는다. 각 옵션 단추의 셀 연결은 모두 자동으로 셀 C3로 되어 있음을 확인해 보라. 그리고 각 옵션 단추를 클릭해서 텍스트를 차례로 "하루 늦음", "며칠 늦음", "1주일 이상 늦음"으로 수정하라.

이번에는 리본 메뉴 개발 도구 컨트롤 삽입 에서 그룹 상자를 클릭하여 범위 A2:B6에 딱 맞게 그려 넣는다. 이미 그려진 옵션 단추들의 테두리 선과 그룹 상자의 테두리 선이 모두 셀 테두리 선에 딱 맞춰졌기 때문에 문제가 발생하지 않는다. 그룹 상자를 클릭해서 텍스트를 "제출기한"으로 수정하라. 그룹 상자를 그려 넣었으면 옵션 단추를 클릭하면서 셀 C3에 나타나는 숫자가 목록의 순서와 일치하는지 확인한다. 가령, "정시 제출" 옵션 단추를 클릭하면 셀 C3에는 1이 반환되어야 하고, "며칠 늦음" 옵션 단추를 클릭하면 3이 반환되어야 한다.

이번에는 반환되는 숫자를 이용해서 평가 점수를 산출하는 수식을 셀 C6에 입력해야 한다. VLOOKUP 함수를 이용하고 찾을_값은 C3의 값으로 하고, 참조표는 범위 E2:G6를 지정하면 된다. 평가점수는 참조표의 세 번째 열에 있다. 따라서 입력할 수식은 *=VLOOKUP(C3, $E$2:$G$6, 3, FALSE)* 라고 하면 된다(이 경우 참조표의 첫 번째 열에 대해서 정렬이 되어 있고, 또 연결된 셀에 반환되는 숫자와 참조표 숫자가 동일하므로 근사를 허용해도 상관없다). 이제 하나의 그룹에 대한 옵션 단추 작업이 완성되었다.

두 번째 그룹을 만들기 위해서 앞에서와 동일한 작업을 반복한다. 옵션 단추를 범위 A9:B9에 딱 맞게 그려 넣는다. 옵션 단추 속의 메뉴 텍스트를 "정확"으로 수정한다. 이 옵션 단추의 셀 연결은 셀 C9를 지정한다. 이 옵션 단추를 복사해서 나머지 셀(A10, A11, A12)에 붙여 넣는다. 각 옵션 단추의 셀 연결이 모두 자동으로 셀 C9로 되어 있음을 확인해 보라. 그리고 각 옵션 단추를 클릭해서 텍스트를 차례로 "경미한 실수", "부분적 오류", "심각한 오류"로 수정하라.

그리고 역시 그룹 상자를 클릭하여 범위 A8:B12에 딱 맞게 그려 넣는다. 그룹 상자를 그려 넣었으면 옵션 단추를 클릭하면서 셀 C9에 나타나는 숫자가 목록의 순서와 일치하는지 확인한다. 또한 앞에서 설정한 셀 C3의 값이 두 번째 그룹의 옵션 단추를 클릭할 때 변하지 않는지 확인해야 한다. 가령, "부분적 오류" 옵션 단추를 클릭하면 셀 C9에는 3이 반환되어야 하고, 셀 C3의 값은 변하지 말아야 한다. 그룹 상자를 클릭해서 텍스트를 "내용평가"로 수정하라.

이번에는 반환되는 숫자를 이용해서 평가 점수를 산출하는 수식을 셀 C12에 입력해야 한다. VLOOKUP 함수를 이용하고 찾을_값은 C9의 값으로 하고, 참조표는 범위 E8:G12를 지정하면 된다. 평가점수는 참조표의 세 번째 열에 있다. 따라서 입력할 수식은 *=VLOOKUP(C9, $E$8:$G$12, 3)* 이라고 하면 된다. 이처럼 근사를 허용해도 상관없다.

만약 두 그룹의 옵션 단추가 서로 얽힌 모양으로 반응한다면 그룹 상자의 테두리 선 내에 옵션 단추의 테두리 선이 완전히 포함되지 않은 경우이기 때문에 테두리 선을 잘 살펴봐야 한다. 테두리 선이 잘못되어 그룹 내의 옵션 단추를 클릭했을 때 두 개의 옵션 단추가 선택된 상태가 되거나 선택된 옵션 단추가 하나도 없는 상태가 발생하면 옵션 단추를 삭제하고 다시 그려 넣는 것이 쉽다.

그림 14-7 예제 88(옵션 단추 활용 2) 결과

	A	B	C	D	E	F	G
1							
2	제출기한				제출기한에 따른 평가 점수		
3	◉ 정시 제출		1		1	정시 제출	100
4	○ 하루 늦음				2	하루 늦음	90
5	○ 며칠 늦음		평가결과		3	며칠 늦음	80
6	○ 1주일이상 늦음		100		4	1주일이상 늦음	70
7							
8	내용평가				내용 평가에 따른 평가 점수		
9	○ 정확		3		1	정확	100
10	○ 경미한 실수				2	경미한 실수	80
11	◉ 부분적 오류		평가결과		3	부분적 오류	60
12	○ 심각한 오류		60		4	심각한 오류	40

예제 89 옵션 단추 활용 3

양식 컨트롤 도구를 사용하여 수강신청을 전자문서로 한다고 가정하자. 아래의 과목 중 수강할 과목을 선택하면 수강신청서에 자동으로 기록되게 워크시트를 만들어 보라. 단 한 영역에서 반드시 한 과목은 신청해야 한다. 과목을 선택하기 위한 옵션 단추는 범위 D2:D7에 모두 6개를 넣어라. 필요하면 그룹 상자를 넣어라. 옵션 단추의 셀 연결은 E열의 적당한 곳으로 하라. **키워드 : 양식 컨트롤 도구, 옵션 단추, 그룹 상자, VLOOKUP 함수**

	A	B	C	D	E	F	G
1	번호	영역	선택과목	선택여부			
2	1	사회과학	경영학원론			수강신청서	
3	2		광고학개론			영역	선택과목
4	3		경제원론			사회과학	
5	1	인문과학	국사학			인문과학	
6	2		철학				
7	3		국어학				

| 풀이 |

이 예제는 앞의 예제 88과 유사하다. 옵션 단추의 결과가 숫자 1, 2, 3으로 나오고 선택 과목의 앞에도 동일한 일련번호가 있으므로 VLOOKUP 함수를 사용해서 수강신청서에 과목이름을 가져올 수 있다.

먼저 옵션 단추와 그룹 상자를 범위 D2:D4에 그려 넣자. 리본 메뉴 개발 도구 컨트롤 삽입에서 옵션 단추를 클릭하여 셀 D2에 딱 맞게 그려 넣는다. 옵션 단추를 마우스 오른쪽 버튼으로 클릭하고 ❑ 텍스트 편집을 눌러서 옵션 단추 속의 메뉴 텍스트를 "선택"으로 수정한다. 다시 마우스 오른쪽 버튼을 클릭하고 ❑ 컨트롤 서식을 눌

러서 나오는 컨트롤 서식 창에서 셀 연결은 셀 E2를 지정한다. 이렇게 해서 하나의 옵션 단추를 완성시킨다. 완성된 옵션 단추를 복사하여 셀 D3, D4, D5, D6, D7에 넣는다(뒤의 3개는 다른 그룹으로 만들 것이다).

그룹 상자를 클릭하여 범위 D2:D4에 딱 맞게 그려 넣는다. 그룹 상자의 테두리 선이 이 범위를 넘지 않도록 해야 한다. 이 사회과학 영역 그룹의 옵션 단추를 클릭하여 연결된 셀에 반환되는 숫자가 제대로 나오는지 확인해야 한다.

같은 방법으로 그룹 상자를 하나 더 클릭해서 인문과학 영역의 옵션 단추 3개를 모두 포함할 수 있도록 범위 D5:D7에 딱 맞게 그려 넣는다. 셀 D5에 그려 넣은 옵션 단추의 셀 연결을 셀 E5로 지정한다. 이렇게 해서 새로운 옵션 단추 그룹이 완성되었다. 역시 이 인문과학 영역 그룹의 옵션 단추를 클릭하여 연결된 셀에 반환되는 숫자가 제대로 나오는지, 또 위 사회과학 그룹의 셀 연결 값이 변하지는 않는지 확인해야 한다.

이제 수강신청서에 선택한 과목이름을 산출하기 위해서 셀 G4에 들어갈 VLOOKUP 함수식을 고려해 보자. 찾을_값은 사회과학 영역의 옵션 단추 그룹의 연결 셀인 셀 E2에 반환되는 값을 가지고 찾으면 되고, 참조표는 범위 A1:C4를 활용하면 된다. 세 번째 열에 과목이름이 있으므로 함수식은 *=VLOOKUP(E2, $A$1:$C$4, 3)* 이라고 하면 된다(여기서도 찾을_값이 1, 2, 3으로만 반환되므로 근사허용을 해도 상관없다). 또한 셀 G5에 들어갈 VLOOKUP 함수식은 인문과학 영역의 옵션 단추 그룹의 연결된 셀인 셀 E5에 반환되는 값을 가지고 찾으면 되고, 참조표는 범위 A5:C7을 활용하면 된다(이 영역에는 머리글이 없으므로 범위에 포함시키지 않는다). 셀 G5에 넣을 함수식은 *=VLOOKUP(E5, $A$5:$C$7, 3)* 이라고 하면 된다.

그림 14-8 예제 89 (옵션 단추 활용 3) 결과

	A	B	C	D	E	F	G
1	번호	영역	선택과목	선택여부			
2	1	사회과학	경영학원론	○ 선택	2	수강신청서	
3	2		광고학개론	◉ 선택		영역	선택과목
4	3		경제원론	○ 선택		사회과학	광고학개론
5	1	인문과학	국사학	○ 선택	3	인문과학	국어학
6	2		철학	○ 선택			
7	3		국어학	◉ 선택			

예제 90 옵션 단추 활용 4

예제 89 를 재활용하여 조금 더 복잡하게 만들어 본 것이다. 예제 89 와 거의 동일한 상황인데, 과목 선택 영역이 하나 더 늘었고, 또 하나 A열에 입력된 일련번호가 예제 89 와는 달리 1부터 9까지 이어져 있다. 영역별로 한 과목을 반드시 선택하도록 옵션 단추를 붙이고, 선택한 결과 우측의 수강신청서에 과목이름이 반환되도록 워크시트를 완성하라. 옵션

단추의 셀 연결은 E열의 적당한 곳으로 하라. **키워드 : 양식 컨트롤 도구, 옵션 단추, 그룹 상자, CHOOSE 함수**

	A	B	C	D	E	F	G
1	번호	영역	선택과목	선택여부		수강신청서	
2	1	사회과학	경영			영역	선택과목
3	2		정치			사회과학	
4	3		경제				
5	4	인문과학	철학				
6	5		문학			인문과학	
7	6		역사				
8	7	자연과학	환경				
9	8		우주			자연과학	
10	9		지구				

| 풀이 |

이번 예제가 앞의 예제 89와 다른 점은 선택과목의 앞에 붙은 A열의 일련번호가 옵션 단추가 반환해주는 숫자와 같기도 하고 다를 수도 있다는 점이다. 첫 번째 그룹은 같지만, 두 번째, 세 번째 그룹의 일련번호는 4, 5, 6과 7, 8, 9로 다르다. 따라서 VLOOKUP 함수를 사용하려면 찾을_값 숫자를 변환해야 하므로 이번에는 CHOOSE 함수를 사용하는 것이 편리하다.

D열의 각 셀에 옵션 단추를 하나씩 그려 넣고, 영역별로 3개씩 그룹을 짓도록 그룹 상자로 둘러싸야 하는 것은 예제 89와 동일하므로 그 부분은 예제 89의 내용을 참고하라. 각 그룹별로 옵션 단추의 셀 연결은 각각 E2, E5, E8으로 한다(이왕이면 **셀 간의 상대적 위치관계를 이용하여 수식복사를 활용할 수 있도록** 셀 위치를 정하는 것이 좋다).

수강선청서에 선택과목이 반환되도록 만들기 위해서 셀 G3, G6, G9에 CHOOSE 함수를 사용하여 입력할 내용만 완성하면 된다. 과목이름은 C열에 있으므로 그것을 활용하자. 먼저 셀 G3에는 *=CHOOSE(E2, C2, C3, C4)*라고 하면 된다.

CHOOSE 함수에 대해서는 제10장 3절의 아포리즘 21 참고

여기서 워크시트의 셀 위치를 잘 보면 그룹별로 옵션 단추에 연결된 셀과 선택과목을 반환할 셀이 같은 구조로 배치되어 있기 때문에 나머지 셀 G6, G9에는 셀 G3에 입력한 수식을 복사해서 사용하면 된다(이와 같이 셀 간의 구조가 같은 간격으로 반복되는 경우에는 상대참조를 잘 활용할 수 있다). 수식을 복사해 넣은 후에 확인해 보면 셀 G6에 복사된 수식은 *=CHOOSE(E5, C5, C6, C7)*이고, 셀 G9에 복사된 수식은 *=CHOOSE(E8, C8, C9, C10)*이다.

수식의 복사 개념에 대해서는 제4장 2절 참고

그림 14-9 예제 90 (옵션 단추 활용 4) 결과

	A	B	C	D	E	F	G
1	번호	영역	선택과목	선택여부		수강신청서	
2	1	사회과학	경영	◉ 선택	1	영역	선택과목
3	2		정치	○ 선택		사회과학	경영
4	3		경제	○ 선택			
5	4	인문과학	철학	○ 선택	2		
6	5		문학	◉ 선택		인문과학	문학
7	6		역사	○ 선택			
8	7	자연과학	환경	○ 선택	3		
9	8		우주	○ 선택		자연과학	지구
10	9		지구	◉ 선택			

예제 91 강의평가서 : 양식 컨트롤 도구 종합

이번 예제는 지금까지 공부한 양식 컨트롤 도구를 모두 활용하는 연습이다. 다양한 양식 컨트롤 도구를 사용해서 강의평가서를 만들어 보자. 양식 컨트롤 도구는 표시된 위치에 그려 넣어라. 대부분의 양식 컨트롤 도구들은 넣어야 할 곳에 이미 표시되어 있다. 옵션 단추는 그룹 상자 표시 안에 그려 넣어라. 초록색 셀에는 평가점수를, 파랑 셀은 연결 셀로 사용하라. 아래쪽 점수표는 VLOOKUP 함수의 참조표로 활용하라. **키워드 : 양식 컨트롤 도구, 스핀 단추, 스크롤 막대, 확인란, 콤보 상자, 옵션 단추, 그룹 상자, CHOOSE 함수, VLOOKUP 함수**

① 스핀 단추 사용 : "교재의 적절함"을 평가하라(최하 0점, 최고 10점, 한 번 클릭에 1점씩 변하게 설정하라).

② 스크롤 막대 사용 : "강의계획서대로 진행"을 평가하라(최하 0점, 최고 10점, 한 번 클릭에 1점씩 변하게, 페이지 변경 시에는 2점씩 변하게 설정하라).

③ 옵션 단추 사용 1 : "결강 횟수"를 선택하게 하라(옵션 단추는 0회, 1회, 2회, 3회 이상의 네 가지를 하나의 그룹으로 구성하라. 연결된 셀에 반환되는 값을 이용하여 0회 선택 시 10점, 1회 선택 시 8점, 2회 선택 시 5점, 3회 이상 선택 시 0점을 부여하라).

④ 옵션 단추 사용 2 : "실습 참여 횟수"를 선택하게 하라(옵션 단추는 0회, 1회, 2회의 세 가지를 하나의 그룹으로 구성하라. 연결된 셀에 반환되는 값을 이용하여 0회 선택 시 0점, 1회 선택 시 5점, 2회 선택 시 10점을 부여하라).

⑤ 확인란 사용 1 : "교수는 열심히 준비함"을 평가하라(연결된 셀에 반환되는 값을 이용하여 TRUE이면 10점, FALSE이면 0점을 부여하라).

⑥ 확인란 사용 2 : "설명은 이해하기 쉬웠다"를 평가하라(연결된 셀에 반환되는 값을 이용하여 TRUE이면 10점, FALSE이면 0점을 부여하라).

⑦ 콤보 상자 사용 : "강의 종합적인 평가" 항목을 만들어라(입력 목록으로 아주 만족, 만족, 보통, 불만족, 아주 불만족의 다섯 가지가 출력되게 하고, 이 중에서 하나를 선택하게 하라. 연결된 셀에 반환되는 값을 이용하여 '아주 만족' 선택 시 10점, '만족'

선택 시 8점, '보통' 선택 시 5점, '불만족' 선택 시 3점, '아주 불만족' 선택 시 0점을 부여하라).

⑧ 마지막 행의 셀 B13에 위 7가지 항목이 산출하는 평가점수 총합을 구하는 수식을 입력하라(총합은 최고 70점, 최하 0점이다).

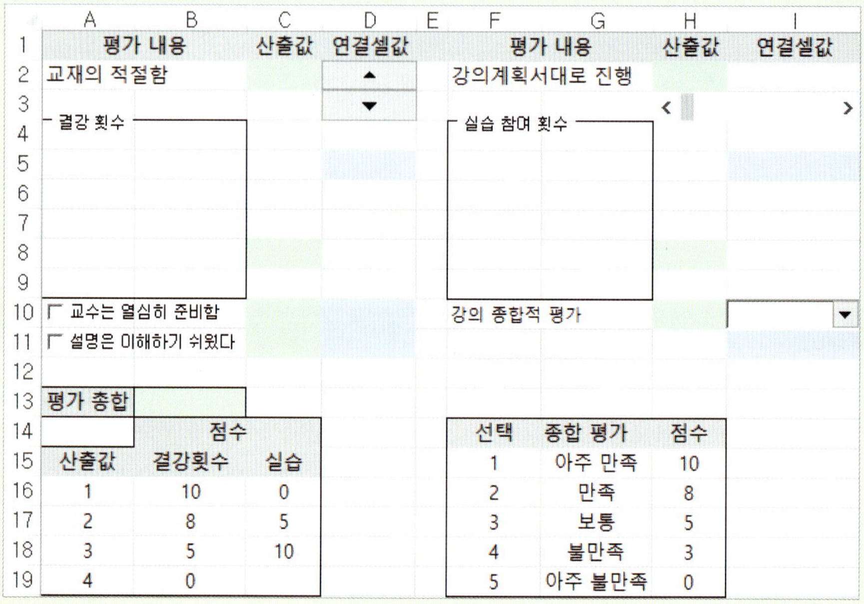

| 풀이 |

먼저 위 워크시트와 같이 필요한 텍스트와 해당 셀의 배경색을 설정하고, 참조표로 활용할 데이터를 입력한다.

① 스핀 단추를 범위 D2:D3에 딱 맞게 그려 넣는다. 마우스 오른쪽 버튼으로 클릭하고 **❑ 컨트롤 서식** 을 눌러서, 최소값은 0, 최대값은 10, 증분 변경은 1을 입력하고, 셀 연결은 셀 C2로 설정한다. 스핀 단추를 눌러서 연결된 셀에 산출값이 정확하게 나오는지 확인하라.

② 스크롤 막대를 범위 H3:I3에 딱 맞게 그려 넣는다. **❑ 컨트롤 서식** 을 눌러서, 최소값은 0, 최대값은 10, 증분 변경은 1을, 페이지 변경은 2를 입력하고, 셀 연결은 셀 H2로 설정한다. 스크롤 막대의 중간 통로부분을 눌렀을 때 2씩 페이지 변경이 정확한지 확인하라.

③ 옵션 단추를 하나 셀 A5와 B5에 걸쳐서 그려 넣는다(딱 맞게 그려도 상관없지만 처음 옵션 단추를 사용하는 학생들에게는 그룹 상자를 넉넉한 크기로 그려서 그 안에 옵션 단추가 잘 포함되게 하는 것이 편하다. 익숙해지면 그때 가서 딱 맞게 그려도 된다). 옵션 단추를 마우스 오른쪽 버튼으로 클릭하고 **❑ 텍스트 편집** 을 눌러서 옵션 단추 속의 메뉴 텍스트를 "0 회"로 수정한다. 다시 마우스 오른쪽

버튼을 클릭하고 ❑ 컨트롤 서식 을 눌러서 셀 연결로 셀 D5를 지정한다. 이렇게 해서 하나의 옵션 단추를 완성시킨다. 완성된 옵션 단추를 복사하여 바로 아래 6행, 7행, 8행에 넣는다. 옵션 단추를 마우스 오른쪽 단추로 클릭한 다음 텍스트 부분을 한 번 더 클릭하여 텍스트를 편집한다. 각각 "1 회", "2 회", "3 회 이상"으로 수정한다.

그러고 나서 그룹 상자를 범위 A4:B9에 딱 맞게 그려 넣는다. 그룹 상자의 테두리 선이 옵션 단추를 모두 포함하도록 해야 한다. 그룹 상자의 텍스트 부분을 클릭하여 "결강 횟수"로 수정한다. 다 되었으면 옵션 단추를 클릭하여 연결된 셀에 반환되는 숫자가 제대로 나오는지 확인해야 한다.

④ 바로 앞의 ③번에서 했던 것과 똑같은 방법으로, 옵션 단추를 하나 셀 F5와 G5에 걸쳐서 그려 넣는다. 옵션 단추의 텍스트를 "0 회"로 수정한다. 셀 연결은 셀 I5로 지정한다. 완성된 옵션 단추를 복사하여 바로 아래 6행, 7행에 넣는다. 복사된 옵션 단추의 텍스트를 편집한다. 각각 "1 회", "2 회"로 수정한다.

그러고 나서 그룹 상자를 범위 F4:G9에 딱 맞게 그려 넣는다. 그룹 상자의 텍스트 부분을 클릭하여 "실습 참여 횟수"로 수정한다. 다 되었으면 옵션 단추를 클릭하여 연결된 셀에 반환되는 숫자가 제대로 나오는지 확인해야 한다. 앞에서 완성한 "결강 횟수" 그룹의 옵션 단추와 엉키지 않았는지 확인한다.

⑤ 확인란을 하나 범위 A10:B10에 그려 넣는다. ❑ 컨트롤 서식 을 눌러서 셀 연결은 셀 D10으로 설정한다. 확인란 텍스트를 "교수는 열심히 준비함"으로 수정한다. 다 되었으면 확인란을 눌러서 셀 D10에 논리값 TRUE, FALSE가 잘 나타나는지 확인한다.

⑥ 같은 방법으로 확인란을 하나 범위 A11:B11에 그려 넣는다. 셀 연결은 셀 D11로 설정한다. 확인란 텍스트를 "설명은 이해하기 쉬웠다"로 수정한다. 역시 확인란을 눌러서 셀 D11에 논리값 TRUE, FALSE가 잘 나타나는지 확인한다.

⑦ 콤보 상자를 셀 I10에 딱 맞도록 그려 넣는다. 그려진 콤보 상자를 마우스 오른쪽 버튼으로 클릭한 후 ❑ 컨트롤 서식 을 눌러서 입력 범위는 범위 G15:G19를 지정한다. 입력 범위는 절대참조 방식으로 $G$15:$G$19와 같이 저장된다. 연결할 셀은 셀 I11을 선택한다. 목록 표시 줄 수로 5를 입력한다. 이제 완성된 콤보 상자의 단추를 클릭하여 출력되는 목록 중 적당한 것을 하나 선택해 보고 셀 I11에 표시되는 숫자를 확인한다.

⑧ 마지막 평가 총합 점수를 산출하는 수식을 입력하기 전에, 연결된 셀에 바로 평가 점수가 나타나지 않는 양식 컨트롤 도구에 대해서 각각 평가 점수를 산출하는 수식을 작성해 넣어 보자. 먼저 ③에서, 옵션 단추의 선택 결과 연결된 셀 D5에는 1, 2, 3, 4로 선택 메뉴의 번호만 나온다. 이 숫자를 **찾을_값**으로 하고, 참조표는 범위 A15:B19로 하여 VLOOKUP 함수를 사용하여 평가 점수를 산출하면 되겠다. 셀 C8에 입력할 산출식은 *=VLOOKUP(D5, A15:B19, 2, 0)*이라고 하면 된다(여기

서 참조표는 절대참조로 사용하는 것이 일반적인 방법이지만 여기서는 단 한번만 사용되므로 상대참조로 사용해도 상관없다).

또 ④ "실습 참여 횟수"에 따른 평가 점수는 ③에서 사용했던 참조표를 범위를 조금 늘려서 사용할 수 있다. 찾을_값은 셀 I5의 값으로 해서, 셀 H8에 입력할 VLOOKUP 함수식은 *=VLOOKUP(I5, A15:C18, 3, 0)*이라고 하면 된다.

그리고 확인란 선택 결과인 셀 D10에 따른 평가 점수는 셀 C10이 TRUE이면 10점이고, FALSE이면 0점이므로, 산출할 셀 C10에 입력할 수식은 *=IF(D10, 10, 0)*이라고 하면 된다. 마찬가지로 셀 C11에 입력할 수식은 *=IF(D11, 10, 0)*이라고 하면 된다.

콤보 상자로 선택한 평가 점수는 연결된 셀 값 I11을 찾을_값으로 하고, 범위 F14:H19를 참조표로 하는 VLOOKUP 함수를 사용하면 되겠다. 셀 H10에 입력할 수식은 *=VLOOKUP(I11, F14:H19, 3, 0)*이라고 하면 된다.

그리고 마지막으로 셀 B13에 입력할 총합 점수를 산출하는 수식은 각 항목에 산출된 점수를 모두 합하면 되므로 수식은 *=C2+H2+C8+H8+C10+C11+H10*이라고 하면 된다.

모두 완성되었으므로, 각 항목의 양식 컨트롤 도구로 점수를 바꿔가면서 총합 점수가 정확하게 산출되는지 확인해 보라. 모든 항목을 최고점으로 평가하면 70(점), 모든 항목을 최하점으로 평가하면 0(점)이 나와야 한다.

그림 14-10 예제 91 (강의평가서 : 양식 컨트롤 도구 종합) 결과

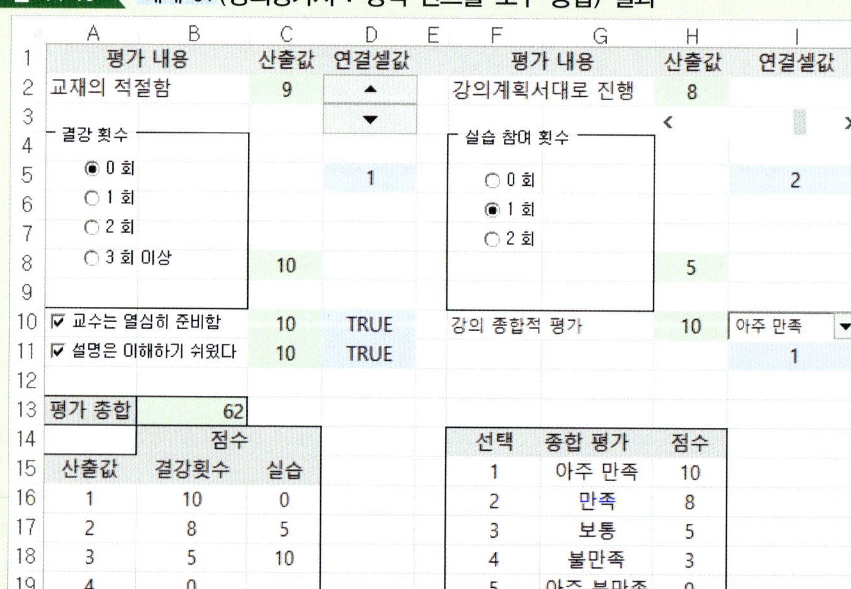

2 매크로(Macro) 활용

(1) 매크로 개념

매크로란 자주 사용되는 일련의 명령어를 묶어서 한 번의 키 동작이나 마우스 클릭으로 실행되도록 만드는 것을 말한다(참고로 엑셀에서 매크로를 기록하는 데는 VBA(Visual Basic for Applications)란 프로그래밍 언어가 사용된다). 가령 표로 된 데이터를 차트로 보여줘야 하는 경우를 생각해 보자. 이미 차트를 그리는 방법을 공부했지만 데이터를 차트로 보여주기 위해서는 데이터를 클릭하고 차트 종류를 선택하고 필요에 따라서 구체적인 설정도 해줘야 하는 등 몇 단계가 필요하다. 회의를 하거나 짧은 시간 내에 고객을 설득해야 하는 경우에 이런 과정을 일일이 반복해야 한다면 번거롭기도 하고 시간도 낭비될 것이다. 따라서 이러한 경우에 데이터를 차트로 나타내는 일련의 과정 명령어를 매크로로 기록해 놓고 필요할 때 한 번의 클릭으로 실행시킨다면 효과가 있을 것이다. 또 고객 정보를 관리하는 워크시트에서 고객의 정보가 바뀔 때마다 해당 고객을 찾아서 정보를 변경해야 할 텐데, 이와 같이 "찾아서, 변경하는" 두 가지 작업을 매크로로 만들어 두면, 이런 작업이 필요할 때마다 한 번의 클릭으로 간단하게 처리할 수 있을 것이다.

저장된 매크로 명령은 단축키로 정하여 키보드를 이용해서 실행시키는 방법도 있고, 리본 메뉴 보기 매크로 매크로 를 클릭한 다음, ❑ 매크로 보기 를 눌러서 나오는 매크로 창에서 해당 매크로 명령을 찾아서 ❑ 실행 시키는 방법도 있다. 그리고 양식 컨트롤 도구 중에서 **단추(Button)**를 그려 넣고 그 단추에 매크로 명령을 연결시키는 방법도 있다. 즉 단추를 클릭하면 연결된 매크로가 실행되는 것이다. 이 책에서는 이 방법에 대해서 설명하려고 한다.

아포리즘 31 매크로가 있는 엑셀 파일 저장하기

엑셀 매크로 명령은 일종의 프로그램이기 때문에 매크로로 만들어진 소위 바이러스 프로그램이 전파될 가능성이 있나. 그래서 매크로 녕령이 있는 워크시트는 따로 **Excel 매크로 사용 통합문서**(*.xlsm)로 만들어서 저장해야 매크로 명령을 사용할 수 있다. 매크로가 있는 워크시트를 일반 **Excel 통합문서**(*.xlsx)로 저장하면 매크로 명령은 사용할 수 없다는 경고 메시지가 뜬다.

또한 Excel 매크로 사용 통합문서를 **처음** 열 경우, 다음과 같은 보안 경고가 뜬다. 파일에 들어 있는 매크로가 믿을 수 있는 경우에는 오른쪽의 ❑ 콘텐츠 사용 을 눌러 열면 매크로 명령을 사용할 수 있다.

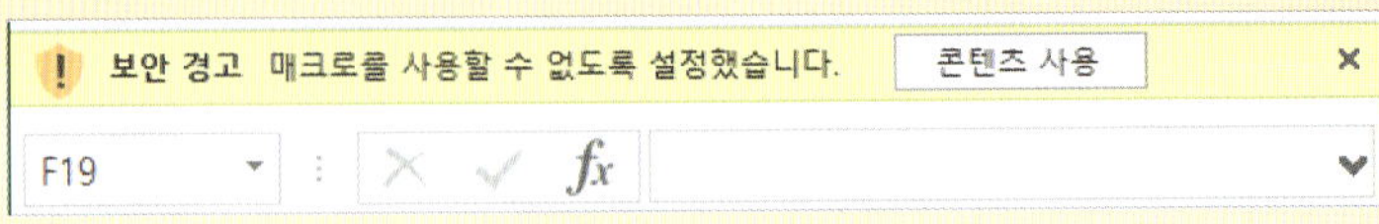

(2) 매크로 기록과 실행

매크로를 기록할 때 특정한 메뉴를 선택하거나 엔터키를 입력하거나 키보드를 누른다거나 하는 작업은 상관없지만 셀을 선택하여 기록할 때에는 두 가지 방법이 존재한다. 하나는 현재 셀 포인터가 놓인 셀을 중심으로 상대적 위치 관계를 토대로 하는 **상대참조로 매크로를 기록**하는 방식과 매크로를 기록하기 시작할 때 현재 셀 포인터의 위치와는 상관없이 셀 주소를 토대로 하는 **절대참조로 매크로를 기록**하는 방식이 그것이다. 따라서 상대참조로 매크로를 기록할 경우에는 현재의 셀 포인터 위치를 잘 기억해 놓고 있어야 한다. 절대참조로 매크로를 기록할 경우에는 현재 셀 포인터의 위치는 전혀 상관이 없다.

상대참조로 매크로를 기록하기 위해서는 [그림 14-11]과 같이 리본 메뉴 개발 도구 코드 에서 ❑ 상대 참조로 기록 이라는 스위치를 선택(ON)한 상태여야 한다(또는 리본 메뉴 보기 매크로 매크로 를 클릭한 다음, ❑ 상대 참조로 기록 을 누르고 기록하면 된다). 그렇지 않은 경우에는 절대참조로 매크로가 기록된다. 따라서 상대참조로 매크로를 기록하든 절대참조로 매크로를 기록하든 기록하기 전에 이 스위치의 상태가 무엇인지를 확인한 다음에 매크로를 기록하는 것이 좋다.

그림 14-11 ❑ 상대 참조로 기록 스위치를 선택(ON)한 상태

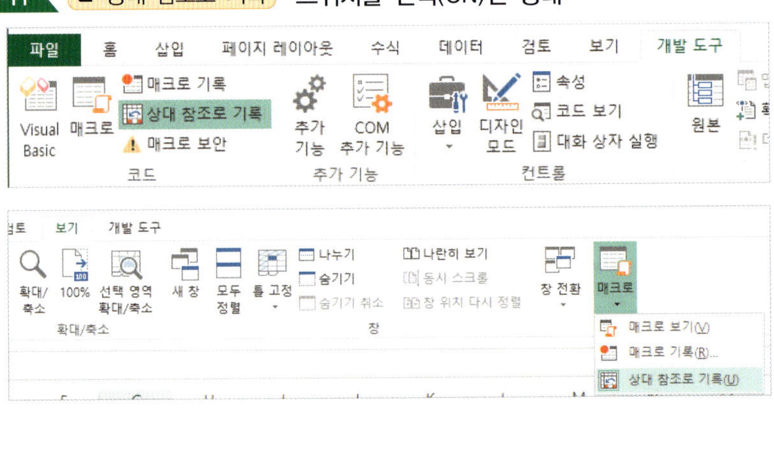

이제 **단추 도구**를 하나 그려 넣고 그 단추에 매크로를 연결시켜 저장해 놓는 방식을 알아보자. 리본 메뉴 개발 도구 컨트롤 삽입에서 단추를 클릭하여 워크시트의 필요한 셀 위에 그려 넣으면, 바로 [그림 14-12]의 매크로 지정 창이 열린다. 창의 위쪽 "단추1_Click"이라고 나오는 부분에 매크로 이름을 정한다. "단추1_Click"은 현재 이 통합 문서에 단추 양식 컨트롤 도구를 그려 넣은 횟수에 따라 자동으로 붙여지는 매크로 이름이다. 이 이름을 그냥 사용해도 되지만, 보통 기억하기 좋은 적절한 이름으로 수정하는 것이 좋다. 매크로 이름을 지정하고 창의 오른쪽에 있는 ❑ 기록을 누르면 [그림 14-13]의 매크로 기록 창이 열린다. 여기서는 매크로 이름 지정, 또 키보드를 이용해서 실행시키는 방법인 "**바로 가기 키**" 지정, 매크로 저장 위치 지정, 그리고 매크로에 대한 설명을 넣을 수 있다. 여기서 ❑ 확인을 누르면 그때부터 모든 키보드 입력이나 마우스 조작이 매크로로 저장된다. 매크로 이름을 이미 지정했거나 "바로 가기 키", 설명 등을 사용하지 않을 경우에는 그냥 ❑ 확인을 눌러 다음 단계로 가면 된다.

그림 14-12 매크로 지정 창

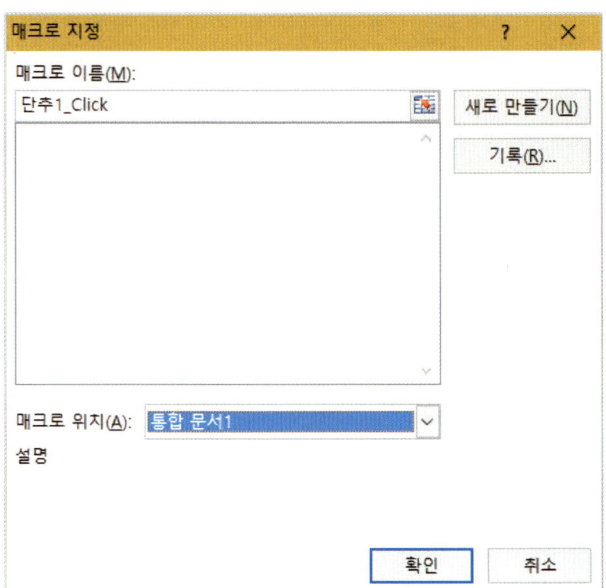

그림 14-13 매크로 기록 창

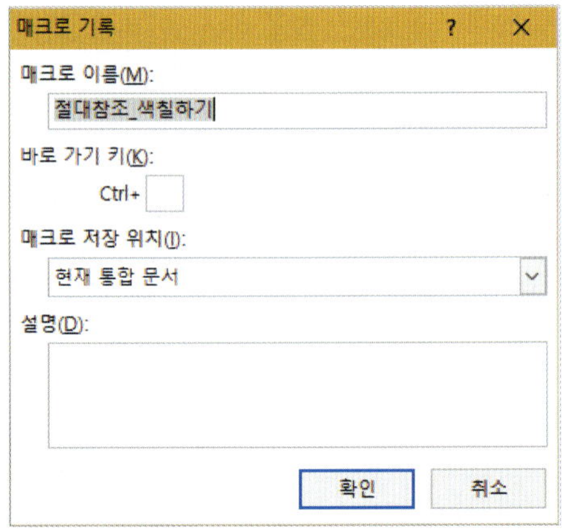

아포리즘 32 매크로 이름 설정

매크로 지정 창에서 매크로 이름을 설정할 때 빈 칸이 있으면 안 되기 때문에 보통 "언더바기호(_)"를 사용하여 띄어쓰기를 표시한다. 이와는 달리 단추 양식 컨트롤 도구에 붙이는 텍스트는 단지 사용자에게 보이는 용도이므로, 빈 칸이 있어도 무방하고 또 설정한 매크로 이름과 달라도 상관없다. 엑셀 내부적으로 단추와 그 단추에 설정된 매크로 이름이 연결되어 있기 때문이다.

단추의 텍스트 입력은 단추를 마우스 오른쪽 버튼으로 클릭 후, 텍스트 편집을 클릭하여 입력/수정할 수 있다(또는 간단히 단추를 마우스로 더블클릭해도 수정할 수 있다).

매크로로 기록 중이란 표시는 [그림 14-14]에서 볼 수 있는 것처럼 준비 상태에서 준비 ■ 로 바뀐 워크시트 화면의 왼쪽 아래를 보면 알 수 있다. 매크로 기록을 마치려면 바로 준비 ■ 의 마침 표식(■)을 누르면 된다. 기록을 마치면 그때까지의 모든 키보드 입력과 마우스 조작이 저장되는 것이다. 그 매크로를 실행시키려면 앞에서 그려 넣은 단추 도구를 클릭하면 되는 것이다. 다만 상대참조 방식으로 매크로를 기록한 경우에는 매크로를 실행시키기 전에 셀 포인터의 위치를 고려하여 적절한 셀에 잘 위치시킨 후에 단추를 누르면 원하는 매크로 작업의 결과를 볼 수 있을 것이다.

그림 14-14 매크로 기록과 엑셀 상태 표시줄 표시 변화

사실 매크로는 한 번 만들어 저장해 두었다가 반복해서 사용하기 위한 것이므로 처음 만들 때 시나리오(계획)를 잘 생각해 두어야 한다. 제대로 구상을 하지 않은 상태에서 매크로를 기록하다가 그 과정에 실수를 하게 되면 그 실수까지 다 매크로에 기록/저장되기 때문이다.

단추 도구를 처음 그려 넣으면 바로 [매크로 지정] 창이 열려서 기록까지 진행할 수 있다. 그런데 매크로 기록 과정에 실수가 발생하여 매크로 기록을 중지시키는 경우에도 그때까지의 작업 내용은 다 기록되므로 매크로 목록에서 그 매크로를 삭제하거나 수정해야 한다. 매크로를 삭제 또는 수정하려면 [리본 메뉴] [보기] [매크로] [매크로]에서 [매크로 보기]를 클릭하면 [그림 14-15]의 [매크로] 창이 열리고, 여기서 해당 매크로를 선택한 다음, [삭제] 또는 [편집]을 하면 된다(참고로 매크로 편집은 VBA를 모르는 경우에는 간단하지 않으니 그냥 삭제 후 기록을 다시 하는 것이 쉽다).

그림 14-15 매크로 창

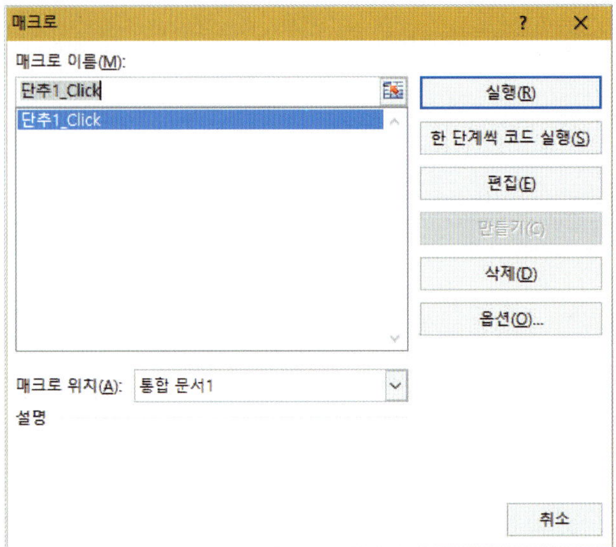

매크로를 삭제한 후에 다시 기록하기 위해서는 단추 양식 컨트롤 도구를 마우스 오른쪽 버튼으로 클릭하여 팝업 메뉴에서 매크로 지정 을 선택하면 앞에서 언급했던 [그림 14-12]의 매크로 지정 창이 열려서 다시 기록 을 눌러 작업하면 된다. 이후의 과정은 앞에서 언급한 바와 같다.

(3) 매크로 연습

예제를 통해서 간단한 매크로 작업에서부터 단계적으로 익혀 보도록 하자.

예제 92 절대참조로 매크로 기록

현재 셀 포인터의 위치와는 상관없이 정해진 범위의 셀 배경색을 바꿔보는 매크로를 만들어 보자. 먼저 아래의 워크시트처럼 범위를 네 군데로 나누어 테두리를 표시해 보라. 단추 도구 두 개를 위쪽에 그려 넣어라. 단추의 텍스트를 그림처럼 편집하라. 매크로 이름을 하나는 "절대참조_색칠하기"로 하고, 하나는 "절대참조_색지우기"로 하여 두 개의 매크로 명령을 만들어 보라. "절대참조_색칠하기" 단추를 누르면 범위 A3:D5의 셀 배경색이 노랑색으로 채워지도록 만들고, "절대참조_색지우기" 단추를 누르면 범위 A3:D5의 색이 없어지도록 매크로를 작성하라. **키워드 : 매크로, 절대참조**

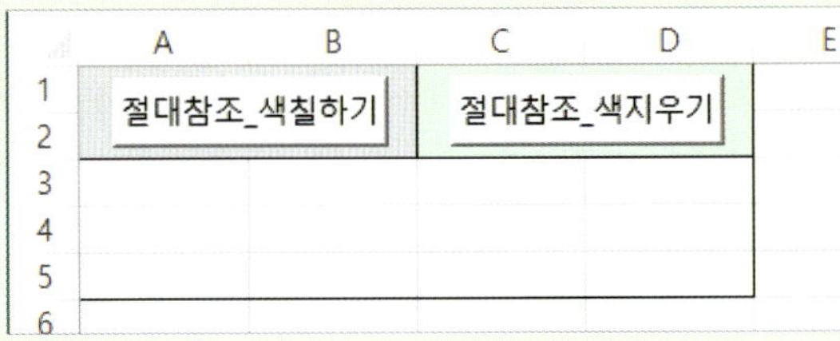

| 풀이 |

먼저 절대참조로 매크로를 기록해야 하므로 리본 메뉴 개발 도구 코드 에서 ❑ 상대 참조로 기록 스위치가 OFF로 되어 있음을 확인하라. 혹시 이 메뉴가 선택되어 있으면 한 번 더 클릭하여 해제하라(이 스위치가 ON 상태이면 아이콘의 색이 진한 색으로 표시된다).

양식 컨트롤 도구에서 단추를 선택하여 범위 A1:B2의 중간쯤에 잘 맞추어 그려 넣는다. 매크로 지정 창이 열리면 매크로 이름으로 *절대참조_색칠하기*라 입력한다(주의할 점은 이름에 빈 칸은 허용되지 않는다는 사실). 그리고 ❑ 기록 을 누른다. 다음 매크로 기록 창이 열리면 그냥 ❑ 확인 을 누른다. 이때 화면 아래 왼쪽의 준비 표시가 준비 ■ 로 바뀌는 것을 확인하고 조심해서 매크로를 시나리오대로 기록해 나간다.

범위 A3:D5까지를 마우스로 선택하고 리본 메뉴 홈 글꼴 채우기 색 을 눌러서 ❑ 노랑 을 클릭한다. 이렇게 하면 범위 A3:D5의 색이 노랑으로 바뀐다. 여기서 매크로를 마치지 말고 셀 A3을 클릭하여 셀 포인터를 옮겨 놓은 후에 준비 ■ 의 **마침** 표식(■)을 누르고 매크로 기록을 끝낸다(매크로를 처음 공부하는 학생들이 실수하는 경우를 보니까 매크로 기록 마침을 누르는 것을 잊어버리고 한없이 작업하다가 오류가 난 다음에서야 '아차' 하는 경우가 많았다).

이번에는 단추에 보이는 텍스트를 편집하여 마무리 하자. 단추를 마우스로 더블클릭하여 단추의 텍스트를 *절대참조_색칠하기*로 수정한다.

지금까지 정확하게 매크로를 기록/마침하였다면 매크로 단추를 눌렀을 때 [그림 14-16]의 첫 번째 워크시트처럼 정상적으로 작동한다. 셀 포인터를 셀 A3로 옮겨놓고 마쳤으므로 셀 포인터가 셀 A3에 위치해야 정상이다. 만약에 이처럼 정상적으로 작동하지 않는다면 중간에 어디선가 문제가 발생한 것이므로 기록된 매크로를 찾아서 삭제한 후에, 처음부터 다시 하는 것이 훨씬 좋다. 삭제하지 않고 자꾸 수정하려고 하다 보면 비슷한 매크로가 계속 저장되어서 점점 더 헷갈리게 될 뿐이다.

같은 방법으로 두 번째 매크로를 만들어 보자. 범위 C1:D2의 중간쯤에 단추 도구를 하나 잘 맞추어 그려 넣는다. 매크로 지정 창이 열리면 매크로 이름으로 *절대참조_색지우기*라 입력한다. ❑ 기록 을 눌러서 새로운 매크로를 기록한다.

범위 A3:D5까지를 마우스로 선택하고 리본 메뉴 홈 글꼴 채우기 색 을 눌러서 ❑ 채우기 없음 을 클릭한다. 이렇게 하면 범위 A3:D5의 색이 없어진다. 여기서 매크로를 마치지 말고 셀 A3를 클릭하여 셀 포인터를 옮겨 놓은 후에 준비 ■ 의 **마침** 표식(■)을 누르고 매크로 기록을 끝낸다. 이쪽 단추의 텍스트도 *절대참조_색지우기*로 수정한다. 이렇게 정상적으로 마쳤으면 [그림 14-16]의 두 번째 워크시트처럼 된다. 두 단추를 번갈아 클릭해 보면서 두 가지 매크로가 정상적으로 작동되는지 확인해 보라. 또한 셀 포인터의 위치에 상관없이 항상 지정된 영역에 색칠하기와 색지우기가 행해지는 절대참조로 기록한 매크로인 것을 확인하라.

그림 14-16 예제 92 (절대참조로 매크로 기록) 결과

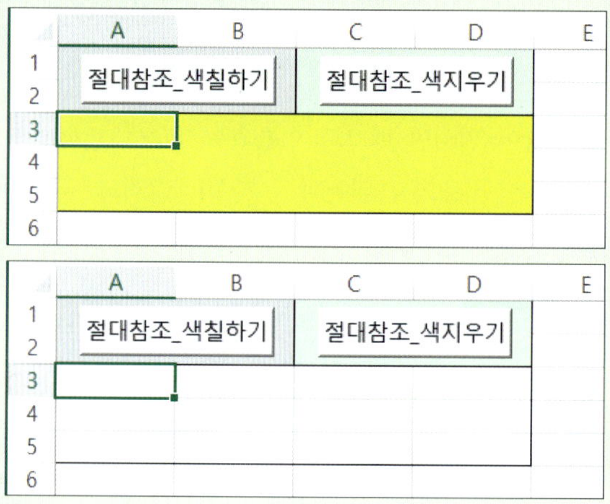

예제 93 상대참조로 매크로 기록

이번에는 현재 셀 포인터가 있는 셀을 포함하는 범위의 셀 배경색을 바꿔보는 매크로를 만들어 보자. 예제 92 와 유사하게 아래의 워크시트처럼 범위를 네 군데로 나누어 테두리를 표시하라. 단추 도구 두 개를 위쪽에 그려 넣어라. 단추의 텍스트를 그림처럼 편집하라. 매크로 이름을 하나는 “상대참조_색칠하기”로 하고, 하나는 “상대참조_색지우기”로 하여 두 개의 매크로 명령을 만들어 보라. “상대참조_색칠하기” 단추를 누르면 현재 셀 포인터가 있는 셀과 그 오른쪽 셀, 두 개의 셀 배경색이 노랑색이 되도록 하고, “상대참조_색지우기” 단추를 누르면 역시 현재의 셀 포인터가 있는 셀과 그 오른쪽 셀, 두 개의 셀의 배경색이 없어지도록 하여라. **키워드 : 매크로, 상대참조**

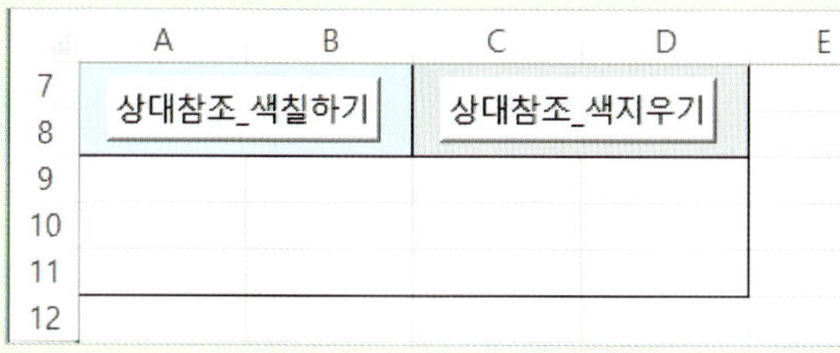

| 풀이 |

이번에는 상대참조로 매크로를 기록해야 하는 것이므로 리본 메뉴 개발 도구 코드에서 ❑ 상대 참조로 기록 스위치가 눌려져(ON) 있는가를 확인해야 한다(이 스위치가 눌러지면 아이콘의 색이 진한 색으로 표시된다). 그리고 상대참조이므로 현재 셀 포인터가 있는 셀의 위치를 기억해 두는 것이 필요하다. 매크로 기록이 시작되면 셀 포인터가 보이지 않기 때문에 어디에 있었는지 기억나지 않는 경우가 보통이다. 그래서 아래 [그림 14-17]처럼 현재 셀 포인터가 놓인 셀에 특별한 색을 칠하여(뭐라도 표시하면 됨) 확실하게 하는 것이 좋다. 매크로를 다 기록한 후에 이 셀 색은 도로 지우면 그만이다.

그림 14-17 ❑ 상대 참조로 기록 **아이콘을 선택한 상태와 현재 셀 포인터 표시**

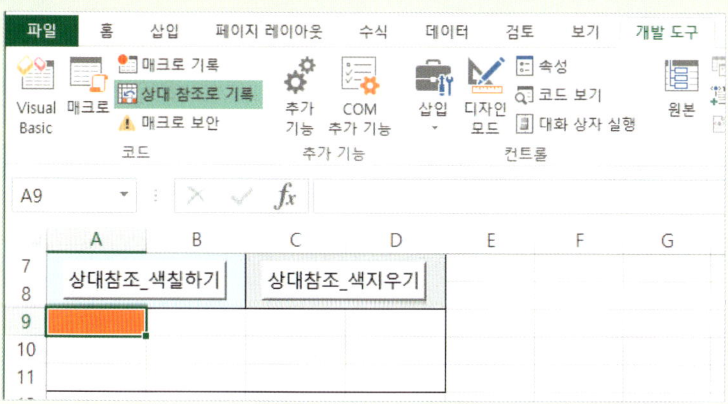

예제 92에서와 유사한 방식으로 양식 컨트롤 도구에서 단추를 선택하여 범위 A7:B8의 중간쯤에 잘 맞추어 그려 넣는다. 매크로 지정 창이 열리면 매크로 이름으로 *상대참조_색칠하기*라 입력한다. 그리고 ❑ 기록 을 누른다. 다음 매크로 기록 창이 열리면 그냥 ❑ 확인 을 누른다. 이때 화면 아래 왼쪽의 준비 표시가 준비 ■ 로 바뀌는 것을 확인하고 조심해서 매크로를 시나리오대로 기록해 나간다.

이번에는 현재의 셀 포인터가 있는 셀과 그 오른쪽 셀에만 색칠을 하는 것이므로, 범위 A9:B9를 마우스로 선택하고 리본 메뉴 홈 글꼴 채우기 색 을 눌러서 ❑ 노랑 을 클릭한다. 이렇게 하면 범위 A9:B9의 배경색이 노랑으로 바뀐다. 여기서 매크로를 마치지 말고 셀 A9를 클릭하여 셀 포인터를 처음 위치로 옮겨 놓은 후에 준비 ■ 의 마침 표식(■)을 누르고 매크로 기록을 끝낸다. 그리고 단추 도구에 보이는 텍스트를 편집하여 마무리 하자. 단추를 마우스로 더블클릭하여 단추 도구의 텍스트를 *상대참조_색칠하기*로 수정한다.

지금까지 정확하게 매크로를 기록/마침하였다면 셀 포인터를 옮겨 놓고 매크로 단추를 눌러 보라. [그림 14-18]의 첫 번째 워크시트처럼 셀 포인터가 놓인 위치에 따라 정상적으로 작동하는가를 확인하라.

같은 방법으로 두 번째 매크로를 만들어 보자. 다시 셀 포인터를 셀 A9에 위치시킨다. 범위 C7:D8의 중간쯤에 단추를 잘 맞추어 그려 넣는다. 매크로 지정 창이 열리면 매크로 이름으로 *상대참조_색지우기*라 입력한다. ❑ 기록 을 눌러서 새로운 매크로를 기록한다.

앞에서 색채우기를 한 범위 A9:B9를 마우스로 선택하고 리본 메뉴 홈 글꼴 채우기 색 을 눌러서 ❑ 채우기 없음 을 클릭한다. 이렇게 하면 범위 A9:B9의 색이 없어진다. 여기서 매크로를 마치지 말고 현재 셀 포인터의 위치인 셀 A9를 클릭하여 셀 포인터를 옮겨 놓은 후에 준비 ■ 의 마침 표식(■)을 누르고 매크로 기록을 끝낸다. 이쪽 단추의 텍스트도 *상대참조_색지우기*로 수정한다. 이렇게 정상적으로 마쳤으면 셀 포인터를 노랑이 칠해진 범위의 왼쪽 셀에 놓은 후, "상대참조_색지우기" 단추를 클릭하면 [그림 14-18]의 두 번째 워크시트처럼 색이 없어진다. 이제 셀 포인터를 이곳저곳으로 옮겨가며 두 단추를 번갈아 클릭해 보라. 두 가지 매크로가 정상적으로 작동되는지 확인해 보기 바란다. 또 이번에는 처음 셀 포인터가 놓인 위치에 따른 범위에 색칠하기와 색지우기가 행해지는 상대참조로 기록한 매크로인 것을 확인하라.

그림 14-18 예제 93 (상대참조로 매크로 기록) 결과

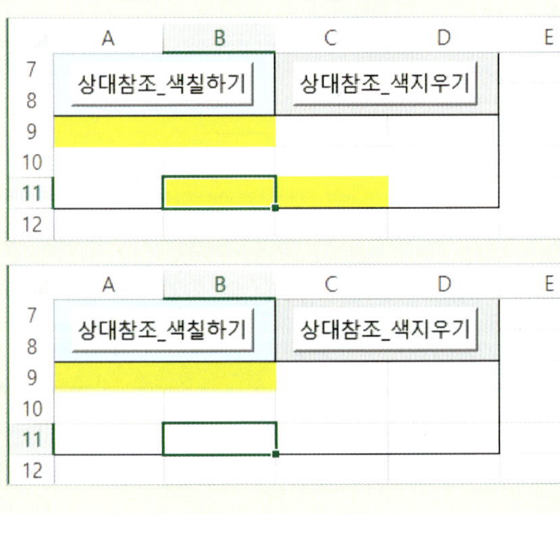

예제 94 차트그리기 매크로 1

다음 워크시트의 데이터를 사용하여 세로막대형 차트를 그리는 매크로를 작성하라. 차트 제목으로 "상반기 환자 발생 현황"이라고 입력되게 하라. 데이터 요소 중, 4월의 막대를 골라서 서식(색깔)이 바뀌게 하라. 또 자동으로 표시된 범례를 삭제하여 표시되지 않게 하라. **키워드 : 매크로, 절대참조, 차트, 막대형 차트, 차트 편집**

	A	B	C	D	E
1	환자수	1 월	2 월	3 월	4 월
2	A지구	3,000	4,100	2,800	1,200
3	B지구	1,600	1,200	700	200
4					
5		Bar 차트 그리기			
6					
7					

| 풀이 |

이번에는 절대참조로 매크로를 기록할 것이므로 리본 메뉴 개발 도구 코드 에서 ❑ 상대 참조로 기록 스위치가 꺼져 있는가를 확인해야 한다. 양식 컨트롤 도구에서 단추를 선택하여 범위 B5:C6에 딱 맞게 그려 넣는다. 매크로 지정 창이 열리면 매크로 이름으로 *Bar_차트_그리기*라 입력한다. 그리고 ❑ 기록 을 누른다. 다음 매크로 기록 창이 열리면 그냥 ❑ 확인 을 누른다. 이때 화면 아래 왼쪽의 준비 표시가 준비 ■ 로 바뀌는 것을 확인하고 조심해서 매크로를 시나리오대로 기록해 나간다.

데이터 범위 A1:E3까지를 마우스로 선택하고 리본 메뉴 삽입 차트 2차원 세로 막대형 을 눌러서 차트 하나를 클릭한다. 이렇게 하면 워크시트에 세로막대형 차트가 하나 그려진다. 여기까지는 데이터 목록을 토대로 자동으로 잘 그려질 것이다. 이제 예제에서 요구하는 몇 가지 편집내용을 하나씩 마무리해 보자.

차트 제목 영역(템플리트)을 클릭하여 기존의 텍스트 "차트 제목"은 지우고 *상반기 환자 발생 현황*이라 입력하고, 차트에서 A지구 데이터 계열을 하나 클릭한다. A지구 데이터 계열이 전부 선택될 것이다. 이어서 4월의 데이터 요소만을 한 번 더 클릭한다. 이렇게 두 번 클릭해야 비로소 A지구 데이터 계열 중 4월 막대만 선택된다. 이때 마우스 오른쪽 버튼을 클릭하여 팝업메뉴 중 맨 위에 있는 ❑ 채우기 를 클릭한 다음 적당한 색을 하나 선택한다. 이어서 같은 방법으로 차트에서 B지구 데이터 계열을 하나 클릭하고, 이어서 4월의 데이터 요소만을 한 번 더 클릭한 다음, 마우스 오른쪽 버튼 클릭, ❑ 채우기 클릭, 적당한 색을 하나를 선택한다. 이렇게 하면 차트에서 4월 막대의 색깔이 바뀔 것이다.

그리고 리본 메뉴 차트 도구 디자인 차트 레이아웃 차트 요소 추가 를 눌러서 ❑ 범례 를 선택하고 ❑ 없음 을 누른다. 이렇게 하면 그려진 차트에서 범례가 사라질 것이다.

여기까지 이 예제에서 요구하는 편집내용이 마무리 되었으니, 준비 ■ 의 마침 표식(■)을 누르고 매크로 기록을 끝낸다(이때 차트가 자동으로 생성된 위치는 신경 쓸 필요가 없다. 그것은 마우스를 클릭해서 크기 및 위치를 간단히 변경하거나 옮길 수 있기 때문이다).

이번에는 단추에 보이는 텍스트를 편집하여 마무리 하자. 단추를 마우스로 더블클릭하여 단추 도구의 텍스트를 *Bar 차트 그리기*로 수정한다(여기서는 빈 칸을 집어넣어도 된다는 것을 상기하라).

매크로가 완성되었으면 버튼을 눌러 차트가 요구한대로 그려지는지 확인하라.

그림 14-19 예제 94 (차트그리기 매크로 1) 결과

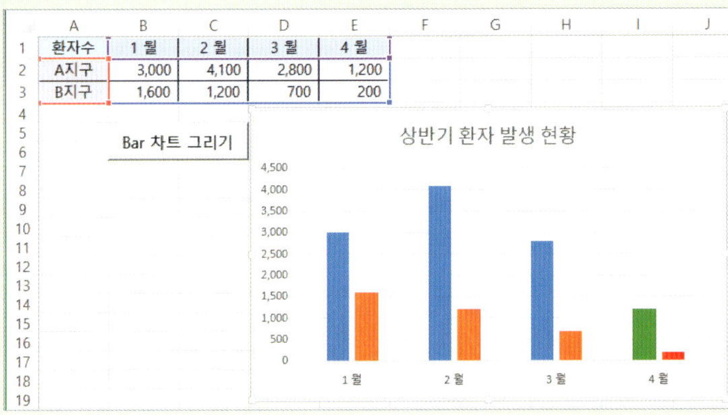

예제 95 차트그리기 매크로 2

예제 70 에서 다뤘던 내용이다. 세 군데 병원에 대해서 최근 며칠 동안 신규환자수 변화를 기록하고 있는 자료다. 아래의 요구대로 차트를 그려주는 매크로를 만들어라. 첫째, 콤보 상자를 통해서 병원을 선택하면, 차트로 나타낼 데이터 범위를 복사하여 10행에 기록되게 하라. 둘째, 그 데이터를 사용하여 꺾은선형 차트를 그리는 매크로를 작성하라. 단추를 클릭하면 매크로가 작동하여 차트가 표시되도록 하라. 단추는 범위 D6:E7에 그려 넣어라. 차트의 제목은 선택된 병원이름을 앞에 붙여서 "K병원의 신규환자수 변화 추이"와 같이 표시되도록 셀 B8에 텍스트가 표시되게 하라. 꺾은선 위에 데이터 레이블을 표시하라. 차트 스타일을 적당히 선택하여 보기 좋은 모양으로 만들어라.

키워드 : 매크로, 절대참조, 양식 컨트롤 도구, 콤보 상자, 차트, 꺾은선형 차트, 차트 편집, CHOOSE 함수, 절대참조/상대참조

	A	B	C	D	E
1	신규환자수	6월7일	6월8일	6월9일	6월10일
2	A병원	5	13	3	5
3	B병원	14	10	3	0
4	C병원	6	3	1	0
5					
6	병원 선택	▼			
7					
8	차트 제목				
9		6월7일	6월8일	6월9일	6월10일
10					

| 풀이 |

먼저 병원 선택을 위한 콤보 상자를 셀 B6에 그려 넣고 [컨트롤 서식] 창을 열어서, 목록용 데이터의 입력 범위로 범위 A2:A4를 지정한다. 연결할 셀은 셀 C6를 선택한다. 목록 표시 줄 수는 3을 입력한다.

두 번째로 범위 A9:E10에 선택한 병원의 신규환자수를 참조하여 나타내 보자. 워크시트의 데이터 구조가 위, 아래가 동일하므로 셀 A10에 적당한 수식을 하나 작성하여 나머지 셀에 복사해서 사용하면 좋겠다. A병원이 선택되면 2행의 자료를 참조하면 되고, B병원이 선택되면 3행의 자료를, C병원이 선택되면 4행의 자료를 참조해 기록하면 된다. 병원을 선택한 결과를 나타내는 콤보 상자의 연결된 셀은 셀 C6이므로 이 셀만 절대참조로 사용하면 된다. 따라서 CHOOSE 함수를 이용하여 셀 A10에 입력할 수식은 *=CHOOSE($C$6, A2, A3, A4)*라고 하면 된다. 이 수식을 오른쪽 셀 B10, ..., E10에 복사하면 된다. 그러면 절대참조된 셀과 상대참조된 셀에 따라 셀 B10에 복사된 수식은 *=CHOOSE($C$6, B2, B3, B4)*가 된다. 이런 식으로 셀 E10에 복사된 수식은 *=CHOOSE($C$6, E2, E3, E4)*가 된다.

병원 선택에 따라 달라지는 차트 제목용 텍스트를 만들기 위해서 셀 B8에 입력할 수식은 *=A10 & "의 신규환자수 변화 추이"*라고 하면 된다.

앰퍼샌드(&) 연산자에 대해서는 제7장 1절 [아포리즘 10] 참고

다음은 이곳에 기록된 데이터를 사용하여 꺾은선형 차트를 그리는 매크로를 만들어 보자. 양식 컨트롤 도구에서 단추를 선택하여 범위 D6:E7에 딱 맞게 그려 넣는다. [매크로 지정] 창이 열리면 매크로 이름으로 *선택한_데이터로_차트그리기*라 입력한다. 그리고 [기록]을 누른다. 다음 [매크로 기록] 창이 열리면 그냥 [확인]을 누른다. 이때 화면 아래 왼쪽의 [준비] 표시가 [준비 ■]로 바뀌는 것을 확인하고 조심해서 매크로를 시나리오대로 기록해 나간다.

데이터 범위 A9:E10까지를 마우스로 선택하고 [리본 메뉴] [삽입] [차트] [2차원 꺾은선형]을 눌러서 차트 하나를 클릭한다. 이렇게 하면 워크시트에 꺾은선형 차

트가 하나 그려진다. 그리고 몇 가지 이 예제에서 요구하는 편집내용을 마무리해 보자.

차트 제목 영역(템플리트)을 클릭하고, 그 상태에서 수식 입력줄을 클릭하여 *등호(=)*를 입력하고 차트 제목용 텍스트가 산출되어 있는 셀 B8을 클릭하면 수식 입력줄에는 워크시트 이름과 셀 주소가 절대참조로 되어 *=예제95!$B$8*라고 표시된다(여기서 예제 95는 현 워크시트의 이름이다). 이렇게 하고 엔터키를 누르면 삽입된 차트의 제목란에 참조된 셀 B8의 텍스트가 나타난다. 계속해서 리본 메뉴 차트 도구 디자인 차트 레이아웃 차트 요소 추가를 눌러서 ❑ 데이터 레이블을 선택하고 ❑ 가운데를 선택한다. 다음 차트 스타일을 하나 선택하기 위해서 리본 메뉴 차트 도구 디자인 차트 스타일을 눌러서 표시되는 다양한 차트 스타일 중 하나를 고른다. 이렇게 하면 삽입된 차트 모양이 방금 선택한 스타일처럼 바뀐다.

여기까지 이 예제에서 요구하는 편집내용이 마무리되었으니, 준비 ■의 마침 표식(■)을 누르고 매크로 기록을 끝낸다.

이번에는 단추에 보이는 텍스트를 편집하여 마무리하자. 단추를 마우스로 더블클릭하여 단추 도구의 텍스트를 *차트 그리기*로 수정한다. 매크로가 완성되었으면 버튼을 눌러 차트가 요구한대로 그려지는지 확인하라. 또 콤보 상자로 병원을 선택하고 차트 그리기 버튼을 눌러 선택한 병원의 데이터로 꺾은선형 차트가 그려지는지 확인하라.

아래 [그림 14-20]의 첫 번째 그림은 콤보 상자로 병원을 하나 선택하면 밑에 차트 제목용 텍스트와 해당 병원의 데이터가 산출되는 결과를 보여 준다. 또 두 번째 그림은 차트 그리기 단추를 눌렀을 때 위에서 선택된 데이터를 사용하여 꺾은선형 차트를 그린 결과를 보여 준다.

그림 14-20 예제 95 (차트그리기 매크로 2) 결과

	A	B	C	D	E
1	신규환자수	6월7일	6월8일	6월9일	6월10일
2	A병원	5	13	3	5
3	B병원	14	10	3	0
4	C병원	6	3	1	0
5					
6	병원 선택	A병원 ▼	1		
7					
8	차트 제목	A병원의 신규환자수 변화 추이			
9		6월7일	6월8일	6월9일	6월10일
10	A병원	5	13	3	5

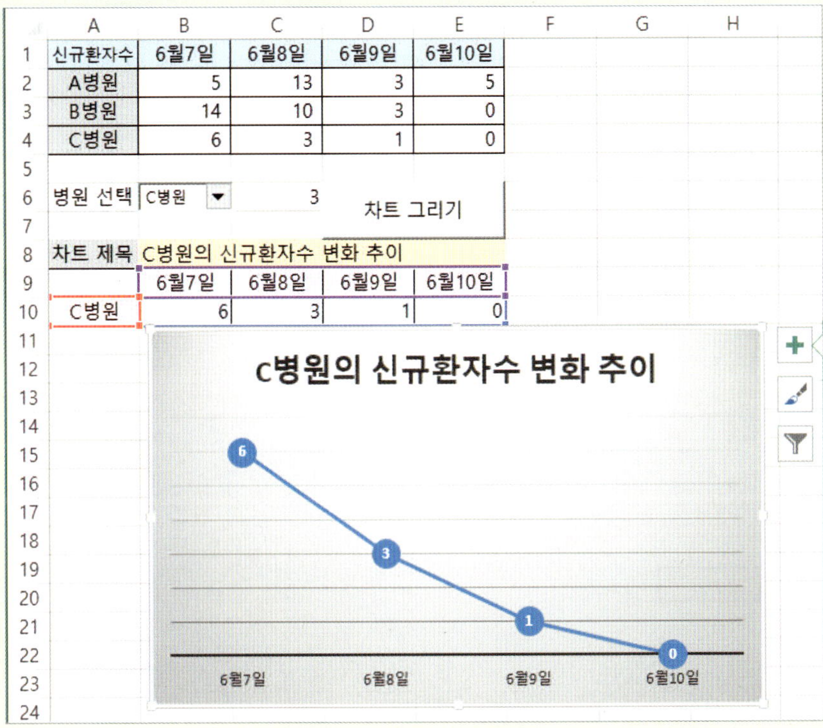

예제 96 서식 지정 매크로

아래와 같이 특정한 내용("경영학과 2학년 염건"이란 사용자 정보와 테두리 선과 셀 배경색 등)을 자주 사용한다고 가정하자. 사용자 서식을 삽입할 셀에 셀 포인터를 위치시킨 후, 매크로 단추를 클릭하면 아래와 같은 서식이 입력되도록 매크로를 작성하라.

키워드 : 매크로, 상대참조, 양식 컨트롤 도구, 단추

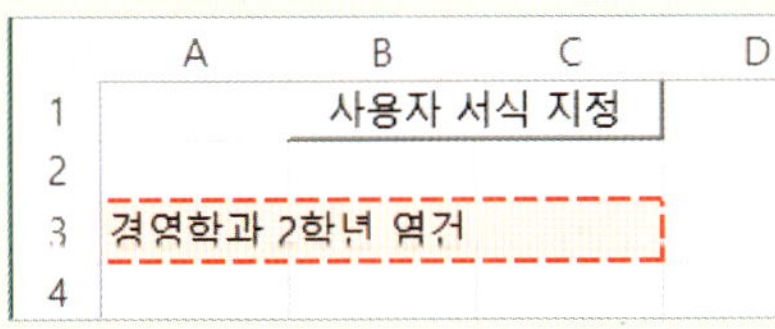

| 풀이 |

셀 포인터가 있는 곳에 사용자 서식이 삽입되는 매크로를 만들라 하였으니 상대참조로 매크로를 기록하라는 것이다. 따라서 매크로를 기록하기 전에 현재 셀 포인터가 어디 위치하고 있는지 기억하고 시작하는 것이 필요하다. 이를 위하여 [그림 14-21]처럼 임의의 셀 A5에 셀 포인터를 위치해 놓고, 셀 배경색을 칠하여 확실하게 해 두는 것이 좋다. 그리고 매크로 기록을 시작하면 바로 이곳을 클릭하여 현재의 셀 포인터 위치에서 시작한다. 그리고 또 한 가지는 상대참조로 매크로를 기록하기 위해서 리본 메뉴 개발 도구 코드 에서 ❑ 상대 참조로 기록 스위치를 클릭하여 ON(색이 진한) 상태인가를 확인해야 한다.

그림 14-21 매크로 기록 전에 현재의 셀 포인터를 기억하기 위한 방법

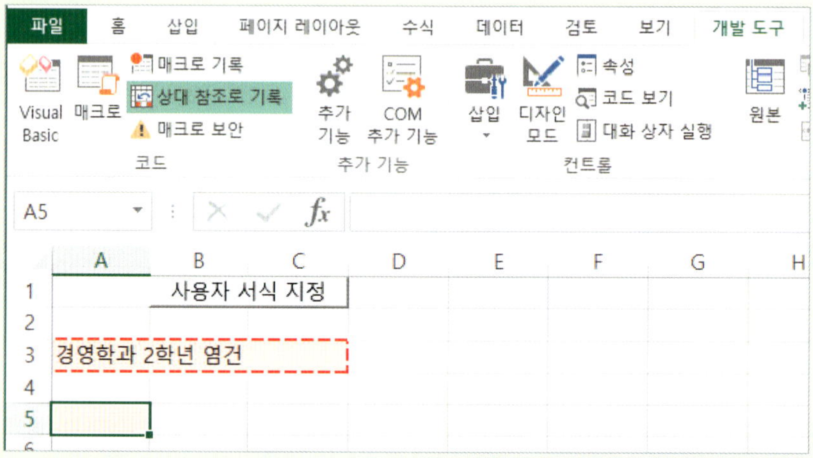

그리고 매크로 기록을 시작하면 이 셀 A5에 예시(시나리오)와 똑같은 내용과 서식으로 작성하면 된다. 이제 매크로를 기록해 보자.

양식 컨트롤 도구에서 단추를 선택하여 범위 B1:C1에 딱 맞게 그려 넣는다. 매크로 지정 창이 열리면 매크로 이름으로 *사용자서식*이라 입력한다. 그리고 ❑ 기록 을 누른다. 다음 매크로 기록 창이 열리면 그냥 ❑ 확인 을 누른다. 이때 화면 아래 왼쪽의 준비 표시가 준비 ■ 로 바뀌는 것을 확인하고 매크로를 기록해 나간다.

셀 A5를 마우스로 클릭하고 시작한다. 수식 입력줄을 클릭해서 *경영학과 2학년 염건* 이라고 사용자 정보를 입력한다. 그리고 예제에서 요구하는 서식을 완성하기 위하여 마우스로 범위 A5:C5까지를 선택한 후, 리본 메뉴 홈 글꼴 채우기 색 을 눌러서 색을 하나 선택한다. 또 리본 메뉴 홈 글꼴 테두리 화살표 를 클릭하고 ❑ 다른 테두리 를 누르면 [그림 14-22]의 셀 서식 창이 열린다. 테두리 탭에서 스타일, 색, 테두리를 지정한다.

그림 14-22 셀 서식 창에서 테두리 설정 예

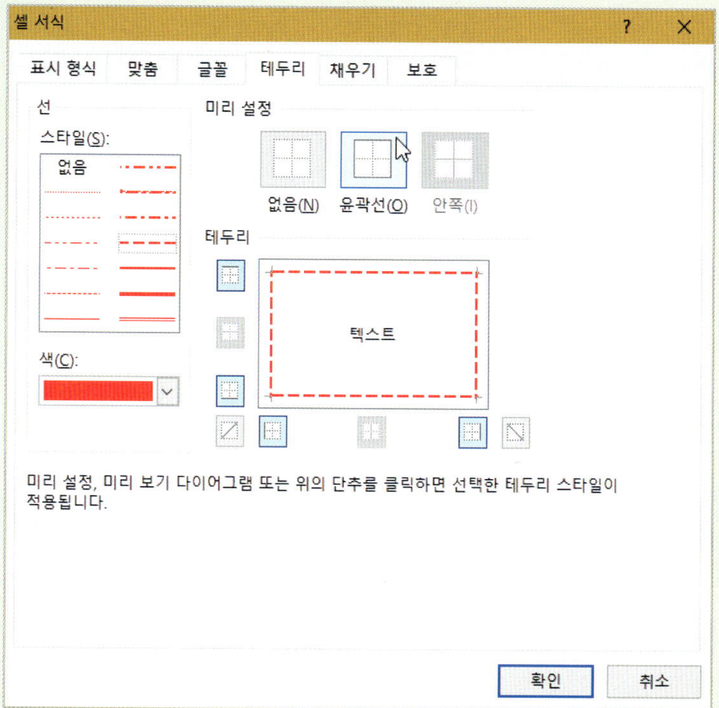

여기까지 예제에서 요구하는 사용자 서식 지정이 마무리되었으므로, 다시 셀 포인터가 있었던 셀 A5를 클릭하여 셀 포인터를 옮겨 놓은 후에 준비 ■ 의 마침 표식(■)을 누르고 매크로 기록을 끝낸다.

셀 포인터를 임의의 셀에 위치시킨 후에, 매크로 단추를 눌러서 바로 그곳에 사용자 서식이 지정되는지 확인해 보라.

그림 14-23 예제 96 (서식 지정 매크로) 결과

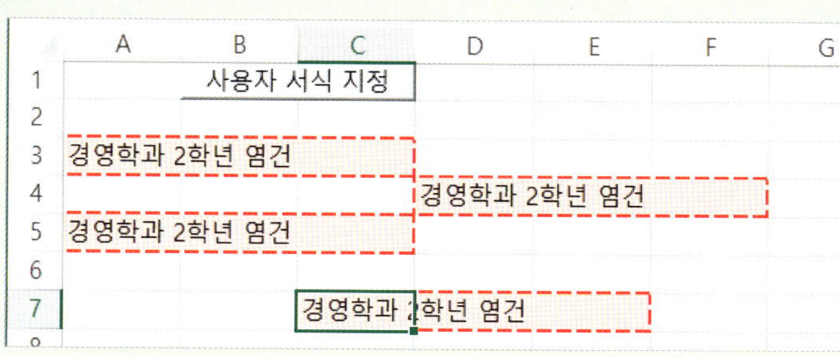

예제 97 가중 평균 산출 매크로

예제 7에서 사용했던 4년간 성적 자료를 가지고 매크로를 만드는 연습을 해 보자. 여기서는 학년별 가중치를 이용한 4년간 성적의 가중 평균을 산출하는 매크로를 만들어 보자. 단추 도구는 셀 G2에 딱 맞게 그려 넣고, 단추의 텍스트는 "가중 평균"으로 하라. **키워드 : 매크로, 절대참조, 양식 컨트롤 도구, 단추, 가중 평균**

	A	B	C	D	E	F	G
1		20%	20%	25%	35%	← 학년별 가중치	
2	이름	1학년	2학년	3학년	4학년	합계	가중 평균
3	나일동	95	80	92	82	349	
4	이경희	90	95	88	70	343	
5	박민수	70	85	90	96	341	
6	김영건	70	85	82	90	327	
7	최승기	80	75	78	80	313	

| 풀이 |

이번에는 절대참조로 매크로를 기록할 것이므로 [리본 메뉴] [개발 도구] [코드]에서 [❑ 상대 참조로 기록]이 꺼져 있는가를 확인해야 한다.

양식 컨트롤 도구에서 단추를 선택하여 셀 G2에 딱 맞게 그려 넣는다. [매크로 지정] 창이 열리면 매크로 이름으로 *가중평균산출*이라 입력한다. 그리고 [❑ 기록]을 누른다. 다음 [매크로 기록] 창이 열리면 그냥 [❑ 확인]을 누른다. 이때 화면 아래 왼쪽의 [준비] 표시가 [준비 ■]로 바뀌는 것을 확인하고 매크로를 기록해 나간다.

가장 먼저 셀 G3를 클릭하고 수식 입력줄에 다음과 같은 수식을 정확하게 입력한다. *=B3*$B$1+C3*$C$1+D3*$D$1+E3*$E$1*(절대참조 표시는 셀을 클릭한 후에 기능키(Function Key) [F4]를 눌러서 변환시킨다). 수식이 완성되면 엔터키를 눌러 셀 G3에 가중 평균이 산출된 것을 확인한다. 셀 G3의 수식을 아래로 복사하여 완성한 다음, 다시 셀 G3를 클릭하여 셀 포인터를 옮겨 놓은 후에 [준비 ■]의 마침 표식(■)을 누르고 매크로 기록을 끝낸다. 매크로 단추를 마우스로 클릭하여 텍스트를 *가중 평균*이라고 수정한다.

산출된 가중 평균들을 모두 지우고 단추를 눌러서 제대로 매크로가 작동하는지 확인하라.

그림 14-24 예제 97 (가중 평균 산출 매크로) 결과

	A	B	C	D	E	F	G
1		20%	20%	25%	35%	← 학년별 가중치	
2	이름	1학년	2학년	3학년	4학년	합계	가중 평균
3	나일동	95	80	92	82	349	86.7
4	이경희	90	95	88	70	343	83.5
5	박민수	70	85	90	96	341	87.1
6	김영건	70	85	82	90	327	83.0
7	최승기	80	75	78	80	313	78.5

제3부 종합 연습문제

예제 98 학번 입력

입학년도, 학과, 학년을 양식 컨트롤 도구를 사용하여 입력하고, 입력된 정보를 종합하여 최종적으로 셀 B8에 작성자 학번이 산출되도록 워크시트를 완성하라. **키워드 : 양식 컨트롤 도구, 스핀 단추, 콤보 상자, 옵션 단추, 그룹 상자, TEXT 함수, VLOOKUP 함수, 앰퍼샌드(&) 연산자**

① 스핀 단추를 사용하여 입학년도를 입력하라(최소값 2005, 최대값 2025, 한 번 클릭에 1년씩 변하게 설정하라. 연결 셀은 B1으로 하라).

② 콤보 상자를 사용하여 학과 코드를 입력하라(목록으로 사용할 데이터는 범위 G1:I11에 있는 학과 명단을 이용하여 이 중에서 하나를 선택하게 하라. 연결 셀은 셀 D2로 하고, 학과를 선택하면 셀 B3에 학과 코드가 산출되도록 셀 B3에 적당한 수식을 입력하라).

③ 학생 번호(1번부터 100번까지)와 이름은 셀 B4와 셀 B5에 직접 입력하라.

④ 학년 선택은 옵션 단추를 사용하라(옵션 단추는 1학년, 2학년, 3학년, 4학년으로 4개를 그리고, 하나의 그룹으로 구성하라. 연결 셀은 셀 F6로 하라).

⑤ 셀 B8에는 **입학년도+학과_코드+번호+빈칸+학년+"학년"+빈칸+이름**과 같이 표시되게 적당한 수식을 작성하라(번호는 세 자리를 사용하여 출력되게 하라. 가령, 8번이라고 입력한 경우에는 "008", 57번이라고 입력하면 "057"로 표기함). 따라서 만약 2016학년도에 입학한, 경영학과, 57번, 3학년, 염건이라고 입력했다면 셀 B8에는 **201643057 3학년 염건**이라고 표시되게 해야 한다.

	A	B	C	D	E	F	G	H	I
1	입학년도						번호	학과명	코드
2	학과						1	경제학과	41
3	학과 코드						2	국제경제학과	42
4	번호						3	경영학과	43
5	이름						4	사회학과	44
6	학년	○ 1학년	○ 2학년	○ 3학년	○ 4학년		5	광고홍보학과	45
7							6	사회복지학과	46
8	작성자						7	철학과	21
9							8	국사학과	22
10							9	국어국문학과	23
11							10	영어영문학과	24

| 풀이 |

먼저 위 워크시트와 같이 필요한 텍스트와 해당 셀의 배경색을 설정하고, 참조표로 활용할 데이터를 입력한다.

① 스핀 단추를 셀 C1에 딱 맞게 그려 넣는다. 마우스 오른쪽 버튼으로 클릭하고 [❑ 컨트롤 서식]을 눌러서 최소값은 *2005*, 최대값은 *2025*, 증분 변경은 *1*을 입력하고, 셀 연결은 셀 B1으로 설정한다. 스핀 단추를 눌러서 연결된 셀에 입학년도가 정확

하게 나오는지 확인하라.

② 콤보 상자를 범위 B2:C2에 딱 맞도록 그려 넣는다. 그려진 콤보 상자를 마우스 오른쪽 버튼으로 클릭한 후 **❑ 컨트롤 서식** 을 눌러서 입력_범위는 학과명이 들어 있는 *범위 H2:H11*을 지정한다. 연결할 셀은 셀 D2를 선택한다. 목록_표시_줄_수로 *5*를 입력한다. 이제 완성된 콤보 상자의 단추를 클릭하여 출력되는 목록 중 적당한 것을 하나 선택해 보고 셀 D2에 표시되는 숫자를 확인한다.

연결된 셀 D2에 반환되는 콤보 상자의 선택값을 이용해서 셀 B3에 입력할 수식은 VLOOKUP 함수를 사용하면 된다. 찾을_값은 D2로 하고, 참조표는 범위 G1:I11로 한다. 표시_열_번호는 세 번째 열의 학과명 "코드"를 가져오면 되겠다. 따라서 셀 B3에 입력할 수식은 *=VLOOKUP(D2, G1:I11, 3, 0)*라고 하면 된다(여기서 이 수식은 다른 셀에 복사해서 사용하지 않으므로 참조표를 상대참조로 사용해도 무방하다).

③ 번호와 학생 이름은 직접 셀 B4와 B5에 각각 입력한다.

④ 먼저 옵션 단추 하나를 셀 B6에 딱 맞게 그려 넣는다. 옵션 단추를 마우스 오른쪽 버튼으로 클릭하고 **❑ 텍스트 편집** 을 눌러서 옵션 단추 속의 메뉴 텍스트를 *1학년*으로 수정한다. 다시 마우스 오른쪽 버튼을 클릭하고 **❑ 컨트롤 서식** 을 눌러서 연결 셀을 셀 F6로 지정한다. 이렇게 해서 하나의 옵션 단추를 완성시킨다. 완성된 옵션 단추를 복사하여 바로 옆 셀 C6, D6, E6에 넣는다. 셀 폭을 똑같이 했다면 복사해 넣은 옵션 단추는 당연히 셀에 딱 맞게 된다. 옵션 단추를 마우스 오른쪽 단추로 클릭한 다음 텍스트 부분을 한 번 더 클릭하여 텍스트를 편집한다. 각각 *2학년*, *3학년*, *4학년*으로 수정한다.

그러고 나서 그룹 상자를 옵션 단추 4개를 모두 포함할 수 있는 크기로 그려 넣는다(딱 맞게 그려도 상관없지만 처음 옵션 단추를 사용하는 학생이라면 그룹 상자를 넉넉한 크기로 그려서 그 안에 옵션 단추가 잘 포함되게 그리는 것이 편하다. 나중에 익숙해진 후에 딱 맞게 그리면 된다). 다 되었으면 옵션 단추를 클릭하여 연결된 셀에 숫자가 제대로 나오는지 확인해야 한다.

⑤ 셀 B8에는 지금까지 산출되거나 입력한 정보를 하나의 텍스트로 만드는 수식을 작성하면 된다. 텍스트를 합치기 위한 연산자는 앰퍼샌드(&) 연산자다. 숫자는 그대로 텍스트처럼 합해지는데, 학과 코드처럼 세 자리로 만들어서 합하는 경우에는 TEXT 함수가 필요하다. 가령, 학과 코드 41을 세 자리 문자열로 만들려면 수식 *=TEXT(41, "000")*이라고 입력하면 된다. 그러면 반환되는 문자열은 "041"이 된다.

제5장 2절 참고

그리고 문자열 사이에 빈 칸을 넣으려면 빈 문자열(" ")을 합하면 된다. 최종적으로 셀 B8에 산출할 문자열은 **입학년도 + 학과_코드 + 번호 + 빈칸 + 학년 + "학년" + 빈칸 + 이름**이 되어야 하므로 셀 B8에 입력할 수식은 *=B1&B3&TEXT(B4, "000")&" "&F6&"학년 "&B5*라고 하면 된다(여기서 첫 번째 빈칸은 " "로 삽입하였고, 두 번째 빈칸은 문자열 "학년"의 끝에다 빈칸을 넣어서 "학년 "으로 처리하였다).

모두 완성되었으면, 각 항목의 양식 컨트롤 도구로 입력 내용을 바꿔가면서 셀 B8에 학번과 학년, 이름이 주문대로 정확하게 만들어져서 출력되는지 확인해 보라.

그림 14-25 예제 98 (학번 입력) 결과

	A	B	C	D	E	F	G	H	I
1	입학년도	2016					번호	학과명	코드
2	학과	경영학과 ▼		3			1	경제학과	41
3	학과 코드	43					2	국제경제학과	42
4	번호	57					3	경영학과	43
5	이름	염건					4	사회학과	44
6	학년	○ 1학년	○ 2학년	◉ 3학년	○ 4학년	3	5	광고홍보학과	45
7							6	사회복지학과	46
8	작성자	201643057 3학년 염건					7	철학과	21
9							8	국사학과	22
10							9	국어국문학과	23
11							10	영어영문학과	24

예제 99 PMT 함수와 옵션 단추 결합

예제 67에서 다룬 내용과 같은 내용이다. 다만 여기서는 확인란 양식 컨트롤 도구 대신에 옵션 단추를 사용하여 편리하게 원금 상환 방식을 선택하도록 만들어 보자. 먼저 셀 A2와 A3에 옵션 단추를 각각 넣어라. 연결 셀은 셀 C2로 하라. 그룹 상자를 넣어서 두 옵션 단추를 그룹화하라. 그리고 옵션 단추의 선택에 따라 원금을 마지막에 별도 상환하는 경우라면 셀 B5에 대출 원금 4,500,000(원)이 나오게 만들어라. 마지막으로 셀 B9에는 옵션 단추 선택에 따라서 적절한 월상환액이 나오도록 만들어라. **키워드 : 상대참조/절대참조, 재무 함수, PMT 함수, 상환액, 양식 컨트롤 도구, 옵션 단추, 그룹 상자**

	A	B	C
1	원금 상환 방법 선택		
2	○ 원금과 이자 같이 상환		
3	○ 원금은 마지막에 별도 상환		
4			
5	미래 상환할 원금액		(원)
6	대출금	4,500,000	(원)
7	이자율	6%	(연리)
8	상환기간	5	년
9	월상환액		(원)

| 풀이 |

먼저 위 워크시트와 같이 필요한 텍스트와 해당 셀의 배경색과 데이터를 입력한다. 그리고 옵션 단추 하나를 범위 A2:B2 안에 적당한 크기로 그려 넣는다. 옵션 단추를 마우스 오른쪽 버튼으로 클릭하고 ❑ 텍스트 편집 을 눌러서 옵션 단추 속의 메뉴 텍스트를 *원금과 이자 같이 상환*으로 수정한다. 다시 마우스 오른쪽 버튼을 클릭하고 ❑ 컨트롤 서식 을 눌러서 연결 셀을 셀 C2로 지정한다. 이렇게 해서 하나의 옵션 단추를 완성시킨다. 완성된 옵션 단추를 복사하여 바로 아래 셀

A3에 붙여 넣는다. 옵션 단추를 마우스 오른쪽 단추로 클릭한 다음 텍스트 부분을 한 번 더 클릭하여 텍스트를 *원금은 마지막에 별도 상환*으로 수정한다.

그러고 나서 이 옵션 단추 두 개를 모두 포함하는 그룹 상자를 하나 그려 넣는다. 다 되었으면 옵션 단추를 클릭하여 연결된 셀에 반환되는 숫자가 제대로 나오는지 확인해야 한다.

셀 B5에는 옵션 단추의 선택에 따라 미래에 상환할 원금 액수가 나타나도록 수식을 입력해야 한다. "원금은 마지막에 별도 상환" 옵션 단추를 선택하면 연결된 셀 C2에는 2가 반환된다. 따라서 이 경우 미래에 상환할 원금 4천5백 만(원)(이 금액은 셀 B6에 입력된 대출금액과 같은 금액이다)이 나오게 하면 된다. "원금과 이자 같이 상환"을 선택해서 C2의 값이 1이면 미래에 상환할 금액은 0(원)이다. 따라서 셀 B5에는 IF 함수를 사용하여 수식 *=IF(C2=2, B6, 0)* 또는 *=IF(C2=1, 0, B6)*라고 하면 된다.

마지막으로 셀 B9에는 선택한 조건에서 월상환액을 산출하는 수식을 입력해야 한다. 이미 예제 67에서 같은 상황을 다루었다. 간단히 다시 정리하면, 인수로 사용할 이자율은 B7, 기간은 B8, 현재_거래_가치(pv)는 B6, 미래_거래_가치(fv)는 B5에 있는 내용이다. 따라서 PMT 함수식은 *=PMT(B7/12, B8*12, -B6, B5)*라고 하면 된다. 여기서 월상환금이 양수로 표시되는 것을 원했기 때문에 미래_거래_가치는 양수로, 현재 시점의 대출금은 음수로 사용하였다(이것도 현재_거래_가치를 양수로 하고 미래_거래_가치를 음수로 입력하면, 월대출금은 음수로 산출된다).

이 함수가 반환하는 값은 대출원금도 함께 갚는 경우에는 86,998(원)을, 이자만 먼저 갚다가 마지막에 대출원금을 갚는 경우에는 22,500(원)을 반환해 준다. 옵션 단추를 양쪽 다 클릭해 보면서 이와 같은 결과가 정확하게 나오는지 확인해 보라.

그림 14-26 예제 99 (PMT 함수와 옵션 단추 결합) 결과

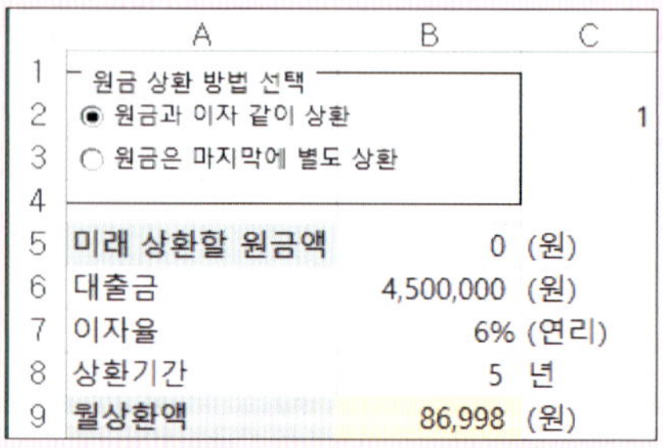

	A	B	C
1	원금 상환 방법 선택		
2	◉ 원금과 이자 같이 상환		1
3	○ 원금은 마지막에 별도 상환		
4			
5	미래 상환할 원금액	0 (원)	
6	대출금	4,500,000 (원)	
7	이자율	6% (연리)	
8	상환기간	5 년	
9	월상환액	86,998 (원)	

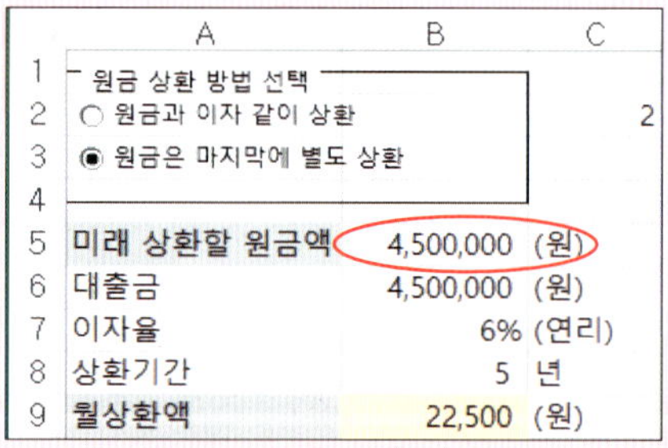

	A	B	C
1	원금 상환 방법 선택		
2	○ 원금과 이자 같이 상환		2
3	◉ 원금은 마지막에 별도 상환		
4			
5	미래 상환할 원금액	4,500,000 (원)	
6	대출금	4,500,000 (원)	
7	이자율	6% (연리)	
8	상환기간	5 년	
9	월상환액	22,500 (원)	

예제 100 두 개의 가중치 옵션으로 가중 평균 산출

예제 97에서 다뤘던 가중 평균을 산출하는 매크로 작성 예제를 조금 발전시킨 것이다. 옵션 단추를 이용하여 학년별 가중치 그룹을 하나 선택하면 그 가중치를 사용하여 4년간 성적의 가중 평균을 산출하는 매크로를 만들어 보라. 여기서는 가중치 그룹으로 3행과 4행의 두 개가 있다고 하자. 범위 A3:A4에 두 개의 옵션 단추를 넣고, 그룹화하라. 옵션 단추의 셀 연결은 셀 F6으로

하라. 옵션 단추로 선택된 그룹의 가중치는 범위 B6:E6에 나타나게 하라. 단추 도구를 하나 달고 선택된 가중치 그룹으로 가중 평균을 산출하는 매크로를 작성하라. **키워드 : 매크로, 상대참조, 양식 컨트롤 도구, 단추, 옵션 단추, 그룹 상자, 가중 평균, IF 함수**

	A	B	C	D	E	F	G
1	학년별 적용 가중치 선택						
2							
3		10%	20%	30%	40%		
4		20%	20%	25%	35%		
5							
6	선택 가중치	20%	20%	25%	35%		
7	이름	1학년	2학년	3학년	4학년	합계	선택 가중 평균
8	나일등	95	80	92	82	349	
9	이경희	90	95	88	70	343	
10	박민수	70	85	90	96	341	
11	김영건	70	85	82	90	327	
12	최승기	80	75	78	80	313	

| 풀이 |

먼저 위 워크시트와 같이 필요한 텍스트와 해당 셀의 배경색과 데이터를 입력한다. 그리고 옵션 단추 하나를 셀 A3 안에 적당한 크기로 그려 넣는다. 옵션 단추를 마우스 오른쪽 버튼으로 클릭하고 [❑ 텍스트 편집]을 눌러서 옵션 단추 속의 메뉴 텍스트를 *선택 1*로 수정한다. 다시 마우스 오른쪽 버튼을 클릭하고 [❑ 컨트롤 서식]을 눌러서 연결 셀로 셀 F6를 지정한다. 이렇게 해서 하나의 옵션 단추를 완성시킨다. 완성된 옵션 단추를 복사하여 바로 아래 셀 A4에 붙여 넣는다. 옵션 단추를 마우스 오른쪽 단추로 클릭한 다음 텍스트 부분을 한 번 더 클릭하여 텍스트를 *선택 2*로 수정한다.

그러고 나서 이 옵션 단추 두 개를 모두 포함하는 그룹 상자를 하나 그려 넣는다. 다 되었으면 옵션 단추를 클릭하여 연결된 셀에 반환되는 숫자가 제대로 나오는지 확인해야 한다.

범위 B6:E6에는 옵션 단추로 선택한 가중치 그룹의 가중치가 각각 표시되도록 해야 한다. 옵션 단추를 선택하면 연결 셀 F6에 1 또는 2로 나타나므로, 셀 B6에 입력할 수식은 IF 함수를 사용하여 셀 F6의 값이 1이면 셀 B3를, 아니면 셀 B4를 참조하면 된다. 따라서 셀 B6에 입력할 수식은 *=IF(F6=1, B3, B4)*라고 하면 된다. 이 수식은 나머지 옆의 셀로 복사해서 사용할 것인데, 학년별로 두 가중치 그룹의 셀을 참조하면 되나, 옵션 단추가 연결된 셀 F6는 절대참조로 사용해야 한다. 그래서 위 수식은 *=IF($F$6=1, B3, B4)*와 같이 절대참조를 함께 사용해야 하는 것이다. 이 수식을 바로 옆 셀 C6으로 복사하면 셀 C6에 저장되는 수식은 *=IF($F$6=1, C3, C4)*가 된다. 이런 식으로 이 수식을 셀 E6까지 복사하면 4학년 가중치까지 옵션 단추의 선택에 따라 해당 가중치 그룹의 값을 가져오게 된다.

이제 이 상태에서 가중 평균값을 산출하는 매크로를 작성하면 된다. 이것은 [예제 97]에서 했던 것과 똑같다. 다시 한 번 간략하게 정리하면, 먼저 절대참조로 매크로를 기록할 것이므로 [리본 메뉴] [개발 도구] [코드]에서 [❑ 상대 참조로 기록] 스위치가 꺼져 있는가를 확인해야 한다. 양식 컨트롤 도구에서 단추를 선택하여 셀 G7에 딱 맞게 그려 넣는다. [매크로 지정]

창이 열리면 매크로 이름으로 *선택가중평균*이라 입력한다. 그리고 [기록]을 누른다. 다음 [매크로 기록] 창이 열리면 그냥 [확인]을 누른다. 이때 화면 아래 왼쪽의 [준비] 표시가 [준비 ■]로 바뀌는 것을 확인하고 매크로를 기록해 나간다.

먼저 셀 G8을 클릭하고 수식 입력줄에 다음과 같은 수식을 정확하게 입력한다. *=B8*$B$6+C8*$C$6+D8*$D$6+E8*$E$6* 수식이 완성되면 엔터키를 눌러 셀 G8에 가중 평균이 산출된 것을 확인한다. 셀 G8의 수식을 아래로 복사하여 완성한 후에 다시 셀 G8을 클릭하여 셀 포인터를 옮겨 놓은 다음, [준비 ■]의 마침 표식(■)을 누르고 매크로 기록을 끝낸다. 매크로 단추를 마우스로 클릭하여 텍스트를 *선택 가중 평균*이라고 수정한다.

산출된 가중 평균들을 모두 지우고 매크로 단추를 눌러서 제대로 매크로가 작동하는지 확인하라.

그림 14-27 예제 100 (두 개의 가중치 옵션으로 가중 평균 산출) 결과

(첫 번째 가중치 그룹 선택)

	A	B	C	D	E	F	G
1	학년별 적용 가중치 선택						
2							
3	◉ 선택 1	10%	20%	30%	40%		
4	○ 선택 2	20%	20%	25%	35%		
5							
6	선택 가중치	10%	20%	30%	40%	1	
7	이름	1학년	2학년	3학년	4학년	합계	선택 가중 평균
8	나일등	95	80	92	82	349	85.9
9	이경희	90	95	88	70	343	82.4
10	박민수	70	85	90	96	341	89.4
11	김영건	70	85	82	90	327	84.6
12	최승기	80	75	78	80	313	78.4

(두 번째 가중치 그룹 선택)

	A	B	C	D	E	F	G
1	학년별 적용 가중치 선택						
2							
3	○ 선택 1	10%	20%	30%	40%		
4	◉ 선택 2	20%	20%	25%	35%		
5							
6	선택 가중치	20%	20%	25%	35%	2	
7	이름	1학년	2학년	3학년	4학년	합계	선택 가중 평균
8	나일등	95	80	92	82	349	86.7
9	이경희	90	95	88	70	343	83.5
10	박민수	70	85	90	96	341	87.1
11	김영건	70	85	82	90	327	83.0
12	최승기	80	75	78	80	313	78.5

찾아보기

| 저자소개 |

염 건

경기고, 서울대학교 경영학과 졸업
KAIST 경영과학과 석사, 경영정보공학 박사
현, 한신대학교 경영학과 교수

홈페이지주소: hs.ac.kr/sites/fish

염건교수의 엑셀강의

2017년 2월 15일 1판 1쇄 발행
2019년 2월 25일 1판 2쇄 발행

저 자 | 염 건
발행인 | 이수영
발행처 | 도서출판 청람
서울시 마포구 독막로 288(대흥동, 세양상가 109호)
진 화 | 02)3272-2601~2
팩 스 | 02)3272-2603
이메일 | crbooks@daum.net
홈페이지 | http://www.crbooks.co.kr
등 록 | 2000.8.26 제6-0509호

ISBN 978-89-5972-554-0 93000 [정가 25,000원]